论领导力

[美]亨利·基辛格 著

胡利平 林华 译

Henry Kissinger
Leadership

图书在版编目（CIP）数据

论领导力 /（美）亨利·基辛格著；胡利平，林华译. -- 北京：中信出版社，2024.3
书名原文：Leadership：Six Studies in World Strategy
ISBN 978-7-5217-6286-0

Ⅰ.①论… Ⅱ.①亨… ②胡… ③林… Ⅲ.①领导学 Ⅳ.① C933

中国国家版本馆 CIP 数据核字 (2023) 第 251434 号

LEADERSHIP
Copyright © 2022 by Henry A. Kissinger
Simplified Chinese translation copyright ©2024 by CITIC Press Corporation
ALL RIGHTS RESERVED
本书仅限中国大陆地区发行销售

论领导力
著者：　　　［美］亨利·基辛格
译者：　　　胡利平　林　华
出版发行：中信出版集团股份有限公司
　　　　　（北京市朝阳区东三环北路 27 号嘉铭中心　邮编　100020）
承印者：　　嘉业印刷（天津）有限公司

开本：880mm×1230mm 1/32　印张：18.75　　字数：440 千字
版次：2024 年 3 月第 1 版　　　 印次：2024 年 3 月第 1 次印刷
京权图字：01-2024-0436　　　　书号：ISBN 978-7-5217-6286-0
定价：98.00 元

版权所有·侵权必究
如有印刷、装订问题，本公司负责调换。
服务热线：400-600-8099
投稿邮箱：author@citicpub.com

献给南希
我生命中的灵感来源

目录

导　言　IX
 领导力轴线　IX
 领导力决策的性质　X
 六位领导人和他们的背景　XIV
 领导力的典范：政治家和先知　XIX
 历史中的个人　XXII

第一章　康拉德·阿登纳：恭顺战略　001
 复兴之必要　002
 从早年岁月到国内流放　005
 通向领导力之路　008
 恢复社会秩序和出任总理　012
 走向新国家身份之路　015
 苏联挑战与德国重新武装　021
 挥之不去的一页历史：赔偿犹太民族　027
 两场危机：苏伊士运河和柏林　031

与阿登纳的三次交谈　035
1957 年 10 月　037
1961 年 5 月——灵活反应　038
1962 年 2 月——肯尼迪与阿登纳　043
德国统一：让人煎熬的等待　046
最后几次会晤　050
阿登纳传统　053

第二章　夏尔·戴高乐：意志战略　059
近距离接触　060
启程　063
戴高乐行为的根源和目标　067
法国历史上的戴高乐　071
戴高乐与第二次世界大战　076
决战北非　084
执掌政治权力　089
出访莫斯科　096
戴高乐与临时政府　099
荒漠　106
折戟印度支那，铩羽中东　109
阿尔及利亚，戴高乐东山再起　112
第五共和国　117

阿尔及利亚冲突的终结　121
位居法国政策核心的德国：戴高乐与阿登纳　126
戴高乐与大西洋联盟　128
核管理机构　132
灵活反应与核战略　134
何为同盟？　136
卸任总统　138
戴高乐政治才华的性质　143
戴高乐与丘吉尔之比较　145
神秘面纱的背后　149

第三章　理查德·尼克松：平衡战略　153

尼克松走进的世界　154
不期之邀　158
尼克松政府的国家安全决策机制　165
尼克松的世界观　169
外交与挂钩　173
欧洲之行　178
越南战争及其终结　183
大国外交与军备控制　200
苏联犹太移民　207
打开对华关系　208

风雨飘摇的中东　216
1973 年中东战争　223
停火外交　227
中东和平进程　231
孟加拉国与藤缠蔓绕的冷战　233
尼克松与美国危机　244

第四章　安瓦尔·萨达特：超越战略　249

安瓦尔·萨达特的特殊品质　250
历史烙印　251
早期生活　253
狱中思考　258
埃及独立　260
革命喉舌　262
纳赛尔与萨达特　264
萨达特之见　270
校正运动　274
战略耐心　277
1973 年战争　285
梅厄夫人与萨达特　292
初会塔拉宫　295
从日内瓦到脱离接触　301

叙利亚方面　308
　　走向和平的又一步：西奈二号协议　311
　　萨达特的耶路撒冷之行　318
　　曲折的和平之路　323
　　分崩离析　329
　　不幸遇刺　333
　　后记：未实现的遗产　336

第五章　李光耀：卓越战略　343
　　哈佛之行　344
　　来自小人国的巨人　346
　　帝国统治下的青年时代　350
　　建立新国家　355
　　创立新民族　361
　　"让历史评判"　366
　　建设经济　368
　　李光耀与美国　371
　　李光耀与中国　377
　　周旋于中美之间　382
　　李光耀的遗产　387
　　李光耀其人　392

第六章　玛格丽特·撒切尔：信念战略　397

最不可能成为领袖的领袖　398
撒切尔夫人与英国制度　399
前路的挑战：20世纪70年代的英国　402
始于格兰瑟姆的上升之路　407
领导力框架　415
经济改革者　417
捍卫主权：马岛冲突　423
香港谈判　434
面对暴力的遗产：北爱尔兰　439
根本真理："特殊关系"与冷战　447
关于格林纳达的龃龉　454
战略转移：东西方接触　455
捍卫科威特主权：海湾危机　464
领导力的局限：德国与欧洲的未来　467
欧洲，无尽的麻烦　471
政治陨落　476
后记　483

结　语　领导力的演变　489

从贵族统治到精英治国　489
逆耳真言　497

衰退的精英统治　499
　　深度阅读与视觉文化　501
　　基本价值观　504
　　领导力与世界秩序　506
　　领导力的未来　512

致　谢 515

注　释 519

导言

领导力轴线

任何社会，无论采用何种政治制度，都处于一种永远的过渡，那是从构成它记忆的往昔向激励它发展的未来愿景的过渡。在此过程中，领导力不可或缺，因为必须做出决策，赢得信任，履行承诺，指出前行之路。人类的各种机构，如国家、宗教、军队、公司、学校等，都需要领导力来帮助人们从现有位置努力达到过去从未到过，有时连想都没想过的高度。若是没有领导力，机构会失去方向，国家可能日益变得无足轻重，最终导致灾难。

领导人在两条轴线的交叉处思考问题并采取行动：第一条轴线连接过去与未来，第二条轴线连接长期价值观与他们领导的人民的渴望。领导人面临的第一个挑战是分析形势。这要求首先根据本国的历史、风俗和能力对社会做出现实的评判。然后，领导人必须在自己的所知与自己对未来的直觉之间达成平衡。前者当然是来自过去的经验，后者则必然无法确定，只能靠想象。领导人就是靠着这种对未来方向直觉的把握来确立目标，制定战略。

领导人若想让自己的战略起到激励全社会的作用，就必须担起教育者的职责，需要宣讲目标，消除疑虑，争取支持。固然，国家按照定义拥有对武力的垄断，但依靠胁迫是领导力不足的表现。杰出的领导人能在人民心中激发起追随其脚步的愿望。领导人还必须启发自己的班子理解吃透自己的思想，将其应用于眼前的实际问题。这样一个活力充沛的班子是领导人内心活力的外在表现，它能在前进的征途中为领导人提供支持，减轻决策的难度。班子的质量能使领导人如虎添翼，也能令其难成大器。

领导人在履行这些职责时，需要具备勇气和坚毅的性格这两个重要品质。勇气和坚毅的性格也是连接过去与未来的桥梁——勇气有助于在复杂困难的各种选项中决定前进的方向，而这要求敢于超越常规；坚毅的性格有助于坚持沿着选定的道路走下去，虽然在选择之时无法完全看清好处和危险。勇气在决断时刻能唤起美德，坚毅的性格能强化对价值观的长期坚守。

过渡时期最需要领导力，因为过去的价值观与机构制度正日益变得无关紧要，值得向往的未来轮廓尚不确定。这时候需要领导人放飞思想，仔细分析：社会福祉的来源是什么？造成社会衰败的原因是什么？过去的哪些遗产应该保留，哪些需要调整或予以抛弃？哪些目标值得坚持？什么前景无论多么诱人都必须拒绝？还有，社会在危急关头是否具有足够的活力和信心，愿意为了实现更加美好的未来做出牺牲？

领导力决策的性质

领导人不可避免地受到各种制约。他们的行动受限于稀缺不足，因为每个社会的能力和影响力都面临着人口和经济的限制。领导人的行动也受限于所处时代，因为每个时代和每种文化都反映着当时普遍的价值观、习惯和态度，这些因素共同界定何为理想的结果。领导人在行动中还要面对竞争，必须与其他力量相争，无论是盟友、潜在的伙伴，还是对手。这些力量并非静止不动，而是随势而变，各有不同的能力和愿望。此外，形势发展瞬息万变，无法做到算无遗策，领导人必须依靠直觉和当时无法证实的假设来做出判断。对领导人来说，风险管理能力与分析能力同样至关重要。

领导人在这种稀缺不足、囿于时代、竞争激烈和情势多变的条件下做出的决断是为"战略"。战略领导力对前行之路的探寻可以比作走钢丝。杂技演员过于胆小或过于胆大都可能摔落。同样，领导人腾挪的空间也非常小，悬在过去的相对确定和未来的模糊不明之间。雄心过大——希腊人称之为狂妄——会落得筋疲力尽，而沉迷往昔、不思进取则会逐渐丧失重要性，最终陷入衰落。领导人若想到达目的地，迈出的每一步都必须做到手段与目的相匹配，意图与环境相符合。

作为战略家的领导人面临一个固有的悖论：一旦情势需要采取行动，决策空间最大之际恰恰是相关信息最少之时。等到有了更多的数据，活动余地已经缩小。例如，在一个竞争大国开展战略军备扩充的早期，或一种新型呼吸道病毒突然出现之时，很容易认为这种新现象不会长久，或者按照现有标准可以对之加以控制。等威胁到了无可否认或无法消弭的时候，行动范围已经受限，或者是应对威胁的成本已经升至难以承受的高度。一旦贻误时机，便处处掣肘。余下的选择中，哪怕是最好的办法，执行起来都很复杂，而且成功了好处不大，失败了却危险不小。

此时，领导人的直觉和判断就变得至为重要。温斯顿·丘吉尔对此非常清楚，他在《风云紧急》(*The Gathering Storm*，1948）中写道："呼唤政治家不是为解决容易的问题，那样的问题经常可以自我解决。当力量平衡摇摇欲坠，轻重缓急迷雾重重之时，才是做出能拯救世界的决定的机会。"[1]

1953年5月，一个美国交换生问丘吉尔，如何做好准备迎接担任领导人后将遇到的挑战。"研究历史，研究历史。"丘吉尔在回答中强调，"历史中蕴藏着治国之道的所有秘密。"[2] 丘吉尔自己对历史深有研究，也撰写过历史著作，他对自己所处的历史长河有着深刻的了解。

历史知识固然重要，但还不够。有些问题永远"迷雾重重"，就连博学多识、经验丰富之人也难以看透。历史通过类比给人以教诲，让人看到过去类似的情形。然而，历史的"教诲"本质上是近似性的。能否领悟历史的教诲是对领导人的考验，将其用于自己所处的环境是领导人的责任。20世纪初的历史哲学家奥斯瓦尔德·斯宾格勒说，"天生的"领导人"首先是个评估者——评估人、形势和事物……（有能力）在'不自知'的情况下做正确的事"[3]。此言捕捉到了这项任务的本质。

身为战略家的领导人还要具备艺术家的素质，要能够感知如何利用现有的材料塑造未来。戴高乐在思考领导力的《剑锋》(*The Edge of the Sword*，1932）一书中指出，艺术家"并不放弃使用自己的智力",毕竟,智力是"经验教训、方式方法和知识认知"的来源。艺术家在此之上又加了"我们称之为灵感的某种本能的能力",而只有灵感才能"直接触及自然,擦出重要的火花"。[4]

因为现实十分复杂,所以历史真理与科学真理有所不同。科学家寻求可证实的结果,熟读历史、身为战略家的领导人则努力从历史固有的模糊不明中提炼出可供行动参考的见解。科学实验能证实或质疑以前的结论,科学家能够改动变量,再试一次。战略家通常却只有一次机会,他们做出的决定一般是不可逆的。所以,科学家靠实验或推算了解真理;战略家至少部分地靠过去类似的情形来推理,首先需要确定哪些历史事件与目前情形可比,哪些过去的结论如今仍有意义。这样做的时候,战略家必须仔细选择可类比的事件,因为任何人都不可能真正经历过去。对过去的事,只能如荷兰历史学家约翰·赫伊津哈所说,好似"在记忆的月光下"想象。[5]

有意义的政治选择很少只考虑一个变量。明智决策需要综合考虑政治、经济、地理、技术和心理各个方面。这一切还要辅以借鉴历史的本能。20 世纪末,以赛亚·伯林在著述中谈到,不可能将科学思维运用到科学范围之外。他也谈到了战略家因此面临的持久挑战。他认为,领导人就像小说家或风景画家,必须吸收生活中所有炫目的复杂内容。

在有别于知识渊博、学问有成、见多识广的层面上,一个人是愚蠢还是明智,是明白事理还是蒙昧无知,要看他是否辨得出每一个形势独有的特点,也就是该形势具有的不同于所有其他形势的特点。正是这些特点使得该形势无法用科学的办法来处理。[6]

六位领导人和他们的背景

性格与环境相结合创造了历史。本书介绍的六位领导人——康拉德·阿登纳、夏尔·戴高乐、理查德·尼克松、安瓦尔·萨达特、李光耀和玛格丽特·撒切尔——都是由他们所处的波澜壮阔的历史时期塑造的。然后，他们又成为战后本国社会和国际秩序演变的建筑师。我有幸在他们六位处于影响力巅峰时期与他们相识，并有机会与理查德·尼克松有过密切的工作关系。这些领导人继承了一个因战争而失去了所有确定性的世界。他们为国家重新确定了目标，开辟了新的可能性，为变化中的世界创造了新的结构。

六位领导人中的每一位都经历了"第二个三十年战争"的洪炉，那是从1914年8月第一次世界大战爆发到1945年9月第二次世界大战结束期间发生的一系列毁灭性冲突。如同第一个"三十年战争"，"第二个三十年战争"同样从欧洲开始，但外溢到了世界其他地区。第一个"三十年战争"改变了欧洲，使其从一个合法性来自宗教信仰和王朝继承的地区，转变为一个以世俗国家的主权平等为基础、决心将自己的理念传遍全球的秩序。3个世纪后，"第二个三十年战争"对整个国际体系提出挑战，要它采用新的秩序原则来克服欧洲的失望幻灭，消除世界大部分地区的贫困。

进入20世纪时，欧洲正处于它全球影响力的巅峰，充满自信地认为它几个世纪以来的进步会永远持续下去，甚至认为此乃天命注定。欧洲大陆的人口和经济都在以空前的速度增长，工业化和日益放开的自由贸易催生了前所未有的繁荣。民主机制几乎存在于每个欧洲国家：在英国和法国处于主导地位；在仍是帝国的德国和奥地利尚不成气候，但重要性在增加；在革命前的俄国则是刚刚起步。20 世纪早期的欧洲知识阶层和托马斯·曼的小说《魔山》(*The Magic Mountain*）里的自由人文主义者洛多维科·塞滕布里尼一样，坚信"事态在向着对文明有利的方向发展"[7]。

这种乌托邦式的思想在英国记者诺曼·安吉尔 1910 年写的畅销书《大幻觉》(*The Great Illusion*）中达到顶点。该书认为，欧洲各国之间经济相互依存的增加使得战争的代价昂贵到无法承受。安吉尔宣称："人类正不可抗拒地从冲突转向合作。"[8] 此言和许多其他类似的预言很快就灰飞烟灭。破灭的预言中也许最值得注意的是安吉尔说的，"任何政府都不再可能采取《圣经》中的古老做法，下令消灭整个人口，连妇孺都不放过"[9]。

第一次世界大战掏空了国库，终结了王朝，毁掉了人们的生活。欧洲从未真正从那场大灾难中完全恢复过来。到 1918 年 11 月 11 日签署停战协议时，已有近 1000 万士兵和 700 万平民命丧黄泉。[10] 应召参军的士兵中，7 个人里就有一人再也没有回来。[11] 欧洲两代青年被耗尽——年轻男子战死沙场，年轻女子成为寡妇或孤身独处，无数孩子成为孤儿。

法国和英国是战胜国，但两国都精疲力竭，政治脆弱。战败国德国失去了所有的殖民地，债台高筑，对战胜国心怀怨恨，国内各个政党还互斗不止。奥匈帝国和奥斯曼帝国分崩离析。俄国则在经历了史上最激进的一场革命后,处身于所有国际体系之外。

在两次世界大战之间的岁月里,民主政体步履维艰,极权主义阔步向前,欧洲大陆陷入贫穷匮乏。1914年的崇武热情早已退去。1939年9月第二次世界大战爆发后,欧洲的态度是忧心忡忡夹杂着听天由命的无奈。这次整个世界和欧洲一样遭了难。住在纽约的英裔美国诗人W. H. 奥登写道:

> 愤怒与恐惧的电波
> 盘旋在光明
> 与昏暗的大地之上,
> 侵扰着我们的私人生活;
> 那难以言喻的死亡气息
> 侵犯着九月的夜晚。[12]

奥登这几句诗堪称未卜先知。第二次世界大战造成的死亡人数不少于6000万,主要在苏联、中国、德国和波兰。[13] 到1945年8月,从科隆和考文垂到南京和长崎,多少城市因炮轰、空袭、大火和内战被夷为废墟。大战过后,处处是破碎的经济、普遍的饥馑和疲惫的人民。此刻国家重建的昂贵成本令人望而生畏。德国的国家地位,甚至可以说它的合法性,都被阿道夫·希特勒毁坏殆尽。在法国,1940年第三共和国在纳粹进攻下土崩瓦解,到1944年才刚刚开始从道德虚空中恢复过来。欧洲大国中,只有英国保持了战前的政治制度，但它实际上处于破产境地，很快又要面对帝国的逐渐解体和持续的经济困难。

以上动乱给本书介绍的六位领导人中的每一位都留下了不可磨灭的印记。康拉德·阿登纳（生于1876年）从1917年到1933年任科隆市长，政治生涯涵盖两次大战之间因莱茵兰问题与法国发生的冲突和希特勒的兴起。在第二次世界大战期间，他两次遭纳粹监禁。从1949年起，阿登纳放弃了德国数十年来对统治欧洲的追求，使德国牢固地扎根在大西洋联盟之中，并在反映他自己信奉的基督教价值观和民主信念的道德基础上重建了国家，带领德国度过了它历史上的最低潮。

夏尔·戴高乐（生于1890年）第一次世界大战时在威廉二世的德国当了两年半的战俘。在第二次世界大战中，他起初担任一个坦克团的指挥官。法国沦陷后，他两次重建了法国的政治结构——第一次在1944年，为的是恢复法国的本质；第二次在1958年，为的是重振法国的国魂，防止内战。戴高乐引领了法国的历史过渡，从一个输掉战争、四分五裂、不堪重负的帝国转变为一个有合理的宪法做依靠的稳定、繁荣的民族国家。在这个基础上，戴高乐使法国在国际关系中重新发挥了重要的、可持续的作用。

理查德·尼克松（生于1913年）从自己在第二次世界大战中的经历中学到，他的国家必须在新生的世界秩序中发挥更大的作用。尽管尼克松是唯一被迫辞职的美国总统，但他在1969—1974年缓和了超级大国之间在冷战高峰期的紧张关系，并带领美国从越南战争中脱身。其间他与中国建立了关系，开启了给中东带来巨变的和平进程，并强调基于平衡之上的世界秩序观，美国的外交政策因此在全球各地发挥了建设性的作用。

本书讨论的领导人中有两位在第二次世界大战中是殖民地臣民。安瓦尔·萨达特（生于1918年）作为一名埃及军官，在1942年因企图与德国陆军元帅埃尔温·隆美尔合作将英国人赶出埃及而被捕入狱两年，然后在亲英的前财政大臣阿明·奥斯曼遇刺后又被判刑3年，其间多数时间是单独监禁。萨达特长期受革命思想和泛阿拉伯理念的激励。1970年贾迈勒·阿卜杜勒·纳赛尔突然离世后，他被推上埃及总统之位。此时的埃及正沉浸在1967年战争败于以色列的震惊和沮丧之中。萨达特精明地将军事战略与外交相结合，努力收复失地，重建埃及的自信，同时本着超越当下的理念实现了与以色列长期以来渺不可及的和平。

李光耀（生于1923年）在1942年差一点被日本占领者处决。他主导了太平洋岸边强邻环伺的一个贫穷的多族裔港口城市的演变。在他的领导下，新加坡发展成为一个安全、良治、繁荣的城市国家。它的文化多种多样，但它有共同的国家身份来确保国民的团结。

玛格丽特·撒切尔（生于1925年）在不列颠之战期间和家人一起围在收音机旁聆听首相温斯顿·丘吉尔的战时广播。1979年，撒切尔夫人接手的英国丧失了全球影响力，国际重要性也大为下降，曾经的老大帝国因此萎靡不振。她通过经济改革和大胆谨慎的外交政策实现了国家的重新振兴。

在究竟是什么原因导致世界误入歧途的问题上，六位领导人从"第二个三十年战争"中各自得出了结论，同时深深认识到果断无畏和抱负远大的政治领导力的不可或缺。历史学家安德鲁·罗伯茨提醒我们，虽然对"领导力"最通常的理解暗含它天然性善的意思，但领导力"其实在道德上完全是中性的，既能把人类带上阳光普照的高地，也能把人类带入深渊。领导力是一种威力大得可怕的变化无常的力量"，我们必须努力将其用于实现符合道德的目标。[14]

领导力的典范：政治家和先知

大部分领导人不是目光远大型人物，而是管理型人物。每个社会、每个层级的机构都需要管理人员来指导机构的日常运作。但是在危机时期，无论是战争爆发、技术迅猛变化、经济严重失常，还是意识形态动乱，维持现状都可能是风险最大的办法。有些社会比较幸运，在这样的时刻出现了变革性领导人。这样的领导人可以分为两种理想类型：政治家和先知。[15]

目光远大的政治家明白，自己担负着两大重任。第一个任务是通过操纵环境来保全社会，而不能被环境压倒。这样的领导人会拥抱变化和进步，同时确保在自己推动的演变过程中，本国社会仍旧不失基本的自我。第二个任务是牢记自身的局限，在追求愿景时保持谨慎。这样的领导人无论结果如何，自己都承担责任。对于许多以失败告终的伟大希望、无数无法实现的良好意图，以及人类事务中如附骨之疽的自私、贪权和暴力，他们一般都有清醒的认识。具有这种领导力的政治家通常会做好安排，以防哪怕是最周密的计划中途流产，或最雄辩的陈词别有用心。他们一般对那些将政策个人化的人抱有怀疑，因为历史表明，主要依靠某一个人的组织结构是脆弱的。这样的领导人雄心远大但不追求根本性变革，在工作中遵循着他们眼中的历史脉络，在推动社会向前的同时，将本国的政治制度和根本价值观看作留给后世的历史遗产（不过在保留精髓的前提下做了改动）。政治家型的睿智领导人看得出何时需要超越现有的机构制度和价值观，适应新的环境。但是他们明白，自己的社会要兴旺，就必须确保做出的改变不超出社会的承受能力。此类政治家包括塑造了威斯特伐利亚国家体系[①]的17世纪领导人，也包括19世纪的几位欧洲领导人，如帕麦斯顿、格莱斯顿、迪斯累里和俾斯麦，20世纪的西奥多·罗斯福、富兰克林·罗斯福、穆斯塔法·凯末尔·阿塔图尔克和贾瓦哈拉尔·尼赫鲁也都是政治家型领导人。

第二类领导人是目光远大型的，或称先知型。他们看待现有的机构制度不是考虑可能做到什么，而是考虑为了未来的愿景必须做什么。先知型领导人用自己超越当下的远见作为自己正确的证明。他们渴望有一张白纸供他们挥洒自己的宏图，所以将抹掉过去当成头等大事——精华和糟粕一概去除。先知的高明在于他们重新定义了可能性。他们是萧伯纳将"所有的进步"归功于斯的所谓的"非理性的人"[②]。先知型领导人相信终极解决，通常不信任渐进方法，

[①] 威斯特伐利亚体系建立于17世纪"三十年战争"结束后。作为其成员的战后幸存国家立国的基础是国家利益和主权，不再像中世纪那样以宗教或王朝为基础。

[②] "理性的人让自己适应世界，非理性的人坚持让世界适应自己。因此所有的进步都依赖于非理性的人。"（萧伯纳，《人与超人》）

认为那是对时代和环境不必要的让步。他们的目标是超越现状，而非管理现状。阿肯那顿、圣女贞德、罗伯斯庇尔、列宁和甘地均属于历史上的先知型领导人。

两种领导人类型之间的分界线看似绝对，其实并非不可逾越。领导人可以从一种类型转到另一种类型，或主要以一种类型的方式行事，但也采用另一种类型的做法。丘吉尔在他的"在野岁月"、戴高乐在作为"自由法国"运动领导人之时，都属于先知一类，1973年后的萨达特也是先知型。本书介绍的六位领导人在实际工作中都是这两种类型的结合，虽然更倾向于政治家类型。

古人当中，这两种类型的最佳结合体现在地米斯托克利的领导力之中。这位雅典领导人拯救了雅典这个希腊城邦，使其免于被波斯帝国吞并。修昔底德说，地米斯托克利"既是在不容思考的突发危机中最好的决断者，也是预见未来的最好的先知，甚至可以预知最遥远的可能性"[16]。

这两种类型的领导人若是碰到一起，经常难分轩轾且令人气沮，因为衡量他们成功的标准有所不同。对政治家的考验是看政治结构在压力下能否持久，而衡量先知的成就用的是绝对标准。政治家评估某个办法是看它是否有用，而不是看它是不是"真理"；先知则认为这种态度等于亵渎，是权宜之计压倒了普世原则。对政治家来说，谈判是实现稳定的机制；对先知来说，谈判可以成为说服对手或打消其气焰的手段。政治家认为，维护国际秩序重于秩序内的任何争端；先知则一心追求自己的目标，不惜推翻现有秩序。

两种类型的领导力都曾造成巨变，尤其是在危机时期，不过，先知型领导令人振奋激动，通常会造成更大的混乱与痛苦。两种类型都有自己的克星。政治家的难题是，平衡虽然是稳定和长期进步的条件，却不能自我维持。先知的风险是，在激昂的情绪中，人性可能被宏大的愿景所淹没，使个人沦为区区物体。

历史中的个人

领导人无论个人特性或行为类型如何，都必然面临一个无休止的挑战：如何防止因忙于眼前的事务而无暇考虑未来。平庸的领导人只顾管理眼前事务，伟大的领导人则试图带领全社会实现自己的愿景。关于如何应对这一挑战的辩论由来已久，早在人类开始思考人的意志与不可避免的力量之间的关系时就兴起了。19世纪以来，西方世界日益认为历史起着决定性作用，好似人身处一个庞大的过程中，完全受事件的摆布。人只是工具，不是创造者。20世纪，著名法国历史学家费尔南·布罗代尔等众多学者坚持将个人与他们造成的事件视为大潮涌动、势不可当的广阔海面上区区"水面涟漪"和"浪花泡沫"。[17] 包括社会历史学家、政治哲学家和国际关系理论家在内的思想领袖给尚不成熟的势力赋予了命运的力量。他们说，在"各种运动"、"各种组织结构"和"各种权力分配"面前，人类被剥夺了所有选择。由此推断，人类也只能放弃所有责任。这些当然是历史分析的合理概念，任何领导人都必须对其有所了解。但是，"各种运动"、"各种组织结构"和"各种权力分配"从来都是通过人力来实施的，也是经过人的视角过滤的。讽刺的是，个人为了邪恶的目的而巩固权力最好用的工具就是历史必然规律理论。

这就提出了一个问题：这些势力是某地固有的，还是会受社会和政治行动的影响？物理学教会我们，观察的过程会改变现实。同样，历史教会我们，人对环境的诠释塑造自身所处的环境。

个人在历史中重要吗？与恺撒或穆罕默德、路德或甘地、丘吉尔或罗斯福同时代的人根本不会问这个问题。在人的意志与不可避免的力量无休止的竞争中，本书讨论的领导人认识到，看似不可避免的结果是通过人的作为实现的。这六位领导人是举足轻重的人物，因为他们超越了自己所继承的环境，带领社会来到了可能性的极限边缘。

| 第一章 |

康拉德·阿登纳：恭顺战略

论领导力

复兴之必要

1943年1月,盟国在卡萨布兰卡会议上宣布只接受轴心国"无条件投降"。推动做出这一决定的美国总统富兰克林·罗斯福不想给希特勒之后的德国政府留下任何辩解的机会,说当初投降系受骗上当,盟国没有兑现许诺。德国在军事上一败涂地,道义和国际合法性丧失殆尽。德国国内的治理机构不可避免地走向土崩瓦解。

作为美军第84步兵师的一员,我亲睹了这一过程。当时第84步兵师正从鲁尔工业区附近的德国边境向邻近马格德堡的易北河推进,距离鏖战中的柏林仅100余英里[①]。第84步兵师越境进入德国后,我被调到一支负责安全的部队,对付希特勒下令开展的游击战。

6年前,我和家人为躲避种族迫害逃离了巴伐利亚小城菲尔特。对于有此经历的我而言,今天看到的德国与我幼年时居住过的德国差别之大简直令人难以想象。当年希特勒刚刚兼并了奥地利,马上就要肢解捷克斯洛伐克。德国人趾高气扬,几乎到了目空一切的地步。

---

① 1英里约等于1.6千米。——编者注

第一章 | 康拉德·阿登纳：恭顺战略

如今几乎家家户户窗外都挂起了白布单，以示当地百姓投降。几年前，德国人还憧憬称霸从英吉利海峡到伏尔加河的欧洲大陆，如今战战兢兢，困惑迷茫。成千上万流离失所的人——战时从东欧国家被强行拉到德国的劳工——成群结队在德国的城市街巷游荡，寻觅食物和栖身之地，希冀有机会返回故乡。

这是德国历史上的一段绝望时期。食品严重匮乏，很多人食不果腹，婴儿死亡率是西欧其他地区的两倍。[1] 原有商品和服务流通系统崩溃，被黑市取而代之。邮政服务要么残缺不全，要么荡然无存。铁路交通时有时无。由于战争造成的破坏和汽油短缺，公路交通几乎中断。

1945年春，占领国军队的任务是建立某种社会秩序，等待受过培训的军政府人员能够接替作战部队。七、八月间召开的波茨坦会议（丘吉尔／艾德礼、杜鲁门和斯大林）前后完成了这一转换。在这次峰会上，盟国把德国划分为4个占领区：包括巴伐利亚在内的德国南部一块为美占区；北部的莱茵兰和鲁尔河谷工业区为英占区；莱茵兰南部和阿尔萨斯一带为法占区；从易北河一直到奥德－尼斯河线一带为苏占区，奥德－尼斯河线成为波兰与德国的新边界。与战前相比，德国领土面积减少了将近四分之一。西方国家3个占领区分别被置于各占领国一位高级官员管辖之下，头衔是高级专员。

德国社会治理体系素来高效，说一不二。如今这一体系荡然无存。占领国军队行使至县（Kreis）一级的最高权力，才得以维持社会秩序。将近18个月后，通信才恢复到勉强可用的水平。1945—1946年冬燃料奇缺，4年后将出任总理的康拉德·阿登纳不得不穿着厚外套入睡。[2]

被占领的德国背负双重包袱：刚刚翻过的一页历史外加德国扑朔迷离的历史。德国统一后的74年里政体三易，先后经历了一个君主国、一个共和国和一个极权主义国家。第二次世界大战结束时，德国人记忆中的承平岁月还是德国统一之初奥托·冯·俾斯麦任宰相时期（1871—1890）。从俾斯麦时期到1914年第一次世界大战爆发，德意志帝国始终无法摆脱俾斯麦所谓的"噩梦"：德国的军事潜力和强横言辞导致他国结成针对它的敌对同盟。由于统一后的德国比任何一个周边国家都强大，人口也超过除俄罗斯外的其他邻国，德国不断增长的实力和潜在称霸能力演变为欧洲面临的永久性安全挑战。

第一次世界大战后，新成立的魏玛共和国陷入通货膨胀和接连不断的经济危机中，民生凋敝。魏玛共和国认为，战后缔结的《凡尔赛条约》中所含惩罚条款是对德国的欺凌。1933年希特勒上台后，德国试图把它的极权体制强加给欧洲各国。简而言之，整个20世纪上半叶，统一后的德国要么过于强大，要么过于虚弱，无论过强还是过弱，对于欧洲和平都不是好事。1945年年末，德国在欧洲和世界沦落到自国家统一以来最软弱无力的地步。

恢复这一被压垮的社会的尊严和合法性的重担落到了康拉德·阿登纳肩上。阿登纳曾任科隆市市长达16年之久，之后被希特勒解职。鉴于阿登纳的经历，他是挑起这一重担的不二人选。阿登纳要扮演的角色既需要恭顺，以应对无条件投降带来的后果，又需要坚毅的性格，为自己国家重新赢得国际地位，加入民主国家的行列。阿登纳出生于 1876 年,距离俾斯麦统一德国仅过去 5 年。阿登纳一生与家乡科隆这座城市结下了不解之缘。科隆市哥特式大教堂巍峨矗立在莱茵河畔。历史上科隆曾是一批重商城邦国组建的"汉萨同盟"的要冲。

阿登纳成年后,亲历了俾斯麦去职后德国江山的三次易主:咄咄逼人的德皇、风雨飘摇的魏玛共和国、冒险成性的希特勒,最后走向自我毁灭,国家分崩离析。阿登纳努力在一个合法的战后秩序中为本国重新赢得一席之地。然而他面对的是全世界对德国的憎恶。在国内,德国人因革命、世界大战、种族灭绝、战败、分治、经济崩溃和道德丧失而迷惘失落。阿登纳选择了一条结合了恭顺和有胆有识的道路:承认德国犯下的罪行,接受战败和毫无反抗之力带来的惩罚,包括国家分治;同意拆除本国工业基地设施作为战争赔偿;通过自己的顺从寻求建立一个新的欧洲架构,使德国能够成为其中一个可信赖的伙伴。阿登纳希望,德国可以成为一个正常的国家。但他深知,德国对那段非正常时期的记忆会永远挥之不去。

从早年岁月到国内流放

阿登纳的父亲约翰曾是普鲁士军队中的一名下级军官,后来在科隆市政府做了 30 年职员。约翰仅受过小学教育,于是决心为自己的孩子提供受教育和职业发展的机会。阿登纳的母亲同样重视孩子的培养,她的父亲是一位银行职员,她靠做针线活补贴家用。夫妻两人精心培养小康拉德,向他灌输他们笃信的天主教价值观。[3]

对罪孽和社会责任的认知贯穿阿登纳的童年时代。阿登纳在波恩大学求学期间养成了一个习惯,深夜苦读困乏不支时,把双脚伸入一个冰水桶里解乏,因此扬名校园。[4] 阿登纳获得法律学位后,受父亲的职业影响,1904 年选择加入科隆市政府公务员队伍,被授予助理市长一职,主管税收。1909 年,阿登纳晋升为第一副市长。1917 年出任科隆市长[①]。

历任科隆市长通常出自市政府公务员队伍。在阿登纳的领导下,科隆公务员努力恪守职业操守,不与当时充斥暴力、激烈倾轧的党派同流合污,阿登纳的声望与日俱增。1926 年,柏林甚至讨论是否把他作为一个民族团结政府的总理候选人。作为接受总理候选人的条件,阿登纳要求组建一个超党派联盟。此事最终因组建这样一个联盟困难重重不了了之。

1933 年 1 月 30 日,希特勒被指定为总理。阿登纳的举动首次吸引全国目光与希特勒上台有关。为了巩固自己的地位,希特勒举行了大选,同时向德国议院提交了所谓的《授权法案》,暂时中止法治和政府机构的独立地位。希特勒被指定为总理当月,阿登纳 3 次公开与希特勒唱对台戏。身为科隆市长,阿登纳也是普鲁士上院的当然议员。他在上院对《授权法案》投了反对票。大选期间,阿登纳接到邀请,要他去科隆机场迎接来科隆竞选的希特勒。他拒绝了。大选前一周,阿登纳下令把桥梁和其他公共纪念碑上的纳粹

---

① 1917 年,德皇威廉二世把科隆市长称号改为 lord mayor。参见 Dr.Mathias Oppermann, Biography of Konrad Adenauer, Konrad Adenauer Foundation (Konrad-Adenauer-Stiftung) archives, https://www.kas.de/en/Konrad-adenauer.

旗帜取下来。希特勒毫无悬念赢得大选一周后，阿登纳被免职。

阿登纳被解职后，找到一位在一家本笃派修道院任院长的昔日同窗好友寻求庇护。好友答应了他的请求。同年4月，阿登纳躲进科隆市以南50英里外拉赫湖边的玛丽亚·拉赫修道院。他在这里潜心研读了教皇利奥十三世和庇护十一世发布的两份通谕。通谕依据天主教教义分析社会政治形势，尤其是现代工人阶级不断变化的现状。[5]阿登纳在两份通谕里看到了与他个人政治信念相契合的理论：强调基督徒身份而不是政治身份；谴责共产主义和社会主义；通过谦恭和基督教慈善工作缓和阶级斗争；保障自由竞争，反对卡特尔垄断。[6]

阿登纳在玛丽亚·拉赫修道院没能住多久。圣诞节期间修道院举办了一场弥撒，四周的民众纷纷前来向阿登纳表示支持。纳粹官员向修道院院长施压，逼迫他赶走这位深孚众望的客人。翌年1月，阿登纳离开了修道院。

此后10年里阿登纳生活艰辛，漂泊不定，数次身陷险境。1944年7月，普鲁士上层阶级代表，包括纳粹上台前政治军事阶层旧成员暗杀希特勒未遂。此后，阿登纳处境更加险恶。希特勒疯狂报复，一心要把参与谋杀他的人斩尽杀绝。一段时期内，阿登纳不停变换停留地点，在一个地方停留的时间从不超过24小时，从而躲过了那些死于希特勒毒手的人同样的命运。[7]身处险境的阿登纳始终没有改变反对希特勒践踏法治的立场。他认为法治是现代国家不可或缺的条件。[8]阿登纳虽是一位著名的持不同政见者，却始终不愿加入反纳粹政权的密谋者行列，无论密谋者是文官还是武将，主要原因是他对密谋者能否成事心存疑虑。[9] 如一位学者所说，"阿登纳及其家人想方设法避开公众目光，不事声张地过平静的生活"[10]。

尽管阿登纳已经离开了政坛，但最终还是被纳粹投入监狱。1944 年秋天他被关押了两个月。透过牢房的窗子，他目睹多人被枪决，其中有一位年仅 16 岁的少年。犯人受刑的阵阵惨叫声从囚室上方飘入他耳中。

阿登纳在德军中服役的儿子马克斯设法使父亲获释。1945 年 2 月，美军坦克开进莱茵兰。德国军事上被打败，道义上抬不起头，经济摇摇欲坠，政治上四分五裂。阿登纳开始思索自己在战后德国是否可以发挥某种作用。[11]

通向领导力之路

第二次世界大战最后一年，希特勒疯狂报复 7 月政变者，有心想取代他的人被杀得所剩无几。关入集中营的一些社会民主党的高级领导人活了下来，其中有日后阿登纳的对手库尔特·舒马赫。这些人有担任总理的政治资历，但因支持者人数有限，无法赢得公众对执行国家无条件投降和惩罚条款的支持。而要获取西方盟国的信任，首先必须执行这些条款。

1945 年 5 月，先期占领科隆的美军任命阿登纳为市长。根据《波茨坦协议》，科隆随后被移交给英国当局。摩擦随之而起。不出几个月，英国人罢免了阿登纳。暂时受英国排挤出局的阿登纳不动声色，埋头打造政治根基，为日后德国恢复自治做准备。

1945年12月，阿登纳出席了一个兼有天主教和新教色彩的新党建党会议。出席会议的有阿登纳任科隆市长时有过交往的天主教中央党前成员，还有属于保守派的德意志民族人民党和属于自由派的德国民主党前成员。其中很多人反对过希特勒，一些人因抵制希特勒坐过牢。这批人没有明确的政治方向和理论，首场会上论调的社会主义色彩甚至浓于传统自由派色彩，结果确立基本纲领的问题被暂时搁置。阿登纳持有反对意见是搁置的一个原因。与会者仅敲定了新党的名字：基督教民主联盟（简称"基民盟"）。[12]

翌月，阿登纳确立了基民盟的政治思想路线，将其定位为一个倡导民主、社会保守和欧洲一体化的政党，摈弃德国刚翻过的一页历史和一切形式的极权主义。1946年1月，基民盟重要成员在英占区内位于北莱茵-威斯特法伦州的黑尔福德召开大会。会上阿登纳阐述了以上方针，巩固了自己在这个新诞生的政党中的领导地位。

1946年3月26日，阿登纳首次在战后公开发表演讲。阿登纳的政治才华在这次演讲中显露无遗。被战火毁坏严重的科隆大学大厅内聚集了数千听众。阿登纳抨击了希特勒统治时期德国的所作所为，然后问在场听众，纳粹怎么会上台执政？阿登纳指出，纳粹上台后犯下了"滔天罪行"，德国人只有面对这段历史，才能迈向美好未来。[13]为了祖国的复兴，德国人需要这样做。从这个视角看，第二次世界大战后的德国需要彻底改变第一次世界大战后的心态。德国不应再次沉溺在民族主义的自恋中，而是要在一个逐步走向统一的欧洲内找到自己的未来。阿登纳是在宣布一项恭顺战略。

阿登纳身材高大，给人泰山崩于前而色不变之感。他讲话简短扼要，不过抑扬起伏的莱茵兰语调使他的语言变得柔和，不像普鲁士人说话那么生硬——马克·吐温曾把普鲁士人的讲话风格形容为语句如同列队行进的士兵，在谈话中大踏步走过（历史上莱茵兰一直是自治领土，1814—1815年才被普鲁士兼并）。阿登纳浑身上下洋溢着活力和自信。他的风格与标志希特勒时代的大吼大叫、蛊惑人心的魅力有天壤之别，反映了对第一次世界大战前那一代人的那种安详的权威的渴望——那一代人行使权威遵从克制和共同价值观规则。

阿登纳的上述特点，加之过去10年里他显而易见地疏远希特勒给他带来的社会声望，使他成为新成立的民主政党领导人的最佳人选。不过阿登纳是一个为达目的不惜玩弄手腕的人物。在基民盟首次大会上，会议桌上首只摆放了一把椅子。阿登纳大步流星走到椅子前，开口说："我生于1876年1月5日，在场的诸位中恐怕数我最年长了。若无人反对，论资排辈，主席一职我就当仁不让了。"众人听后大笑，默认了他的主席职位。从这一刻起，阿登纳连续15年一直领导基民盟。[14]

阿登纳在制定基民盟纲领上起了关键作用。这一纲领敦促德国人摈弃德国昔日的历史，全身心接受基于基督教理想和民主原则的复兴精神：

> 丢掉已逝时代的口号吧！抛弃对生活和国家的厌倦吧！我们大家活得一样艰辛。我们只有埋头苦干。现在甘于陷入

虚无和冷漠是对自己亲人的背叛，也是对德国人民的背叛。基民盟呼吁一切力量坚信德意志民族优良品质，坚定不移把基督教理念和真正民主的崇高理想作为国家复兴的基础。[15]

阿登纳始终对大难临头的可能性有清醒认识，甚至是念念不忘。他认为德国无论在道义上还是在物质上都不够强大，难以独善其身。任何这样的尝试只会以灾难告终。位于欧洲大陆腹地的新德国需要丢弃之前奉行的诸多政策和观点，尤其是出于投机目的利用它的地理位置翻云覆雨，还需要放弃普鲁士与俄国结好的倾向（普鲁士是德国军国主义发源地。1947年，盟国正式废除了普鲁士作为德国一个邦的地位）。阿登纳的德国一改旧日做法，在国内把天主教地区和基督教普世价值观作为民主制基石，在国际上与西方结盟，尤其与美国结成安全同盟。[16]

波恩是一座田园色彩浓厚的大学城，二战期间没有遭受过轰炸，因此被选作德意志联邦共和国的临时首都，待德国统一后首都再改回柏林。这也是阿登纳本人的意愿，波恩距离他的家乡罗恩多夫村不远，远离政治波澜。1948年9月在选定波恩为首都一事上，阿登纳起了很大作用。当时阿登纳还不是总理，只是基民盟党魁和议院委员会主席。这是一个由德国政界人士组成的小组，受盟国指派负责规划德国政治发展道路并起草一部新宪法，也就是《基本法》。日后阿登纳不无诙谐地说，他之所以说服了议院委员会同意把波恩作为首都，是因为罗恩多夫村太小了（人口不足2000人），实在没法把首都设在那里。[17]阿登纳还否决了堪称大都市的慕尼黑，理由是巴伐利亚人有好冲动的名声。阿登纳鄙夷地说，首都不能与马铃薯地为邻。阿登纳对诸如法兰克福这样的大城市也嗤之以鼻，1848年法兰克福曾是一个短命议会所在地，大城市里的公众示威和骚乱有可能扭曲未来的民主。

恢复社会秩序和出任总理

1946年，德国重建缓慢起步。越来越多的高级官员逐步由选举产生，政府机构逐渐恢复，政治职责逐渐移交给了德国人。1947年1月，美国和英国为各自占领区制定了一项共同经济政策。翌年法国也加入了这一政策，从而形成了一个"三国共占区"。经济学家路德维希·埃哈德被任命为经济委员会主任，负责主持使用新货币——德国马克——的平稳过渡。与此同时，埃哈德还废止了价格管制和食品定量分配制。埃哈德推行的大胆经济政策刺激了复苏，使德国后来能够在盟国批准的宪法基础上重建政治结构。[18]

德国无条件投降4年后，1949年5月23日，一部新德国宪法（《基本法》）生效，由3个西方国家占领区组成的德意志联邦共和国正式成立。几个月后，德意志民主共和国也正式成立，取代了原苏占区。

德国分治现在成了欧洲分界线的一面镜子。这一过程的最终结果是同年8月举行的选举产生了联邦议院。9月15日，联邦议院经表决选出了总理。依照宪法，总理人选需要获得绝对多数选票，用指定人选替换总理同样需要绝对多数选票，这是保持国家稳定的一项措施。阿登纳在这个残缺不全的国家的议院仅以一票优势（应该是他给自己投的一票）当选总理。此后，他连续4次赢得大选，在总理位上长达14年。

德国主权依然受到严格限制。盟国向被占领的西德派出了高级专员，在当地行使最高权力。盟国在正式声明中说，德国人民将"享有最大可能的自治"。但同时盟国又规定，在一些问题上三位高级专员及其他占领机构有最终决定权，这些问题涵盖从外交到"对资金、食品及其他物资的使用等领域"[19]。德意志联邦共和国成立于5月，此前两周颁布了《占领法规》，其地位在《基本法》之上。此外还有一个《鲁尔法规》，该法规确立了盟国对鲁尔工业腹地的控制，还为拆除德国工业设施用于赔偿制定了标准。[20] 不过另一处工业基地萨尔山谷获得特殊自治地位的时间相对较早。

1949年9月21日这一天，维持盟国权力与恢复德国自治之间的矛盾凸显。三国高级专员齐聚波恩欢迎德意志联邦共和国新总理，也是希特勒之后首位合法继任者阿登纳。就职仪式开始前，阿登纳向三位高级专员申明，他不会挑战德国分治，也不会挑战作为无条件投降的代价、盟国强加给德国的种种法规对德国主权的限制。但是，阿登纳利用就职典礼的机会向人显示，他会不失尊严和自尊地接受这些限制。在为三位盟国高级专员划出的红地毯区边沿外，也为阿登纳留出了一块地方。就职仪式开始后，阿登纳把礼宾规则抛到一边，从为他留出的位置走到红地毯区内，与几位高级专员并排站在一起。此举显示，虽然新成立的联邦共和国接受德国侵略行径带来的后果，但会坚持未来享有平等的地位。

阿登纳在接受任职的简短致辞中强调，他作为总理接受《占领法规》和对德国主权的其他种种限制。阿登纳指出，德国遵守法规条款和德国分治一起被写入《占领法规》。鉴于他接受德国为此做出的牺牲，阿登纳敦促盟国高级专员以"开明和慷慨的方式"执行法规条款，利用这些条款促进变革和发展，从而使德国人民在适当时候有可能获得"充分自由"。

阿登纳就职演说的要旨不是呼吁战胜国对德国宽宏大量，而是反映了他对新欧洲抱有的前所未有的愿景，他正在把新德国与新欧洲系在一起。阿登纳发誓，德国决不会重蹈民族主义或战前试图称霸欧洲野心的覆辙，阐述了建设"一个积极向上和切实可行的欧洲联邦"的理由。这一联邦旨在克服"19 世纪和 20 世纪初盛行的狭隘民族主义国家观……如果现在我们重返诞生于基督教的欧洲文明之源，在一切领域恢复欧洲生活和谐的愿望就一定会实现。这是维护和平的唯一有效保证"[21]。

阿登纳这篇演讲意味着他的国家正在经历一场深刻变革。在无条件投降背景下，阿登纳呼吁战胜国平等对待德国不失为精明之举。这是当时德国能向盟国提出的唯一诉求。

阿登纳在这次演讲中还展示了意义深远的远景。新总理接受了本国无限期的（有可能是永久的）分裂，同时又与占领德国的几个大国一道宣布了一项外交政策：阿登纳承认德国的屈从地位，同时又宣布了国家目标——与德国在欧洲的宿敌结为联邦并与美国结盟。

阿登纳用朴实无华的语言提出了以上富于远见的观点。在他看来，国家义务本身就是理由，华丽的辞藻只会使人偏离这一根本认识。阿登纳的质朴语言风格还显示了他对未来新德国在通过共识塑造一个新欧洲方面将发挥的作用的设想。

过去一个多世纪里，没有一位欧洲领导人遇到过让自己国家重返国际秩序的挑战。拿破仑战争结束后法国一败涂地，首都被外国军队占领，然而法国的民族团结没有受损，战后维也纳和会接受了出任法国高级谈判代表的塔列朗，给予他代表的历史大国平等权利。阿登纳在更为严酷的环境下接过了同样的重担。德国的邻国不接受德国与它们享有平等地位，它们认为德国仍处于"考察期"。

对于一个战败的、毫无斗志的社会，恢复民主主权是对政治家治国理政才能的最艰巨的挑战之一。战胜国不想给予前敌人恢复元气所需的法律权威，更不要说能力了。被打趴在地的战败国根据它能够重新掌控自己未来的程度和进度评估收复主权进展的快慢。阿登纳胸有韬略，腹有良谋，克服这些障碍不在话下。他的恭顺战略有4个要素：（1）接受战败后果，（2）重新赢得战胜国信任，（3）建设一个民主社会，（4）建立一个超越欧洲历史性分裂的欧洲联邦。

走向新国家身份之路

阿登纳认为，加强与西方国家的关系，尤其是加强与美国的关系，是恢复德国世界地位的关键。1949年，美国国务卿迪安·艾奇逊与阿登纳首次会面。他在回忆录里激动地讲述了这次会面：

阿登纳的思路蕴含的想象力和睿智给我留下深刻印象。让德国完全融入西欧令他魂牵梦萦。阿登纳甚至把这一目标看得比不幸分裂的德国再次统一还要重。阿登纳理解德国的邻国为什么把德国融入西欧视为德国再次统一的先决条件……他希望德国人成为欧洲公民，与欧洲携手，尤其是与法国携手一起促进共同利益和对未来的看法，化过去几百年的干戈为玉帛……德法两国必须是欧洲涅槃重生的领头羊。[22]

美国提出的一项经济复兴计划为实现以上目标助了一臂之力。1947年6月5日，国务卿艾奇逊的前任、前陆军参谋长乔治·马歇尔将军在哈佛大学阐述了这一计划：

我们的政策不是针对某一国家或某个理论，而是针对饥饿、贫困、绝望和混乱。这一政策应着眼于恢复世界经济的正常运转，从而能够产生自由机构赖以生存的政治社会条件。[23]

阿登纳认为，马歇尔的讲话和此后正式出台的马歇尔计划给了他默认《1949年鲁尔协议》的理由，该协议是盟国继续控制德国工业的手段之一。在阿登纳眼里，马歇尔计划对压榨德国的做法踩了一脚刹车。尤其重要的是，他认为马歇尔计划是朝着欧洲联邦化迈出的第一步。

如果《鲁尔法规》被用作打压德国经济的手段，马歇尔

第一章｜康拉德·阿登纳：恭顺战略

计划就是诞妄不经……如果《鲁尔法规》被用作促进德国和欧洲利益的手段，如果它意味着西欧一个新经济秩序的开端，那么这个法规就可以成为欧洲合作一个有希望的起点。[24]

不无讽刺的是，库尔特·舒马赫领导的德国社会民主党（简称社民党）现在成了阿登纳在国内的最大反对派。社民党始终坚定信奉民主，对民主的追求可以追溯至德国立国之初。德意志帝国时期，社民党受到各主要党派排斥，原因是其他党派觉得，社民党作为一个马克思主义政党不是可靠的民族主义者。希特勒当政时期，社民党领袖舒马赫被关押了10多年，疾病缠身。他认识到，自己的党永远无望赢得战后大选，除非把确立自己的民族特征作为党的宗旨，因此他反对阿登纳靠恭顺实现复兴的战略。"作为一国人民，德国政策必须由我们制定。这意味着政策不是由某一外国意愿决定，而是我国人民意愿的产物。"[25] 舒马赫于是开始为民粹主义摇旗呐喊。鉴于社民党走过的历史，他的这一主张完全可以理解。然而，舒马赫的主张与德国无条件投降和欧洲在希特勒德国统治下的经历完全脱节。

阿登纳同样信奉社民党的民主原则，不过他支持民主制还有战略上的考量。阿登纳决心把恭顺变成一种美德。他认识到，暂时的不平等是实现平等地位的先决条件。1949年11月阿登纳在议院辩论时强调了这一点，他大声吼道（实为罕见）："你们以为谁战败了？"[26] 恭顺是唯一出路。阿登纳解释说："盟国告诉我，只有我满足它们的安全需求，才会停止拆除工厂设备。"随后他不无尖刻地质问："社民党是想让它们一直拆下去，直到把所有工厂拆干净为止吗？"[27]

阿登纳还有一个根本目标——与法国和解。1948年，阿登纳与时任法国外交部长的罗伯特·舒曼首次会面。当时法国奉行的政策是解除德国工业生产能力，把萨尔地区置于法国控制之下。阿登纳重新诠释了这一问题。最大的挑战与战略和金融无关，而是涉及政治和道德。阿登纳就任总理前，1949年7月致函舒曼，在信里进一步阐述了这一思想：

> 愚以为，与给德意志民族士气造成的巨大伤害相比，一国从分到的被拆除工厂设备中获取的任何经济好处相形见绌……您对法德和解问题和欧洲合作原则的认识尤其深刻。我恳求您找到办法终止这种不可理喻的做法。[28]

在国内，阿登纳强调，顺从盟国采取的种种惩罚性措施是唯一明智做法。1949年11月3日，阿登纳接受了德国《时代周报》的专访，他说：

> 如果我们抵制《鲁尔法规》和鲁尔国际管制局，法国会把它解读为德国民族主义苗头，将其视为德国抗拒一切监督。这种态度会让人觉得像是在消极抵制安全本身。必须防止出现这种情况。[29]

第一章 | 康拉德·阿登纳：恭顺战略

阿登纳的对策被证明很有效。当月晚些时候，盟国邀请阿登纳与对德管控委员会（the Occupation Authority）谈判，以建立一种新关系，削减原定要拆除的工厂数量，同时为德国加入同年成立的欧洲委员会制定路线图。11 月 24 日，阿登纳向联邦议院提交了新协议。当时联邦议院议员的民族主义情绪依然强烈。舒马赫情绪异常激动，称阿登纳是"盟国总理"。舒马赫因出言不逊被暂停议员资格，时隔不久又重返议院，马上对阿登纳火力重开。[30] 阿登纳回应时强调，恭顺是实现平等之路。

> 我认为，无论我们做什么，都必须清醒地认识到，如今国家山河破碎，实力荡然无存。为了逐渐增加自身实力，我们德国人必须与盟国谈判。但我们必须看到，谈判中心理因素作用甚大，不能一上来就要求或期待对方信任我们。绝不能想当然地认为，其他国家对德国的情感骤然有了一百八十度转变。信任只能一点一点地恢复。[31]

阿登纳的方针在国内遭到反对派的冷遇，但受到德国邻国的欢迎。1950 年 3 月，欧洲委员会邀请联邦德国加入，不过是作为准成员国。阿登纳在写给内阁的一份备忘录中，敦促内阁同意加入欧洲委员会："截至目前，这是唯一出路。我必须告诫你们，切不可因德国搅黄欧洲谈判招人憎恨。"[32]

3 个月后，热衷于把德法两国捆绑在一起的罗伯特·舒曼抛出一份取代鲁尔国际管制局的计划。1950 年 5 月 9 日公布的舒曼计划为日后成立的"欧洲煤钢共同体"（ECSC）开辟了道路。从表面看，它不过是一个煤钢共同市场，但其实这一计划意在为政治目标服务。舒曼宣称，有了这项协议后，"法德之间的战争不仅不可思议，物质上也极不可能"[33]。

阿登纳在一次记者招待会上对舒曼计划表示赞同，见解与舒曼所言大同小异。阿登纳表示，该计划"为彻底根除未来法德冲突奠定了真正的基础"[34]。阿登纳在会见法国国家计划委员会主席、日后（1952—1955）欧洲煤钢共同体高级机构首任主席让·莫内时，又进一步发挥了舒曼的观点："人们对这一计划抱有殷切希望。相关各国政府不应眼睛只盯着自己的技术职责，而是应该更关注自己的道义责任。"[35] 1950年5月23日，阿登纳致函舒曼，再次强调了非物质目标："事实上，只有我们的工作不完全拘泥于技术和经济考虑，而是把道德作为工作基础，我们才能如愿以偿。"[36]

舒曼计划加快了德国加入一个统一欧洲的步伐。1951年2月，阿登纳在波恩的一次演讲中说：

> 舒曼计划有利于建设统一欧洲的目标。因此，从一开始我们就赞成孕育了舒曼计划的想法。此后我们对此一直坚信不疑，尽管有时处境异常艰难。[37]

1951年3月19日，欧洲煤钢共同体成员国草签了《欧洲煤钢共同体条约》。翌年1月，联邦议院以378票对143票对《欧洲煤钢共同体条约》进行了表决。[38] 联邦参议院（代表德意志联邦共和国10个州的上院）流露出死而不僵的德国民族主义情绪，呼吁阿登纳"确保盟国高级委员会完全废止对德国境内煤钢生产施加的一切限制，把西柏林明确纳入欧洲煤钢共同体管辖区内"[39]。最终西柏林被纳入欧洲煤钢共同体。在新成立的煤钢共同体指导下，德国煤钢产量开始增加。依照舒曼的建议，欧洲煤钢共同体还正式取代了（至少在德国）不得人心的鲁尔国际管制局。

阿登纳出任总理后，仅用两年时间就实现了德国参与欧洲一体化的目标。他通过奉行努力走出德国历史阴影的政策做到了这一点。毫无疑问，阿登纳这样做既是出于道义考虑，也是出于策略和国家利益考虑。不过策略与战略已融为一体，阿登纳的战略正在化为历史。

苏联挑战与德国重新武装

苏联把重建西德经济和逐步建立德国政治机构视为直接威胁。1948年6月，苏联封锁了从柏林四周的苏占区通往该市的所有通道。共产主义威胁开始超过西方民主国家对德国东山再起的恐惧。封锁柏林挑战了1945年四大国在波茨坦峰会上对管理柏林做出的安排。最终，美国实施的西柏林空运战胜了苏联的讹诈。美国明确表示不允许柏林崩溃，如有必要，美国将不惜升级军事手段打通柏林通道。1949年5月，斯大林取消了对柏林的封锁。10月7日，苏联把苏占区变成了一个主权国家（其实是卫星国）。至此德国分治已是板上钉钉。

在不断升级承诺的过程中，美国及其盟友成立了日后成为美国政策支柱之一的"北大西洋公约组织"。1949 年联邦德国被置于北约保护之下，其意义相当于美国单方面对西德领土安全做出担保。当时西德依然没有武装力量，也不是严格意义上的北约成员国。一年后的 1950 年，朝鲜战争爆发。盟国认识到，它们面临共产主义的巨大威胁。为了响应欧洲国家的呼吁，杜鲁门总统任命艾森豪威尔将军担任北约盟军最高司令官。艾森豪威尔一口咬定，防卫欧洲需要 30 个师（大约 45 万人）[40]，没有德国的参与，不可能达到这个数字。

可以理解，美国的盟友内心可谓五味杂陈。几年前它们还受德国侵略蹂躏，今天这个国家却要为西方防御提供一支人数可观的军队。最初西欧各国领导人坚持，用于防御德国的部队应由德国以外的国家提供。而后经过思考，外加美国施加压力，大多数欧洲国家领导人同意，如果没有一支德国军队，无法保证德国的防御。

阿登纳在回忆录中回顾了朝鲜战争如何终结了削弱德国的残余政策：

> 德国再次强大符合美国利益。因此，很多歧视性做法只能是临时性的，例如《鲁尔法规》《占领法规》以及涉及德国重新武装的条款。[41]

阿登纳认为，不仅对于欧洲，而且对于恢复德国的政治身份，德国重新武装都是必要的。最初阿登纳不愿公开辩论这个问题，以免干扰德国加入欧洲机构的进程。时隔不久，他的观点来了个一百八十度大转弯。阿登纳称，倘若不放心把西德自身防务交给西德，或西德不愿承担自身防务，盟国的信心有可能因此动摇。[42]

1950年8月，英美正式提议重新武装德国。德国迅速迎合这一提议。法国不太热心，1950年10月抛出一个普利文计划，建议组建一支包括德国部队的欧洲军，并起草了一份条约草案，成立包括德国部队在内的"欧洲防务共同体"（EDC）。阿登纳向德国议院重量级议员介绍了该条约草案内容后，议员之间吵得不可开交。[43]舒马赫甚至称条约是"对付德国人民的盟国－官吏同盟的胜利"[44]。

1952年3月，为了阻止成立"欧洲防务共同体"和德国重新武装，斯大林主动表示，德国若能满足5个条件，苏联将同意德国统一：（1）所有占领军，包括苏军，一年内撤出德国；（2）统一后的德国保持中立地位，不加入任何联盟；（3）统一后的德国接受1945年边界，即有争议的战后德国与波兰的奥德－尼斯河边界；（4）德国经济不会因外界施加的条件受到限制——换言之，废除限制德国经济的《鲁尔法规》；（5）统一后的德国有权建设本国武装力量。以上建议只提交给了西方盟国，为的是突出联邦德国的从属地位。

斯大林这一提议是出自真心，还是想置阿登纳于尴尬境地，让人觉得他更愿意有一个留在欧洲内的分裂的德国，而不是一个统一的、全民族的和中立的德国？实际上，斯大林是想让阿登纳放弃为加入欧洲一体化取得的一切成果，以此换取德国统一。

有证据显示，当年斯大林的外交部长多次信誓旦旦地向他保证，西方一定会拒绝他，斯大林才提出这一建议。不过斯大林的建议让阿登纳左右为难。德国无条件投降后，国家统一问题首次正式摆在了盟国和德国人民面前。舒马赫在德国极力主张谈判良机不可错过，仔细研究斯大林照会前，联邦议院应拒绝批准"欧洲防务共同体"。舒马赫力陈："在（目前）这些情况下，任何人如果赞同'欧洲防务共同体'，就没有资格再称自己是德国人。"[45]

阿登纳坚守自己的立场。他深知，谈判十有八九会陷入僵局，从而把德国统一问题推入意识形态领域，导致德国孤立无援，成为各方恐惧的对象。如果德国我行我素，关于德国统一的谈判会化为战场，再次上演昔日欧洲人彼此厮杀的一幕。

为了回避困难抉择，阿登纳避免对斯大林的提议公开表态，而是推迟对它的讨论，直到所有占领国接受自由选举概念并把这一概念写入统一德国的宪法。与此同时，阿登纳极力主张以盟国共同防御的名义批准《欧洲防务共同体条约》。

阿登纳的对策引发了英国外交大臣安东尼·艾登所称的"照会之战"。阿登纳得到美国总统候选人、时任北约盟军最高司令官艾森豪威尔的支持——直到1952年5月30日，艾森豪威尔才卸任最高司令官一职。较之苏联威胁，英法对未来德国中立的前景更加寝食难安，因此放过了阿登纳玩的这一伎俩。盟国分别于3月25日和5月13日向克里姆林宫发出照会，表达了它们的共识。照会提出，德国统一前先在西德和东德分别举行自由选举。5月24日苏联回复了盟国照会，强硬表示盟国照会"无限期"拖延了德国统一的任何可能。[46]

鉴于德国显然为欧洲防卫共同体事业付出了牺牲国家统一的代价，展示这一欧洲事业的潜力更加刻不容缓。1952年5月26日，阿登纳签署了《欧洲防务共同体条约》文本。① 然而不愿与德国共享一支军队的法国人大有人在。自 16 世纪起，每一代法国人都与德国人打过仗，第一次世界大战德国留下了一个千疮百孔的法国，第二次世界大战法国全国沦陷。《欧洲防务共同体条约》通过两年后，1954 年 8 月 30 日，法国国民议院拒绝批准"欧洲防务共同体"，同时也放弃了普利文计划。

阿登纳向卢森堡和比利时代表表达了他的忧虑，称法国之举是"欧洲黑暗的一天"[47]：

> 我坚信，百分之一百地坚信，（法国总理）孟戴斯－弗朗斯强迫我们接受的国家军队对于德国和欧洲是十分危险的。我离任后不知道德国会变成什么样，除非我们能够不失时机地创造欧洲。[48]

出于以上预感，阿登纳放弃了"欧洲防务共同体"计划，亲自与盟国就德国国防军的大致轮廓进行了秘密谈判。

美国发挥了至关重要的领导作用。1952 年 11 月艾森豪威尔当选总统后得出结论，欧洲统一以及包括德意志联邦共和国在内的共同防务如同一把万能钥匙，用一位历史学家的话说，

> 有了这把钥匙，一些问题可以同时迎刃而解。至关重要

---

① 次日在巴黎签署了该条约。

的是，这把钥匙具有一种"双重遏制"功能，既能把苏联挡在欧洲之外，又能把德国留在欧洲之内，无论苏联还是德国都不能称霸欧洲大陆。[49]

艾森豪威尔与英国外交大臣艾登一起修改了《欧洲防务共同体条约》，允许德国组建一支军队。距离德国无条件投降还不到10年，北约将拥有一支包括德军在内的多国部队。

1953年阿登纳的华盛顿之行标志着以上成就的顶点。4月8日，阿登纳前往无名战士墓。阿灵顿国家公墓上空升起了德意志联邦共和国黑、红、金黄三色国旗，而不是普鲁士的携剑黑鹰旗，也不是千年帝国的万字符旗。阿登纳总理大步走向墓地时，21响礼炮响起，《阿登纳回忆录：1945—1953》以这一幕收尾：

> 一支美国乐队奏起德国国歌。我看到我的一位随行人员潸然泪下，我自己也心潮起伏。从1945年的灭顶之灾，到1953年在美国国家公墓听到演奏德国国歌这一刻，德国走过了漫长的崎岖道路。[50]

阿登纳在其任期内重建了德国武装力量，同时又避免了德国历史上时而泛起的军国主义的复活。1964年年初，德国军队人数已达41.5万。一位历史学家把德军比作北约的"矛头"、西欧防御苏联常规力量进攻的"骨干"。[51]德军作用不止于此，它还是德意志联邦共和国重返国际外交的后盾。从这一迹象可以看出，新德国不仅受到大西洋联盟的信任，还是共同防务一个负责任的贡献者。

阿登纳下一步准备利用组建北约期间积累的政治资本，实现他一直追求的目标——结束盟国对德国的占领。为了成为北约正式成员，进而废除《占领法规》，1954年阿登纳同意把萨尔问题——法国试图维持萨尔作为法国占领下的中立保护区的地位——的解决推迟到1957年。1955年2月，阿登纳在联邦议院上下游说后，说服联邦议院批准了两项条约。[52]

1955年5月5日两项条约生效后，德意志联邦共和国再次成为一个主权国家。6年前，盟国高级专员核准了阿登纳的胜选。今天，他们接受了自我解散。在用作办公大楼的绍姆堡宫前，阿登纳伫立在台阶上，目视波恩全城各处的政府机构升起了德国国旗。阿登纳完成了他的首个伟大使命——确保和平、迅速、友好地终结《占领法规》。[53]

两天后，作为联邦德国支持与欧洲和大西洋联盟结成完全伙伴关系的象征，阿登纳率代表团出访法国，在巴黎受到北约内平等一员的对待。这是不平凡的6年，在此期间，阿登纳带领自己的国家从战后分治、《占领法规》的种种束缚和支付战争赔款走向加入欧洲共同体，成为北约的一个正式成员。以阿登纳就职为标志，在一个新欧洲的架构内，恭顺战略实现了争取平等地位的目标。

挥之不去的一页历史：赔偿犹太民族

德国与西方盟国打交道时，阿登纳始终把道义作为外交政策的基石。在犹太人问题上，这一道义基石尤其错综复杂。纳粹对犹太人犯下了令人发指的野蛮暴行。纳粹精心策划实施了大规模灭绝计划，屠杀了大约600万犹太人，超过全世界犹太人总数的三分之一。

战争末期，西方盟国把纳粹罪行列入立即逮捕类别，交给盟国情报人员执行。受到指控的罪犯在纳粹党内的级别是逮捕依据之一。占领德国之初，盟国对成千上万的德国人使用了以上犯罪定性。随着政府职责逐渐移交给联邦共和国，去纳粹化工作也同时移交。去纳粹化因此成为联邦德国国内的一个政治问题。阿登纳把赔偿犹太人视为完全符合德意志民族利益的道义责任。不过他对去纳粹化进程的态度并不鲜明。身为基民盟主席，阿登纳深知，严厉推行去纳粹化会殃及一大批选民。

为此，阿登纳在去纳粹化进程中把人数限制在政治上可控范围内，具体做法是轻惩罚、重国内和解和给予大屠杀幸存者赔偿。在实际操作中，这意味着对战争罪行的调查仅限于前纳粹高官，或是可向法庭提供有具体犯罪证据的前纳粹官员。自不待言，这样做必然留下很大的模糊空间。以汉斯·格洛布克为例，当年纽伦堡种族法的执笔者成了阿登纳的幕僚长。与此同时，在承认纳粹历史强加给德国的道义责任方面，阿登纳从未动摇过。作为悔罪象征，也作为走向正义和与犹太人和解的桥梁，阿登纳支持联邦共和国与犹太领导人和以色列讨论赔偿问题。他承认以色列是全体犹太人的代表。

1951年3月，以色列政府分别致函4个占领国和东西德政府，要求赔偿受害者及其子女15亿美元。苏联和德意志民主共和国从未给予正式答复。阿登纳代表联邦共和国答复了。1951年9月27日，他在联邦议院发言：

> 以德国人民的名义……犯下了骇人听闻的罪行，因此需要在道义和物质上给予赔偿（Wiedergutmachung）。罪行涉及对个人和原产所属人已不在世的犹太人财产的损害……为此已采取了初步措施。这方面仍有大量工作要做。联邦共和国政府支持就赔偿及其公正执行迅速制定一部法律。可辨认的一部分犹太人财产将物归原主。此后还会继续财产赔偿。[54]

阿登纳补充说，现在德国有义务解决这一问题，从而"为心灵的净化创造条件"[55]。

1953年5月18日，联邦议院通过了赔款法。14名德国共产党议员打出德国民族主义旗号投票反对。社会民主党一致支持赔款。对政府而言，表决结果并非泾渭分明。来自基民盟领导的联盟的106名议员投票赞成；86名议员投了弃权票，其中大多数人来自基民盟内的巴伐利亚保守派。[56]

尽管有部分议员持保留意见，阿登纳还是达到了目的。历史学家杰弗里·赫夫概括了以色列从德国得到的好处：

> 西德向以色列交付的船舶、机床、火车、汽车、医疗设备以及其他物资相当于以色列每年进口总额的10%~15%。据来自联邦德国的报道，截至1971年，向遭受纳粹政治、种族和

宗教迫害的受害者个人（其中大多数是幸存的犹太人）支付的赔款达 404 亿（德国）马克，截至 1986 年年末为 770 亿马克，截至 1995 年大约为 960 亿马克，赔偿的总数约 1240 亿马克。[57]

以色列国民在是否接受作为对种族大屠杀忏悔给予的"沾血钱"问题上分歧严重。以色列议院为此吵得不可开交，街头出现游行抗议活动。在此期间，阿登纳与世界犹太人大会创始人纳胡姆·戈尔德曼私下交往不断。

阿登纳去职两年后的 1965 年，联邦德国将与以色列建立外交关系。翌年，阿登纳以普通公民身份访问了以色列，当时以色列已是大约 15 万大屠杀幸存者的家园。阿登纳抵达以色列后说："这是我一生中最庄严、最美好的时刻之一……我当选德国总理时，根本没想到将来有一天会受邀访问以色列。"[58]

虽然有这段开场白，90 岁高龄的阿登纳访以期间，还是与以色列总理列维·艾希科尔发生了口角。艾希科尔在为这位德国政治家举行的晚宴上告诉阿登纳："我们没有忘记，也永远不会忘记可怖的大屠杀，600 万犹太人被夺去生命，德以关系不可能是正常关系。"[59] 之后他又补加了一句，德国给予以色列的赔偿只具有"象征意义"，无法"抹掉发生的悲剧"。一向镇定自若的阿登纳回复说："我知道犹太人民忘记过去有多么难，但我们的善意如果得不到认可，对谁都没有好处。"[60]

阿登纳访以期间，令所有在场人最难忘的一幕是他参观位于耶路撒冷赫茨尔山西岸的以色列犹太大屠杀纪念馆时的痛苦经历。[61] 阿登纳始终不失尊严地保持缄默，跟随引导员步入纪念堂。宽敞的大厅内灯光幽暗，屋顶看上去像是帐篷顶。纪念馆人员请阿登纳在死亡营无名遇难者纪念碑前点燃一根蜡烛并敬献花圈。有人突然递给他一枚上面用希伯来文写着"铭记"的徽章。阿登纳说："即使没有这枚徽章，我也从未忘记过。"[62]

两场危机：苏伊士运河和柏林

阿登纳认为，结束盟国占领与德国加入欧洲和世界秩序是辉煌的历史成就的标志。然而历史没有间歇。1955年，德国恢复主权后仅一年，中东冲突就对北约的基本原则提出了挑战。

1956年10月下旬，美国决定支持联合国大会的一项决议，谴责法英为反对埃及把苏伊士运河收归国有出兵中东。阿登纳对此深感震惊。此前他以为，北约本意是保护每一个成员国的核心利益。现在美国的核心盟国为了它们眼中的国家利益而采取军事行动时，美国却在联合国公开与英法唱反调。未来会不会有一天同样的命运落到其他成员国头上，尤其是落到德国头上？

1956年11月，阿登纳为讨论欧洲原子能共同体问题出访法国。他利用这个机会表达了自己的看法，不过只在一个人数极少的小圈子内，其中有法国总理居伊·摩勒和外交部长克里斯蒂安·皮诺。11月6日，阿登纳乘坐火车抵达巴黎。此前一天，苏联总理布尔加宁放话，英法若不停止沿苏伊士运河沿岸的军事行动，将遭到导弹攻击。苏联是纳赛尔政权的最大后台和军火供应方。

法国政府不同寻常地热情接待了阿登纳,演奏了两国国歌,同时请他检阅了一支国民警卫队。[63] 阿登纳的一名随从人员描述了当时的情景:

> 总理仿如一尊雕像,检阅时纹丝不动。我脑海里浮现出(1953年)华盛顿阿灵顿国家公墓里的一幕。即便是铁石心肠的人,也会被此时此刻的重大意义和象征含义所打动。正当法国面临战后最严峻时刻之时,法德两国政府肩并肩站在了一起。[64]

阿登纳访问法国期间得知,美国不肯出手阻止抛售英镑潮,英国为此受到重创。阿登纳深感失望,但并没有因此质疑北约的重要性。阿登纳反而认为,欧洲迫切需要维护欧美关系。阿登纳认为,北大西洋公约组织是每一个欧洲国家安全中最重要的一环。阿登纳告诫东道主,切不可公开与美国撕破脸,尤其不可对美国以怨报怨,哪怕逞口舌之快也不行。美国的欧洲盟友应该强化欧洲内的合作:

> 法国和英国永远不会成为可与美苏比肩的大国,德国也一样。它们若要在世界上发挥举足轻重的作用,只有一个办法,那就是团结起来创立欧洲……没有时间可浪费了。欧洲会让你们一吐胸中闷气。[65]

第一章 | 康拉德·阿登纳：恭顺战略

正是在苏伊士运河危机期间，阿登纳开始感到有必要把欧洲一体化，尤其是把法德关系作为防范美国摇摆不定的篱笆。

1958年戴高乐再次出任总统后的10年里，法国遵循了阿登纳的这一方针。其实没有德国推动，戴高乐也会努力争取欧洲自主（如下章所述①）。不过在戴高乐总统任期内，法德关系确实走得更近。1958年9月，阿登纳来到戴高乐的家乡科隆贝双教堂村与他会面，在这里过了一夜，此前戴高乐从未邀请过其他外国领导人来这里。②

苏伊士运河危机过去两年后，阿登纳再次对美国的可靠性产生了怀疑。1958年11月，苏联领导人赫鲁晓夫对柏林的地位提出挑战。当时，四大国对德管控委员会表面上还在运转，而实际情况是自1957年以来西柏林依据联邦共和国法律治理，该市的法律体制基于自由选举，在柏林盟国占领区内的西德主要政党均可参加。③在柏林市的东区，德意志民主共和国唯苏联马首是瞻。残存的对德管控委员会允许东西方官员在柏林市内自由穿行。

赫鲁晓夫给西方盟国下了最后通牒，要求6个月内决定柏林的新地位。这一要求直接挑战了阿登纳的外交政策和大西洋联盟基石。若迫于苏联威胁对柏林的地位做出任何重大变更，将意味着共

---

① 参阅第二章"戴高乐与大西洋联盟"和"何为同盟？"两小节。
② 参阅第二章，第127页。
③ 阿登纳时期，1956—1966年任柏林西占区市长的维利·勃兰特将在西德成为一个全国性人物。1969年，勃兰特当选为总理。当时东柏林实际上已成为德意志民主共和国的一部分。

033

产党人最终将控制该市，阿登纳在同盟尤其是美国核保护伞下建设联邦共和国的愿景也将不保。虽然赫鲁晓夫威胁动武，却不敢在最后通牒期限内动真格的。

艾森豪威尔巧妙地推迟了与苏联的对抗。他把赫鲁晓夫引入就最后通牒所涉问题没完没了的对话。对话基本上纠缠于程序性枝节。1959 年 9 月，艾森豪威尔邀请这位苏联领导人来美国一游。英国首相麦克米伦采取的对策与美国大同小异，1959 年 2 月，麦克米伦访问了莫斯科。在几个盟国中，唯有戴高乐没有随美国这一战略起舞，而是坚持在苏联谈判前收回最后通牒。

赫鲁晓夫不知如何把他的威胁付诸实施，至少他不想面对通牒可能产生的军事后果，为此踌躇不决。1959 年 5 月，他收回了通牒截止期。赫鲁晓夫访问美国期间与艾森豪威尔一道发表了联合公报，里面有一句话："不应使用武力，而应通过谈判以和平方式解决一切悬而未决的国际问题。"联合公报发表后，美苏关系短暂回暖。[66]

虽然美苏有了这一协议，赫鲁晓夫依然不放过阿登纳的德国，对其极尽孤立打压之能事。1960 年 5 月，赫鲁晓夫的打压终于有了结果：四大占领国领导人将在巴黎召开柏林问题峰会。德意志联邦共和国被排除在外。这意味着有可能会强迫德国接受柏林会议的结果。

峰会如期举行。然而命运，或者说突发事件横插一杠。1960 年 5 月 1 日，美国一架 U2 侦察机在苏联领空被击落。赫鲁晓夫借机提出要求，开始任何实质性讨论前，美国必须首先道歉。遭到艾森豪威尔拒绝后，赫鲁晓夫搅黄了峰会，但没有再次发出威胁。柏林问题和美国是否值得信赖的问题留给了阿登纳与艾森豪威尔的继任者约翰·肯尼迪去讨论。

与阿登纳的三次交谈

由于命运捉弄，在和家人逃离纳粹德国20多年后，我作为肯尼迪白宫聘用的顾问，有机会参与塑造美国对这个国家的长期政策。如今德国已是北约组织的一个成员。

20世纪50年代末，我作为攻研欧洲历史的学者开始接触外国政府官员。20世纪60年代初，我作为白宫顾问继续与外国官员来往。我钦佩阿登纳的领导才干，这一时期我始终关注德国动荡的政治文化对冷战强加给它的种种决定产生的影响。1961年4月，我在给肯尼迪总统的一份备忘录中写道：

> 这个国家输掉了两次世界大战，经历了三次革命，犯下了纳粹时代的罪行，一代人时间内物质财富两次灰飞烟灭，心理上深受创伤在所难免，有一种歇斯底里的气氛，一种精神失常的倾向。我的一位德国友人是颇有才华的作家。他告诉我，欧洲诸大国中，唯有德国战后没有明显的精神休克症状。它狂热投身到经济重建中，借此升华了它面临的种种问题。不过德国依然有可能患上神经衰弱症。[67]

这段话反映了阿登纳身处的动荡环境和他的政策面临的种种心理挑战。

1957年我去德国参加学术活动时与阿登纳首次见面，此后我俩又多次会面，一直到10年后他去世，加起来一共有十余次。最后几次见面是在他1963年退休后。阿登纳偶尔会不无伤感地谈及对自己一生和对本国人民未来的思考。当时对德国的占领虽已结束，但英、法、美三国军队无限期驻扎德国似乎已命中注定，成为防御苏联入侵的一种威慑手段。

阿登纳总理办公室设在绍姆堡宫内，它曾是19世纪莱茵兰地区一位贵族的宅邸。依照当年的标准衡量，这座建筑颇为精美，只是面积太小，容纳不下一个现代官僚技术国家机器。阿登纳总理办公室里摆放的沙发和椅子占了一大半空间，能看到的办公用具寥寥无几，它更像是一间客厅，而不是一个权力中枢。阿登纳身边只有几个重要幕僚，其余工作人员分散在波恩其他地点办公。波恩实在太小了，不适于做一个大国的首都。

阿登纳的威严部分来自其兼有尊严和坚毅的个性。他40来岁时在一次交通事故中受伤，导致脸部肌肉僵硬。阿登纳举止温文尔雅，同时待人又颇为冷漠，向来客释放了明确无误的信息：你正在走进一个只认原则、不认口号和压力的世界。阿登纳说话语调平静，偶尔才会打手势加强语气。他对当今国际问题了然于胸。当着我的面，他从未讲过自己的个人生活，也没问过我的经历。鉴于德国官僚机构历来办事效率很高，阿登纳一定了解我的家庭背景，深明我与他受命运指使各自走的人生道路的含义。

阿登纳有一双识人的火眼金睛，有时他的评论尖酸刻薄。一次我与阿登纳讨论强有力领导力的特征，他告诫我"切莫把精力旺盛当成力量"。还有一次，他领我走进办公室时，因近日抨击阿登纳受到媒体关注的一位来访者刚刚离开。我看到两人分手时的亲热样子，不禁有点吃惊。我的表情一定没有逃过阿登纳的双眼，他用下面一句话开始了我们的交谈："我亲爱的教授先生，在政治上，不动声色报复对方很重要。"

1957年10月

我首次与阿登纳见面时，先从西方与苏联关系的话题聊起。阿登纳强调，双方的冲突是根本性的，也是永久性的。他告诫说，不要对苏联人和东德人做出让步。他说，目前柏林的分裂地位固然造成很大困难，但尚可坚持。阿登纳补充说，苏联支持的"改变"或"改善"柏林地位的任何建议都是为了削弱西方团结和柏林自治，与5年前斯大林提出的关于德国统一的狡黠建议是一路货色。

阿登纳认为，苏联并不是世界秩序面临的唯一威胁。阿登纳问我是否知道，据严肃观察家判断，中苏分裂迫在眉睫？阿登纳接着说，面对不断演变的挑战，西方尤其要注意防范因盟国内部之争而削弱自己。当时认为中苏会公开分裂的人并不多，故我没有接他的话茬。阿登纳把我的缄默视为与他意见一致。1961年他与肯尼迪总统会面时，谈话伊始又重复了他的告诫，随后还补了一句："基辛格教授与我看法一致。"[68]

阿登纳与我首次交谈的用意是想摸清美国核保护伞有多可靠。当时核武器问世仅 10 年，历史上没有一国为了保卫另一国甘冒自身毁灭风险的先例。北约在成立初期也承认自己在常规防卫上兵力捉襟见肘。因此核心问题是，美国会承担核风险吗？

我解释说，在新世界秩序中，美国对盟国利益和本国利益一视同仁。阿登纳客气但又坚定地指出，仅仅一年前，美国在苏伊士运河危机期间并没有以这种精神对待哪怕是自己主要盟友（英国和法国）的利益。

阿登纳提出在核问题上是否可以信赖美国这一问题后，谈及对这一问题的关切时表述越来越清晰。他提出了或许会考验美国总统决心的种种假设，思虑之深由此可见一斑。比如，一位美国领导人在总统任期结束几个月前，或是在赢得大选与就职之间的 3 个月内，或是一枚氢弹在美国一座大城市上空爆炸后，会冒核毁灭的风险吗？就现阶段美德关系而言，阿登纳提出的问题虽然生硬，但主要用意还是想让美国再次做出保证。我重复了美国的标准答复，把美国做的承诺说了一遍。此后阿登纳每次与我交谈时，对核战略问题的关切无论在涉及范围上还是关注程度上均有增无减。

1961 年 5 月——灵活反应

1961 年 5 月 18 日，我与阿登纳在一个发生了变化的政治背景下第二次会晤。新任美国总统约翰·F. 肯尼迪是一位阿登纳以往从未见过的领导人，年轻有为，活力四射，能言善辩。第二次世界大

第一章 | 康拉德·阿登纳：恭顺战略

战期间，肯尼迪曾在太平洋战区服役，表现出色。肯尼迪属于一代新人，在他之前的历届美国总统都出生于第一次世界大战前。受"最伟大一代人"自信的熏染，肯尼迪着手把这一代人的能量和对国家怀有的信念转化为实现美国全球目标的蓝图。[①] 肯尼迪在父亲任美国驻英大使期间（1937—1940）曾在欧洲待过一段时间，日后上学时和成为参议员后又去过德国几次。不过对他来说，如何让一个战败的德国放心仍是一个崭新的问题。当时德国正在参与欧洲重建，同时还要捍卫本国政治体制不受苏联威胁。

肯尼迪制定政策时，不得不面对苏联不断扩大的核武库。1949年，苏联首次试验了核武器。1953年艾森豪威尔出任总统时，苏联已经制造了大约200件核武器。1961年肯尼迪当选总统时，苏联拥有大约1500枚核弹头，同时开始开发洲际运载系统，从而引发了对所谓导弹鸿沟的不必要担忧。其实当年对苏联核武器的恐惧是不必要的。20世纪60年代初，美国依然拥有先发制人首次核打击的优势。

阿登纳依然把大西洋联盟视为德国战略和政治未来的关键，但是联盟内部在总体政治目标和一项共同军事战略上争执不休，莫衷一是。正如阿登纳在我们之前的谈话中对我说的，在核战略问题上

---

① 肯尼迪一届政府内，学者人数之多前所未有，如阿瑟·小施莱辛格、约翰·肯尼思·加尔布莱思和卡尔·凯森，每个人都可以见到总统。他们习惯了大学里无拘无束的氛围，不熟悉外交为了保护自己（还有本国）而采用的种种复杂审核规定，时不时会公开表露自己的看法，结果被国外解读为总统个人喜好，导致与外国领导人的对话复杂化。

的分歧在于，一旦盟国面临侵略威胁，联盟是否总能指望美国会下意识地把联盟的目标视为自己的目标。

肯尼迪及其幕僚，尤其是国防部长罗伯特·麦克纳马拉，试图通过灵活应对的策略来减轻盟友疑惑产生的影响。他们设想为交战设立种种门槛，使得对手可以考虑大规模报复以外的应对办法。由于核武器毁灭力巨大，人们更相信这些假设的情景，而不怎么相信为避免这些假设情景成真开展的外交努力。

德国国防部长弗朗茨·约瑟夫·施特劳斯公开叫板美国核战略。他是一个地地道道的巴伐利亚人，感情充沛，说起话来喋喋不休，他那大块头体态是他嗜好家乡美酒的真实写照。我在一次波恩之行期间，曾于 5 月 11 日与他交谈过一次。施特劳斯提出了万一柏林发生危机，是否适用"灵活应对"的问题。[69] 施特劳斯问我，德国要丧失多少领土才会达到核门槛？"暂停"停多久？在设想的每个阶段谁说了算？尤其是谁决定从常规战争升级为核战争？他怀疑美国是否有能力或有意愿执行一项如此复杂模糊的政策。与会的其他德国人均赞同施特劳斯的看法，尤其是刚成立的武装部队总参谋长。

我这次与阿登纳见面又是在他绍姆堡宫的办公室。阿登纳一上来就不客气地说："你们美国人给北约造了不少孽。"[70] 从他这句话可以看出，施特劳斯的观点颇具影响。阿登纳对美国的一项建议深感不安，即北约盟国建立一个管控英法独立核力量的体制，通过一支"多边力量"将英法核力量纳入一体化战略。阿登纳问我，自己没有核武器的国家怎么可能会提出合理建议？北约秘书长的班子人

第一章 | 康拉德·阿登纳：恭顺战略

数寥寥，且对核事务知之甚少，同样指望不上。阿登纳认为，如果诚心诚意寻求在核问题上进行协调，就需要加强北约秘书长的权威，添加他手下的人手。

当初白宫提出阿登纳所指的这项建议，本以为不熟悉核战略问题的阿登纳及其幕僚会得出应当继续让美国负责核战略的结论。不料阿登纳反而因此认定，应该加强欧洲的自主核力量能力。

这也是为什么阿登纳随后把话题转向戴高乐。戴高乐告诫过阿登纳，尽管美国信誓旦旦，但在阿尔及利亚问题上，美国在联合国抛弃了法国，正如1956年美国在苏伊士运河问题上抛弃过法国一样。据阿登纳说，戴高乐认为，盟国在柏林问题上所做的外交努力缺乏决断和方向。美国应该带头断然拒绝苏联提出的要求，而不是拖而不决。戴高乐向阿登纳简要讲述了艾森豪威尔与赫鲁晓夫的一次交谈。在阿登纳看来，这次交谈或许会吊起苏联人的胃口，以后更得陇望蜀，尤其是因为英国首相麦克米伦立场软弱。立场坚定至关重要，因为阿登纳同样坚信，苏联人永远不会为柏林冒自我毁灭的风险。

轮到我讲话时，我重复了与阿登纳首次交谈时说过的话：据我对美国思路的了解，美国认为，柏林乃至全欧洲的自由与美国自身的自由不可分割。阿登纳于是把话题引向法国独立核力量。法国独立核力量是否加强了盟国力量？它是否有存在的必要？我表示，莫斯科恐怕不会认为法国的独立核力量能够替代美国的核承诺。阿登纳听后马上把外交部长海因里希·冯·布伦塔诺叫过来加入我们的谈话。阿登纳让我对布伦塔诺外长复述一遍我刚才表达的观点。戴高乐这样的职业军人怎么会有如此不切实际的宏大志向？阿登纳向我许诺，下次他与戴高乐会晤时，一定会与他进一步讨论这个问题。

次月，赫鲁晓夫对柏林再次发出最后通牒。阿登纳对未来德美关系愈加忧心忡忡。作为回应，肯尼迪动员了国民警卫队并任命卢修斯·克莱将军为"大使衔私人代表"，实际上把他变为美国派驻柏林的最高官员。8月13日，赫鲁晓夫再次升级危机，在柏林建造了一堵墙，粗暴地把该市一分为二。柏林的四大国共治地位被一笔勾销。

除了备战措施，肯尼迪政府还提出了几项政治建议，提议把柏林置于一个取代四大国机制的国际机构管辖下。该机构将由北约和华沙条约国同等人数（各8名）专员组成，外加3名来自欧洲中立国家的专员。根据这项计划，大西洋联盟不再拥有战与和的最终决定权，而是把决定权转交给宣布自己中立的国家，主要目的是让这几个中立国家可以置身于日常问题之外。美国这一提议从来没有得到过正式讨论，因为阿登纳不肯把美国对进出柏林通道的监督权移交给3个欧洲中立国。

解决柏林僵局的又一思路涉及德国接受奥德-尼斯河界线的种种方式。二战结束时，战前德国领土面积因这一界线缩减了将近四分之一。这一想法同样遭到阿登纳的拒绝。其实在合适框架下，比如解决德国统一问题，阿登纳本来是准备接受奥德-尼斯河界线的。阿登纳认为，目前进出柏林规则行之有效，修改这些规则与德国做出的巨大让步完全不相称，尤其是不断地在谈判方式上另辟蹊径令德国陷入孤立。阿登纳的战略依赖乔治·凯南制定、美国两位国务卿迪安·艾奇逊和约翰·福斯特·杜勒斯执行的遏制政策，该遏制政策假定，只要把苏联阵营遏制在它自己的资源范围内，迫使它面对内部困境，最终就可以削弱它。依阿登纳之见，那时才是谈判德国统一的时机。

1962年2月——肯尼迪与阿登纳

肯尼迪与阿登纳之间的交往含有一种忧郁色彩。两人追求的目标都很重要，但政策出发点截然相反，追求的方式也各异。阿登纳依赖忍耐力，肯尼迪倚仗灵活外交。阿登纳就职总理时，德国正处于历史最低谷。肯尼迪出任总统时，美国的国力和自信心达到巅峰。身处德国无条件投降的乱局，阿登纳把依据基督教教义重建民主价值视为己任。肯尼迪提出的广泛目标反映了一种无可置疑的信念——坚信基于美国历史民主价值观和超强实力的天赋使命。对阿登纳而言，欧洲重建是对传统价值观和准则的再次确认。对肯尼迪而言，欧洲重建是对当代世界科学、政治和道德进步信念的肯定。阿登纳若要实现自己的目标，必须稳定德国魂。一位美国总统的目标，尤其是肯尼迪总统的目标，是激发既有的理想主义。由于美国理想主义高估了德国的折冲回旋空间，初始的历史性伙伴关系在实际运作中逐渐出现裂痕。

在建设大西洋共同体过程中，美国和德国的目标完全一致。1940年年末和1950年年初是一个很有创意的时期。这一时期内建立的一批机构基于政治领域内高度一致的愿景和美国在核领域的垄断地位。然而这段路走到终点后，尤其是在赫鲁晓夫三番五次就柏林问题下最后通牒的压力下，历史上门讨债了。不同国家利益乃至国家风格反映了几百年间因国而异的内部演变，这些利益和风格再次走到世界舞台的前台。1962 年年底华盛顿开始收到报告，阿登纳开始质疑美国核承诺的可靠性和美国的柏林政策。

肯尼迪的国家安全事务助理麦乔治·邦迪知道我与阿登纳是老熟人。1962 年 2 月他邀我见面，请我协助他恢复在核问题上的信任。我答复说，阿登纳内心认为，政治问题不仅至高无上，而且永恒存在。核问题是政治和道义信赖度的象征。为了消除阿登纳的疑虑，美国政府决定由我出面，就美国安全政策和核能力问题专门向阿登纳吹一次风。国防部长麦克纳马拉拟定了此次吹风内容并得到国务卿迪安·艾奇逊的批准。吹风内容包括美国核力量结构及计划细节。此前美国从未与盟国领导人分享过这些内容（英国除外）。鉴于吹风内容涉及核问题，阿登纳随行只带了一名翻译①（因为我不会用德语表达核战略技术术语，故发言时讲英语）。

2 月 16 日，我开始向阿登纳介绍美国的核立场[71]，详细阐述美国承诺的坚定不移。阿登纳打断我说："我在华盛顿时，这些话他们都说过了。既然我在华盛顿没被说服，难道您在这里就能说服我吗？"我回答说："我的主要职业是学者，不是政府官员。总理是不是可以让我把话说完再下结论？"阿登纳若无其事地问了一句："您

---

① 吹风会是在阿登纳总理波恩办公室内召开的。我虽然生在德国，但在官方会晤中通常讲英语。如果对方讲德语，我不要求翻译。

现在花多少时间为华盛顿做咨询?"我回答说:"大约占我四分之一的时间。"阿登纳说:"那么我们可以假定,您会告诉我四分之三的真相。"

以上我与阿登纳的交锋很可能让陪同我参加这次会见的美国驻波恩大使沃尔特·道林感到尴尬。作为一名职业外交官,他从始至终不动声色。我继续讲下去,向阿登纳展示了当时美国与苏联战略核力量之间存在的巨大差距。阿登纳的态度发生了变化。对于我正在回答的问题,他以前也问过其他美国来访者,但未得到满意的答复。我在吹风中强调,美国第二次打击力量大于苏联首次打击力量,打击精度更是远超苏联,而美国第一次打击将会是铺天盖地式的。

道林大使撰写的报告末尾有一段总结了这次谈话对阿登纳总理的影响:

> 我和基辛格两次想告辞时,阿登纳请我们留步,让他有机会再次为刚才听取的介绍向我们表示感谢,同时表达他本人对吹风内容的强烈认同。阿登纳告诉我们,他得知捍卫自由的力量有多么强大后如释重负。当务之急是确保不犯人为错误。基辛格临走前说,讲述我们的实力以及我们对大西洋共同体的支持时,我们绝不是在空谈。阿登纳总理回应说:"感谢上帝!"会谈以此调子结束。[72]

阿登纳所说的"人为错误"显然也指他对制定一项适当战略以及美国可能不愿动用自己的压倒性实力的关切。

时隔几十年后，我收到一封寄自德国的信，这封信显示阿登纳一诺千金。我并不认识寄信人。他在信中告诉我，他是多年前参加那场谈话的译员。当年我奉白宫指示，请阿登纳不要把我与他分享的核信息告诉他人。阿登纳以自己的名誉保证会尊重我的请求。来信者告诉我，其实他整理了一份吹风会的完整记录，次日交给了阿登纳总理。作为口译员，他有责任这样做。阿登纳让他销毁记录里涉及核问题的部分，因为他无法确保自己离职后，后人会继续遵守他对我做出的承诺。

历史把阿登纳和肯尼迪抛入某种相互依存的关系中。然而历史无法弥补两人之间的代沟和由此产生的分歧。肯尼迪的目标首先是减少核战争危险，最终消除核战争的可能性。肯尼迪追求这一目标时，想把苏联拉上这条需要采取灵活的策略的漫长道路。德国总理同样需要采取灵活的策略。依阿登纳之见，这位美国总统的策略有可能会毁掉他为四分五裂的德国好不容易争取到的稳定和团结。肯尼迪更具有全球视野。阿登纳坚韧不拔，敢于面对本国的道义沦丧和破碎山河，接受分治并在大西洋伙伴关系基础上建立一个新欧洲秩序。

德国统一：让人煎熬的等待

此前德意志民族从未在二战后划定的疆土内被统治过。[73] 除非东西方达成协议，或是现存均势崩溃，否则战后确立的德国边界似乎预示德国将无限期分治下去。边界一边是共产主义东德，另一边是民主西德。不错,"四大国对德管制委员会"的存在默认了德国统一的目标。三个西方大国也明确表示支持这一目标。出于德国内部的政治原因,德国人在追求东西德统一问题上的立场必然比占领国更明确。统一成了西德一个无休止的问题。从1952年的斯大林提议,一直到赫鲁晓夫对柏林多次下的最后通牒,苏联把德国统一当作一种战略手段。

阿登纳奉行的政策建立在把德国分治视作暂时现象的基础之上。他相信,伴随苏联卫星国圈的解体、联邦共和国的高速经济增长、大西洋联盟实力和凝聚力的增强,外加华沙条约组织的内部矛盾,德国统一终将实现。这一观点假定卫星国东德会坍塌。这正是1989年发生的一幕。东德垮掉前,德意志联邦共和国继续把大西洋联盟、德美紧密关系和融入欧洲作为优先目标。用忍耐取代屈从盟国的战略有一个难题,那就是莫斯科在这一时期不可能一直无所作为。毫无疑问,莫斯科为了阻止出现这种结局会施加外交压力,甚至军事压力,几次爆发的柏林危机就是例证。由此产生的争执逐渐削弱了阿登纳在国内的地位。

1949年10月,苏联卫星国民主德国宣布建国。阿登纳用"布伦塔诺主义"(以1955—1961年联邦德国外交部长的名字命名)作为回应。依据这一主义,联邦德国将与承认德意志民主共和国的任何国家中止外交关系。随着岁月的流逝,联邦德国内部要求至少与东欧和东德接触的呼声越来越高。面对国内压力,这一政策愈来愈难以为继。

社民党在选举中屡屡失利,又受赫鲁晓夫玩弄的种种伎俩拖累，于是开始改弦易辙，宣扬它赞同与东欧尤其与东德展开谈判，借此收揽民心。社民党领导人赫伯特·韦纳（不具备担任国家领导人资格，因为二战期间他因苏联间谍罪名遭逮捕，关押在瑞典）引导了党内的转轨。1959 年，社民党接受了德国的北约成员地位。社民党越来越把自己打造为一支推动统一的力量，重拾战后寻求与东欧国家和苏联谈判的更加灵活的政策，不过现在是在北约框架内，这就是所谓的东方政策。[74]

阿登纳和基民盟认为，把德国历史首都柏林的地位交给谈判解决损害了最终实现统一的进展。共产党人在谈判中占尽地理和军事优势。不无矛盾的是，阿登纳认为，坚持统一的最终目标会使临时分治更容易承受。这一立场与联邦共和国初期政策形成鲜明对比，当时阿登纳极力搁置统一问题。

基民盟与社民党之间的论战开始与基民盟内部在阿登纳继任者问题上的分歧交织在一起。阿登纳的年龄——1962 年阿登纳已满 86 岁——以及在对苏战略上与美国的争执逐渐削弱了他在国内的地位。阿登纳拒绝反对戴高乐否决英国加入欧洲经济共同体[①]，在基民盟内招致人数可观的少数派批评。基民盟在 1961 年大选中失去了联邦议院里的多数席位，为此需要组建一个联合政府。自由民主党是一个主张自由贸易的温和保守党，也是现有的唯一能成为联合政府伙伴的政党。自由民主党同意加入联合政府，条件是 1965 年联合政府任期届满前阿登纳离职。

---

① 参阅第二章"灵活反应与核战略"小节。

1962年秋,阿登纳退休问题白热化。《明镜周刊》刊登了泄露出的政府文件,披露国防部长施特劳斯正在考虑获取战术核武器,将其用于德意志联邦的国防。施特劳斯抨击《明镜周刊》危害国家安全。[75] 为此他指控《明镜周刊》犯有颠覆罪,建议汉堡警方搜查《明镜周刊》办公室。更有甚者,撰写该文的记者在西班牙度假时遭到逮捕。

11月19日,内阁中的5名自由民主党阁员悉数挂冠而去以示抗议。随后施特劳斯也被迫辞职。此前,阿登纳本人对施特劳斯的计划是知情的。阿登纳解释说,当时他因古巴导弹危机分神了。呼吁阿登纳辞职的浪潮迭起。尽管阿登纳度过了危机,但他在位之日显然无多。

阿登纳为去职做准备时,尤其在意为未来德国巩固自己的外交政策成就。阿登纳外交政策支柱之一是遏制苏联势力。自杜鲁门起,历届美国总统均支持这一战略。战略基于以下信念:通过加强盟国在世界各地,尤其在中欧地区的实力地位,可以战胜苏联意识形态,挫败其咄咄逼人的战略。事后证明,这一观点颇有眼光。遏制政策的缺陷是,除非发生明目张胆的侵略或受到其他形式的压力,否则遏制政策既没有开出让敌手了解西方实力的处方,也没有讲该如何开展外交来执行遏制政策。因此,在德国国内的政治中,阿登纳的坚毅和忍耐不得不让位给"东方政策"。

阿登纳的坚定信念是他外交成就的又一支柱。他坚信,德国和一个统一欧洲的未来维系于道德信仰和对民主原则的坚守。1956年,阿登纳在一次论述欧洲未来的演讲中解释道:

"伟大思想发自内心"是一句名言。若要实现一个统一的欧洲，这一伟大思想也必须发自我们内心。统一的欧洲无关情感。我所说的欧洲统一指的是，一颗奉献给一项伟大事业的坚强之心会赋予我们力量，面对一切艰难险阻去做理性告诉我们应该做的事。如果我们找到了这种力量，我讲的一切应做之事，我们都会去做。我们将完成统一大业。我们每个国家需要德国统一，欧洲需要德国统一，全世界需要德国统一。[76]

阿登纳在职期间实现了他的目标：让民主在德国扎根和打造一个德国是其中重要一员的欧洲架构。阿登纳的战略与肯尼迪的策略融为一体。两人谢幕20多年后，伴随苏联的解体，德国统一的终极目标终于实现。

最后几次会晤

1963年4月，担任总理14年的阿登纳辞职。

迪安·艾奇逊说过，很多领导人离职后，犹如刚刚结束了一场伟大的爱情，沉溺于在任期间忙碌处理的问题中不能自拔，久久思考其他各种备选方案，与人交谈也是三句话不离本行。

阿登纳与他们不一样。1967年1月24日，阿登纳去世前3个月，我最后一次拜访他时，对这一点感受尤深。耄耋之年的阿登纳看上去并不显得老态龙钟。阿登纳尤其关心德国的长期发展趋势，

第一章 | 康拉德·阿登纳：恭顺战略

而不是当下的问题。他提出一个始终萦绕脑海、此前从未向我表露过的问题：德国人对自己看法的演变。阿登纳告诉我，德意志是一个内心焦虑不安、各种感情相互冲突的民族。这不仅仅是因为那段纳粹历史，从更深层意义上讲，是因为德国人没有历史经纬感，或者说对历史的连贯性没有感觉。历史演变会让德国人遇到预想不到的情况，他们也许会以不可预料的方式对此做出反应。维护德国内在稳定有可能成为一个旷日持久的难题。

我问阿登纳，最近基民盟与社民党两大政党组建的大同盟是否解决了德国固有的缺乏全国共识的问题。他回答说，两大党虚弱不堪。阿登纳大声问："现在还有能推行堪称长远政策的领导人吗？今天还会有真正的领导力吗？"他表示，社民党只有过一位强势领导人赫伯特·韦纳，但因昔日与共产党有瓜葛而失去了担任总理的资格。况且社民党内部分裂为左右翼两派，右翼是政治策略派，左翼是和平主义派。假以时日，社民党有可能会在民族主义基础上逐渐靠拢东德共产党人和苏联卫星国东德，甚至会靠拢苏联。

至于阿登纳自己的政党基民盟，它的虚弱源自机会主义。1966年，库尔特·基辛格取代了阿登纳的继任者路德维希·埃哈德。他能言善辩，一表人才，十分在意自己的相貌，但称不上是一位强人。不过他比埃哈德略胜一筹。阿登纳认为，埃哈德太"愚蠢"，不配当总理，虽然他是战后经济怪杰。我插话说，用"太不讲政治"一词或许更贴切。阿登纳回复说："对于一位政治领导人，'不讲政治'就是愚蠢的同义词。"

阿登纳着重谈了美国在越南战争中的作用。他百思不得其解，为什么美国会偏离它的重大利益如此之远，为什么美国现在觉得从越战中抽身如此之难。我表示，我们捍卫亚洲伙伴是因为我们关切维护美国作为欧洲国家盟友的信誉。阿登纳回复说，他想好好思考一下我这句话的含义。"明天您能回来听听我的想法吗？"

次日，阿登纳让我坐在他对面，表情严肃地说："Schau mir in die Augen（看着我的眼睛）。"随后把话题转向前一天我向他做的保证。阿登纳说：

> 您以为我还会相信你们会无条件保护我们吗？……这几年您的所作所为让我看得很清楚。对贵国而言，在危机时刻，与苏联缓和同样也会是你们的头等大事。我不相信，哪位美国总统会在任何情况下为了柏林甘冒核战争风险。不过大西洋联盟依然很重要。我们一直受到保护是因为历任苏联领导人自己对这一怀疑因素也没把握。

阿登纳寥寥数语的概括听上去颇为伤感。他又回到了10年前我与他首次见面时谈过的老话题：核威胁固有的模糊不清。不过阿登纳同时也阐述了他在位多年认同的又一核心原则：大西洋联盟至关重要。

当初，阿登纳在危机中恳求得到美国的保证。这一恳求后来转化为长远战略观。阿登纳在对我说的最后几句话里再次重申，他坚定不移地支持大西洋伙伴关系，虽然他表达了对实施这一伙伴关系复杂性的疑虑。阿登纳接受了遏制苏联长达近半个世纪的战略。他认识到，正是这种含糊不清提供了威慑。美国的盟友可以依恃这一威慑，在一个欧洲政治架构内并与美国结成伙伴取得本国的进展。

阿登纳传统

杰出的领导力不只是让人民欣喜若狂于一时，还要能激发和维持愿景于长久。阿登纳之后的历任德国总理发现，阿登纳的愿景所含的方针对于德国的未来至关重要，即使是1969年成为德意志联邦共和国首任社民党总理的维利·勃兰特也这样认为。

希特勒执政时期，勃兰特一直流亡海外，先是寄寓挪威，之后移居中立国瑞典。1958—1962年柏林危机期间，身为西柏林市长的勃兰特展示了强硬的领导风格和雄辩口才，坚定了德国人民的信心，保持了民气始终不衰。

勃兰特出任总理后，行事风格与阿登纳的传统主义相异。最重要的是，勃兰特积极推动既对共产主义世界开放又有利于维持德国与其盟友关系的"东方政策"。尼克松总统和担任他的国家安全事务助理的我最初对此均感不安，担心"东方政策"可能会演变为一种伪装成中立主义的新型德意志民族主义。德意志联邦共和国或许会借助这一政策游走于东西方之间。

勃兰特的外交政策在某些方面改变了阿登纳的政策。但勃兰特依然支持大西洋联盟，与莫斯科举行任何谈判都会与华盛顿密切磋商。勃兰特就职后第一周，派友人兼外交政策顾问埃贡·贝尔访问华盛顿。出乎尼克松总统和我意料，贝尔申明德意志联邦共和国支持北约，并将继续阿登纳时代统一欧洲的努力。贝尔告诉我们，新总理将与盟友，尤其与白宫协调"东方政策"。尼克松于是不再焦虑，依照贝尔做的保证在我办公室设立了一条磋商专线。

勃兰特信守了贝尔传达的诺言。他制定了一项针对东欧，尤其针对波兰的富有想象力的政策，开始就全面关系和保证柏林通道问题启动与苏联的谈判。1972年谈判结束。我们的挂钩政策也助了一臂之力。① 勃兰特与西方盟友一起就柏林通道问题与苏联达成了一项协议。德国统一前，这一协议从未受到过挑战。

勃兰特承袭了阿登纳对北约内部磋商的支持。与此同时，他推行与东边邻国人民的"东方政策"。1970年，勃兰特访问了华沙，访问期间参观了1943年华沙隔离区起义纪念碑。当年，波兰犹太人在隔离区反抗纳粹把他们运往死亡集中营，遭到残酷镇压。勃兰特在纪念碑前放置花圈后，双膝跪下表示忏悔。

勃兰特做出的这一无言姿态代表了战后德国与世界和解的道义基础，意义不言自明。当然，在勃兰特眼里，德意志联邦共和国与波兰关系的战略价值非同小可。同时，他又把这一关系形容为具有重大"道德－历史意义"。勃兰特继承了阿登纳坚持的悔过加尊严立场，其实是通过悔过求尊严。[77]

无论"东方政策"的倡导者可能对它还抱有什么宏大志向，皆因1974年勃兰特辞职化为泡影。继任者是赫尔穆特·施密特（1974—1982年在任），一位社会主义者。施密特出生在社会民主党

---

① 参阅第三章"外交与挂钩"小节。

人执政的城市汉堡,成为社会主义者纯系出生地使然。20世纪60年代,他还担任过汉堡市参议员。施密特在青少年时期经历的混乱多于稳定。1941年他在德国空军服役,是东部战场上的一名防空炮兵军官。[78] 纳粹时期施密特还是一个年轻人,不可能深涉政治。

施密特的外交政策基本上遵循了阿登纳的方针。如同他的这位卓越前任,施密特坚信道义的核心作用。一次他说:"没有良知的政治会走向犯罪。"随后又补了一句:"依我之见,政治就是为了道义目的采取的现实行动。"[79] 1977年,施密特向我讲述了几周前刚发生的一件事。一批德国人质被恐怖分子劫持到索马里首都摩加迪沙。为解救人质,一支德国突击队奇袭了劫持者。施密特等待营救结果期间备受煎熬,直到得知人质获救。他不禁陷入沉思,如果86名人质和突击队员的生命安全都让他揪着一颗心,他又怎么可能会执行北约的核武器战略呢?

然而,20世纪80年代初需要就是否在德国部署美国中程导弹做出抉择时,施密特不顾自己党内大多数人反对履行了他的职责。施密特的这一勇敢举动很可能是他倒台的主因。

施密特还是阿登纳政策又一目标——欧洲统一——的主要推动者。如同阿登纳,施密特尤其重视法国。他与法国总统瓦莱里·吉斯卡尔·德斯坦恢复了阿登纳-戴高乐时期的合作,这一合作再次因私谊得到加强。施密特和德斯坦为1975年召开的欧洲安全会议提供了动力,此次会议加快了否认苏联在东欧统治合法性的进程。在杰拉德·福特总统的坚决支持下,施密特和德斯坦力主召开民主国家首脑会议——当年是G5,今天是G7,表达对世界秩序的共同立场。[80]

　　施密特的继任者是赫尔穆特·科尔。他任德国总理期间，阿登纳设想的在一个逐步走向统一的欧洲内统一德国的愿景实现了。苏联对东欧的统治因过度扩张外加国内矛盾而土崩瓦解。赫尔穆特·科尔曾是德国历史专业的学生，喜欢思考，说话带家乡莱茵兰的口音。科尔既没有施密特的学者风度，也没有阿登纳的深邃思想，他靠善于揣摩利用民意治国。德国因地处欧洲腹地，加之本国历史扑朔迷离，常常在种种诱惑之间摇摆不定。一如阿登纳，科尔决心防止德国再次摇摆。当时德国国内爆发了大规模示威游行，反对在欧洲部署美国中程导弹，示威游行规模之大前所未见。科尔不为所动。他的刚毅态度换来了美苏谈判。1988年年底，美苏达成了中程导弹协议，规定双方从欧洲撤出这一类核武器。这是旨在销毁整个一类核武器的首个也是迄今为止唯一的一个协议。

　　东德共产党政权的崩溃始于越来越多的东德人逃到周边邻国。1989年8月，9000名逃到匈牙利的东德人获准离开匈牙利前往西德。政治平衡无可挽回地被打破了。到10月底，数千东德人在西德驻捷克大使馆内栖身。东德政府被迫允许外逃难民在西德政府官员协助下乘火车穿越东德境内前往西德避难。此时东德的解体已无任何悬念。[81]

　　1989年11月，柏林墙坍塌。德国统一再次跃居西德国内问题之首。西德众政要，包括总统里夏德·冯·魏茨泽克主张，至少在现阶段，西方应当对在前苏占区举行民主选举的做法公开表示满意。科尔不这么想。依照阿登纳传统，他坚持认为，两个分开的德意志国家如果继续存在下去，即使两者都实行民主制也永远不会统一，除非各自为自己的存在奠定合法性基础，而这样做会导致一系列危机升级。

科尔当机立断解决了这一难题，显示了一位领导人的果决和勇气。东德政府宣布举行自由选举后，科尔的所作所为让人觉得德意志民主共和国仿佛已不复存在。他做出安排去东德参加选举活动，好像选举是在西德举行似的。1990年10月3日，东德基民盟在选举中大获全胜，为德国正式统一铺平了道路。与此同时，德国的北约成员国地位维持不变。

科尔还需要说服法国和英国。因两次世界大战的缘故，不难理解两国对德国统一持保留态度，英国首相玛格丽特·撒切尔尤其不热心。[1] 直到1990年5月苏联同意从东德撤军，接受统一后的德国继续留在北约，[82] 德国统一进程才告完成。在德国统一过程中，苏联面临的国内困难是一大因素。然而，如果不是阿登纳之后的继任者和盟国继续奉行实现他的愿景的政策，德国统一是不可能发生的。德国无条件投降后，阿登纳把他的愿景描述为给予本国人民和分裂的祖国从头开始的勇气。

柏林墙的坍塌还产生了一个未曾预料的后果。1989年12月，东德洪堡大学一位默默无闻的物理研究员决定加入东德一个名叫"民主觉醒"的新党，此前这位牧师的女儿从不过问政治。那年安格拉·默克尔35岁，没有点滴从政经验，但内心深处有坚定的道

---

[1] 参阅第六章"领导力的局限：德国与欧洲的未来"小节。

德信仰。1990年年末，她的党与基民盟合并。2005年11月默克尔当选德国总理，一干就是16年，引导国家穿过重重危机的惊涛骇浪，在一个高科技世界升华科技意义。默克尔成为后冷战时代国际秩序中举足轻重的领导人之一，实现了阿登纳生前对祖国未来角色怀有的梦想。2021年12月，默克尔卸任。她是德意志联邦共和国唯一一位卸任时没有遇到政治危机的总理。

2017年阿登纳逝世50周年之际，默克尔颂扬了他的历史功绩：

> 今天，我们缅怀一位伟大的政治家。经历了魏玛共和国的失败和国家社会主义的恐怖统治后，他运用自己的远见卓识和娴熟手段给了我们国家客观判断力和稳定。我们深深感激康拉德·阿登纳。我们把他的美德视为在一个迷惘艰难世界尽职的义务。牢记康拉德·阿登纳及其同代人的功绩，我们应当有勇气把他们的事业继续下去。[83]

阿登纳不去想后人如何评价自己。有人问阿登纳，他希望后人记住他什么，阿登纳的回答只有简短一句话："他尽职了。"[84]

| 第二章 |

夏尔·戴高乐：意志战略

论领导力

近距离接触

1969年1月20日,理查德·尼克松就任总统。不出一个月,他启程前往欧洲对欧洲几国进行所谓的工作访问,以强调他对大西洋关系的重视。尼克松在布鲁塞尔、伦敦和波恩受到几国领导人的热情接待,此前尼克松与这几位国家元首见过面,他们都明确表示支持美国在大西洋关系中发挥领导作用。

巴黎的气氛与以上几国首都的气氛有微妙差别。6年前的1962年11月,尼克松竞选加利福尼亚州州长失败。此后不久,夏尔·戴高乐在爱丽舍宫的总统官邸设午宴招待了尼克松。这位法国总统对尼克松在任艾森豪威尔副手期间(1953—1961)展示的外交才干赞誉有加,身陷政治生涯低谷的尼克松倍感温暖。这一次他的法国之行升格为国事访问,戴高乐亲赴机场欢迎尼克松一行。

这是我首次见戴高乐。他发表了简短致辞,热情欢迎尼克松来访,同时强调法国独特的、具有历史意义的国家身份:

> 200年来世事沧桑,但没有任何力量能够撼动我国对贵国怀有的友好感情。您亲赴我国访问,使我方可以阐明对国际

事务的想法和意图。您也能澄清自己的观点和提出的种种倡议。我们怎能不对我们之间的意见交流抱有最大兴趣,给予最高重视?[1]

戴高乐的欢迎致辞只讲法国国家利益和他本人对尼克松的敬意,避而不提北约、共同市场和欧洲多边主义。而在欧洲其他几国首都,这些都是本国领导人讲话中必有的内容。

当天,法国在爱丽舍宫为尼克松举行了招待会。招待会期间,戴高乐的一位助手把我从人群中引开,带我去见戴高乐。我来到一位身材高大、面容严肃的人物面前。戴高乐看上去并不热情,丝毫没有让我感到我与他见过面[2],或他有欢迎我这次来法国的意思。戴高乐一开口就质问我:"为什么你们不从越南撤出?"他的这个问题问得有点儿怪。仅仅 7 年前,戴高乐才决定撤离阿尔及利亚。之前法国在阿尔及利亚打了将近 3 年仗。我回答说:"仓促撤离越南会损害美国的国际信誉。"戴高乐不客气地问:"比如哪里?"我回答时也没客气:"比如中东。"戴高乐听后仿佛一下子坠入沉思,随后打破沉默说:"好奇怪!一分钟前我还以为你们的敌人(指苏联)才在中东有信誉问题。"

次日,戴高乐在凡尔赛宫内路易十四修建的大特里亚农宫与尼克松举行实质性会谈。讨论话题转到欧洲时,戴高乐借机发挥他在欢迎词中说过的话,一口气讲了大约 35 分钟,尽显他的激情、风度和口才。

戴高乐说,历史上欧洲始终是不同民族和信仰之地,根本不存在一个政治欧洲。欧洲每个地区形成了独特的特征，遭受过独特的苦难，逐渐产生了独特的权力机构和使命。目前欧洲各国正从第二次世界大战中复苏，努力争取依靠符合本国特征的战略来保卫自己。第二次世界大战结束后的局势发展产生了种种需要，也带来了诸多威胁，欧洲国家以及欧洲与美国之间需要紧密合作。法国愿意在共同使命上开展合作，也会证明自己是一位忠诚的盟友。但法国不会放弃自我防御能力，也不会把本国命运交给多边机构来决定。

戴高乐本着以上原则对前两届美国总统约翰逊和肯尼迪奉行的大西洋政策提出异议。尼克松敬佩戴高乐，不愿上任伊始就与他展开辩论，于是让我以一位历史学教授的身份发表看法。

我颇感吃惊，没料到尼克松会请我发言。我说："总统方才一席话内容深刻，感人至深。不过戴高乐总统有什么建议，可以防止德国称霸他刚描述过的欧洲？"戴高乐沉默片刻后说："诉诸战争。"

此后不久的一次午餐期间，我们又有过一次实质性会谈。戴高乐告诉我，他了解我从事的学术研究内容，随后问我，19世纪下半叶的政治家中，哪位人物给我留下的印象最深？我回答说，德国宰相奥托·冯·俾斯麦（1871—1890年在任）。戴高乐接着又问我最钦佩俾斯麦哪些特征。我回答说："他的节制。可惜1871年普法战争结束后达成的解决方案没能体现俾斯麦的这一特征。"戴高乐接过话题谈了该解决方案的后果，以此结束了谈话："这个结局更好，它使我们有机会夺回阿尔萨斯。"

仅仅6年前，戴高乐与德国总理康拉德·阿登纳签署了一项友好条约。论私交，他与阿登纳的交情非任何其他国家领导人可比。

不过对于戴高乐，私谊并没有抹掉历史教训和战略需求。还有一种可能，戴高乐出言不逊是为了试探对方会作何反应。

戴高乐与尼克松会晤两个月后辞去总统一职。没有任何国内和国际压力逼迫他辞职，他为自己选择了一个适合历史性过渡的时机谢幕。

这位身材高大的人物谈及他对世界秩序的思考时侃侃而谈，坚信他能为了芝麻大的一点事任意威胁对德国开战。他对自己的遗产信心满满，觉得可以在自己认为合适的时候辞职。他是个什么样的人？戴高乐深知，他是靠给自己蒙上一层神秘面纱维持了自己传奇式的高大形象。面纱后面的那位巨人到底是何许人也？

启程

德军进攻挪威后，当地法军战败。1940年3月21日，爱德华·达拉第因此下台，保罗·雷诺被任命为总理。5年前，时任中校的夏尔·戴高乐表达的观点引起了雷诺的注意，日后戴高乐成为这位资深政治家的顾问。

1940年5月中旬，当时这位名不见经传的43岁职业军人从上校晋升为准将，嘉奖他率领一个装甲团抗击入侵比利时的德军时指挥出色。两周后，兼任国防部长的雷诺任命戴高乐为国防部次长。

6月5日，戴高乐在国防部设立了自己的办公室。同一天，巴黎郊区遭到德军飞机轰炸。不到一周，法国政府撤离首都。雷诺辞职后，法国政府试图与希特勒媾和。这位新上任的国防部次长听说这一消息后，于6月17日突然从波尔多飞到伦敦。戴高乐乘坐的飞机途中飞越了罗什福尔港和拉罗谢尔港，停泊在港湾的数十艘船只遭德军袭击中弹起火。飞机掠过潘蓬市附近的布雷顿村时，戴高乐的母亲让娜正在家中卧病在床，奄奄一息。戴高乐临走前让下属火速把护照送交给妻子和3个孩子，这样她们可以紧随他之后去伦敦。[3] 次日，戴高乐在英国广播公司发表广播讲话，宣布组建一个与法国政府政策对立的抵抗运动。

> 世界命运岌岌可危。我是戴高乐将军，现在伦敦。我呼吁所有现在英国领土上，或以后有可能来英国的法国官兵与我联系，无论是否携带武器。我呼请目前在英国领土上，或未来有可能来英国的所有兵工厂工程师和熟练工人与我联系。无论发生什么，法国抵抗火焰绝不能也绝不会熄灭。[4]

毫不夸大地说，这是一篇杰出的宣言，出自一位不为绝大多数法国人所知的人之口。一位副部长，法军军阶最低的将官，公然鼓动人民反对他不到两周前刚刚加入、现在名义上仍是其成员的法国政府。其他具有历史意义的声明通常用词华丽考究，例如《美国独立宣言》(1776)，而戴高乐的这次广播讲话句子短小精悍。人们听到的，恰恰是它想表达的：以含义不明的事业的名义呼请在英国领土上的法国公民起来反抗本国政府。

几天前，英国政府还全力劝说法国领导人不要与希特勒单独媾和。温斯顿·丘吉尔首相甚至提议法英合并为一国，以防噩梦成真：

法国彻底崩溃，被纳入德国势力范围。[5] 戴高乐赞成英国做出的这一姿态，虽然对英国提议中的某些细节心怀戒备。他认为，英国这一提议会激励法国政府继续战斗下去，而不是马上投降。

这一建议出自夏尔·科尔班和让·莫内，日后莫内将在欧洲联盟概念上发挥举足轻重的作用。[6] 6月16日，英法两国的实际合并计划进展神速。当时戴高乐正在英国与英国人谈判。他在电话中给雷诺念了一遍该计划。雷诺询问戴高乐，丘吉尔是否已正式同意。戴高乐把话筒递给丘吉尔，丘吉尔重复了一遍提议内容。雷诺答复说，他将在1小时内把这一建议提交给内阁。一位历史学家写道：

> 那天晚上，丘吉尔、艾德礼、辛克莱和英国三军参谋长准备乘坐加拉蒂亚号巡洋舰前往布列塔尼海边的孔卡诺，与雷诺及其同僚讨论延长战事和这一新国家的未来。一行人……来到滑铁卢（车站），登上一辆9：30开往南安普顿的专列。
>
> 然而……专列从未离开车站。丘吉尔的一位私人秘书亲自给他送来一张字条。由于波尔多（法国政府撤退到这里）发生了"阁员危机"，此行取消。[7]

雷诺被赶下台，87岁的菲利浦·贝当元帅被推上总理位置。

停战谈判最终结果尚不明朗时，英国政府与戴高乐保持了一定距离。戴高乐公开号召被称为"自由法国"的官兵加入他的行列，而英国官方并没有正式承认他的这一行为。原来英国建议戴高乐在英国广播公司再做一次演讲，后来也被取消。[8] 此后局势急转直下。

6月22日，法国与德国签署了停战协议，法国大西洋沿岸和半壁江山沦入德国之手。这正是戴高乐竭尽全力加以阻止的。从此以后，他的首要目标是解放法国，恢复法国主权。"自由法国"将在这一过程中发挥重大作用，之后再把光复转变为法国社会的新生。1940年的军事溃败和道德沦丧需要一个新生的法国社会。

6月23日，在英国内阁许可下，戴高乐再次在英国广播公司发表广播讲话，直接喊话维希法国的贝当元帅。维希是法国中部地区一处旅游胜地，节节败退的法国政府将设在此地。此后两年维希政府与德国沆瀣一气，统治未被德国占领的法国的残山剩水。

20世纪20年代初，贝当对戴高乐有知遇之恩。第一次世界大战时，贝当因为击退了进攻凡尔登的德军而享誉全国。现在法军军衔最低的将军全然无视两人军阶相差悬殊，与军衔最高（因而也最德高望重）的将领说话时盛气凌人。戴高乐强硬指出，停战协议让法国沦为囚徒。他痛斥贝当："如此丧权辱国之事无须劳您大驾，元帅先生。我们不需要凡尔登的胜利者。换了任何人都能做。"[9]

戴高乐羞辱贝当意味着与法国政府一刀两断。他加紧确立自己作为新生的"自由法国"运动领袖的地位。当时有几个知名法国流亡者已亡命伦敦，大多来自学术界。这些人要么名望不够，要么缺少必要信念，无力扮演领导一场战时运动的领袖角色。当时第三共和国的两位法国政治要人——前总理达拉第和末任内政部长乔治·曼德尔——依然滞留尚未沦陷的法国地区。英国情报机构一直有一个念头，想劝说他们出面组建一个流亡政府。但两人逃到阿尔及利亚后，忠于维希政府的当地法国殖民官员阻拦他们与英国人接触，之后又把两人驱逐回法国本土。英国情报机构不得不放弃这一计划。

丘吉尔坚信，法国抵抗具有象征意义。最终这一信念扫除了一切暧昧。丘吉尔告诉戴高乐："您现在孤身一人。那好吧，我就只承认您一人。"6月28日，也就是戴高乐飞到英国仅11天后，英国政府承认戴高乐是"世界任何地方的'自由法国'领袖"[10]。丘吉尔做出这一决定不无勇气。当时他不可能对戴高乐的观点有深入了解，没料到日后戴高乐会在盟国阵营内部引发剧烈争吵。

此后不久，英国把与戴高乐的关系正式化，接受了戴高乐将军个人对法国国家尊严的独特看法。例如，戴高乐坚持，英国向"自由法国"提供的物资和经费只能作为需要偿还的租赁，不能作为赠送。"自由法国"军队（当时并不存在一支像样的军队）接受英军和盟国最高司令部指挥，但将作为一支独立部队在"自由法国"军官指挥下作战。以上原则是一位"在一个语言不通的国家流亡的身无分文的准将争取到的一大成果"[11]。

戴高乐行为的根源和目标

1940年前，戴高乐已是一位知名的优秀军人和有眼光的战略分析家。然而没有任何迹象显示，未来有一天他会成为一位神秘的领导人。1914年8月15日，戴高乐在默兹河附近的比利时小城迪南的激战中膝盖中弹，成为第一次世界大战中首批负伤的法军士兵之一。戴高乐痊愈后不久又重返前线。1915年1月，他因率侦察兵深入虎穴执行侦察任务被授予战争十字勋章——戴高乐带领士兵匍匐到无人区边缘,偷听战壕里德军士兵的交谈内容。1916年3月2日,戴高乐的大腿被德军的刺刀扎伤,沦为俘虏。他5次逃跑未果,一直被囚禁在德国,直到1918年11月11日停战才被释放。

戴高乐在中学学过德语,囚禁期间他如饥似渴地阅读德文报纸,犹如一名孜孜不倦的学生,又像是一位充满好奇心的见习军事分析家。戴高乐撰写了大量讲述德国战事的文章,同时阅读小说,与狱友热烈讨论军事战略问题,甚至还做了一系列讲演,论述法国有史以来文职政府与军人之间的关系。戴高乐无时无刻不想重返前线。不过监狱成了他的研究生院,也是锤炼孤独的熔炉。时年26岁的戴高乐在狱中笔记中写道:"自我约束应当成为靠不停锤炼意志力养成的一种习惯,一种下意识的道德反应,尤其在最不起眼的小事上,比如衣着、交谈和思考方式。"[12]

戴高乐上小学时嗜好读书,感情细腻,还写过诗。步入成年后似乎变得越来越孤僻。17世纪法国剧作家皮埃尔·高乃依把孤独描述为政治家的代价:"对谁我能倾诉衷肠,我灵魂中的秘密,我人生中的忧伤?"[13]戴高乐在笔记中记述的自律美德日后成为他最突出的性格特征。从此以后,戴高乐在公众场合始终是一副坚忍形象,只有在家人面前才露出柔情的一面,尤其是与夫人伊冯娜和残疾女儿安娜在一起时。

战后戴高乐重返部队。他认识到,在战场上建功立业已不可能,不过或许可以靠著书立说扬名。1924年,戴高乐依据他阅读的德文报纸写了《敌人内部的倾轧》一书,入木三分地分析了1918年德国战败的内因。该书出版后引起贝当元帅的注意，任命戴高乐为副官，协助参与一本筹划中的法军史的研究写作工作，后来他又放弃了该书的出版计划。贝当推荐戴高乐去法国战争学院做了一个系列讲座，首场讲座还出席捧场，显示了对这位有才华的年轻人的器重。

感恩戴德不是戴高乐的性格。无论贝当做出的姿态，还是两人之间悬殊的军阶，都没能阻止这位年轻人顶撞自己的恩师。戴高乐觉得自己的著述没有受到应有承认。与贝当关系日趋冷淡后，戴高乐重返军旅，埋头写作。

戴高乐写的《建立职业军队》一书影响最大。[14] 他挑战了法军的防御政策，敦促采取一种基于进攻型装甲战争的策略形态。当时法国正沿着东部法德边界修建号称固若金汤的马其诺防线，1940年德军装甲部队穿过比利时进攻法国时，这一防线形同虚设。法军对戴高乐的建言置若罔闻。20世纪30年代中期，德国反而吸纳了戴高乐的观点。不出几年，德国战胜了法国，验证了戴高乐的先见之明。

早在战争初期戴高乐就看出，美国早晚会卷入战争，从而改变与轴心国的力量对比。与美国为敌的一方必会自食恶果。1940年7月，戴高乐宣称："自由世界的巨大力量尚未投入使用。"接着又补充说：

> 终有一天这股巨大力量会压垮敌人。那一天来临时，法国必须站在胜利者一边。果真如此的话，她会再次成为一个

伟大的独立国家。这就是我的奋斗目标,也是我唯一的奋斗目标。[15]

当年法国全军上下,又一次唯有戴高乐一人认识到这一点。

戴高乐有实战经验,又官至准将,且思想深邃。正常情况下,戴高乐或许会渴望有一天执掌陆军。再过上十来年,兴许还能在法国政府内阁里混个一官半职。极少有人会想到,他会跃升为法国的国家象征。

然而,改变历史的领袖人物几乎没有一个看上去像是一条直线的终点。法国向希特勒德国投降后,国家陷入一团混乱。此时一位低阶准将现身,宣布成立抵抗运动。人们或许以为,未来会为他加一个脚注,认可他扮演的次要角色,而未来最终要由胜利者决定。戴高乐抵达伦敦时,可以说除了身上穿的军装和自己的声音外一无所有。但他从默默无闻中跃然而出,跻身世界政治家行列。50多年前我写过一篇文章,把他描写为一个幻想家。[16]戴高乐先是作为"自由法国"领袖,之后作为第五共和国缔造者和总统,犹如变戏法一般向人呈献出超越了客观现实的种种愿景。在这一过程中戴高乐说服了自己的听众,把他的愿景当成了现实。对于戴高乐,政治不是可能的艺术,而是意志的艺术。

战时伦敦聚集了逃离沦陷的祖国的大批波兰人、捷克人、丹麦人、荷兰人及其他五六个国家的国民。人人都把自己视为加入英国作战的一分子,没人要在战略上独树一帜,唯有戴高乐一开始就追求战略自主。鉴于自己军队的力量依然弱小,戴高乐同意把它交给英国指挥作战，但他的终极战争目标有异于其他盟友。

英国，1941年后还有美国，是为打败德国和日本而战。戴高乐也为同一目标而战，但他的终极目标是振兴法国魂，打败德日只是实现这一终极目标路上的一站。

法国历史上的戴高乐

丘吉尔与戴高乐初交时，几乎不可能看清戴高乐愿景的宏大。按照这一愿景的说法，在过去将近两个世纪里，法国挥霍了它的伟大。带有神秘色彩的伟大特征指法国既有发达的物质文明，又有发达的道德文明和灿烂文化。就在自己的祖国跌至谷底之时，戴高乐以命运使者自居，肩负重振法国雄风的使命。至于他没有得到这一使命的任何先兆，也拿不出任何先兆证据，这无关紧要。他的合法性来自内心的个人权威感，个人权威感又基于对法国及其历史坚定不移的信念。

戴高乐认为，自中世纪欧洲以来，法国在漫长的历史长河中积累了使它伟大的因子。当时诸封建公国通过调整均势解决了彼此之间的纷争。借助这一手段，早在6世纪法兰克国王克洛维一世在位时，法国的核心部分已演变成为一个中央集权政体。

到了17世纪早期，奥地利的哈布斯堡王朝不断向中欧扩张，西边远至西班牙。四面受敌的法国为了自身防御需要强化中央集权和制定一项成熟战略。这项重任落在阿尔芒-让·迪·普莱西·德·黎塞留枢机主教肩上。1624—1642年，黎塞留担任路易十三的首相，也是日后路易十四时期法国一跃成为欧洲首屈一指大国的首席设计师和奠基人。黎塞留摈弃了基于对王朝的效忠和依据宗教信仰结盟的战略，改为把"国家理由"作为指导法国内政外交政策的方针。换言之，完全根据对形势实事求是的判断，以灵活方式追求国家利益。

戴高乐认为，自罗马帝国陷落以来，这一方针是首个在欧洲事务上运用的真正的宏大战略。中欧地区国家纷杂，法国将利用这一地区特点挑动中欧国家相互争斗，借它们之间的分裂确保法国永远比这些国家的任何可能组合更强大。黎塞留及其继任者尤勒·马萨林把法国国教，也是自己信仰的天主教抛在一边，在"三十年战争"中与新教国家站在一起。中欧因这场战争受到重创。法国成为中欧诸国争夺的仲裁人。

法国借助这一手段一跃成为欧洲大陆首屈一指的大国。英国则扮演制衡法国的角色。18世纪初，所谓的旧制度"欧洲秩序"由两个部分重叠的同盟组成，彼此时而兵戎相见，时而握手言和，但从未让冲突走到威胁这一体系生存的地步。这一秩序的核心是法国操纵的中欧均势和英国维持的总体均势。英国依仗本国海军和财政资源抗衡各个时期的欧洲霸主，通常是抗衡法国。

1939年，戴高乐在一次演讲中颂扬了黎塞留及其后任奉行的基本战略方针：

> 每当法国需要时，总能找到自然盟友。从最初对抗查理五世，到此后对抗奥地利皇室和日益强大的普鲁士，黎塞留、

马萨林、路易十四和路易十五利用了以上每一个盟友。[17]

在 19 世纪初的拿破仑时代，法国不是以结盟或有限战争方式争取本国利益，而是通过征服（不是简单地打败）对手颠覆欧洲大陆秩序。在此期间，法国总是打着法国大革命提出的人民合法性的旗号。然而拿破仑因误判犯了致命错误：入侵俄国。哪怕是拥有强大实力和有一个"全民皆兵国家"的拿破仑，最终也无力回天。戴高乐把拿破仑视为千年一遇的天才，同时指责他糟蹋了法国的实力和威望："拿破仑之后的法国疆土小于他接手的法国。"[18] 戴高乐认为，很难把拿破仑的卓越才华与他常常做出灾难性的错误判断区分开。拿破仑时代法国一连串的军事胜利为最终灾难埋下了伏笔。正是出于这一原因，戴高乐把位居世界大国之列的法国衰落的起点定在了拿破仑时代，虽然拿破仑退场后法国依然处于国际风云中心。

德国等新崛起大国的经济发展速度超过了法国，但法国文化依然无人企及。19 世纪 20 年代，法国学者破译了罗塞塔石碑象形文字，从此古代文字不再是秘密。1869 年，法国工程师修建了苏伊士运河，打通了红海连接地中海的通道。19 世纪的最后 25 年，雷诺阿、罗丹、莫奈、塞尚把视觉艺术推向巅峰。法国在引领欧洲艺术的同时，依然是重要的经济和商业大国。乔治·豪斯曼男爵拓宽了建于中世纪的巴黎街巷，给城市披上了现代化新装。当时巴黎是西方文明的心脏、"19 世纪之都"[19]。法兰西第三共和国向海外派遣了装备最新式武器的军队，打着文明使命的旗号建立了一个庞大的殖民帝国。①

以上帝国的伟业和文化成就掩盖了法国内在力量的衰落。1815年拿破仑战争结束时法国人口为3000万,在欧洲各国中仅次于俄国。20世纪初,法国人口仅增至3890万。[20] 英国人口从1600万增至4110万。[21] 德国人口从2100万增至6700万。[22] 截至1914年年底,在工业生产上,尤其在重要的煤钢产业领域,法国被美国、德国、英国和俄国甩到了后面。[23]

为了缩小与德国日益扩大的差距,深陷焦虑的法国再次寻求与他国结盟。1894年法国与俄国结盟,1904年又与英国缔结了《英法协约》。两个盟约意义尤其重大。列强在形成两大集团后,外交日趋僵化。1914年夏季,塞尔维亚与奥地利之间一场本来平淡无奇的巴尔干危机引发了世界大战,所有参战国伤亡之惨重远远超过此前历次战争。

法国伤亡人数位居榜首,200万人死于战火,占全国人口的4%,法国北部地区满目疮痍。[24] 法国最大的盟友俄国被1917年爆发的一场革命吞噬,一系列和平协议把俄国边界向东移动了数百英里。由于奥地利战败,加之威尔逊提出了民族自决论和民主论,一大批体制薄弱、资源有限的中东欧国家现在暴露在德国面

---

① 1897年问世的法国75毫米野战炮是一种具有创新意义的火炮,不仅射程远,精度也相当高。法军使用的武器都是性能优良的栓动击针枪,改造后可用金属弹夹,例如1866年的夏塞波步枪。参见:Chris Bishop, 'Canon de 75 modèle 1897', *in The Illustrated Encyclopedia of Weapons of World War II* (London: Amber Books, 2014); Roger Ford, *The World's Great Rifles* (London: Brown Books, 1998)。

前。未来德国如果在军事上再次崛起，法国为了打败德国只有一个办法——进军德国莱茵兰。

法国虽然在 1918 年赢得了战争，但内心比任何盟友都清楚，它距离战败仅有一步之遥。法国丧失了心理和政治承受能力。20 世纪二三十年代，令法国丧魂落魄的事情接二连三：法国年青一代黯然凋零，对战败的敌手畏之如虎，感觉被盟友抛弃，无奈无助之忧挥之不去。

法国决定修建马其诺防线就是一个典型例子，反映了 1918 年后法国的不安全感。当时法国陆军规模执欧洲牛耳，而受和平条约限制的德国陆军仅有 10 万人。修建马其诺防线的决定尤其令人感到悲哀。《凡尔赛条约》明文禁止德国在莱茵兰驻军，而德国若要进攻法国，莱茵兰是必经之地。法国赢得战争后越来越没有自信，甚至觉得一旦解除武装的敌人悍然违反和约，自己将无力抵抗。

1934 年，戴高乐中校在《建立职业军队》一书中痛批了法国的军事理论。他写道，机动灵活乃战略命脉，强大的空军和坦克军是执行战略的主要手段。[25] 然而他供职的法国陆军制定了守株待兔式的防御战略，日后证明，这一战略招致了灭顶之灾。

戴高乐在 1934 年撰写的这本书里不无伤感地感慨道：

> 从前有一个墨守成规、不敢越雷池一步的古老国家。它一度最富有、最强大，傲然位居世界舞台中心。巨大灾难降临后，它龟缩到自己的世界里。邻国不断发展壮大，而它却停滞不前。[26]

戴高乐在自己职业生涯的每个阶段都不遗余力地改变这种心态。

戴高乐与第二次世界大战

1940 年夏天，戴高乐在伦敦的处境显然没有给他可以再现法国伟大的任何机会。欧洲腹地已落入希特勒之手。此前一年，剩下的唯一大陆强国苏联与德国签订了互不侵犯条约。[27] 法国的部分国土被德国占领。贝当政府在中立和同流合污之间摇摆不定。

戴高乐担任"自由法国"领导人既不是任何法国政府机构任命的，也不是选举的结果。他自称有权领导，依据就是他宣布自己是领袖。日后戴高乐写道："统治权力的合法性源自它的信念，源自它激励的信念：国家危亡之秋，这一统治权力体现了民族团结和国家的延续性。"[28] 戴高乐把象征圣女贞德的洛林双十字架作为"自由法国"运动的旗帜，借此影射法国历史上的又一次国难。500 年前，圣女贞德凭借含神秘色彩的愿景率领法国人民从外国占领者手中解放了自己的家园。戴高乐自称，他被"赋予了"一个永恒的、不可战胜的法国的"最高权威"，这一权威超越了在法国疆界内有可能发生过的任何人间悲剧。[29] 没有明显证据可以证明戴高乐这一说法。

在此后的岁月里，戴高乐将以无比自信、拒绝妥协的方式与人打交道，迫使（常常不胜烦恼的）盟国领导人丘吉尔、罗斯福甚至斯大林对他做出让步。盟国几位领导人无一例外被迫接受法国的说法：它在一个重建的欧洲中不可或缺。

自 1940 年 6 月 18 日戴高乐向法国人民发出呼吁起，他的行为举止让人感觉"自由法国"体现的不是一种愿望,而是一个现实。戴高乐从流亡伦敦的法国知名人士中挑选了一批人作为他的顾问,同时组建了一支仅有7000余人的"自由法国"军队,官兵主要来自从敦刻尔克撤到英国的七零八落的法军残部。1940年年末,又成立了由支持戴高乐的文职人员组成的"帝国防御委员会"。

如何在力量如此弱小的情况下实现自己的愿景?戴高乐知道,他的军事选项寥寥无几,于是决定着重招揽散布在法兰西帝国各地的部队,借此为自己开辟一块可作为合法根基的地盘。作为解放祖国的第一步,戴高乐奔走于法国在世界各地的殖民地,尽力说服它们脱离维希政府。自始至终,戴高乐的头号敌人不是德国而是维希政府。他的首要目标不是赢得战争(虽然他会助一臂之力),而是为战后和平年代恢复法国版图、改革国家体制、实现道德复兴创造条件。

两个月后,戴高乐建立地盘的努力才有了结果。与此同时,盟国即将面临一个艰难抉择:如何处理停泊在阿尔及利亚奥兰城郊凯比尔港海军基地的一支法国舰队。这支舰队若落入德国之手,有可能会导致英德海军实力对比向德国倾斜,甚至可能会被纳粹用来入侵英伦三岛。丘吉尔决定不能冒这个险,为此要求这支舰队驶往英国港口。7月3日,丘吉尔又下令轰炸阿尔及利亚的这一海军基地。包括旗舰"布列塔尼号"在内的3艘军舰被炸沉,将近1300名法国水兵被炸死。戴高乐强忍悲痛,在英国广播公司的广播讲话中平静地为这次轰炸辩护:"任何一位配得上法国人这一称号的法国人丝毫没有怀疑过,如果英国战败,会永久锁定自己祖国的奴役地位。"[30]

战后戴高乐说,换了他在丘吉尔的位置上,他也会这样做。[31]

8月26日,"自由法国"终于迎来了好消息。法国首位非洲裔殖民地高级官员、乍得总督费利克斯·埃布埃表态支持戴高乐。戴高乐在次日的广播讲话中颂扬了这一举动:"法国就是法国。她有一口秘密泉眼,总让世界愕然,并将继续让世界愕然。被压垮、被羞辱、被遗弃的法国开始从深渊中爬出来。"[32]

爬出深渊并不容易。法属西非仍然牢牢控制在维希政府手里。同年9月,一支法英联合舰队驶往达喀尔港,试图把塞内加尔及周边殖民地拉到"自由法国"一边。这次尝试以惨败告终。一连几天,戴高乐心如死灰。[33] 10月7日,他在喀麦隆的杜阿拉受到当地人的热烈欢迎,情绪为之一振。时隔不久,法属刚果的布拉柴维尔成为"自由法国"的新首都。11月10日,"自由法国"小试锋芒,在一次军事行动中攻占了加蓬。法属赤道非洲悉数被收入戴高乐囊中。

"自由法国"运动缺钱少枪,然而戴高乐拨动了一根心弦。11月11日"停战日"那天,巴黎人走上街头表达对"自由法国"的支持。参加游行的学生故意携带了一对对鱼竿("deux gaules"①)。

乍得乃战略要冲,位于横穿撒哈拉沙漠的历史商贸通道上,日后成为"自由法国"军事行动的重要集结地,尤其是可以从乍得进攻意属利比亚殖民地。1941年年初,"自由法国"的勒克莱尔上校率领手下400余人穿过1000英里的荒漠,奇袭利比亚南部一支意大利军队驻守的绿洲城市库夫拉。3月1日,困守孤城10天的意

---

① 法语里"一对鱼竿"的发音与"戴高乐"这一姓氏的发音相同。——译者注

大利守军投降。勒克莱尔带领全体官兵宣誓,他们将继续战斗下去,"直到我们的旗帜,我们的美丽旗帜,在斯特拉斯堡大教堂顶上飘扬"[34]。这次宣誓很快被冠名为"库夫拉誓言"。

库夫拉战役是"自由法国"在第二次世界大战期间打的第一场大胜仗,大大鼓舞了士气,验证了戴高乐的一条准则:"以我们目前的处境,谁原地踏步,谁就被甩到后面。"[35] 两年后盟军在北非登陆后,勒克莱尔将奉戴高乐之命,率领一支由 4000 名非洲黑人和 600 名法国人组成的"自由法国"部队,从乍得出发,横穿利比亚到突尼斯与英军合兵一处,与德国陆军元帅隆美尔统率的非洲军团决一死战。

勒克莱尔第二次穿越利比亚前,"自由法国"仍需证明自己在其他战场上不畏战的勇气。在其他地方开展军事行动是为了在盟国帮助下解放维希政府控制的领土,从而向全世界显示,"自由法国"士气高昂,能征善战,决心恢复法国的世界大国地位。在所有作战行动中,戴高乐将坚持"自由法国"是作为伙伴与盟国合作,而不是在摇尾乞怜。

第一次世界大战后,叙利亚和黎巴嫩成为国际联盟监管下的法国托管领土。1941 年 6 月,英国入侵叙利亚和黎巴嫩重演了非洲模式。英国是为了防止德国在黎凡特地区建立空军基地。戴高乐率领他那支人数不多的部队也参与了这次作战行动,为的是证明法国在这一地区的传统历史地位,结果引发了与英国的激烈争斗。

叙利亚维希地方当局拒绝与"自由法国"打交道,英军司令官于是与维希政府高级专员亨利·登茨展开谈判。1941 年 7 月双方达成停战协议，维希政府实际上承认了英国对整个黎凡特地区拥有宗主国地位。该协议被人戏称为"圣女贞德停战协议"。戴高乐对英国与维希政府就法国领土谈判深恶痛绝。协议中有把当地法国军队遣送回维希法国的条款，戴高乐对此更是耿耿于怀。他本来期望吸收叙利亚维希军队离队人员以充实自己的弱小军队。戴高乐尤其担心，这可能为最终解决法国问题树立一个先例。说得再具体一点，戴高乐最担心的是胜利那天到来后，法国将被置于盟国控制之下，一个新法国政府的合法性是盟国给予的，而不是法国自己作为的结果。

7月21日，英国驻中东国务大臣奥利弗·利特尔顿在自己的办公室接待了戴高乐。戴高乐语调冰冷，威胁要把自己的部队从联军中撤出，"自由法国"也不再听命于英国指挥。[36] 戴高乐在回忆录里讲述了这段经历："黎凡特地区弥漫的钩心斗角和腐败环境为英国的计划敞开大门。这场游戏……既简单又诱人。唯有与我们关系破裂的前景和照顾法国情感的需要方能让伦敦有所收敛。"[37] 为了平息戴高乐的怒火，利特尔顿三言两语解释了停战协议："英国只关心赢得战争，对叙利亚和黎巴嫩毫无兴趣。我们无意以任何方式侵犯法国的地位。"[38] 戴高乐在回忆录中也承认了一个让他保持头脑清醒的事实："显而易见，与英国分道扬镳会给我们造成道义和物质损失。这让我们犹豫不决。"[39]

9月12日，戴高乐与丘吉尔会面。会谈之初，两人的交谈不时被愤怒和沉默打断。英国首相的一位助手不禁猜想，两人是不是"把对方掐死了"。两位领导人会谈结束后露面时，各自嘴里叼着雪茄，其实两人连一份联合会谈纪要都没谈拢。[40]

戴高乐挑战了促他成名的丘吉尔后，又毫不犹豫地叫板另一位更显赫的大人物——罗斯福总统。涉及问题与同丘吉尔谈的内容基本一样：盟军攻占的法国领土未来的归属。不过戴高乐这次碰上了一个硬钉子。罗斯福全神贯注于赢得战争，对同盟内部的地位之争极为恼火，尤其是挑事者并没有与其要价相匹配的实力。罗斯福对他眼中的戴高乐贞德情结只有鄙夷。[41]

戴高乐与美国的争执始于纽芬兰沿岸两个芝麻大的小岛：圣皮埃尔和密克隆。这两个岛是法国北美帝国的残存部分，1763年的《巴黎条约》给法国留下了这两个小岛。日本偷袭珍珠港后，罗斯福找到维希政府主管法国西半球领土的官员，要求这两个小岛正式保持中立，岛上的无线电台不得与过往的德国潜艇保持无线电联系。维希政府答应了美国的请求，戴高乐觉得，没有他的同意，任何外国政府干涉法国内政均不可接受，哪怕是友好国家政府。戴高乐命令他那支可怜海军的司令米瑟利耶以"自由法国"的名义攻占这两个小岛。

12月23日，"自由法国"海军在两个小岛登陆。当天丘吉尔刚刚抵达华盛顿，即将与罗斯福举行战时两个盟国之间的首次会晤，因此此举尤其显得鲁莽。圣诞平安夜那天，戴高乐致函米瑟利耶，指示他不要理会美国的抗议：

> 我们往一个青蛙池塘里扔了一块垫脚石。你不动声色待在圣皮埃尔岛上，建立政府和设立无线电台。如果有外国政府代表与你谈两个岛屿的问题，你让他们找（"自由法国"）全

国委员会。[42]

米瑟利耶率领的舰队兵不血刃拿下了两个小岛。12月26日两岛举行了公民投票,证明它们效忠"自由法国"。

在西半球的任何一次偷袭,哪怕是上述微不足道的偷袭,必定会引起华盛顿的不安,尤其是珍珠港遇袭刚刚过去两周。国务卿科德尔·赫尔怒不可遏,在一份抗议声明里用了"所谓的自由法国"的说法,为此受到美国媒体和国会的广泛批评。[43] 作为报复,此后戴高乐始终用"所谓的国务卿"称呼赫尔。到了1942年2月底,赫尔的副手萨姆纳·威尔斯恢复了"自由法国"与华盛顿之间的合作。[44]

戴高乐这次显然很荒唐的偷袭于是成了法国政治复苏的一个象征。面对实力的悬殊,戴高乐捍卫法国历史身份的冲动是一贯的,在很多方面也颇有英雄气概。这种冲动成为让法国再次伟大的先决条件。戴高乐深知盟友对此多么恼火,他沉思道:"他们也许觉得,我是一个不好相处的人。可我要是一个好相处的人,今天已在贝当总参谋部供职了。"[45]

戴高乐桀骜不驯的行为扎根于他追求再现伟大的理念中。如我们所见,这一理念源自法国对欧洲大陆霸主地位的追求。每一次法国几乎马上就要如愿以偿,结果总是被英国的均势策略搅黄。戴高乐对自己作为"自由法国"领袖肩负的责任做的诠释贯穿了这一理念。因此,法国必然会彻底断绝英国人想在二战期间先发制人算历史旧账的念想。

第二章｜夏尔·戴高乐：意志战略

有时丘吉尔不胜其烦，一次他讥讽说："戴高乐还真以为自己是贞德了，可我那些主教老爷不让我把他烧死。"最终，戴高乐与丘吉尔在整个战争期间还是设法保持了某种爱恨交织的合作关系。丘吉尔为戴高乐的军事行动提供了资金，在嫌恶戴高乐的罗斯福总统（1943年5月，罗斯福半开玩笑地建议把戴高乐流放到马达加斯加[①]）面前护着戴高乐。

1943年秋天，戴高乐似乎意识到，英国人对他的忍耐已经达到了极限。他询问苏联大使伊万·迈斯基，如果他与丘吉尔吵翻了，是否可以去苏联。苏联大使没有一口回绝，而是敦劝戴高乐在正式提出这一请求前三思。戴高乐的意思不太可能是"自由法国"应当迁移到苏联境内。另一种可能性更大：戴高乐是在权衡未来各种选择，同时向斯大林示意，苏联是他从长计议时考虑的重要因素。

戴高乐清楚，需要尽快在法国本土实现他的愿景。他为这场战斗认真做准备。1941年9月"自由法国全国委员会"（CNF）成立后，戴高乐建立了法律机构，一俟时机成熟即可搬回法国本土。在一无立法机构、二无法庭的情况下，"全国委员会"依据法国悠久传统，利用公报颁布"法律"和政令。[②] 与此同时，戴高乐始终与寄寓伦敦的众多流亡人士往来密切，把自己说成是真正法国的化身。从未有人挑战过戴高乐的合法性，一批杰出人士对他敬佩不已。法国本土也有一批戴高乐的追随者。戴高乐还向抵抗运动内形形色色

[①] 1942年5月英国出兵法国这块领地，事先没有知会戴高乐。
[②] 公报始自第二帝国晚期（1869年），贯穿第三共和国始终。维希政府也有自己版本的公报。如今公报有数字版。

的派别示好，包括共产党人。

以上不同派别人士聚集到一起皆因戴高乐的性格力量：盛气凌人，孤傲不群，激情四射，富于远见，还有无可名状的爱国情怀。1942年6月18日，为纪念"自由法国"成立两周年，在伦敦皇家阿尔伯特音乐厅前举行了一场群众集会。戴高乐宣布：

> 我们踏着自法国降临之日起为之献身的所有前辈的足迹，走在将要为了法国的永恒未来而献身的所有后人前面，在完成自己的使命、结束自己的角色时，如（诗人夏尔·）贝玑所言，我们只想对法国说一句话："母亲，看看为您战斗过的儿女吧。"[46]

为了在下一场挑战中胜出，"自由法国"百分之百地需要这一坚信不疑、近乎神秘的献身精神。

决战北非

1942年11月8日，美英联军发动了"火炬行动"，在法属摩洛哥和面积广袤的阿尔及利亚登陆。法国没有把阿尔及利亚的三个沿海地区作为殖民地，而是作为法国本土一部分的法国省加以治理。①

---

① 1848—1957年，法国把三个沿海区域奥兰、阿尔及尔和君士坦丁划为法国省。1955—1957年，又添加了一个波尼省。除了沿海地区，阿尔及利亚沙漠地带从未被视作"法国本土"。

阿尔及利亚对盟国具有重要战略意义，一个重要原因是在这块领土上驻扎着一支人数可观的军队，盟军最终登陆进军欧洲时，或许有可能收编这支军队，从而加强盟军力量。然而对"自由法国"而言，这首先是一个法国本身花落谁手的问题。阿尔及利亚境内的交战力量无论哪方获胜，战争结束后都可以理直气壮地声称自己是法国本土的合法政府。

戴高乐惯称的"盎格鲁－撒克逊"强国可不想把这支强大的军队交给这位惹是生非的"自由法国"领导人。美英事先没有告诉戴高乐"火炬行动"计划，戴高乐事后才获知。更意味深长的是，盟军还把一位有可能挑战戴高乐领导地位的人带到了阿尔及利亚。

亨利·吉罗将军是参加过第一次世界大战的老兵。1940年他在荷兰指挥法军作战，被俘后被关押在德累斯顿附近建于山顶的国王岩堡垒。1942年4月，时年63岁的吉罗借助绳索从悬崖下滑到150英尺深谷底逃脱。早在第一次世界大战时，他就因从一座德国监狱逃脱而名满全国，此次大胆越狱后更是声名远扬。[47]吉罗返回维希政府治下的法国后，苦口婆心劝说贝当，德国终将战败，法国应当改弦易辙投向盟国阵营。贝当没听进去，但也没有把他引渡给德国人。1942年11月5日，吉罗乘坐一艘名义上归美军指挥的英军潜艇逃出法国来到直布罗陀。盟军在"火炬行动"中登陆北非后，他于11月9日飞到阿尔及尔。已在阿尔及尔的罗斯福和丘吉尔试图把他推上领袖位置。

在这场争夺政治合法性的事关重大的较量中，第三位竞争者、维希政府海军司令弗朗索瓦·达尔朗当时也在阿尔及尔。盟军登陆前，达尔朗以探望生病的儿子的名义来到阿尔及尔。

这是贝当为了摆脱德国人迈出的第一步？还是为了在阿尔及利亚排兵布阵，抵抗英美可能的入侵？在云谲波诡的局势中，同流合污者与爱国者的角色有可能互相转换。11月10日，盟军最高司令艾森豪威尔决定利用达尔朗在阿尔及尔的机会，与维希政府军队谈判一项停战协议。艾森豪威尔任命达尔朗为法国驻非洲高级专员，以换取他配合盟军在北非的作战行动。

达尔朗的领导地位只保持了41天。圣诞平安夜他被人杀害，凶手动机始终不明。争夺领导权的几方都是达尔朗遇害的受益人，对他遇害一事均闷不作声。

吉罗于是成了戴高乐的最大竞争对手。实际上，吉罗代表了维希政府渴望救赎的愿望。

两位将军之争还没闹到不可开交的地步时，1943年1月，罗斯福和丘吉尔及他们的幕僚在卡萨布兰卡会面。召开这次会议一是为了制定英美联合作战方针，二是解决罗斯福眼中的两个狂妄自大的法国人之间的争斗。1月22日罗斯福与戴高乐首次会面，讲述了自己对这一问题的看法。戴高乐的噩梦是盎格鲁－撒克逊人会托管光复后的法国。罗斯福恰恰鼓吹托管噩梦：

> 罗斯福总统再次暗示，现在法国人民没有行使本国主权的能力。罗斯福总统指出，为此有必要采取法律上所称的"托管"办法。他认为，此时在法国领土上作战的盟国正在为解放法国而战。为了法国人民，盟国应该把政治局势置于"托管"

之下。[48]

与戴高乐对着干的罗斯福索性把话挑明了。戴高乐通过弗朗西斯·斯佩尔曼枢机主教强调，他只会接受一项法国解决方案。当时，斯佩尔曼正在摩洛哥探望当地美军，罗斯福请他帮忙说服戴高乐将军同意在一个以吉罗为首的架构中当配角。戴高乐不但没有屈服，反而语含威胁告诉罗斯福：英美伤害法国民族意志是鲁莽行为。为了救国，法国政治机构会转而投向第三方，显然暗指苏联。[49] 这是不久前戴高乐拜访苏联驻英大使时玩弄的手法的翻版。[50]

罗斯福后退一步，建议两位将军共同掌权。丘吉尔对此表示支持。戴高乐拒绝了罗斯福的提议，理由依旧是他才是法国的唯一真正代表。卡萨布兰卡3天会议期间，戴高乐始终坚守这一立场。

吉罗哪怕稍有一点政治才能，也有可能为自己争得一个好结果。时任英国驻阿尔及尔国务大臣、日后的英国首相哈罗德·麦克米伦对吉罗的政治无能有如下精彩评论：

> 我敢说，在古往今来的政治史上，我从未见过在如此短时间里虚掷了如此巨大资本的人……他坐下玩纸牌，抓了一手好牌，囊括了所有A，所有K，几乎每一张Q……但他自作聪明，打出的牌令人瞠目结舌，结果聪明反被聪明误，落了个满盘皆输。[51]

吉罗的竞争对手娴熟的政治手腕更是加快了他的失败。在如何防止"盎格鲁－撒克逊"领导人对一个法国内部问题强行施加一项解决方案的问题上，戴高乐突然展示出了出人意料的灵活态度。他对吉罗依然不屑一顾："全法国都站在我一边……吉罗可要小心！……即使他最终荣归故里，如果没有我，也免不了会吃枪子儿。"[52] 1943 年 4 月，戴高乐邀请吉罗出席一场会议。（5 月 31 日会议终于召开）会上戴高乐接受了几个月前他刚拒绝过的双领导人原则，建议成立一个双主席委员会，他自己分管政治部，吉罗分管军事部。两个部隶属"法兰西民族解放委员会"（CFLN）。民族解放委员会由 9 名成员组成，戴高乐、阿尔及利亚当局和吉罗各任命 3 人。

戴高乐玩的这一手可谓大胆。他坚信，假以时日，凭借自己过人的领导才干，一定能把法兰西民族解放委员会里面的阿尔及利亚当局任命的成员拉到自己一边。[53] 果不其然，在戴高乐提议并被接受的法兰西民族解放委员会这一大框架内，年长愚钝的吉罗远不是戴高乐的对手。最终，吉罗的军事指挥权被置于民族解放委员会名义上的"文官"控制之下，给盟国造成了有一个统一的法国权力机构的既成事实。在此期间，还新成立了一个归戴高乐领导的主管军事作战的委员会，实际上把吉罗排挤到了幕僚一级。[54]

日后，戴高乐本人对吉罗的政治失利说了下面一段话：

> 吉罗日益孤立，众叛亲离势在必然。直到有一天他因受到自己拒不接受的种种束缚而处处碰壁，加之他令人目眩的

抱负又失去了依托——外部势力的支持,他终于决意辞职。[55]

戴高乐凭借用之不竭的自信和耐心,巧妙而又无情地堵死了吉罗执掌领导权的一切途径,把法兰西民族解放委员会转变成为日后法兰西共和国政府的基础。

在戴高乐的领导下,在阿尔及尔的法兰西民族解放委员会先声夺人,为法国光复后处理内政外交事务搭起了架子,阻止了盎格鲁-撒克逊人的托管。1944年6月,法兰西民族解放委员会下令成立特别法庭,待法国光复后审判与纳粹同流合污的人。从法国民法传统看,这一决定很不寻常。只有"能证明自己有民族情怀"的公民,或是地方解放委员会认可的战争期间始终清白无瑕的公民才能担任陪审员。[56]从一开始,戴高乐的国家雏形就采取了强势政府为主、权力有限的各种顾问委员会为辅的形式,所有机构一律对戴高乐负责。戴高乐于是成为一个未来政府的当然领导人。

戴高乐与罗斯福和丘吉尔打交道时,行为举止让人觉得仿佛他已经是一位政府首脑。戴高乐始终不忘胜利后的主要使命。1944年6月英美盟军在法国本土登陆时,1940年6月还身无分文、名不见经传的这位低阶将军已成为盟国阵营中的法军统帅和公认的未来政府领导人。

执掌政治权力

西方盟国解放法国时,考验的时刻到了。1943年下半年,西方盟国在德黑兰首脑会议上许诺斯大林出兵法国。1944年6月盟军在法国诺曼底海岸登陆前夕，戴高乐极力避免自己的部队与法国境内的"抵抗运动"各派政治力量自相残杀。戴高乐的美英伙伴勉强接受了他对现有法军的控制，但目前还不打算把他作为未来统治法国的平等伙伴。罗斯福、在一定程度上还有丘吉尔想等战争结束后再解决这一问题。罗斯福对战争部长亨利·史汀生谈了他对法国政治演变的预测："戴高乐会垮掉的。伴随法国光复会涌现出其他党派。戴高乐将会是一个渺小的小人物。"[57]

戴高乐争取到了法国海外帝国的支持，挫败了吉罗对他领导地位的挑战。然而"自由法国"对法国本土的控制远不是命中注定。德国占领之初，维希当局得到大批法国人的支持。直到盟国在北非登陆后，法国国内的抵抗运动团体才开始发展成为更大的组织。在抵抗运动内的各派力量中，共产党人力量最强，社会党人的力量也很可观。抵抗运动内形形色色的团体始终也没能形成一股力量。

戴高乐的噩梦是，进入法国的盟军部队或许会组建一个过渡政府，从而使罗斯福的预言成真。为此戴高乐必须在过渡政府组建前尽快返回法国，作为一个超越第三共和国内部纷争的全国性人物现身巴黎，这对他至关重要。

1944年6月6日美英联军在诺曼底登陆，很快建立了正面宽100公里、纵深25公里的滩头阵地。6周后盟军才集结了足够多的兵力，一举突破了负隅顽抗的德军防线。

戴高乐着手树立自己权威可等不了这么久。自盟军登陆之日起，他坚持要去光复后的法国领土。一次丘吉尔勉强答应戴高乐可以去英军控制区，同时指示英军司令蒙哥马利在英军司令部而不是在法国领土上的机场接待他。

英国这次对戴高乐的轻慢反而成全了他的目标——建立他个人的政治存在。戴高乐在英军司令部露了一面后，6月14日动身前往巴约，这是在法国本土上英军攻克的最大城镇（人口15000）。戴高乐没有接过当地维希政府副省长递给他的一杯香槟酒，不无冷淡地与当地维希要人稍微寒暄后直奔市中心广场。这才是他此行的首要目的：在法国本土发表他的首次演说。在巴约富丽堂皇的中世纪天主教堂的阴影中，戴高乐对人群发表讲话，好像这些人在战争期间是"法国抵抗运动"成员似的（"自战争爆发之日起，你们从未停止过战斗"），仿佛他具有对人群发号施令的合法性。

> 我们的陆、海、空部队将继续战斗下去，如同我们今天在意大利正在战斗一样。在意大利，我们的战士赢得了光荣，明天他们在法国本土也会赢得光荣。完全站在我们一边的法兰西帝国给予了我们巨大帮助……我向你们保证，我们将把这场战争进行到底，直到收复每一寸法国领土主权。没有人能阻挡我们这样做。
>
> 我们将作为盟友与盟国并肩作战。我们必将赢得的胜利也是自由的胜利、法国的胜利。[58]

戴高乐绝口不提解放了巴约的英军，也只字不提在诺曼底登陆作战中损失惨重的美军。听众不禁感觉，戴高乐竭力想把基本上可以说是一次英美军队的远征说成是法国的一场辉煌胜利。他去巴约与其说是接收国家领土，不如说是去唤起民族精神。戴高乐极力想让他的听众把与现实相差十万八千里的说辞当作福音加以接受。

戴高乐结束此行时，还做出了一个彻头彻尾的政治姿态。与蒙哥马利分手时，戴高乐好似不经意地顺口说了一句，他的部分随行人员将留在当地。蒙哥马利向上级报告了此事，接着又补了一句："我实在不明白这些人留在这里干什么。"戴高乐心里很明白，他们要建立一个新地方政府，借此树立他的权威。[59]

此后两个月，戴高乐不遗余力加强他在盟国阵营中的地位，访问了参加盟国意大利战役的来自阿尔及利亚的法军部队。此后，他为了改善与美国盟友的关系又首次访问了华盛顿。现在只剩下4周时间为过去3年的个人沉浮、怀有的希望和抱负的华丽结局做准备——在法国领土上作为法国政治合法性的化身被人接受。

巴黎是唯一能圆此梦的地方。只有时过境迁后，戴高乐的胜利才显得不可避免。戴高乐没有自己的军队，"自由法国"部队归盟军指挥。在进军巴黎的最后一段路程中，布莱德雷将军出于好意安排"自由法国"军队为先头部队。法国国内的"抵抗运动"当时已经相当强大，凭借自己的力量与当地德国占领军作战绰绰有余。可是戴高乐来巴黎并不是为了庆祝"抵抗运动"战胜了德国人，而是为了宣示自己的使命。

1944年8月26日，戴高乐乘汽车抵达巴黎。在"抵抗运动"接受德国占领军投降的蒙帕尔纳斯火车站下车后，戴高乐向"自由法国"师统帅勒克莱尔将军致谢。随后他去了国防部办公楼，看了看他任国防部次长时用过的办公室,在流亡伦敦前,他在这间办公室满打满算工作了 5 天。戴高乐发现自他走后,屋里的家具原封未动,甚至连窗帘都没换过。戴高乐把他离开巴黎的 4 年看作法国历史上的一个省略符号。他在回忆录中写道:"除了国家,什么也没有丢。我的职责是复国。"[60]

为了象征法国历史的连续性,戴高乐的下一站是巴黎市政厅(巴黎市政府所在地),这里是第二共和国和第三共和国宣告成立的地方。[61] 很多人以为戴高乐会宣布成立第四共和国,终结输掉战争的第三共和国。但这与戴高乐心里想的完全不是一回事。"抵抗运动"有名无实的领袖乔治·皮杜尔问戴高乐,他此次来巴黎是否会宣布成立一个共和国。戴高乐回答说:"共和国一天都没有停止存在过……我为什么要宣布它成立呢?"[62] 戴高乐意在先为法国人民创造一个新的政治现实,然后再公开宣布它的实质。

戴高乐在巴黎市政厅受到皮杜尔和巴黎解放委员会副主席、法国共产党一位高级领导人乔治·马拉纳的欢迎。两人致欢迎辞时情绪激动。戴高乐谈及这一天意义的讲话也十分感人:

> 我们所有人,在这里,在自己家里,在巴黎的每一个人都心潮澎湃。怎么可能掩藏这一激动心情!巴黎奋起保卫自己,靠自己的力量保卫了自己。不!我们不会掩藏发自内心的这一神圣情感。岁月中有些片刻的意义超出了我们每一个人的渺小生命。巴黎!受欺凌的巴黎!毁于一旦的巴黎!受尽摧残的巴黎!但又是解放的巴黎!被它自己解放,在法国军队

协助下，在法国全国人民协助下，在战斗的法国、唯一的法国、真正的法国、永恒的法国协助下被自己的人民解放。[63]

戴高乐的演说上升到了哲学高度，表达了他对自己国家伟大的坚定信念。戴高乐只字不提在巴黎城门前止步、宽宏大量地让"自由法国"部队率先入城的盟军，也不提在二战中伤亡惨重、做出巨大牺牲的英国和美国。巴黎的光复被当作纯粹是法国的一大成就。戴高乐宣称这是法国自己取得的成就，是想让他的听众相信事实就是这样：政治现实纯粹是靠意志力创造的。

戴高乐对解放者似乎并不感恩，没完没了大讲特讲所谓的法国作用。他这样做还有另一个目的。戴高乐心里非常清楚，很多法国人对德国占领下的生活已经习以为常，这段日子讲多了会曝光太多复杂情感，强调美军和英军的作用又会阻碍他实现恢复法国自信的终极目标。

沿着香榭丽舍大道举行的盛况空前的游行一举锁定了戴高乐的合法性。游行规模之大，气氛之热烈，法国有史以来恐怕前所未有。巴黎人此前只在英国广播公司的广播中听到过戴高乐的声音，这回首次得见他的真容。在欣喜若狂、激动万分的人群注视下，一位身材高大的军官从凯旋门一直走到协和广场。走在戴高乐右侧的是他派驻巴黎的代表，左侧是皮杜尔。戴高乐比两人快半步，看上去也很激动，不过脸上鲜有笑容，偶尔与几个人握握手。协和广场上人山人海，戴高乐不得不改乘汽车走完剩余路程，来到巴黎圣母院。在协和广场和巴黎圣母院两地均有隐藏的狙击手开枪。戴高乐一如在日后刺杀未遂事件——还有在战争年代——中的表现，没有做出任何躲避动作，也压根儿不提狙击手枪声的事。戴高乐在那些日子里显示的勇气奠定了他在法国的领导地位。

"抵抗运动"很快被纳入新成立的临时政府。巴黎解放一周后，在一次私下交谈中，一位前"抵抗运动"成员发言时刚开了一个头"抵抗运动……"，就被戴高乐不客气地打断："我们已经过了'抵抗运动'阶段了。'抵抗运动'结束了。它现在必须融入国家中。"[64]

两年前的1942年，仍在巩固自己地位的戴高乐在伦敦皇家阿尔伯特音乐厅做过一次讲演。他援引了18世纪警句家尼古拉·尚福尔说过的一句话："顺从理性的人活了下来。一腔热血的人不枉此生（换言之，实现了个人理想）。"戴高乐随后断言，"自由法国"将战胜一切，因为它具有法国人的两大特征：理性和激情。以戴高乐为例，理性解释了他无情地把曾与他并肩战斗的一些人一脚踢开，香榭丽舍大道上的游行和巴黎圣母院的弥撒仪式则表现了他的激情。

到9月9日，作为临时政府首脑的戴高乐已经组建了一个由他领导的新内阁。"自由法国"的老人、没有为维希政府效力污点的第三共和国老成政治家、共产党人、基督教民主党人、前抵抗运动领导人和技术官僚统统被拉入新成立的民族团结政府。表情严峻的戴高乐宣布内阁首场会议开会："改组后的共和国政府继续它的工作。"这句话反映了戴高乐的坚定信念：国家不存，天下必乱。[65]戴高乐坚信，法国内部的分歧将导致它走向衰落。他决心让法国团结一致开启战后阶段，无愧昔日的伟大。

出访莫斯科

8月26日一整天的活动简直就是给一个共和国君主加冕。戴高乐的临时政府拒绝接受任何形式的盟国占领当局，同时迅速在全国重建了秩序。戴高乐一边允许人民报复前维希要人和纳粹同情者并将这些人交付司法审判，一边又频频动用豁免权。在此之前，戴高乐致力于建立"抵抗运动"的政治分支。现在他坚决主张实行赋予总统极大权力的总统制，从而杜绝第三共和国晚期的党派纷争。

戴高乐确立了自己在法国的领导地位后，11月24日启程前往莫斯科，此时距巴黎解放时隔仅3个月。动身前戴高乐面无表情地半开玩笑说："希望不会发生革命。"[66] 德军依然盘踞在阿尔萨斯和洛林的部分地区。在法国本土，战争仍未停息，重建任务无比艰巨。德军马上就要发起"阿登攻势"，而盟军将领依然被蒙在鼓里。

戴高乐把法国重返国际外交看作巩固自己国内权威和国家道德复兴的重大步骤。1940年法国战败后被排挤出国际外交。1943年，丘吉尔、罗斯福和斯大林在德黑兰会议上商定了战争方针大计，法国被排斥在这次会议之外。法国还缺席了1945年先后召开的雅尔塔会议和波茨坦会议，这两次会议建立了战后欧洲架构。倘若戴高乐可怜巴巴地乞求让法国参加国际会议，绝无可能恢复法国的影响力。他必须向英国和美国显示，法国是一个有选择自由的独立自主成员，争取得到它的善意很重要。法国若要再次成为国际外交关系中的头等成员，就必须为自己创造机会。为此戴高乐开始了一项大胆的使命：前往莫斯科与斯大林会面。

此前，丘吉尔和美国外交官埃夫里尔·哈里曼和温德尔·威尔基想与斯大林会晤时都是走的北线，飞到摩尔曼斯克去见斯大林。戴高乐既没有适于走北线的飞机，又没有远程战斗机为他护航，于是他选择绕道，乘一架法国飞机途经开罗和德黑兰到里海港口城市巴库，然后改乘斯大林提供的专列，走了5天才到莫斯科。途中经过的地方在斯大林格勒战役和莫斯科周边交战中毁于战火，满目疮痍。不过一路上的旅途劳顿还是值得的。戴高乐得以抢在英美之前与斯大林讨论战后和平解决方案，而且是作为另一个大国的代表。戴高乐因此成了与斯大林讨论战后解决方案的首位盟国领导人。

戴高乐在克里姆林宫与斯大林讨论的主题是战后欧洲架构。斯大林说得很明白，他的目标是控制东欧。斯大林在苏联占领的波兰地区建立了卢布林政府，希冀用它取代国际社会承认的波兰政府，他建议法国承认卢布林政府。1939年，英国为了支持前波兰的领土完整向德国宣战。戴高乐对斯大林提出的要求不置可否，表示他需要进一步了解卢布林政府的情况。戴高乐的言外之意是，要让法国承认它，仅有苏联一家支持还不够。同时戴高乐又暗示，若有适当回报，斯大林的这一目标也不是完全不可能。

戴高乐对中欧也提出了自己的建议。这一建议无异于彻底改变过去200年的欧洲历史。戴高乐认为：莱茵河以东的德国领土应割让给法国，包括萨尔地区（主要煤产区）和部分鲁尔工业区；在一个重建的德国，巴伐利亚将是最大州；取消普鲁士，把它的大部分地区划归重建的汉诺威省。

戴高乐未提他是否与法国盟友磋商过。毫无疑问，斯大林心里清楚，美国和英国绝无可能同意戴高乐大刀阔斧地更改欧洲版图。斯大林告诉戴高乐，他需要与英国讨论这一提议——此前他对英国的感受从来没有这么上心过。斯大林绝口不提美国也是一种暗示，或许欧洲国家可以在达成交易时把美国排除在外。

最终，两位领导人缔结了一份旨在防止战后德国侵略的互助条约。其中一条附加条款令人愕然。该条款规定，倘若任何一方采取了"一切必要措施消除来自德国的任何新威胁"后仍面临入侵，双方将采取联合行动。这份互助条约不禁让人想起第一次世界大战前的法俄联盟。鉴于法国和苏联远隔千山万水，加之法国政府3个月前才成立，这一互助条约不具有实际意义。

访苏期间，戴高乐初次见识了苏联人的谈判风格。日后冷战期间，这一风格成了苏联一成不变的谈判模式。负责为斯大林起草最后文件的苏联外长莫洛托夫拒绝了法国提交的草案，许诺很快会提交替代草案。两天后为戴高乐访苏举办最后一场晚宴时，草案文本依然不见踪影。戴高乐没有知难而退。挨过晚宴和无休无止的一轮轮祝酒后，午夜刚过不久（按斯大林举办宴会的习惯，这还算是早的），戴高乐从席位上起身，告诉主人他想明天一早搭乘专列回国。

戴高乐此行风尘仆仆，倘若空手而归，脸面上实在不好看。戴高乐的倒逼奏效了。凌晨2点苏联提交了一份草案文本。文本经过修改后，戴高乐表示可以接受。凌晨4点，双方当着斯大林的面在条约上签字。斯大林开玩笑说，斗心眼儿没斗过法国人。斯大林的狡猾是出了名的，此前他也这样自嘲过，让不少谈判对手开心不已，希特勒的外交部长里宾特洛甫就是其中之一。①

1944年12月17日，戴高乐返回法国。巴黎把此行说成是法国缺席了4年后重返欧洲，也是戴高乐个人的外交胜利。[67]法苏条约还加强了戴高乐的国内地位。然而没过几天，战争又一次上升为关注焦点，德军对阿登森林地带和阿尔萨斯地区发起了进攻。

戴高乐与临时政府

戴高乐领导"自由法国"期间，言行始终不离同一主题：重建一个合法、强大的法国。唯有合法、强大的法国才能在国家光复后恢复秩序，在对德战争的最后阶段平等地与盟友打交道。戴高乐在撰写的总统回忆录里写道："代表法兰西的国家一次性同时接管了昨天的遗产、今天的利益、明天的希望。"[68]戴高乐把国家视为一种代际契约的观点与埃德蒙·伯克不谋而合。伯克给社会下的定义是"生者、死者和尚未出生的人之间的……一种伙伴关系"[69]。

戴高乐的国家观把维希政府视为旧日辉煌与光明未来之间的一段权力空白。"自由法国"代表了国家的真正延续，这一国家观被用于挽救法国自尊。假如戴高乐在战争年代没有坚决为法国身份而

---

① 此后苏联对美国谈判代表也玩了同样伎俩，而且尤其阴险，反映了斯大林出了名的报复心强的特点。冷战时期，利用拖延探试对手的心理承受力几乎成了苏联东西方外交的惯用手法，总是拖到最后阶段才急急忙忙达成协议（1972年5月尼克松和勃列日涅夫的峰会就是典型一例），仿佛历经数月谈判打磨出的己方方案和自我克制被突如其来的恐惧压倒，害怕因对谈判对手耐力的致命误判，自己耐心追求的果实会被人一把抢走。

战，假如他没有领导一个可以取代维希的具有国际基础的法国政权，延续性神话会不攻自破。如我们所见，法国民众中积极支持"自由法国"的人并不多。然而戴高乐施加的魔咒如此之强，法国人已经把这一事实抛在脑后。不无矛盾的是，健忘有时是黏合剂，可以把无法黏合的社会粘在一起。

贬低维希政府还给了戴高乐便宜行事的自由。1944年10月，戴高乐解散了"爱国民兵组织"，该团体由前"抵抗运动"成员组成，对他们所称的纳粹合作者肆意报复，取而代之的是戴高乐在阿尔及尔建立的相对统一的司法制度。国家要么完全掌控自己境内的合法暴力，要么不掌控。戴高乐的法国容不得即决处决。

军事形势瞬息万变。法军人数激增，1944年年底已达56万。11月23日，让·德·拉特将军率领法国第一军收复了中世纪老城斯特拉斯堡，实现了他在库夫拉发的誓言。1944年12月德国发动反攻，攻入阿尔萨斯地区。此前不久，德国还发动了阿登攻势。斯特拉斯堡有可能陷入重围。战局发生变化后，一个老问题再次浮现：制定作战方针以什么为准，是政治需要还是军事需要？只要战场在法国领土上，戴高乐一向优先考虑政治因素。

当地美军司令官布莱德雷将军想沿着孚日山脉建立一道防线，在此地集结部队发动反攻。这一战略意味着撤出斯特拉斯堡。戴高乐对此的反应毫不含糊。他坚持说，法军不会从19世纪法国与德国之间4次易手的一座城市撤出。戴高乐对国家承担的义务与对盟友承担的义务起了冲突。他授意德·拉特不执行艾森豪威尔的命令。与此同时，他吁请罗斯福、丘吉尔和艾森豪威尔本人重新考虑。戴高乐还宣布要亲赴盟军司令部陈述己见。

1945年1月3日，戴高乐来到位于凡尔赛的盟军总部。丘吉尔先他一步到了凡尔赛。面对德国攻势，丘吉尔力图避免盟国彼此之间公开闹翻。这一次，盟国事业和戴高乐的历史地位都得到了好运的眷顾。军事形势有了转机。艾森豪威尔也改变了主意，允许法军留驻斯特拉斯堡。艾森豪威尔的默许避免了对戴高乐而言也许是精彩一幕的发生：战事正酣时，法国人违抗最高司令官的命令。戴高乐如愿以偿了，但为此付出了代价——未来美国越来越不愿意迁就他。

1945年4月二战末期，法国又一次挺身维护自己的自主权。戴高乐命令自己的部队占领已划归未来美国占领区的德国西南部工业城市斯图加特。出于作战需要，斯图加特同时也划给了美军。有人向戴高乐指出这个问题后，他依旧不收回成命。一如既往，戴高乐下达命令前没有与盟友商量。

4月12日，哈里·杜鲁门继罗斯福之后出任美国总统。戴高乐向杜鲁门解释了自己为什么抗命。其实他的意思就是法国应该取代英国，成为美国的头号欧洲盟友。戴高乐给出的理由是，英国在战争中元气大伤，已无力扮演这一角色。杜鲁门听后不为所动，坚持必须遵守此前商定的各占领区划分范围，还威胁要彻底重新审视现有做法。戴高乐别无选择，只有退让，但丝毫不觉得有让步的同时不失风度的必要。

当时法国国内食品奇缺。日后戴高乐在战争回忆录里讲述了法国光复后的日子："连满足最起码生存需要的粮食都没有。"[70] 每人每天粮食定量只有1200卡路里。有经济能力的人可以靠黑市过得稍好一点。无论走到哪里，满眼都是匮乏。

> 没有羊毛，没有棉花，几乎也没有皮革。很多法国人衣着单薄，足穿木鞋。各地城市没有暖气。开采出的少量煤炭都留给了军队、铁路、发电厂、基础工业、医院……在家里，在工作地点，在办公室和学校，人人冻得瑟瑟发抖……恢复战前的生活水平需要很多年。[71]

法国人深陷物质和精神贫困中。共产党员把自己说成是被压迫阶级的代表。"抵抗运动"内有大量共产党员，加之苏军在东线战场捷报频传，更提升了法国共产党的威望。戴高乐因此认为，政府"当务之急"是实现他所称的"改革"，借助改革他可以"重新洗牌，争取工人的支持，确保经济复苏"。以上每个目标就其本身而言都不无裨益，而且起到了阻止法国共产党在法国夺权的作用。[72]

承平年代或许数十年才能完成的改革，仅仅几周就出台了。临时政府制定了用于抚养孩子的家庭补助政策，以提高法国人的生育率。法国妇女首次获得选举权，从而实现了戴高乐始终不渝的信念：普选权乃现代社会之必需。社会保障得到极大改善。"与人类社会一样古老的恐惧——疾病、工伤、衰老、失业会落到工人头上，把他们压垮——消失得无影无踪。"戴高乐写道。[73]战时的计划经济没有完全废止，而是改为指令性经济政策。法航、雷诺、煤炭、天然气和电力行业全部被国有化。战后法国的两大支柱——原子能高级委员会和国家行政学院,都成立于1945年下半年。

戴高乐证明,推行具有革命意义的变革不需要一场革命。戴高乐置身于共产党人与信奉自由市场的自由派、房主与租户之间,不禁使人想起雅典立法者梭伦。梭伦对自己身处的社会的富人和穷人采取一碗水端平的做法:"在富人和穷人面前,我手握巨大权力盾牌,不允许一方触犯另一方权利。"[74]

戴高乐手握的权力盾牌威力无比,但仍有可能被国内政治压力压弯。战后法国的政治机构仍然处于萌芽状态。戴高乐推行日后他所说的"法国理念"时,没有任何体制可依。天主教徒与世俗主义者,保王党人与共和派,社会主义者与保守派,彼此之间不共戴天,导致法国长期四分五裂。若要遏制各派之间势同水火的分裂,一个合法的中央政府至关重要。

戴高乐没有鼓吹实行专制体制:中央权威可以通过人民意愿的定期表达来得到检验。相反,他设想在一个两院制议会的共和体制下设立一个强有力的行政机构和独立的司法系统。

> 国家应该是也必须是法国团结的工具,代表更高国家利益的工具,国家政策延续的工具。为此我认为,政府的合法性不应来自议会。换言之,不应来自政党,而应超越议会和政党,来自得到全体国民直接授权的一位领导人,他有选择、决断和采取行动的权力。[75]

1945年10月21日,法国选民选出了制宪议会。这是一个临时立法机构，负责起草一部新宪法。3周后，制宪议会在一次选举中几乎全票推选戴高乐出任政府首脑。戴高乐在回忆录里不无挖苦地说，他高票当选的结果与其说体现了对他未来愿景的理解，不如说是对他往日贡献的肯定。

新政府甫一运转，第三共和国的历史性老大难问题再次浮现。11月21日新政府成立当天，问题就来了。根据宪法，新政府需要得到议会批准。议会里第一大党共产党要求分给它3个最重要的内阁职位：外交部长、国防部长和内政部长。戴高乐拒绝了法共的要求，不过不得不把几个重要的国内事务部门交给法共，例如经济劳工部。

不出几周戴高乐意识到，他制定一部新宪法的努力可能要功亏一篑。如果换一位传统的政治领导人，也许会把这种失望当作执掌权力的代价加以接受，可是戴高乐不想拿自己的信念去交换他人眼中的现实选择。戴高乐在艰难困苦的战争年代一再证明，他可以把几乎不可能的事变成实际可能的事。如果他不能再次复兴法国社会的道德，他会放弃大多数政治领导人眼中的成就和他始终为之奋斗、为之历尽千辛万苦的事业。

11月19日，戴高乐询问加拿大大使，假如他辞职，是否可以寄寓加拿大。1946年1月1日，戴高乐在议会发表讲话，为自己提交的国防预算辩护，同时暗示这或许是他最后一次在"半圆形大厅"发言。[76] 5天后，戴高乐动身休假。1月14日他返回巴黎后，私下向内政部长朱尔·莫克吐露心曲：

> 我觉得我这人受不了这种倾轧，我不是这块料。我不想每天被人攻击，受人责骂，被人指指点点。这些人的唯一资本就是在法国某个犄角旮旯当选过。[77]

1月20日是一个星期日，距离戴高乐胜利返回光复后的巴黎还不到一年半。这一天戴高乐召开了一次内阁特别会议，在会上宣读了一份简短声明，表达了对"排他性政党体制"的鄙夷，同时宣读了"不可更改的"辞职决定，但未提他未来有什么计划。[78] 戴高乐与同僚一一握手后，钻入轿车扬长而去。在场的众阁员个个目瞪口呆。他们走进会议室时，没人想到需要选一个继任者接替一位已经蒙上神秘色彩的人物。最终内阁推选来自社会党的费利克斯·古安接替戴高乐。古安在总理位置上只坐了5个月。

历史学家对戴高乐选择此时辞职迷惑不解。显而易见，戴高乐无法忍受第三共和国的现行体制。这一体制要等到制宪议会制定一部宪法后才会终结，而戴高乐对制宪工作的走势本身就不赞成。然而戴高乐若是抨击他身为政府首脑领导的国家机构，可能会让人感到要么他政治上无能为力，要么他可能想煽动一次波拿巴式的政变。不无矛盾的是，如果戴高乐的用意是实现他身处逆境、即便受到众人怀疑也始终坚信不疑的愿景——换言之，他执掌权力可以给共和国政府注入广泛合法性——他需要在制宪议会完成工作前辞职，而不是为抗议现存宪法辞职。

这位善于捕捉时机的大师误判的原因可能是他没有认识到，政治领导层承认他不可或缺并为此改弦易辙需要一段时日。

荒漠

恰如 5 年半前戴高乐突然飞到伦敦一样，他猝然辞职显示，当自己的信念再也不能支持国家的发展方向时，他会毫不犹豫地与法国官方决裂。戴高乐选择"天下事远我而去前，不再过问天下事"[79]。当年戴高乐飞抵伦敦使他跃居世界历史风云中心，肩负在流亡中延续法国存在的史诗般使命。而今他退隐乡下，形单影只，在自己的国家自我放逐。

戴高乐做出的姿态符合他精心把自己打造成命运之子的形象：与因循守旧的政治划清界限，对为了权力的权力不感兴趣。戴高乐一家来到巴黎以东 140 英里外的科隆贝双教堂村安家。新家"拉布瓦斯利"是一栋始建于 19 世纪初的乡间别墅。日后德国总理康拉德·阿登纳把戴高乐的新居形容为"一栋非常简朴的房子，只有一层，有几间家具陈设考究的房间。除了这几个房间，这栋房子……简陋得不能再简陋了"[80]。冬季时节，天空灰蒙蒙一片，寒冷难挨，因为房子里没有暖气。戴高乐告诉一位来访者："这不是一个让人心情愉悦的地方，来此地的人不是为了寻开心。"[81]

戴高乐在自我放逐的日子里撰写了《战争回忆录》，讲述了他如何在严峻的生活环境中恢复内心平静。

香槟区的这一边被静谧笼罩——那唤起人心中哀伤、一眼望不到头的地平线，忧郁的丛林和草地，与世无争的古老的绵绵山脉。这个宁静质朴的村庄，千百年来没有任何力量改变过它的精神和地理位置。从我在的村子看过去，这些风景尽收眼底……站在花园小丘上俯瞰深谷，只见森林簇拥着耕田，仿佛大海拍击岬角。夜色逐渐吞没了四周。我仰望星空，深感尘世间生灵的渺小。[82]

退隐期间戴高乐只有过一次意义深远的公开讲话。1946年6月16日，戴高乐在巴约发表演讲，提出了他对法国政治体制的设想。两年零两天前，盟军在诺曼底登陆。登陆一周后在滩头阵地的盟军依然立足未稳时，戴高乐首次来到这个诺曼底小城。辞职6个月后，戴高乐旧事重提，谈了当时他给当地派了一个省长的意义："正是在这块先祖的土地上，国家再次现身。"[83]然而他让法国体制适应它的历史使命的努力半途而废。当时第四共和国的宪法正在起草，戴高乐依然坚信，无论制宪议会最终产生什么结果，都是一条走不通的死胡同。

戴高乐以惯有的坦率给法国病下了诊断："在不过两代人的时间里，法国遭外敌入侵7次，政权更迭13次。""我们的公共生活没完没了的动荡"助长了法国"古代高卢人吵闹内讧的习性"，最终导致"公民对体制的不满和疏远"。[84]法国需要一个"超越党派"、体现"延续性价值观"的强势总统，恰如戴高乐本人作为"自由法国"领导人所做的那样。[85]

戴高乐和孟德斯鸠一样，主张严格划分权力。总统不受议会摆布至关重要。总统受制于议会将"混淆不同权力，政府很快会沦为一些代表团的集合体"，没人为国家利益仗义执言，内阁部长个个沦为"党代表"。[86] 一个两院制议会可以给选民一个上院。上院有权审核和修改下院通过的立法，同时还可以向国民议会提交法案，这样法国宪法就可以牢牢守护"团结在一个强大国家下的一个自由民族的丰富灿烂遗产"[87]。

第二次巴约演讲之所以引人注目，还因为戴高乐详尽阐述了他对民主的思考。他很少谈论这个主题。与美国领导人不同，戴高乐把民主看作一种体制框架，而不是种种个人自由的罗列。这也是为什么在意义深远的巴约演说中，戴高乐以抨击专制体制的方式宣扬民主。他入木三分地剖析了专制体制的种种弊端和无用：

> 专制体制注定会渲染它的政绩。随着公民越来越难以忍受它施加的种种束缚，日益怀念失去的自由，专制者为了安抚人民，必须能做到不惜代价地不断扩大它的成就。国家于是成了一部机器。技术工人强行给它安上一个没有减速功能的加速度装置。最终机器的某个零部件难免坏掉，华丽大厦在血泊和灾难中坍塌，全民破产，生活状况恶化……[88]

总而言之，共和政府是抵御混乱和暴政的最强大堡垒。戴高乐在巴约的呼吁对第四共和国宪法终稿的影响微乎其微。终稿保留了议会至高无上的地位和此前第三共和国虚弱的行政机构。1946年10月举行的公民投票批准了这部宪法。

戴高乐本以为国家会很快把他召回，然而他期待的召回令并没有来。戴高乐时不时陷入间歇式抑郁，有时情绪坏到极点。他以坚忍顽强抵抗抑郁情绪。1947年，戴高乐试图发动一场与现有各大政党没有任何瓜葛的全国性政治运动。他的情绪为之一振，然而时间不长又再次陷入消沉。

与此同时，全国总体形势趋向稳定并不断得到改善。法国总理的更替依然如走马灯，但活力源泉再次涌现。在美国主导的欧洲复兴计划（即马歇尔计划）的推动下，法国经济开始复苏。到20世纪50年代初，法国凭借受过良好教育的劳工大军、专门技术知识和融入美国倡导的开放性贸易实现了历史性繁荣。

1958年，第四共和国垮台。造成垮台的原因主要不是国内挑战，而是无力制定一项海外领土政策。经济复苏过程中累积的政治资本大多耗费在3次殖民地危机上：不肯放弃印度支那，出兵苏伊士运河，尤其是阿尔及利亚危机。

折戟印度支那，铩羽中东

第二次世界大战后，第四共和国对法国以前的地缘势力范围的声索受到一系列考验。第一场考验就是印度支那。1862—1907年，法国以蚕食手段征服了印度支那。自1940年6月法国战败后，印度支那处于日本占领军和维希政府双重统治下。日本担心盟国会进攻印度支那，又猜疑当地法国殖民者也许会起义。1945年3月，日本一脚踢开此前与它勾结的法国合作者，独吞了印度支那。

1945年8月日本投降后，两股强大力量准备填补这一真空。一股是战争年代抗击了法日的胡志明领导的越南共产党游击队，另一股是攻打印度支那的盟国军队，其中有中国、英国和印度部队，还有勒克莱尔麾下的一支法国远征军。

1946年年初，法军看上去似乎再次稳住了印度支那局势。然而法国费了九牛二虎之力恢复的平静没能持续多久。1946年12月19日夜，越共武装在河内搞了一系列爆炸活动，标志着又一场漫长血腥战争的开始。

1954年年底，法国在越南的殖民统治已摇摇欲坠。此前一年，老挝和柬埔寨已脱离法国独立。刚从朝鲜战争中脱身的艾森豪威尔政府不愿支持法国在越南的战争。奠边府所在的山谷地形好似一口锅的锅底，亨利·纳瓦尔将军在此地集结重兵，意在把越南的武元甲将军引到这里与他决战。这一战略以惨败告终。法军陷入得到中国援助的北越军队的重围中。8周后的5月初，法军缴械投降。

法军在奠边府惨败后，法国总理皮埃尔·孟戴斯－弗朗斯（他是日后戴高乐表示敬意的唯一一位第四共和国总理）迅速结束了关于越南未来的日内瓦谈判。根据达成的协议，法国放弃了印度支那殖民地。越南沿北纬17度线一分为二：共产党领导的北越和反共的南越。

这场越南大戏上演时，戴高乐正赋闲在家。这次教训牢牢刻在了他的脑海里。1961年5月他会晤肯尼迪总统时，告诫这位年轻的美国总统不要卷入这一地区。据一份官方备忘录记载：

> 戴高乐总统回顾了法国在印度支那打的这场战争，向我们表达了他个人的感觉：再打一场战争不会有任何结果，哪怕

是美国也不例外。假如美国觉得为了安全或荣誉必须干预的话，法国不会反对，但不会参与，除非美国的干预引起一场世界大战。如果发生这种情况，法国当然会永远和美国站在一起。[89]

战后法国遭受的第二次重创是法国和英国为恢复西方在中东的地位发动的军事行动。1956年，法英联军拉上以色列入侵苏伊士运河地区。以色列参战是为了追求自身国家利益。

1954年，贾迈勒·阿卜杜勒·纳赛尔把穆罕默德·纳吉布赶下台后接管了埃及。两年前纳吉布废黜了埃及国王。纳赛尔建立了一个民族主义政权，经济上越来越依靠苏联，同时用苏制武器装备军队。1956年7月，纳赛尔宣布将此前所有权归英法的苏伊士运河收归国有。英国眼看着自己在这一地区的霸权走向终结。法国的潜忧是，此后胆子更壮的纳赛尔也许会变本加厉地支持法国北非殖民地的民族主义抵抗分子，尤其在阿尔及利亚。

1956年10月，英法秘密商量后联合出兵攻占了苏伊士运河。此前几天，以色列军队入侵西奈半岛。艾森豪威尔政府把冷战视为争夺发展中国家的一场意识形态较量。美国惊恐不已，害怕苏联会趁机把中东据为己有。以色列出兵西奈半岛仅过了24小时，美国于10月30日向安理会提交了一份决议，要求以色列军队"立即撤回到……原有停火线后面"。英法否决了这一决议后，艾森豪威尔把问题提交给联合国大会。11月2日，联合国大会以64票对5票的压倒多数要求结束敌对行动。11月3—4日，联合国大会彻夜开

111

会后又通过了一份措辞更为强硬的决议,同时开始讨论在苏伊士运河地区部署一支联合国维和部队。11月6日又掀起一场抢兑英镑风潮,来势之凶猛令人惊恐。美国一反常态,选择作壁上观,拒绝出手平息市场。[90] 英法见状被迫结束了军事行动。

华盛顿与英法的苏伊士运河军事行动撇清关系既暴露了北约作为一个政府间军事同盟的局限性,又显露了美国对其盟友所做承诺的局限性。伦敦和巴黎从这次厄运中得出截然相反的结论。英国对自己历史作用的衰弱深感震惊,与美国闹分裂又吃了苦头,于是转而竭力争取恢复与美国的特殊关系。为此英国将部分调整自己的传统政策,以换取加大自己对美国决策的影响。法国几无可能像英国一样影响美国的抉择,于是日益消沉。北大西洋联盟内部出现了一道认知裂痕。戴高乐再度出山后,这一裂痕将暴露无遗。

不过在此之前,第四共和国无休止动荡的政局与法国北非殖民地危机交织到了一起。

阿尔及利亚,戴高乐东山再起

1830年阿尔及利亚被法国征服后,在法国海外领地中享有特殊地位。法国兼并阿尔及利亚后的几十年里,一波又一波的法国和南欧殖民者来到阿尔及利亚沿海一带定居。截至20世纪50年代末,在阿尔及利亚的殖民者大约有100万人,大多是外号"黑脚"的法国人。

第二次世界大战期间,北非沿海地区在盟国军事战略中发挥了举足轻重的作用，尤其是阿尔及利亚成就了戴高乐获取权力的谋略。阿尔及利亚与突尼斯、摩洛哥和法国撒哈拉以南殖民地不同。法国把阿尔及利亚沿海地区当作法国本土的一部分，享有与科西嘉岛同等的地位。阿尔及利亚就是法国本土一部分的看法在法国人心中根深蒂固。直到1954年，时任总理的孟戴斯－弗朗斯还计划把法国兵工厂迁移到苏联打击范围以外的阿尔及利亚。

把阿尔及利亚当作庇护所的念头胎死于当年。同年11月，"民族解放阵线"（简称民解阵）领导的游击队发动了一连串袭击。民解阵号召建立一个独立国家，"在伊斯兰教义框架内享有主权、民主和社会福利"[91]。面对这一挑战，孟戴斯－弗朗斯宣称："任何一届法国政府都不会在阿尔及利亚就是法国这一原则上退让。"[92]法属阿尔及利亚总督雅克·苏斯戴尔和其他一些人认为，可以借发展经济之手把叛乱掐死在萌芽之中。然而此后几个月，阿尔及利亚人的独立信念反而日益高涨。

美国中央情报局最初预测"不出一年即可解决阿尔及利亚问题"[93]。几个月后，中央情报局分析员的看法发生了一百八十度转变，认为法国因为在奠边府蒙羞，又不愿"面对现实"——从未解释过其中含义——导致阿尔及利亚冲突愈演愈烈。连几届左翼法国政府也深陷军事冲突螺旋之中。未来的社会党领袖和法国总统密特朗时任孟戴斯－弗朗斯政府的内政部长，他重申了孟戴斯－弗朗斯的强硬表态："阿尔及利亚就是法国。"不过现在密特朗又加了一句："唯一的谈判就是战争。"[94]

原本为了投射法国实力攫取的一个桥头堡正在变成从内部啮噬

法国的毒瘤。"黑脚"对巴黎的法国政府无力保护他们怒不可遏，不顾当地民选政府反对自行组织了自卫团体。法国军队对政治阶层的厌恶有增无减，把当前困境归咎于它的优柔寡断。法国政府接二连三倒台。从1954年11月阿尔及利亚"民族解放阵线"发动袭击起，到1958年6月戴高乐再度出山，法国一共换了6届政府。法国公众对这场似乎无解的危机越来越不耐烦。随着法国国内重要势力开始反抗国家权威，一场由阿拉伯民族主义者发起的反对法国殖民主义的起义有可能演变成为一场法国内战。

阿尔及利亚是法兰西帝国谢幕这部传奇大戏的最后一幕，也是戴高乐重返政坛再次挽救法国的第一幕。戴高乐在科隆贝一直关注日益严重的僵局。起初戴高乐以为，人们很快会认识到不能没有他。戴高乐为自己重返政坛开列了一些先决条件，然而没有一位政党领导人挺身而出，依照戴高乐提出的条件推动修改宪法，更不要说支持他了。

1958年5月底，法国国内的局势可谓千钧一发。包括伞兵司令雅克·马叙将军在内的一批法军将领呼吁总统勒内·科蒂成立一个由戴高乐领导的国家安全政府。与此同时，国民议会也在寻找一位强势的总理，最终选中了基督教民主党人皮埃尔·弗林姆兰。起初他犹豫不决，之后又未能组成稳定的多数派。阿尔及利亚局势仍如沸水继续沸腾。

戴高乐巧妙周旋于相互倾轧的党派之间，拒绝选边站。直到所有党派因目标各异陷入僵局，戴高乐才宣布愿意出山。国民议会越来越担心会发生军事政变，把制止政变的希望寄托在戴高乐身上。

法国军队愿意支持戴高乐重新执政的原因是,这位老兵鼓吹需要有一个强大的国家。军队把这一说法理解为戴高乐决心粉碎阿尔及利亚叛乱分子。为了烘托伞兵会空降巴黎的恐慌气氛,一批阿尔及利亚驻军官兵兵不血刃占领了科西嘉岛。弗林姆兰旋即辞职。

所有支持戴高乐的人或多或少都看走了眼。戴高乐把军队施加的压力当作一种手段,而不是要靠枪杆子夺取政权。其实他追求的不是一种新波拿巴主义,而是一个强大到足以让军人返回军营的宪政国家。出于同样的考虑,戴高乐力求国家把他召回的方式合乎宪法,随后他再废除现存的政治体制,而不是为它效劳。

戴高乐没有提出任何具体要求,而是继续打太极拳,让别人摸不透他的底牌。每个派别都觉得戴高乐可资利用,每个党派都觉得戴高乐是消除他们的噩梦的最后的最佳人选。与此同时,戴高乐又保持了自己的灵活性。戴高乐与人谈判时总是以目标为指导,运用手腕使相互倾轧的各派力量有求于他。

戴高乐看得很清楚,1958年春出现的这一政治格局给他带来了很可能是他一生中最后一次机会,使他可以完成他坚信历史赋予法国的使命。不过戴高乐深谋远虑,对这一机会的把握好似在下一盘围棋。围棋有一个空白棋盘,博弈双方各执180子,谁更有耐心,谁能更好地把握棋盘上变幻不定的棋势,谁就能取胜。

倘若当初戴高乐亮出他的底牌,有可能会得罪所有党派,或促使它们草率行事。戴高乐没有这样做,而是耐心游说各个派别,让它们相信支持他的候选人资格是击败竞争对手的最好办法。1958年5月29日,科蒂总统通过总统府秘书邀请戴高乐出任第四共和国末任总理。

在此期间,戴高乐仅在 5 月 19 日举行过一次记者招待会。当时阿尔及利亚危机已近尾声。戴高乐在记者招待会上把自己说成是"一个不属于任何人,又属于所有人的人"。戴高乐说,只有国民议会采取特别行动,为制定一部新宪法召他回来,他才会重新执政。[95] 他在讲话中没有漏掉任何人的关切。戴高乐告诉军队,做国家的仆人是军人的本分,前提是有一个国家。对担心他可能会对民主构成威胁的人,戴高乐指出,他在 1944 年就恢复了法国的民主体制。"为什么我要在 67 岁时开始做一个独裁者呢?"[96] 记者招待会结束时戴高乐最后说:"该说的我都说了。现在我要返回村子,听从国家的安排。"[97]

6 月 1 日多边磋商结束。自从 1946 年 1 月戴高乐辞职后,他首次现身国民议会。戴高乐面无表情地宣读了解散议会的法令,给予自己 6 个月时间全权起草一部新宪法,之后交由公民投票表决。议会辩论只持续了 6 个小时,最终以 329 票对 224 票的表决结果推选戴高乐为总理。这是他总统之路上的一块临时跳板。

戴高乐一生中两次为法国掌舵领航。第一次是 1940 年,大厦将倾时他挽狂澜于既倒。第二次是 1958 年,他临危受命,阻止国内爆发内战。第一次,伴随巴黎的解放,这位曾经名不见经传的准将实现了 4 年来他独自憧憬的愿景。第二次,已是一位传奇人物的戴高乐从国内流放中被国家召回,一是为了把立宪政府从它自己手中解救出来,二是为了带领法国人民走向后帝国时代,在世界上扮演一个独立自主、充满活力的角色。戴高乐为这一伟大使命设想了

4个阶段：第一，恢复法国的宪政架构，成立一个有权威的政府；第二，结束法国的殖民战争，从政治肌体上清除这一溃疡；第三，制定一项法国军事和政治战略，清楚显示在防务和外交领域国际社会离不开法国；第四，顶住盟友压力，尤其是不情愿的美国的压力，捍卫这一战略构想。

第五共和国

戴高乐把第四共和国的倾覆归咎于3个原因：首先，为了"挽救国家，同时维护共和国"，至关重要的是"改变名誉扫地的政治体制"；其次，立即让军队回到服从命令的轨道上；最后，作为能带来必要变革的唯一人选，自己挑起领导重担。[98]

戴高乐上任后，需要把自己刻意模糊的策略转变为一项战略构想，让国家从他继承的大动荡局势中走出来。法国与阿尔及利亚分手乃非常之举，而国内左翼批评者认为，这件事明明白白，易如反掌。实际情况是：法国人来阿尔及利亚定居并对它进行统治已长达一个多世纪，还有自1954年起始终未平息的战火，这一切不可能像变换电视频道那样说变就变。法国军队因为坚决不肯放弃阿尔及利亚才把戴高乐推上台。戴高乐现在毫不怀疑，仅凭一个戏剧性决定就让军队恢复其国家政策工具这一角色绝无可能。这需要一个过程，通过逐步削弱军人对社会秩序的影响，可以杜绝军人擅权的可能。

戴高乐有6个月的时间制定一部新宪法，在此期间，他可以靠发布政令行使职权。依据1946年他在巴约讲话中阐述的方针，新宪法废止了第三和第四共和国议会至高无上的地位，结束了由此产生的派系之争，代之以一个近乎总统制的体制。在第五共和国，国防和外交政策权归属总统。总统由选民以间接选举方式（1961年改为普选）选出，任期7年。为了监督政府运行，总统任命经选举产生的国民议会里的多数党领袖为总理。为了避免行政与立法机构之间互相扯皮，总统有权解散议会，重新举行大选。

在事关重大的国家利益问题上，总统可以诉诸公民投票。戴高乐，包括他之后的继任者，很喜欢用这个办法。1962年10月，戴高乐发起了一场支持总统普选的公投运动。他试图让法国从阿尔及利亚脱身期间，两次采用了公民投票方式，借此显示大多数法国人对他的方案的支持。

戴高乐上任之初，很可能还没有想清楚他在阿尔及利亚最终想要一个什么结果。不过戴高乐决心结束这场使法国无法实现其国际国内使命的战争。戴高乐复出后同时推行了几项战略，每一个都与以上两个紧迫使命相辅相成，但没有一个承诺实现任何具体目标。

戴高乐就任总统后不久，于1958年6月访问了阿尔及利亚。访问期间戴高乐含糊其词，充分显示了他的圆滑。当地的"黑脚"把他视为救星。在一次狂热集会上，戴高乐告诉"黑脚"："我理解你们（*Je vous ai compris*）。"此话一出，死保法属阿尔及利亚的人信心倍增，正是这批人为戴高乐上台立下汗马功劳。与此同时，戴高乐丝毫没有限制自己的选项。他字斟句酌说的这句话可能还让他逃过一劫：戴高乐讲话时，一个刺客躲在现场附近一栋楼房里，听了戴高乐这句话后,他放下了手里的步枪。[99]

戴高乐首先命令法军司令莫里斯·查勒将军发动一次全面攻势,肃清藏匿在农村的叛乱分子。这次军事行动的目的是彻底摸清他面临的两个抉择:要么凭借军事胜利把阿尔及利亚并入法国,要么让战败证明军队阻挠政治解决阿尔及利亚问题是死路一条。

戴高乐使用武力一手的同时,还在阿尔及利亚推行了广泛的改革。1958年10月,他在阿尔及利亚东部城市君士坦丁宣布了用该城命名的"君士坦丁计划"。这一计划标志着要在阿尔及利亚大力发展经济和人道主义事业,实现阿尔及利亚的工业化和现代化。戴高乐双管齐下的做法堵住了左翼人士和"法国的阿尔及利亚派"的嘴。[100]

为了推行自己的战略方针,戴高乐求助于公民投票程序。这一次他想出一个绝好主意,把批准新宪法与为法国海外殖民地做出新安排挂钩。法国本土和殖民地居民均可在普选制下参加对新宪法框架的公投。此前法属非洲殖民地的两位领导人在宪法问题上争执不休,各执一词,成了一个棘手难题。利奥波德·塞达尔·桑戈尔(日后的塞内加尔总统)赞成一项联邦解决方案,所有非洲人一律成为享有充分权利的法国公民,法属殖民地合并为两个区域集团。费利克斯·乌弗埃-博瓦尼(前法国卫生部长,日后的科特迪瓦总统)主张建立一个松散邦联。戴高乐提出的"法兰西共同体"概念绕过了这一难题。

每一块法属殖民地都需要做出选择:要么批准宪法加入法兰西共同体,要么要求立即独立。除了塞古·杜尔领导的几内亚,其他法属殖民地都选择留在法兰西共同体内,这是一个具有模糊的安全职能的架构。然而,政治独立之风吹遍了非洲大陆。不到两年,法兰西共同体坍塌。1960年有"非洲年"之称,当年一共有14个法语国家赢得独立,从而基本避免了多地爆发民族解放战争。只有喀麦隆和阿尔及利亚是例外。在喀麦隆,民族主义起义者与法军血战了9年。阿尔及利亚则是因为地位未定,一切取决于军事或外交结果。

为了确保非洲人支持法兰西共同体,1958年8月戴高乐开始了一次为期5天的横跨非洲大陆之旅。他一反常态,异常兴奋地讲述了法国的这项新使命。在马达加斯加首都,戴高乐用手指着不远处的王宫宣布说:"明天,你们将再次成为一个国家!历代国王居住在这座王宫时,你们就是一个国家。"[101] 戴高乐在《希望回忆录》里记录了他在法属刚果首都布拉柴维尔受到的欢迎:无论在"市中心挂满旗帜的街道",还是"在下刚果和波托波托区的郊区",万头攒动的人群"对公投欣喜若狂"。[102]

1969年5月,我在写给尼克松总统的一份备忘录中讲述了戴高乐举行宪法公投的重大意义:

> 此次公投不只是对非洲民族主义者的同情,或审时度势顺从了反殖民主义潮流。戴高乐的非洲政策还映照了他的伟大观和感恩心理。从戴高乐的回忆录中可以清楚看出,他沉溺在法国文明使命中,借助政治、经济和人员纽带弱化了殖民地的独立,从而维护了法国势力和文化的至上地位。另一方面,说法语的非洲人也开始依赖戴高乐独具一格的眷顾。于是在

非洲，也只有在非洲，戴高乐让法国成为一个傲人大国。[103]

阿尔及利亚冲突的终结

戴高乐搭建起宪法框架后，着手贯彻了自己的阿尔及利亚政策。有一个人对法国的困境看得一清二楚——毛泽东。他告诉民解阵领导人费尔哈特·阿巴斯，从目前冲突的规模看，法国在军事上撑不下去：你就等着瞧吧，他们会焦头烂额的。法国需要维持一支80万人的军队，每天耗费30亿法郎。如果一直拖下去的话，会把法国人拖垮的。[104]

戴高乐没有留下任何文字记载告诉世人，他究竟是何时得出同一结论的。对于戴高乐，这一做法司空见惯。戴高乐曾大张旗鼓宣布过终极目标，但一般情况下，他阐述目标时总是在其性质上含糊其词。

通过两个例子可以了解戴高乐行为的另一面。一个例子是时任法国空军司令保罗·斯特林告诉我的。在一次讨论法国国家战略的会议上，戴高乐请与会者对他的北约政策发表看法。会后没多久，戴高乐把会上始终缄默不语的斯特林叫到他的办公室。"你一言不发是不同意我的政策吗？"斯特林陈述了自己的不同意见。戴高乐听后神秘兮兮地说："你怎么知道我与你不是殊途同归呢？"[105]

第二个例子发生在1958年12月，同样显示了戴高乐若即若离的决策风格。当时他的国内财政改革方案正在起草中。时任政府高官的经济学家雅克·吕夫拟订了这一方案，出笼后引起巨大争议。

戴高乐思考这一方案时，把手下一位金融事务助手罗歇·格策叫到自己的办公室。戴高乐向他表示，决策者评估哪怕是深思熟虑的提议时，对其中三分之一的内容存疑不失为明智。戴高乐对他说："你是这方面的专家。明天上午请你告诉我，你是否认为这个方案有三分之二的成功机会。如果你认为有，我就采用它。"[106] 次日上午格策告诉戴高乐，他对吕夫方案有信心。戴高乐于是采纳了该方案，以颁布政令的方式将其公布于众，同时还在一次广播讲话中向法国公众阐述了这一方案。吕夫方案为戴高乐的总统岁月奠定了经济基础。1959年1月8日，戴高乐正式就任总统。

1959年9月16日戴高乐发表电视讲话，突然向全体法国人亮明了他的阿尔及利亚选项。戴高乐一共提出了3个选项，没有对其中任何一个明确表示支持。戴高乐传记作者朱利安·杰克逊写道：

> 选项1是独立，也就是戴高乐所称的"分离"。选项2是戴高乐创造的新词"法兰西化"，这是他对"法国的阿尔及利亚派"所称的"融合"的又一说法。选项3是在法国援助并与法国结成紧密关系的前提下，"阿人治阿"，在阿尔及利亚建立一个联邦制度，不同群体可以和平共处。[107]

戴高乐本人赞成选项3，他称之为"联合"。不过戴高乐私下思忖，阻止选项1——阿尔及利亚彻底脱离法国——可能为时已晚。[108] 选项1和选项3意味着该国占人口多数的穆斯林享有很大自决权。选项2设想法国人和阿尔及利亚人逐渐融合为同一国人。

4个月后,军事形势依然没有明显改观。"黑脚"活跃分子对戴高乐提出的选项深感不安。1960年1月,他们开始在阿尔及尔构筑街垒。这一消息刚传出时,我恰好在巴黎。当天上午,我与一批法国军官见面,之前他们邀请我参加对我撰写的《核武器与对外政策》一书的讨论。构筑街垒的消息自然压过了他们对核战略的关切。参与座谈的人(多是上校或准将)中,有几人把法军同情"黑脚"叛乱者归咎于总统,声称戴高乐每露面一次,法国就分裂一次,因此戴高乐必须走人。

同一天,我与杰出的法国政治哲学家雷蒙·阿隆在巴黎塞纳河左岸的一家咖啡馆共进午餐。他听说构筑街垒的消息后惊愕不已:"我为我是法国人感到羞耻。我们现在的所作所为就像是西班牙人,处于永无休止的革命状态中。"坐在旁边桌子的一位就餐者听到此言后,站起身走到我们桌前,说明自己是一名后备役军官,随后以法军名义要求阿隆道歉。

1月29日那一天,很多法国人,包括我认识的所有熟人都预料会发生军事政变,甚至不排除伞兵空降巴黎的可能。当天晚上,戴高乐身穿二战时期穿过的军服发表电视广播讲话。讲述了阿尔及尔的严峻局势后,戴高乐命令法军无条件拆除街垒:"所有法国官兵必须服从我的命令。任何时候,任何士兵都不得支持叛乱,哪怕是消极支持。必须恢复公共秩序。"[109]次日街垒被清除了。戴高乐出色地展示了魅力十足的领导力。

1961年4月,法国陆军发动的一次政变流产。这标志着阿尔及利亚的法国殖民者最后一次激烈对抗戴高乐眼中自己的历史使命:

与阿尔及利亚分离。戴高乐再次发表电视广播讲话，谴责阿尔及利亚发生的流氓行径。

> 现在国家受到鄙视，民族不被人放在眼里，国家实力被削弱，我们的国际威望下跌，我们在非洲的作用和地位受到损害。这是何人所为？可悲啊，可悲！做出这种事的人，正是出于自己的职责、荣誉和存在理由应该效力和服从命令的人。[110]

政变失败了，但敌对情绪并未消失。1962年8月22日，一批"秘密武装组织"（OAS）刺客手持机枪在巴黎郊区的小克拉马扫射，戴高乐夫妇奇迹般地躲过了这次暗杀。（1944年8月26日戴高乐参加巴黎圣母院的一次弥撒时，有一名狙击手向他开枪，他没有躲闪。这一次他同样没有躲闪。）其他人却没有这么幸运：两年中"秘密武装组织"制造了一系列爆炸事件，同时开展有针对性的暗杀活动，导致2000余名法国公民丧生。①

1961年，戴高乐出任总统已经3年。从8月起，他开始让法国人民对最终结局有所准备。戴高乐开始从阿尔及利亚撤军，给出的理由是欧洲防御需要这些部队。在法国殖民者眼中，把欧洲防卫置于优先地位，把法律上是法国一个省的安全置于从属地位的做法严重打击了他们的自我形象，彻底颠覆了法国的轻重排序。法国公众也许已被各地的殖民战争拖得精疲力竭，然而战争中受害最深的是

---

① 弗雷德里克·福赛斯1971年写的小说《豺狼的日子》生动描述了这段历史。

法国殖民者,尤其是法国军队,这些人深感被戴高乐骗惨了。

1962年年初,戴高乐派政府部长与民解阵代表秘密展开谈判,最终签署了《埃维昂协议》。这份93页的文件建立了一个独立国家,同时保障了法国在阿尔及利亚领土上的战略资产。法国可租赁军事设施,法国能源公司享有特惠待遇。在戴高乐最初考虑的3个选项中,这一个算是"轻震荡分离"。戴高乐宣布,4月份将在法国本土对《埃维昂协议》举行公投。超过90%的法国人投票支持协议,形成压倒性优势。"秘密武装组织"残余分子为了阻挠《埃维昂协议》而发动恐怖袭击,结果丧失了民心,协议反而得到更多法国人的支持。同年7月1日,阿尔及利亚也举行了公民投票,99.72%的阿尔及利亚人投票支持《埃维昂协议》。两天后,法国承认了这个新国家。不过事先许诺给法国的采矿权益并没有兑现。4年后的1966年,法国将在阿尔及利亚沙漠上进行最后一次核试验。

20世纪50年代中期,"法国的阿尔及利亚"还是一个不言自明的事实。5年后,因戴高乐之故,这一事实成了"黑脚"呼喊的极端主义口号。1958年,支持阿尔及利亚融入法国的社会各界力量把戴高乐推上台。如今这支力量已沦为一个不入流的恐怖主义运动。和平协议签署后不久,80万法国殖民者或被兼有伊斯兰主义、社会主义和阿拉伯民族主义色彩的新政权驱逐出阿尔及利亚,或放任自流。到1970年年底,阿尔及利亚剩余的20万殖民者中,15万人因害怕暴力选择离开。[111] 法国撤出阿尔及利亚后,民解阵把仍然忠于法国的阿尔及利亚穆斯林"哈基人"视为叛徒,对他们大肆报复。哈基人毫无抵抗能力,大约有4万哈基人设法逃到法国,成千上万留在阿尔及利亚的哈基人惨遭屠杀。[112]

戴高乐认为,他这样做是出于一颗爱国心,为的是恢复法国民族自尊和法国在国际关系中的发言权。与阿尔及利亚分离后,法国可以把更多资源用于经济发展和军事现代化。戴高乐一旦走上了这条路,绝不回头。自1942年戴高乐飞抵伦敦起,这种执着始终是推动他向前走的动力。

曾有几人建议戴高乐对逃离将阿尔及利亚视为自己家园的法国殖民者示以同情。戴高乐对此不予理睬。没有任何记载显示,戴高乐谈过他的阿尔及利亚政策对自己的影响。戴高乐偶尔在公众场合的确动过感情,例如1944年6月的巴约演讲和同年8月的巴黎演讲,但戴高乐从来不让个人感情左右他的责任感和他眼中的历史进程需要。他认为,阿尔及利亚已经成了拖累法国的一大包袱,导致法国在盟国中孤立,同时给了苏联和其他激进势力可乘之机。切割阿尔及利亚挽救了第五共和国。为了能奉行独立自主的外交政策,实现戴高乐对法国在一个新世界秩序里的角色的设想,这是法国必须付出的代价。1959年戴高乐着手实施他的阿尔及利亚政策时,私下把这一政策定性为"也许是……我一生中为法国做出的最大贡献"[113]。他这样讲绝非言过其实。戴高乐为了把历史引向不同方向,没有向历史低头。

位居法国政策核心的德国:戴高乐与阿登纳

戴高乐就任总理3个月后,1958年9月14日在与德国和解政策上迈出了一大步。这一政策始于戴高乐之前的第四共和国政府。自"三十年战争"起,法德两国彼此视为宿敌。仅在20世纪,法国与德国在两次世界大战中兵戎相见。

戴高乐承袭了这一传统。1944年他访问莫斯科时,鼓吹把战败的德国肢解为一些分散的邦国,将莱茵兰纳入法国经济区。1945年,戴高乐向欧洲盟友提交了一份类似的计划。

1958年戴高乐结束自我流放重新执政后,彻底改变了这一持续了数百年的政策,启动了法德伙伴关系。为了集中精力办大事,建立一个有可能走向欧洲自治的集团,戴高乐邀请德国总理阿登纳来他在科隆贝双教堂村的家"拉布瓦斯利"做客过夜。此后戴高乐再也没有邀请过另一位外国贵宾或法国要人来科隆贝做客。法国驻英国大使让·肖韦尔曾建议戴高乐也对麦克米伦首相发出同样邀请。戴高乐不客气地告诉让·肖韦尔,科隆贝太小,不适合接待人。[114]

戴高乐对阿登纳礼遇有加是他重视两国新伙伴关系的一个象征。例如,戴高乐亲自带客人参观房子。戴高乐对阿登纳做出的又一姿态同样前所未有。两人会晤时没有任何助手在场,交谈基本用德语。为了照顾客人的心理感受,法方精心策划了此次会面的礼仪安排。两位同出生于19世纪的老人依照昔日礼节互相寒暄应酬时,感觉很舒服。

两人谁也没有提出任何具体协议,会晤也没有产生任何协议。距离第二次世界大战结束仅13年,戴高乐已在寻求彻底改变法德关系。他没有建议双方抹掉过去,很多历史记忆很难抹去。但是戴高乐捐弃前嫌,主动表示法国支持德国的重建和它对自己欧洲身份的追求。不仅如此，戴高乐还建议法德建立密切关系，共同促进两国的均势和欧洲统一。同时，戴高乐要求德国接受现存的欧洲边界（包括波兰边界），放弃追求称霸欧洲。日后戴高乐在回忆录里写道：

> 在统一、安全和地位方面，法国对德国无所求。法国可以在侵略过她的国家的重建上助一臂之力。她这样做是为了在法德两国人民之间建立友好关系，是为了均势和欧洲和平。这是何等肚量！但法国支持德国要有理由。为此，法国坚持德国必须满足某些条件。这些条件是：接受现存边界，在与东方的关系上秉持善意，永不拥有原子武器，在（德国）统一问题上任何时候都不急不躁。[115]

戴高乐为彻底重塑法国外交政策提出的交易条件是，德国放弃戴高乐年轻时见到的那个德国奉行的传统外交政策。阿登纳顺从了北大西洋公约组织的大趋势，认为这为德国加入一个欧洲体系铺平了道路。对戴高乐和阿登纳来说，这是迈向未来的一步。

戴高乐与大西洋联盟

大西洋联盟的成立从根本上改变了传统政策的走向，对世界秩序产生了更为深远的影响。第二次世界大战结束后，美国改变了昔日的孤立政策，开始扮演史无前例的全球角色。占世界人口6%的美国人的富裕程度远非其他国家人民可比。美国工业产能占全球工业产能的一半。美国还垄断了原子弹。

此前,在西半球以外的世界其他地区,美国只有遇到战略威胁时才奋起应对。一俟危险减轻,重返孤立似乎不影响美国安全后,美国就会又缩回到孤立中。1945—1950年,美国放弃了昔日的做法,先后提出北约和马歇尔计划两大倡议,在世界事务中承担了永久作用。在曼哈顿中城东河河畔,新建的具有现代风格的联合国总部大楼象征着美国已成为世界秩序的一部分。

两大新倡议仍然基于以下对国际关系性质的假定:国与国之间开展合作乃自然现象,世界和平是国际关系的固有结果,基于原则的分工可以为大西洋联盟的运作提供充足的动力和资源。以上假定和美国自身历史一样特殊,甚至可以说独一无二。

戴高乐根据亲身经历得出的结论与以上假定截然相反。他领导的这个国家,多少次激情澎湃,最终梦碎,从此谨小慎微;多少次美好憧憬化为泡影,从此遇事多疑,总是感觉国家虚弱,而不是感觉国家强大团结。戴高乐不认为和平是国与国之间的自然状态,他说:"相互对立的力量充斥世界……竞争乃生活常态……国际生活就是战斗,犹如普通人生。"[116]

华盛顿对美国的霸主地位信心满满。美国最关心的是迫在眉睫的现实任务,为此它敦促建立一个联盟架构,一则可以在一体化名义下推动盟友采取集体行动,二则可以防止特立独行的倡议。戴高乐领导的国家几代人饱受国内外战乱蹂躏。戴高乐因此坚持,合作的方式与合作的目标同等重要。法国若要拾回它的身份,必须被人视为凡事可以自己做主，而不是仰人鼻息。因此，法国需要维护自己的行动自由。

深怀以上信念的戴高乐不接受把法国军队置于国际机制指挥下的任何北约观，也不接受让法国的身份消失在超国家机构的任何欧洲观。他呼吁警惕正在扎根的某种超国家主义（似乎"自我放弃从此以后成了唯一的可能性，甚至是唯一的抱负"），这种超国家主义与法国的国家特征和目标格格不入。[117]

戴高乐认为，自己的观点与一个统一的欧洲并不矛盾："从而有可能在莱茵河两岸、阿尔卑斯山脉两侧，甚至在英吉利海峡两边建立世界上最强大、最繁荣、最具影响力的庞大组织。"[118] 戴高乐始终肯定与美国结盟的重要性，但怀疑这一同盟是否可用来应对事关法国的一切挑战。具体地说，戴高乐质疑美国是否有能力或是否有意愿无限期维持它对欧洲做出的全面承诺，尤其在核武器领域。

戴高乐的强硬作风源自个人自信和历史经验。始料不及的噩梦是法国历史上最重要的历史教训。戴高乐对法国噩梦有清醒的认识，为此适当收敛了自己的强硬作风。美国领导人与戴高乐截然相反，个人行为温和谦逊，但所有领导人看问题都以坚信自己可以把握未来为出发点。

1959年艾森豪威尔访问法国时，直截了当地问到了法国的保留态度："你们为什么怀疑美国不会与欧洲风雨同舟？"[119] 鉴于几年前苏伊士运河危机期间美国对待英法的做法，艾森豪威尔提出这个问题不免让人感到有点奇怪。戴高乐很想拿苏伊士运河危机说事，不过还是忍住了。他提醒艾森豪威尔，第一次世界大战时，法国苦苦撑了3年，付出惨重伤亡代价后美国才出手搭救。第二次世界大战时，法国全国沦陷后美国才参战。在核武器时代，美国这两次干预之迟对于法国犹如失火而取水于海，远水不救近火。[120]

法国不利的地理位置也是戴高乐的一块心病。他反对就美军撤出中欧提出的种种谈判方案，其中最出名的方案是1957年乔治·凯南在睿思讲座上提出的。戴高乐反对任何从欧洲分割线两侧对称撤军的方案。这样做的结果会是美军距离太远，苏军距离太近。"如果裁军涵盖的区域与乌拉尔山脉的距离和与大西洋的距离不是一样近，又怎么保护法国？"[121]

1958年，苏联领导人赫鲁晓夫再次威胁要封锁盟国进出柏林的通道，让世人清楚认识到了戴高乐对苏联挑战做出的评估。戴高乐坚决拒绝在胁迫下举行谈判。他以特有的雄辩口才揭示了苏联这次挑衅与苏联国内体制不稳之间的关系：

> 苏联人的疯狂咒骂和叫嚣蛮横无理、无中生有到了极点，以致使人感觉，苏联人这么做要么是因为事先预谋的疯狂野心的发泄，要么是想转移对自身巨大困境的注意力。我觉得第二种猜想好像更能讲得通。……实际情况是，巨大的贫富差距、物资供应的短缺、一团糟的国内局势，尤其是不人道的压迫特征，对所有这一切，精英阶层和大众感受越来越深，当局也越来越难以欺骗压服他们。[122]

基于这一评估，每当戴高乐认为法国与美国利益真正吻合时，就愿意与美国合作。1962年古巴导弹危机期间，戴高乐坚决支持美国对苏联在这个岛国部署弹道导弹做出强硬反应，令美国官员颇为吃惊。在所有盟国领导人中，只有戴高乐给予了美国毫无保留的支持。担任肯尼迪总统特使的前国务卿迪安·艾奇逊明确告诉戴高乐，美国封锁古巴已箭在弦上。他邀请戴高乐来白宫听取吹风。戴高乐婉拒了，他向艾奇逊解释说，当一个伟大盟友在危急时刻采取行动时，刻不容缓本身就是理由。

核管理机构

戴高乐甫一上任，马上加快了现有法国军用核方案的步伐。不出几个月，戴高乐启动了他的大西洋政策，建议围绕核战略问题重组北大西洋公约组织。美国原则上对欧洲拥有独立核力量持重大保留。华盛顿认为，欧洲不需要独立核力量，欧洲的核力量应当纳入北大西洋公约组织计划和联合司令部中。[123] 美国偏重的是常规力量，因此把欧洲的核力量看作一种干扰。戴高乐把放弃发展强大的军事能力视为一种心理上的自弃。1958年9月17日，戴高乐向艾森豪威尔和麦克米伦建议，法国与当时北约组织内的英美两个核大国搞一个三边组织。为了防止三国中任何一国在违反自己意愿的情况下被拖入一场核战争，戴高乐提议，每一方在核武器使用问题上都拥有否决权，受到攻击后做出的核反击除外。[124] 出于同样考虑，三强核管理机构还负责为欧洲以外的一些具体区域制定共同战略。[125]

戴高乐是不是设想把核管理机构作为权宜之计,直到法国的核武库强大到能让法国奉行独立自主的战略?还是意在与华盛顿和伦敦建立一种前所未有的新型关系,从而使得法国可以挟核武器在欧洲大陆发挥特殊领导作用?答案已成千古之谜。说来可能令人难以置信,成立核管理机构的提议如泥牛入海,再无下文。[126]

早在阿尔及利亚时,艾森豪威尔和麦克米伦与戴高乐打过交道。当时戴高乐是争夺领导权的竞争者之一,根本没有我行我素的实力。艾森豪威尔和麦克米伦于是认为,无须理睬戴高乐。只有假定戴高乐是在有意装腔作势,其实手里并没有可打的牌,艾森豪威尔和麦克米伦这样做才说得通。日后证明,两人都失算了。

对戴高乐而言,这个问题事关法国的世界角色。戴高乐战略的核心特征就是坚决保有对影响本国命运的决定的控制权。

面对美英的沉默,戴高乐显示了他手里不是没牌可打。1959年3月,戴高乐宣布法国地中海舰队不再接受北约一体化司令部的指挥。同年6月,他又让美国从法国撤走核武器。1960年2月,法国在阿尔及利亚沙漠上进行了首次核试验。1966年,戴高乐又让法国彻底退出北约指挥体系。[127]戴高乐一定推断,倘若苏联进攻法国,英美除了支持他别无选择,而他依然保留了决策自主权。

1963年4月19日,戴高乐在一次电视直播演说中解释了他不失时机迅速建立一支独立核威慑力量的原因:

> 一如往常,为了劝阻我们,鼓吹什么都不做和摇唇鼓舌的人同时跳了出来。有人说独立核力量毫无用处,还有人说

独立核力量是烧钱……但这一次我们不会让墨守成规和幻觉招来入侵。何况当今我们所处的世界危机四伏，我们的首要职责是让自己强大，让自己独立自主。[128]

1968年8月24日，法国进行了首次热核（氢弹）实验。从核技术的角度看，法国现在已成为一个名副其实的核大国。

灵活反应与核战略

1961年，新就职的肯尼迪总统下令审查美国的防御政策。他尤其重视对当时流行的大规模报复理论（艾森豪威尔时期的国务卿约翰·福斯特·杜勒斯首次提出这一理论）做出调整。根据该理论，美国会在它自己选择的地方使用大规模核报复手段抵御侵略。

只要美国仍然拥有巨大的核武器优势，这一战略的可信度就很高。不过即使在当年，也已经有人对美国是否愿意在任何一场危机中使用核武器提出了质疑。[129] 随着苏联核能力的不断扩大，大规模报复的可信度下降。美国盟友自己在使用核武器问题上犹豫再三，由此推断美国会和它们一样束手束脚。

与此同时，主要靠飞机投送核武器的英国担心，日益强大的苏联防空力量也许会危及英国的报复能力。为此，英国试图得到当时美国正在研发的新型武器——一种名叫"空中闪电"的空射导弹。最初肯尼迪驳回了国防部长麦克纳马拉的反对意见。麦克纳马拉原则上反对独立的核能力。

没过多久肯尼迪回心转意。肯尼迪,尤其是麦克纳马拉觉得,同时存在多种独立核力量太危险。肯尼迪于是敦促盟国逐步废止自己的核力量。1962年7月,麦克纳马拉在一次讲话中公开反对独立核力量:"独立操作有限的核能力既危险又昂贵,而且容易过时。作为一种威慑手段,独立核力量缺乏可信性。"[130]

此前,从未有人公开表达过对英国独立核力量是否有用的关切。英美之间的特殊关系似乎杜绝了英国自主使用核武器的可能。1962年11月,麦克纳马拉以技术原因为借口取消了美英两国的"空中闪电"研制计划。英国得知后十分愤慨,认为美国此举抹掉了它的核大国地位,伤害了英国在美国诸盟友中的特殊地位。

1962年12月,肯尼迪总统和麦克米伦首相在拿骚举行的会晤中达成妥协。美国将帮助英国建造"北极星"潜艇。该型号潜艇携带的导弹可以避开苏联的空防。"北极星"潜艇将置于北约司令部的指挥下,但出现涉及"最高国家利益"情况时,英国可以自主动用潜射导弹。同时美国也向法国提议,两国依照美英合作方式做出同样安排。

麦克米伦接受了美国提议,认为"最高国家利益"免责条款给予了英国自主权。顾名思义,只有当最高国家利益受到威胁时,英国才会自行决定动用核武器。

戴高乐的反应与英国截然相反,他把《拿骚协议》视为侮辱,尤其是他是通过公开渠道获知这一协议的,事先没有征求过他的意见。1963年1月14日,戴高乐在一场记者招待会上以他获知这一消息的方式公开驳斥了美国提议。他冷冰冰地说:"我讲的当然只涉及这项提议和协议，因为它们已经公布了，内容尽人皆知。"[131]

戴高乐还驳斥了肯尼迪所持的一个观点：大西洋关系应基于双支柱概念，建立欧洲支柱应遵照超国家原则。"毫无疑问，这样一个体制在事关我们这些国家人民的灵与肉时将无力引导他们，首先无力引导法国人民。"[132]

此前两年，麦克米伦不停地向戴高乐献殷勤。在同一场记者招待会上，戴高乐还否决了英国加入欧洲经济共同体的申请。麦克米伦本人的宏大战略和美国双支柱伙伴关系构想双双受挫。

何为同盟？

纵观历史，同盟的形成是为了用以下5种方式协调一国的能力和意图：(1)集结充足兵力打败或遏制潜在侵略者；(2)对外显示这种能力；(3)宣示超出一种权力关系谋划之外的义务——这些义务如果清晰无误的话，本来无须正式宣示；(4)诠释具体交战理由；(5)作为处理危机的一种外交手段，消除对缔约国意图的任何怀疑。

核武器的问世改变了以上5个传统目标。对于依赖美国核保障的国家，除了已部署的军队，再部署更多军队没有意义。一切取决于美国保障的信誉。因此，通过发展盟国的常规力量加强北约从来没有实现过。美国的盟国认为，常规武器增强共同力量的作用有限，也从未落实过自己在常规武器上所做的承诺。原因之一是它们担心，如果兑现自己的承诺，可能会让美国强大的核威力显得可有可无。盟国若是真参加了美国的军事行动，例如在阿富汗和伊拉克，也不是要在这些国家追求本国战略利益，而是以此为手段寻求继续躲在美国核保护伞下。

戴高乐在相互矛盾的观点间隙中游走。他以核保障内含的不确定性为例，证明法国有必要拥有一支独立核威慑力量。其实不管美国在核保障的说法上如何措辞，戴高乐都不会放弃发展独立自主核力量的道路。对戴高乐而言，领导力体现在结合历史演变过程认真分析现存的各种力量对比之间的关系，然后在此基础上确立国家目标。戴高乐在《战争回忆录》中写道，法国若依赖"外国武器"保障自己的安全，"会代代毒化自己的灵魂和生命"。[133] 20世纪60年代，戴高乐致力于重建一支强大军队，包括拥有独立的核威慑能力，从而使自己的国家能够履行塑造未来的义务。[134] 法国永远不该扮演配角。这不是什么技术问题，而是一个道义问题。

> 今后几年，以什么名义让一些（法国）儿女参加与本国无关的战事？向另一个大国军队提供辅助部队有什么用途？没有！如果值得这样做，最重要的是让法国参战，而不是仅仅让一些法国人参战。[135]

戴高乐认为，出于两个原因，国际义务内含固有的偶然性。首先，有可能引起国际义务发生变化的环境不可预料。其次，国际义务本身会因地缘政治格局变化或领导人看法的改变而改变。因此，每当苏联挑战国际秩序时，例如1962年的古巴导弹危机或苏联就柏林地位发出最后通牒，戴高乐是大西洋联盟最坚定的支持者之一。另一方面，戴高乐始终坚持，危机发生时法国有自主研判局势后果的自由。

美国秉持的北约观维持了半个多世纪的世界和平。历届美国总统把同盟视为一种法律契约，根据对同盟条款做出的准法律性质的分析加以执行。究其实质，这一契约意味着作为一个整体的同盟对出现的一项挑战看法完全一致。所有同盟成员依照自己做出的承诺共同应对挑战。对戴高乐而言，同盟的精髓体现在法国的灵魂和信念中。

尼克松总统结束了在核武器掌控问题上的理论争执，法美之间的摩擦由此得到极大缓解。此后法国继续发展自己独立的核力量，美国不再反对。在不违反美国法律情况下，美国有时还助一臂之力。法兰西第五共和国有过几次常规军事行动，尤其在非洲和中东，但从未威胁过要独自动用核武器。美法两国的核政策介于相互吻合与相互协调之间。法国继续沿着戴高乐开辟的道路走下去，既维护了戴高乐的独立自主核战略，也维护了与美国的密切协调关系。

卸任总统

20世纪60年代末，戴高乐实现了法国的复兴，重建了国家机构，消弭了阿尔及利亚战争的贻害。法国成为一个新欧洲秩序的核心成员。戴高乐使法国有能力阻止让它感觉不舒服的国际政策，同时又强化了一些安排。管理这些安排已经离不开法国。17世纪的黎塞留开此治国方略风格之先河，20世纪的戴高乐复活了这一风格。

戴高乐任总统10年后，完成了他可以完成的种种历史使命，现在只需要处理日常公务。单调乏味的公务不是推动他在这条传奇道路上一路走来的动力。观察家开始觉察出，戴高乐对枯燥生活越来越不耐烦，几乎陷入抑郁中。1968年，时任德国总理的库尔特·基辛格向我讲述了他与戴高乐的一次谈话。戴高乐在这次谈话中流露出辞职之意："几百年来，我们与德国人在这个世界上穿行，探寻藏匿的宝藏，常常是打来打去。结果发现根本没有什么藏匿的宝藏，留给我们的只有友谊。"人们开始猜测，戴高乐是不是要再度退隐，总统一职有可能会换人。

但是历史不肯让戴高乐的传奇之旅就这样悄然结束。1968年5月，一场学潮演变成为大规模抗议活动。法国学潮是一场遍及全欧洲大陆的运动的一部分。巴黎大部分城区遭到破坏，学生占据了巴黎大学，在窗户和柱子上贴满了宣传画[136]，在拉丁区构建街垒，与警察在街道上发生剧烈冲突。宣示示威者无政府主义情绪的涂鸦比比皆是："禁止禁令。"[137] 法国各工会受到学生鼓舞，又看出政府踌躇不决，也在全国发动了大罢工。

戴高乐的总统职位看上去岌岌可危。密特朗和皮埃尔·孟戴斯-弗朗斯是前几届政府的知名人士。两人凑在一起商讨总统接班人一事，内定密特朗任总统，孟戴斯-弗朗斯任总理。总理乔治·蓬皮杜开始与示威者展开谈判。然而谈判目的不清，是为过渡做出安排，还是取代戴高乐？美国国务卿迪安·腊斯克在华盛顿告诉约翰逊总统，戴高乐已来日无多。

戴高乐把国家打造成法国复兴的核心可不是为了让自己的权威毁于第三共和国式的权术之手。5月29日是一个星期四，当天戴高乐突然携妻子从巴黎飞到巴登-巴登去见冷战时期驻西德的法军司令雅克·马叙将军。

马叙曾任法国驻阿尔及利亚伞兵司令，他完全有理由认为自己被戴高乐出卖了。不仅如此，当年马叙公开表示不会自动执行国家元首的命令后，戴高乐解除了他的职务。然而马叙在阿尔及利亚期间，同样受到法国神话的濡染，戴高乐曾用这一神话激励过他。结果证明，这一神话依然具有强大的感染力，足以让马叙再次对戴高乐效忠。戴高乐向马叙暗示自己萌生退意。马叙告诉戴高乐，他有责任战胜对手，而不是离开竞技场。前线在法国境内时，总统没有权利逃遁。也许会有辞职那一天，但不是现在。职责要求他必须坚持斗争。戴高乐得到马叙的充分支持。①

得到马叙的支持后，戴高乐飞回巴黎恢复了政府权威——基本上没有使用武力。恰如10年前他逐步成为法国领袖一样，戴高乐

---

① 戴高乐的巴登-巴登之行至今依然是个谜。戴高乐事先曾让下属通知德国政府他来德国了。据可信的亲历者证明，戴高乐夫妇没有携带行李上飞机。如果戴高乐未能说服马叙，是否打算在德国暂时待上一段时间，让蓬皮杜继续与示威者谈判？很难想象戴高乐会长期寄寓德国。另一种可能性更大，即如果未获马叙支持，戴高乐会在德国等待蓬皮杜的谈判结果，然后返回法国，要么应对乱局，要么流放国内（如果蓬皮杜谈判成功的话）。参见：'Secrecy Marked de Gaulle's Visit'，*New York Times*, June 2, 1968; Henry Tanner, 'Two Tense Days in Elysée Palace', *New York Times*, June 2, 1968.

选择以直接争取法国公众支持的方式挑战政治体制。这一次他宣布举行大选，而不是赋予自己紧急状态权力，虽然在马叙支持下，他有动用军队的终极手段（戴高乐从未感到有动用军队的必要）。

次日，戴高乐在协和广场一场大规模群众集会上发表演讲，至少40万支持维护公共秩序的人参加了集会。"自由法国"、第三和第四共和国领导人、抵抗运动领袖都站在了戴高乐一边。由此推论，第五共和国的宪政秩序也站在了戴高乐一边。自从1944年8月巴黎光复后戴高乐带领群众走在香榭丽舍大街上，巴黎还没有见过如此团结一致的一幕。

这次集会的第二天，知趣的蓬皮杜提交了辞呈，过了一天后又想收回辞呈。戴高乐的一位助手告诉他，一小时前戴高乐刚刚任命莫里斯·顾夫·德姆维尔接替他。在随后举行的大选中，戴高乐的支持者获得压倒性多数。在几个法兰西共和国历史上，这是某个政治集团首次获得绝对多数。[138]

戴高乐只剩下一个挑战：以何种方式退出政坛？如果他坚持以总统职责压力太大为由，与他从一个低阶准将变成一个神秘人物打造的形象不相符。若是因政治上失意退休，与这一神话也对不上号。

戴高乐找了一个技术问题作为借口。此前已预定就两项省级改革措施举行全民公投，两项措施在立法议程上已经拖了一段时间。虽然两项措施对于宪法无关紧要，但戴高乐公开表示支持现有案文措辞。问题是两项措施的措辞互不相容。全民公投的日子定在1969年4月27日，一个星期日。当天戴高乐动身前往科隆贝双教堂村度周末，行前吩咐下属收拾打包他的物品和文件。

戴高乐输掉全民公投的第二天，在科隆贝宣布辞去总统职务，没有做任何解释。此后戴高乐再也没有重返爱丽舍宫，也没有发表过任何公开声明。日后有人问他，为什么选择这几个问题作为去职原因，戴高乐回答说："因为都是些鸡毛蒜皮的小事。"

我最后一次见戴高乐是在此前一个月，与1969年3月为艾森豪威尔总统举行的葬礼有关。戴高乐公开表达了出席葬礼的意愿。尼克松让我代表他本人去机场接机。大约晚上8点钟，巴黎时间凌晨2点，戴高乐抵达华盛顿。他看上去很疲惫。我告诉他，尼克松总统为了他出行便利特地为他做了几项技术性安排，尤其是为他提供了通信手段。我说英语，戴高乐用英语作答，他只在极少场合才说英语。"烦请代我谢谢尼克松总统为欢迎我做出的安排和给予的礼遇。"此后他始终沉默不语。

次日戴高乐与尼克松会晤了一小时，随后出席了白宫为参加葬礼的外国领导人和华盛顿达官显贵举办的招待会。60来位国家元首和政府首脑出席了招待会，外加美国国会议员和其他美国要人。出席招待会的美国人中有几位自由派人士，因其信奉的原则而对戴高乐并不那么热情。

招待会开始了一段时间后，戴高乐身穿法国准将军服来到现场。他一露面，招待会的气氛瞬间为之一变。此前人群分成一个个小群山南海北地聊天，现在大家围着戴高乐站成一个圈。我不禁对一位助手说，戴高乐可别走到窗口，搞不好房子会倾斜翻倒的。戴高乐回答众人的提问和表述观点时显得彬彬有礼，但仅仅是敷衍而已。他是代表法国来对艾森豪威尔的逝世致哀的,不是来聊天的。戴高乐在招待会上逗留了顶多15分钟后,走过来向尼克松表达了他的哀悼之情,随后离开招待会会场径直去了机场。

一个月后,戴高乐挂冠而去。

戴高乐政治才华的性质

今天,美国人记忆中的戴高乐往往是一位漫画式的人物,如果美国人还记得他的话。一位充满幻想、自命不凡的法国领导人,始终对他遭受的或想象的轻视和怠慢愤愤不平。其他国家领导人与他在一起常有如芒在背之感。丘吉尔时不时会被他气得火冒三丈。罗斯福试图把他打入冷宫。20世纪60年代,肯尼迪和约翰逊两届政府与戴高乐龃龉不断,认为他奉行的政策总是与美国目标作对。

以上对戴高乐的负面看法并非毫无根据。戴高乐待人有时很傲慢,冷漠生硬,锱铢必较。作为一位领袖,戴高乐给人一种神秘感,而不是让人感到温暖。作为一个人,戴高乐让人钦佩,甚至敬畏,但极少有人会喜欢他。

尽管如此,戴高乐的政治才华依然光彩夺目。20世纪没有哪一位领导人有戴高乐那过人的直觉天赋。在长达30年的时间里,在法国和欧洲面对的所有重大战略问题上,戴高乐的判断与绝大多数法国人的看法相左,但没有一次是错的。戴高乐不仅有非凡的先见之明,还有凭自己的直觉采取行动的勇气,即使这样做的后果显得像是政治自杀。他的一生验证了古罗马时代的一句箴言:勇者好运。

早在 20 世纪 30 年代中期，法军全军上下一味坚持固守战略。戴高乐清楚认识到，进攻型摩托化部队将决定下一场战争的胜负。1940 年 6 月，法国政治阶层几乎一致认为，抵抗德国徒劳无益。戴高乐却做出了截然不同的判断：或迟或早美国和苏联会卷入这场战争。美苏两国实力加在一起终将战胜希特勒德国，未来属于盟国。但戴高乐强调，只有法国拾回它的政治灵魂，方能在未来的欧洲中发挥作用。

法国解放后，戴高乐再次与本国人民决裂。他认识到，新的政治体制无力应对面临的挑战。戴高乐于是拒绝继续担任临时政府首脑，陡然辞去他在战时精心为自己争取到的这一最高职位，回到科隆贝双教堂村的家隐居。戴高乐以为，一俟发生他预料的政治瘫痪，法国马上会召他回去。

这个机会让戴高乐等了整整 12 年。在日益逼近的内战阴云下，戴高乐一手策划了法国政体的变革，恢复了他有生以来法国从未有过的稳定。戴高乐无比怀念法国往日的辉煌年月，但一旦认识到继续抓住阿尔及利亚不放会给法国带来致命后果，他马上无情地把它从法国政治肌体上切除掉。

戴高乐的政治才华出类拔萃。他一生不懈地维护法国的国家利益，留下了超越时代的遗产。戴高乐从政一生既没有留下有关决策的经验教训，也没有留下各种情况下可以照搬的现成详细指南。然而领导力的遗产需要有感染力，而不只是理论教条。戴高乐是靠以身作则，亲力亲为，而不是靠开处方领导和激励了自己的追随者。

他去世半个多世纪后，法国外交政策依然完全可以被描述为"戴高乐主义式的"。戴高乐的一生是研究卓越领导人如何可以把握形势、创造历史的一个具体实例。

戴高乐与丘吉尔之比较

人们要么把伟大领导人说成是先知，要么说成是政治家。本书第一章谈了对这种分类方式的思考。是不是先知要看眼光，是不是政治家要看分析能力和折冲樽俎的才干。先知只追求绝对结果。对于先知，妥协可能是羞辱的来源。对于政治家，妥协可以是路途上的一个阶段。这条路由大致相似的调整和细枝末节的不断积累铺就，但受目的地的指引。

戴高乐用先知的眼光诠释自己的目标，以政治家的方式——坚定不移、机变权谋——去实现这些目标。戴高乐的谈判风格是，先是我行我素造成既成事实，然后再就修改而不是改变他的目标展开谈判。戴高乐甚至把这一风格用在了丘吉尔身上。1940年时他全靠丘吉尔给予他财政和外交支持，因为丘吉尔的支持，戴高乐才有了这个位置，才能一直掌权。

戴高乐初到英国时，一没有钱财武器，二没有追随者，甚至连英语都说不利索。然而丘吉尔慧眼识人，马上接受戴高乐为"自由法国"领导人。当时，"自由法国"作为一支政治力量只是这个法国人的想象。从这件事上可以看出丘吉尔有多了不起。时隔不久丘吉尔发现，戴高乐的远见卓识内含对法英两国之间数百年兵戎相见历史的记忆。在戴高乐眼中，英国独霸比邻欧洲的战区，例如中东和非洲，令人遗憾，甚至令人厌恶。

尽管戴高乐与丘吉尔时不时爆发激烈冲突，但丘吉尔在重大问题上都站在戴高乐一边。没有丘吉尔的支持，与罗斯福总统失和的戴高乐不可能有今天。罗斯福对戴高乐的抵触一直延续到巴黎城门下。

丘吉尔支持成立"自由法国"。他把"自由法国"看作他本人有过一段浪漫经历的第一次世界大战法英联盟的余声。第二次世界大战法国危在旦夕时，英国曾提议英法两国合并为一国，把英法联盟推至顶峰。随着戴高乐从一个对英国有用的人逐渐成为一位伟人，丘吉尔始终维护和加强对英法联盟的支持。

两位领导力巨人都具有异乎寻常的分析天赋，都善于捕捉历史演变长河中的细微之处。但两人留下的遗产各异，汲取的源泉相殊。丘吉尔在投身英国政治过程中不断成长。如同戴高乐，丘吉尔对自己所处的时代和前景认识之深刻，本人愿意冒的风险之大，同代英国人几乎无人能出其右。由于丘吉尔比自己的国家看得更远，只能等到同时代人面临的挑战验证了他的预见后才走上国家领导人位置。丘吉尔终于等到自己的时辰降临后，凭借自己的性格领导本国人民度过了一段艰难困苦的岁月，赢得了人民的敬重和爱戴。丘吉尔有异于同代人的又一点是，他把本国人民必干之事看作大不列颠历史的一段延续。丘吉尔熟谙本国历史，历史典故用起来得心应手。他成了英国人民坚韧不拔和胜利的象征。

丘吉尔认为，作为国家领导人，他应该带领英国人民实现史无前例的繁荣富强。戴高乐把自己当成一个伟大的历史事件，命中注定领导本国人民重振破碎一地的往日辉煌。戴高乐全然无视自己所处的时代，无视昔日伟大的法国已成陈迹，大肆宣讲伟大的道义和现实意义，借此收揽民心。戴高乐不是呼唤法国连绵不断的历史，而是呼唤几百年前伟大的法国和有可能再次伟大的法国。戴高乐以这种方式使跌倒的法国重新站了起来，引导它走向自己新的未来。如安德烈·马尔罗形容的那样，戴高乐是"一个比昨天早一天、比明天晚一天的人"[139]。

17世纪的黎塞留为一个伟大的国家制定了国策，不过黎塞留效力的对象是一位他需要说服接受正确路线的国王。戴高乐只能一边努力实现自己的愿景，一边诠释这一愿景。戴高乐在不同历史阶段需要说服的对象是法国人民，因此他发表的声明没有箴言特点。这些声明主要不是为了引导人民，而是为了激励人民。戴高乐一向用第三人称称呼自己，仿佛他的观点不是自己的，而应被看作命运的召唤。

丘吉尔和戴高乐都救本国社会和人民于水火之中，但两人的领导风格有一个本质上的不同。丘吉尔体现了英国领导力的精髓：集体执政能力虽说不上水准非凡，但具有很高的水准。国家危亡之际，倘若天降好运，一个卓尔不群的人物会从这一集体中脱颖而出。丘吉尔的领导力体现在对合乎时与势的传统的非凡发挥。丘吉尔的个人风格热情奔放，幽默时妙趣横生。戴高乐的领导力不是一个历史进程的延续，而是以特异方式体现了一个人的个性和某些独特原则。戴高乐的幽默多是讽刺挖苦，意在突出讽刺对象的特征和与众

论领导力

不同之处。[①] 丘吉尔把自己的领导力看作一个历史进程和个人成就的巅峰。戴高乐把他与历史的邂逅看作一项义务，承担这一义务将是一个负担，与任何个人满足毫不相干。

1932年，戴高乐勾画了一幅与胆小的人无缘的伟大涵义图。时年42岁的戴高乐是一位法军少校，完全看不出日后他会一鸣惊人的迹象。

> 落落寡合、性格鲜明、伟大的人格，那些愿意担起对于凡夫俗子过于沉重担子的人，无一不具有以上特征。他们为领导力付出的代价是：时时刻刻的自律，无休止的冒险，永恒的内心斗争。内心痛苦的大小因个人性格而异，但注定和忏悔者的苦修一样痛苦。这解释了为什么有人会选择避世。不了解这一点，很难理解他们的行为。我们经常看到，事业一帆风顺、载誉社会的人突然卸下肩上的担子……大权在握的人与幸福名下的自我满足、平静、日常生活中的细小快乐无缘。必须做出选择，这是一个艰难的选择。至高无上的威权裙摆四周悬浮不散的那种说不清道不明的忧伤源自何处？某日，拿破仑和其他人凝望一座年代久远的著名纪念碑。有人对拿破仑感叹道："真让人伤感！"拿破仑回答说："是啊，和

[①] 从丘吉尔和戴高乐的乡村宅邸也能看出两人的不同。在（丘吉尔的）查特韦尔乡间庄园，优哉游哉的生活和与友交游对丰富自己的精神生活很有裨益。庄园四周风景宜人，是与挚友促膝交谈的好地方。戴高乐在科隆贝双教堂村的家则是一座简陋的乡间别墅，适于清苦隐居和沉思。

148

伟大一样让人伤感。"[140]

神秘面纱的背后

夏尔·戴高乐把对他有用的崇拜者吸引到自己身边。然而，与戴高乐结交既不会换来投桃报李，也不会天长地久。戴高乐茕茕孑立，踽踽独行在历史中，孤僻、深邃、勇敢、自律，给人激情，惹人愤怒，全身心扑在自己的价值观和愿景上，绝不让个人情感冲淡它们。第一次世界大战期间，被俘的戴高乐关押在德国时在日记里写道："做人必须堂堂正正。成功的要诀是知道如何随时约束自己。"[141]

20世纪50年代中期，戴高乐完成了《战争回忆录》一书。他在该书结尾写了一首诗，谈了他对四季交替的感悟。在戴高乐的所有著述中，唯有这首诗里破天荒地用了第一人称："随着年龄的节节胜利，大自然一步步走近了我。四季给人无穷的启迪。大自然的智慧抚慰了我的心。"春天让万物容光焕发，"连雪花也亮晶晶的"。春季又让一切欣荣，"连枯萎的树也返老还童"。夏季宣示了大自然慷慨馈赠的荣耀。秋天，退隐的大自然身披"紫金色长袍"，妩媚依旧。即使是"大地冰封、肃杀萧索的冬天……秘密的劳动已悄悄地开始了"，为新的生命，甚至是为复活的生命准备土壤。

古老的地球，
岁月销蚀了你，

雨雪憔悴了你，
疲惫不堪的你啊，仍时刻准备着
为生命的永续生产一切！

古老的法兰西，
历史压弯了你的身躯，
战争和革命伤了你的元气，
在伟大与衰落之间无休止地摇摆。
然而百年复百年，
那自我更新的灵魂，
让你重现生机！

年迈的老人，
苦难让你筋疲力尽，
人类活动已离你远去，
觉知到永恒的寒冷正在逼近，
你身处暗影却总在
寻觅希望的微光！ 142

  戴高乐身披的那层盔甲看上去似乎难以穿透。其实盔甲掩盖了他内心深处的丰富情感，甚至可以说是似水柔情，从他与身患残疾的女儿安娜的关系上可以清楚看出这一点。
  安娜患有唐氏综合征，戴高乐和妻子选择在自己家里抚养她，而不是仿效当时流行的做法,把残疾孩子送到精神病医院。1933年的一张照片捕捉了戴高乐与女儿之间的温情。戴高乐和安娜在沙滩上席地而坐,那年戴高乐42岁,身穿一套深色三件套西装,系一条领带,身边放置一顶高帽。即使戴高乐穿平民服装,看上去也像是一身戎装。安娜穿一身白色沙滩服。两人似乎正在玩一种儿童拍手唱歌游戏。

1948年,时年20岁的安娜因感染肺炎去世。日后戴高乐对他的传记作者让·拉库蒂尔吐露心曲:"如果没有安娜,也许我永远做不成我做成的事。她给了我爱和灵感。"[143] 安娜去世后,戴高乐把装在镜框里的一张女儿的照片始终放在上衣兜里,直到他去世。

1970年11月9日,辞职还不到两年的戴高乐因患动脉瘤在布瓦斯里猝然去世,去世前正在玩纸牌。独自玩纸牌太符合戴高乐的性格了。戴高乐被安葬在科隆贝双教堂村教区安娜的墓地旁边。

| 第三章 |
理查德·尼克松：平衡战略

论领导力

尼克松走进的世界

理查德·尼克松是美国历史上争议最大的总统之一，也是唯一一位被迫辞职的总统。同时，作为一位在冷战高峰时期重塑了已呈败象的世界秩序的总统，尼克松还深深影响了他任职期间的外交政策及其后果。尼克松总统在5年半的任期内结束了美国对越南的入侵，奠定了美国作为一个域外国家在中东的霸主地位，借打开与中国的外交关系将两极化冷战置入一种三角动态格局，最终使苏联陷入战略被动。从1968年12月尼克松邀请我出任他的国家安全事务助理，到1974年8月他离开总统职位，我始终是他的亲密助手，在他领导下参与了他的决策。在尼克松余生的20余年里，我俩始终来往不断。

我年逾99岁，重提尼克松不是要炒半个世纪前是是非非的冷饭（我在3卷本回忆录中已经写过了），而是为了分析一位领导人的思维方式和性格。尼克松就职总统时，美国社会正处于前所未有的文化政治动荡中。他毅然采纳了关于国家利益的地缘政治概念，从而变革了美国的对外政策。

1969年1月20日尼克松宣誓就职总统时正值冷战高峰。在战后年代里，美国似乎拥有取之不尽、用之不竭的国力，在海外四处承担义务。如今美国无论在物质能力上还是情感上都开始对以往做出的承诺感到力不从心。美国国内在越南问题上爆发的冲突已呈白热化。美国国内一些人士于是呼吁军事上从越南撤军，政治上收缩。当时美国和苏联正在部署有效载荷更重、更精确、具有洲际射程的导弹。苏联在远程战略核武器数量上与美国不分伯仲。一些分析家认为，苏联甚至有可能正在获得对美国的战略优势。美国人不禁忧心忡忡，担心会突然遭到末日袭击和长期政治讹诈。

1968年11月尼克松赢得大选前几个月，他出任总统后即将面临的挑战开始在三个重大战略地区显现：欧洲、中东和东亚。

1968年8月，苏联联合几个东欧国家出兵占领了捷克斯洛伐克。此前捷克斯洛伐克试图在不脱离苏联轨道的前提下推行经济改革，结果成了它的一大罪状。在联邦德国，苏联对西柏林的威胁依然存在。莫斯科时不时发出威胁，要封锁处境艰难的西柏林。对西柏林的威胁始于赫鲁晓夫。1958年，赫鲁晓夫对几个西方占领国下了最后通牒，要求它们6个月内从西柏林撤军。饱受战火创伤的欧洲和日本在美国的安全保护伞下实现了复苏，开始与美国展开经济竞争。同时，欧日还对演变中的世界秩序逐渐形成了自己的观点，有时还是与美国相左的观点。

1964年10月，中国第一颗原子弹爆炸成功，中国成为继美国、苏联、英国和法国后第5个拥有世界上最具毁灭力武器的国家。北京在参与还是远离国际体系之间摇摆不定。[1]

在中东，尼克松面对的是一个在冲突中挣扎的地区。1916年，英国和法国缔结了《赛克斯－皮科协议》，摇摇欲坠的奥斯曼帝国的部分领土被划分为英法势力范围。这一协议出台后，产生了一批阿拉伯穆斯林政权。这些政权看上去类似《威斯特伐利亚和约》创造的那种国家体系的成员，其实这只是表面现象。20世纪中叶的中东国家与依然处于威斯特伐利亚体系之下的欧洲领土不同，既没有共同的民族身份认同，又没有共同的历史。

历史上法国和英国曾称霸中东。两次世界大战后英法元气大伤，势力日衰，无力向中东投射自己的力量。当地起于反殖民运动的动荡不断蔓延，演变成为阿拉伯世界内部以及阿拉伯国家与以色列国之间的冲突。1948年以色列独立后，两年内就得到了大部分西方国家的承认，现在正争取周边邻国的承认。而邻国认为以色列侵占了本应属于它们的领土，因此根本就是非法的。

尼克松就任总统之前的10年间，苏联开始趁中东走向大动荡之际与当地的专制军人政权搭上了线，中东更是乱上加乱。这些军人政权取代了奥斯曼帝国覆灭后留下的封建色彩浓厚的统治体制。由苏联武器装备的阿拉伯军队把冷战引入此前西方称霸的中东，导致该地区矛盾日益尖锐，有可能引发一场全球大灾难的风险随之上升。

尼克松就任总统之时，血腥的越南战争泥潭已是头等大事，以上关切均退居其后。前一届约翰逊政府向这一地区派遣了多达50余万美军，这是一个无论地理上还是文化和心理上都与美国风马牛不相及的地区。尼克松宣誓就职时，超过5万美军正在奔赴越南途中。让美国从一场没有结果的战争中脱身的担子落到了尼克松肩上，而且是自美国内战以来国内局势最动荡之时接过的这副担子。尼克松当选总统前5年,美国国内政治分歧之剧烈,为美国内战以来所未见。约翰·肯尼迪总统、他弟弟(当时是呼声最高的民主党总统候选人)罗伯特·肯尼迪和民权运动领袖马丁·路德·金先后遇刺身亡。美国各地城市街头爆发了激烈的反战示威,抗议马丁·路德·金遇害的示威游行遍及全国,华盛顿常常一连数日陷入瘫痪状态。

在美国历史上,国内因尖锐分歧吵成一团屡见不鲜,然而尼克松面对的局面前所未有。一个新兴的美国精英阶层坚信,战败不仅在战略上不可避免,在道义上也不失为一件好事。这在美国历史上还是第一次。这一信念意味着存在了数百年之久的一项共识——国家利益代表了合法目标,甚至可以说代表了合乎道义的目标——破裂了。

在一定程度上,这类观点标志着昔日孤立主义的冲动再次冒头。孤立主义者认为,美国"卷入"海外麻烦不仅丝毫无益于国家福祉,还腐蚀了它的性质。然而今天与昔日孤立主义的区别是,这股新孤立主义思潮提出的理由不是美国的崇高价值观不允许它卷入遥远地区的冲突,而是美国自身已腐败至极,没资格在海外充当道德榜样。宣扬这一观点的人在高等学府先站稳了脚跟,之后影响越来越大,几乎左右了大学师生的思想。他们既没有从地缘政治角度审视越南悲剧,也没有把它视为一场意识形态之争,而是把越南悲剧看作全民情绪宣泄的先兆,激发美国做早就该做的事——自扫门前雪。

不期之邀

我在哈佛大学执教期间，曾兼任纽约州长纳尔逊·洛克菲勒的外交政策顾问。在1960年和1968年两次大选中，洛克菲勒是共和党内与尼克松争夺总统候选人提名的头号对手。因此，我压根儿没想过会邀请我加入新当选总统的班子，然而我接到了一个电话，邀请我出任国家安全事务助理，这是总统无须参议院批准有权任命的级别排名第二的职位（白宫办公厅主任一职居首位）。尼克松决定把这副重担交给一位与他作对的哈佛大学教授。这一决定不仅显示了这位当选总统为人宽宏大量，还表明他打算与传统的政治思维方式分道扬镳。

1968年11月尼克松赢得大选后没多久，便邀请我去他在纽约市皮埃尔酒店内设置的过渡班子总部。这是我与尼克松的首次实质性会面（此前我与他只有过一次短暂邂逅，在令人望而生畏的克莱尔·布思·卢斯举办的一场圣诞节晚会上）。此次见面使我俩有机会无拘无束地漫谈重大外交政策挑战并审视当今国际局势。交谈期间，尼克松谈了他的观点，随后请我发表见解。他没有给我任何暗示，所以我全然不知这次会面是为新政府班子物色人选，自然更不知道是为了评估我是否适于担任某一具体职务。

我起身离去时，尼克松把我介绍给一位身材瘦长的加利福尼亚人，告诉我说他是总统办公厅主任H. R. 霍尔德曼。尼克松没做任何解释，吩咐霍尔德曼增设一条直通我哈佛办公室的电话专线。霍尔德曼在一个黄页记事簿上记下了当选总统的指令，此后再无音信。这次与尼克松的会面不仅让我对新任总统的多重性格有了一个初步认识，还预先上了一课，见识了尼克松的白宫官僚机构运作性质。总统说过的话，有些只有指导意义，并不要求僚属马上执行。

我返回哈佛大学等消息，既充满好奇，又心神不宁。几天后我接到约翰·米切尔打来的电话，他与尼克松曾是同一家律师事务所的合伙人，马上要被提名为司法部长。"你到底接不接受这个职位？"米切尔问我。我反问道："什么职位？"他咕哝了一句，听上去像是"又搞砸了"，接着马上约我第二天再去见当选总统。

这一次尼克松挑明了，邀请我出任国家安全事务助理。我颇感为难，请求给我一点时间考虑，同时我想征求熟悉我以前政治立场的同僚意见。换了我认识的其他总统，听了我首鼠两端的答复后会当场结束谈话，免去我考虑的麻烦。尼克松没有这样做，而是给了我一周时间让我考虑。令我感动的是，尼克松建议我去找朗·富勒，听听他的意见。富勒当时正在哈佛大学法学院执教，他也曾是杜克大学合同法教授，教过在此校就读过的尼克松，熟悉尼克松的思维方式和行事风格。

第二天，我征求了洛克菲勒的意见，他刚从他在委内瑞拉的庄园返回美国。洛克菲勒对此事的态度不仅打消了我内心的矛盾，还证明了在美国国内，团结精神依然根深蒂固。他批评我迟疑不决，敦促我立即接受尼克松的委任。洛克菲勒告诉我，总统委你重任时，不宜迟迟不回复。洛克菲勒告诉我："请记住，尼克松选择你冒的风险比你选择他冒的风险大多了。"当天下午我给尼克松打电话，告之我很荣幸加入他的政府。

日后尼克松和我建立了一种就其运作特征而言或许可以称为"伙伴"的关系——其实如果双方权力大小相差悬殊的话,几乎不可能有真正的伙伴关系。总统无须走任何程序,可以不加警告地解雇他的国家安全事务助理。总统有权贯彻自己的意愿,无须事先正式发通知或先行讨论。再者,无论国家安全事务助理做了什么,最终总统要为做出的决定承担责任。

尽管如此,在国家安全和外交政策事务上,尼克松从未把我当成一个下属,而是待我如一位大学同事。尼克松对我的尊敬没有延伸到国内政策和选举政治。他从未邀请我参加讨论这些问题的会议("五角大楼文件"事件期间除外,当时国防部的一批机密文件被泄露给外界)。

从相识之日起,我与尼克松的关系就如同大学同事一般。自始至终,尼克松对此前我与洛克菲勒的关系从未有过不敬之语。即使压力巨大,他待我也始终谦和有礼。尼克松除了具有本书描述的果决和敏于思考的一面,还有另一面:他对自己的形象有一种不安全感,对自己的权威缺乏信心,陷入自我怀疑不能自拔。了解了这一面的尼克松,他对我始终彬彬有礼尤其不同寻常。另一面的尼克松总有一个亚当·斯密所称的"不偏不倚旁观者"如影随形。换句话说,就是另一个"你"站在你身边,冷眼旁观评鉴你的一举一动。我有一种感觉,尼克松终其一生,似乎始终无法摆脱自我评鉴意识的困扰。

这一面的尼克松焦躁不安,不停地追求人们对他的赞誉,可恰恰是他最在意的群体往往不让他如愿。尼克松即使与旧交故友在一起，也显露出几分矜持。与自己小圈子外的人交往时，尤其是显贵人士，尼克松很可能觉得有适当表现自己的必要。他与人交谈并不总是为了互通信息，而往往是想让对方对此前他没有透露过的某一目的留下印象。

由于尼克松性格复杂，有时他的言谈并没有把内心想法和盘托出。但不应把这一做法与优柔寡断混为一谈。尼克松对自己的目标了然于胸，追求目标时既果断坚决，又细致入微。与此同时，尼克松往往选择最佳时机和场合讨论他的选项，借此保留自己的种种选项。

以上特点合在一起形成了尼克松政府的特征。尼克松知识渊博，尤其熟悉外交政策，分析问题头头是道，但畏于面对面冲突。为了回避对与他有意见分歧的阁僚发号施令，尼克松会让霍尔德曼或米切尔代他转达。如果涉及外交政策，也会找我转达。

担任尼克松的助手需要明了这种运作方式。总统表达的每个意见，下达的每项指示，并不一定都要按字面意思去理解或不折不扣地执行。我与尼克松初次见面就是一例。谈话结束后，尼克松吩咐霍尔德曼在我的哈佛办公室安装一条电话专线。尼克松是想让僚属知道，他想把我拉入他的团队。不过当时尼克松还没拿定主意给我这个位置，担心我听了他人意见后或许会婉拒。

另一个例子涉及的事件远比上面的例子重要。1969 年 8 月，巴勒斯坦恐怖分子劫持了一架从罗马飞往以色列的美国民航飞机，迫使飞机飞到大马士革。我向正在佛罗里达州的尼克松通报了这一消息。时值星期六晚上，尼克松正与几个故旧老友一起聚餐。他回复我说："轰炸大马士革机场。"这句话不是对我下达的正式指令，而是说给他身边谋士和同桌吃饭的客人听的，显示他决心结束劫持事件。

不过尼克松很清楚，若要采取任何这类军事行动，仅有总统的一纸命令还不够，需要向所涉执行部门发出内中含有具体指示的后续指令。国防部长梅尔文·莱尔德、参谋长联席会议主席厄尔·惠勒和我均预料此后我们会收到新的指示，于是花了一晚上时间为确保这次轰炸任务做临时部署。具体地说，调动第六舰队的一艘航空母舰驶往塞浦路斯待命。虽然总统的僚属均保证过执行总统的命令，但也有责任让总统有机会充分思考他下令采取行动的潜在后果。

次日早晨，尼克松了断了此事。作为每日晨报内容，我向他通报了大马士革机场劫持人质事件的最新情况，告诉他第六舰队舰只已部署在塞浦路斯附近海域。"除此之外还有什么新情况吗？"尼克松问。我回答说没有。"很好。"他说了一句，脸上毫无表情。此后，他对空袭事件再也没有说过或做过什么。[2]

尼克松身边的幕僚于是明白了，总统泛泛说的话，不一定是要他们采取具体行动。通常他不过是表达了一种心境，或是借此评判谈话对方的看法。为了把不可更改的行动推迟到总统深思熟虑后再定，霍尔德曼建立了一套僚属制度，确保在尼克松的椭圆形办公室开会时，总有一位总统助理在场。高级顾问必须通过白宫办公厅主任传递指令。遇到尼克松喃喃自语，掂量在某一问题上面临的种种选项时，若有平时不常接触总统的人在场，可能会生出麻烦。艾森豪威尔前助手、尼克松的友人布赖斯·哈洛对水门事件灾难言简意赅的解释一语中的:"有个傻瓜走进椭圆形办公室,干了让他干的事。"

以上所述也许给人留下尼克松有话不直说的印象,其实尼克松对自己性格特点的认识没有这么拐弯抹角。1971年7月我秘密访华和尼克松宣布他本人将在次年访华后不久,他发给我一些用于对报界吹风的建议,用第三人称称呼自己的尼克松写道:

> 你与报界谈话时,依照下面这个思路讲比较好:尼克松为这次会见做了充分准备。在很多方面,他(与中国总理周恩来)有相似特征和背景。下面仅列举其中几点,或许可加以强调:
> 1. 坚定的信念。
> 2. 逆境中成长。
> 3. 每逢危机时超常发挥,冷静,处乱不惊。
> 4. 一位强硬、果敢的领导人,必要时敢冒风险。
> 5. 一个有长远眼光的人,从不关心明天的新闻头条,只关心多年后政策结果如何。
> 6. 一个有哲学头脑的人。
> 7. 一个工作不需要记事簿的人。尼克松会晤过73位国家元首和政府首脑,交谈时间无数小时,从未用过记事簿……
> 8. 一个了解亚洲的人,尤其重视去亚洲访问和研究亚洲。
> 9. 就个人风格而言,一个必要时无比坚强和强硬的人,硬如钢铁,又细致入微,甚至让人觉得和蔼温柔。通常他立场越强硬,说话越轻声细气。[3]

毋庸讳言，尼克松拿记事簿说事说明他有极大的不安全感，不放过任何宣扬自己的机会。不过他做的自我分析基本准确：尼克松确实外交经验丰富，面对危机应付裕如，敢于冒险，同时又有深思熟虑、深入探究的习惯，有时这种思考和探究到了折磨人的地步；对信息如饥似渴；目光长远，审慎思考国家面临的种种挑战；与世界其他领导人举行高规格重要会谈时，在巨大压力下往往才华得到充分发挥，至少在只需要陈述己见、不涉及谈判的会见中是如此。尼克松非常在意给人留下一切都是他做主的印象，有时甚至会为此矫饰记录，这一点与他这一届政府取得的成就并不矛盾。

鉴于工作涉及重大国家利益，加之往往需要在短时间内做出决定，白宫高级官员之间的关系不可能完全没有摩擦。以我为例，每当媒体谈及对国家政策贡献时褒扬我而贬低总统，尼克松的不安全感有时会使他对我生厌。法国哲学家雷蒙·阿隆是我的一生好友和思想恩师，一次他对我说，新闻媒体突出报道我的作用证明了它对尼克松的敌视。由此产生的关系不和极少公开化过，即使公开化也不是尼克松所为，而是我的同僚，如霍尔德曼或国内事务顾问约翰·埃利希曼。

尼克松从来没有对我说过粗话。后来我才知道，有时他对其他人会爆粗口。尼克松的椭圆形办公室谈话记录曝光后，我打电话问舒尔茨（曾任预算总局局长和财政部长），我是不是对污言秽语已经麻木了，记不得尼克松用过这类语言。舒尔茨也不记得尼克松对他说过粗话。在我俩与尼克松相处的岁月里，尼克松对我们总是客客气气，说话字斟句酌。

尼克松的种种缺陷——焦虑、促使他极力追求他人尊重的不安全感、不愿面对分歧——最终使他的总统任期蒙上了污点。但是，尼克松一生的成就应该得到肯定，他为克服一个平庸领导人无法逾越的障碍做出了非凡的努力。

尼克松政府的国家安全决策机制

每届政府都会搭建一个决策框架，协助统帅做出唯有他一人有权做出的抉择。霍尔德曼被任命为白宫办公厅主任后，马上在白宫设立了一个机构，帮助尼克松通盘考虑他的信念和面临的障碍，如此既能掩盖他的弱点，又能保障较大的连贯性。

一般来说，有人来见总统时，两位白宫总统助理中总有一位在场：主管国内政策的埃利希曼或主管国家安全事务的我。每次会见前，我和埃利希曼分管的部门负责协助总统做好准备，写下有可能涉及的问题和备选应答。会见前尼克松会认真研究我们提出的建议，但会谈期间从未用过放在他面前的记事簿。

尼克松和我都在华盛顿时，通常我是他每天见的第一个人。我陪同他出访，参加每场正式会议。尼克松或我在国内旅行时，每天我俩至少通话一次。中央情报局提供的《总统每日简报》通常列在日程之首。没有危机时，尼克松在日常事务上花的时间极少，大部分时间用于研究某个地区或某一国际局势的历史渊源和趋势。潜在转折点的形成和迫在眉睫的重大决定始终是他关注的焦点。对这些问题的讨论常常持续很多小时，通过讨论，尼克松政府的战略思维逐渐形成。

尼克松曾是艾森豪威尔总统的副手。他沿袭了这位前任总统处理国家安全事务的一套做法，同时根据自己的需要加以调整。为此，尼克松请曾负责协调艾森豪威尔时期国家安全委员会的安德鲁·古德帕斯特将军和我一起建立一个类似结构。[4] 艾森豪威尔任总统期间，国家安全委员会成员的工作基本上是汇总政府各部门意见，为各种会议做准备。此后的肯尼迪政府和约翰逊政府期间，麦乔治·邦迪和沃尔特·罗斯托改组了古德帕斯特的班底。新班子由大约50名学者和专家组成，参与为国家安全委员会会议做实质性的准备。尼克松政府期间，这套班子的人数基本没有变化，如今已增至400余人。[5]

尼克松当选总统后的过渡期之初，我和古德帕斯特拜访了身患严重心脏病、住在沃尔特·里德医院的艾森豪威尔。当时我对艾森豪威尔的看法依然未变（在哈佛大学读书时形成的），觉得这位前总统的思想与他在记者招待会上偶尔使用的语法一样含糊不清。然而我很快认识到，过去对他的看法有误。艾森豪威尔既熟悉国家安全问题的实质内容，也了解这些问题给行政部门造成的后果。艾森豪威尔面部表情生动，富于表现力，眉宇间显露出几十年领兵打仗养成的自信。他说话直截了当，谈吐流利，富有感染力。

艾森豪威尔对古德帕斯特将军表示欢迎后，开门见山谈了第一点看法。艾森豪威尔告诉我，或许我知道，他并不赞成让我出任国家安全事务助理，他觉得学者对高层决策不够熟悉。不过他会尽力给予我帮助。艾森豪威尔认为，约翰逊总统的做法是失败的。当时由国务院负责牵头跨部门国家安全机制，但国防部不听国务院招呼。再说，国务院的人员更适于参与对话活动，不适于参与战略决策。

艾森豪威尔随后谈了几点意见，主要意思是让白宫安全事务助理执掌国家安全事务，由安全事务助理本人或他指定的一个人牵头各区域和技术小组委员会，一个副部级别的委员会负责为国家安全委员会评估各小组的讨论结果。

古德帕斯特把艾森豪威尔的建议整理成了文字，尼克松全盘照收。此后，这一结构基本上原封不动保留了下来。不过无论哪届政府，种种无形的性格因素不可避免地会影响权力的实际分配。

出席国家安全委员会会议的全是指定的阁员（国务卿、国防部长、财政部长、中情局局长）。会上尼克松很会说话，既暗示了值得争取的目标，又不把话说死，并非一定要采取哪一种办法。尼克松通过探讨各种选项来引出有关可能采取的行动的信息，又不致在某一决定上阁僚意见相抵。总统借助这种办法可以把长期政策与日常事务的处理分开。总统还可以深入了解各种选项，仿佛他在解决一个抽象的理论问题，与个人喜好或部门专属权力无关。凡有可能，尼克松一般是在不会有人当面向他提出不同意见时再告知僚属他的决定，我想不出有过任何例外。

尼克松多年来一直认为，应该由白宫掌控外交政策。采纳艾森豪威尔提出的国家安全委员会方案为落实他的这一观点提供了方便。以总统名义下发的"决定备忘录"会公布他的行动计划。尤其是遇到极具争议的局势时，例如1970年美国为了打击屯兵柬埔寨的北越军队出兵柬埔寨，霍尔德曼或司法部长米歇尔还会亲自告诉相关阁僚，此事已决，勿再讨论，从而加重最终决定的分量。

尼克松自身的缺陷并没有束缚他的果决。危急时刻他亲自坐镇指挥。尼克松本人不直接介入时，会由我主管的国家安全事务委员会出面。几次重大关头尼克松亲自下达指令，例如1972年应对北越对南越发起的"复活节攻势"，还有1973年10月第四次中东战争期间美国向以色列空运武器装备。

1969年1月底尼克松就职总统时，美国对越南问题性质展开的辩论发生了剧变。早期美国国内在东南亚问题上的争辩始终不失传统色彩：对为实现商定的目标采取的手段各执一词。美国各地大学在"讨论会"上对越南问题展开辩论，各方均不怀疑反对派怀有诚意。到了约翰逊政府时期，对美国在越南所作所为的评判恰恰聚焦在诚意上。反战派宣称，越南战争是非道义的，违背了美国传统价值观。这一看法挑战了既定政策和历届美国政府的道义合法性，最终演变成为一些反战积极分子举行大规模的公众示威，试图阻挠政府运作，有时示威活动一连持续多日。反战分子采用的另一手法是大量泄露政府机密信息，理由是一个开放型政府与任何保密做法格格不入。

尼克松在备忘录里承认："保密无疑代价高昂，政府内部不能自由交流观点，激发新思想。"但他又补了一句，在国家事务上适度保密始终是必要的。"我可以斩钉截铁地说，没有保密，就不会有打开对华关系，就不会有《美苏限制进攻性战略武器条约》，就不会有结束越南战争的和平协议。"[6]

在华盛顿供职须知上，艾森豪威尔给我上了至关重要的一课。

1969 年 3 月中旬，这位前总统的身体状况显然一天不如一天。尼克松让我参与向他这位前任介绍最近国安会召开的一场中东问题会议，会议讨论了苏联在这一地区不断增加的军事存在以及如何平衡我们为应对苏联采取的外交及其他措施。当时尼克松即将做出决定，他让我向艾森豪威尔大致介绍一下国家安全委员会会议上讨论过的种种选项。

次日上午，这次国安会会议讨论内容出现在报纸上。当天一大早，艾森豪威尔的副官罗伯特·舒尔茨将军给我打电话，让我接艾森豪威尔打来的电话。他一反在公开场合的和善形象，脱口就是一连串粗话。艾森豪威尔痛斥我说，泄露国安会讨论内容束缚了尼克松的手脚。我问艾森豪威尔，他是不是认为泄露一事是我办公室干的，他接着又是一串秽语，说我的工作是确保整个国家安全体系秘密信息的安全。如果我把保密看成是我自己办公室的事，就是失职。

我解释说，我和同事刚接手工作两个月，这段时间为杜绝泄密不遗余力。艾森豪威尔怒气丝毫未减。"年轻人，"——我那年 46 岁——"听我一句忠告，"他用父亲般的口吻对我说，"永远不要告诉任何人，你干不了交给你的工作。"这是艾森豪威尔最后一次与我交谈。两周后，他与世长辞。

尼克松的世界观

尼克松对过去的评估和对未来的直觉既源自他作为一个政治人物具有的丰富国际经验，也源自赋闲期间多年的思考。尼克松任副总统（也是人们眼中的潜在总统候选人）期间，曾遍访世界各地，结识了各国领导人。他国领导人想深入了解美国的想法，同时估量尼克松本人的未来发展前景。在这个圈子里，尼克松被视为一个值得重视的人物。但在美国国内，尼克松的政治对手和记者并不总这么看他。

很难把尼克松在外交政策上的信念归入现有的政治类别。他任国会议员期间，高调参与了对前国务院官员阿尔杰·希斯被控充当苏联间谍案的辩论。政治体制内很多人认为，希斯是"政治迫害"受害者。直到希斯因做伪证被判有罪入狱（甚至在此之后），人们才改变了对希斯的看法。尼克松就职总统时，保守派和自由派对尼克松的看法早已定型。保守派视他为坚定的反共分子、态度强硬的冷战斗士，期待他展示对抗性外交风格。自由派则担心，尼克松可能会带来一个海外炫耀武力、国内纷争不断的时期。

尼克松的外交政策观比他的批评者对他外交观的认识细腻得多。尼克松在第二次世界大战期间在海军服过役，当过国会议员，做过副总统，这些公共服务经历深深影响了他。尼克松坚信美国生活方式具有根本合法性，尤其是具有社会升迁机会。他本人的经历就是一个活生生的例证。尼克松因袭了那个年代的外交政策准则，坚信美国负有捍卫世界自由事业的特殊责任，尤其是捍卫美国民主盟友的自由。尼克松力图结束他接手的越南冲突时，最担心的是美国撤军会给作为盟友、世界大国的美国的信誉造成不利影响。

1971年7月6日，尼克松在一次演讲中阐述了他对美国的国际义务的看法。他解释了美国在越南承担的义务，言辞基本不带党

派色彩,既没有指责前几任民主党总统,也没有斥责反战左翼人士。尼克松表示,他听到了当时对美国政策铺天盖地的责难:

> 不能给予美国权力;美国应该退出世界舞台,解决好本国问题,让其他人去领导世界,因为我们奉行的外交政策是不道德的。[7]

尼克松承认,美国当初在越南犯了错误,如同它在其他战争中也失误过一样。随后问了一个核心问题:"除了美国,你们希望哪个国家称雄世界?"美国是

> 一个没有刻意追求世界老大地位的国家。第二次世界大战让我们成为世界老大。然而,这个国家对旧敌以德报怨,对有可能成为敌手的国家宽宏大量……由这样一个国家领导世界……实在是世界之大幸。[8]

尼克松重申了他对战后的美国全球领导地位的展望,挑战了流行的种种美国外交政策假定。如同今天,当年有一重要思想流派认为,和平和稳定是国际关系常态。冲突或因误解而起,或因敌意而起。一俟敌对大国被彻底打败,根本性和谐,或者说信任会再次浮现。这一典型的美国观点认为,冲突不是固有的,而是人为的。

尼克松用发展的眼光看问题,把和平视为大国之间一种脆弱和易变的平衡状态,一种不稳定的均势。这种均势又构成了国际稳定

一个至关重要的部分。1972 年 1 月，尼克松接受了《时代》周刊采访，强调均势乃是和平的先决条件：

> 当一国远比其潜在竞争者强大时，战争风险随之而起。因此，我信奉一个美国强大的世界。我认为，如果有一个强大健康的美国、欧洲、苏联、中国和日本，彼此相互制衡形成一种均势，而不是拉一方对付另一方，世界会更安全、更美好。[9]

19 世纪任何一位杰出英国政治家都会对欧洲均势发表类似见解。

尼克松在任期间，欧洲[①]和日本始终没有强大到能与美国平起平坐。自尼克松任总统起，一直到冷战结束乃至之后岁月，美、中、苏之间的"三角关系"成为美国方针政策之一。可以说，这一三角关系为圆满结束冷战做出了重要贡献。

尼克松把他的战略置于美国的历史背景下。20 世纪初，西奥多·罗斯福总统（1901—1909 年在任）表达了以下观点：终有一天，美国会取代英国，扮演维护全球平衡的角色——维护全球平衡建立在维护欧洲大陆均势的经验基础之上。[10] 西奥多·罗斯福之后的美国总统对这种观点避而远之。当时伍德罗·威尔逊总统（1913—1921 年在任）倡导的愿景一枝独秀。威尔逊认为，必须通

---

① 欧洲合在一起很强大，但并不是一个强大的整体。

过集体安全手段，即共同强制执行国际法来寻求国际稳定。用威尔逊的话说，"不是均势，而是权力共同体；不是有组织的竞争，而是有组织的共同和平"[11]。

尼克松寻求使美国外交政策回归西奥多·罗斯福的均势思路。如同西奥多·罗斯福，尼克松认为，国家利益是推行国家战略和外交政策的根本目标。他认识到，国家利益之间常常相互冲突，并不总能得到所谓的"双赢"结果和矛盾得以调和的结局。尼克松认为，政治家的任务是辨识和管控这些分歧。要做到这一点，要么缓和分歧，要么必要时作为最后手段使用武力解决分歧。在后一种极端情况下，尼克松喜欢套用他常对僚属说的一句话："推行政策时，无论你是半心半意、犹豫不决，还是方法得当、信念坚定，付出的代价都是一样的。"

尼克松的外交政策愿景是，美国应当在塑造一个变幻不定的易变世界中扮演主角。这一角色没有可界定的终点。尼克松认为，如果美国放弃这一角色，会导致天下大乱。美国的永久责任是参与并酌情引导国际对话。为此，尼克松在就职演说中宣布了一个"谈判新时代"的来临。

外交与挂钩

尼克松的外交政策强调对对手采取双管齐下的做法，一边加强美国的实力和种种联盟，尤其是大西洋联盟，一边把"谈判时代"作为始终维持与对手对话的手段，比如与苏联和中国的对话。尼克松把地缘政治与意识形态意图挂钩，试图扫除美国应对国际挑战时遇到的两个障碍。

我在《大外交》（1994）一书里把以上概念分别冠名为心理派和神学派。心理派认为，谈判本身就是目的。一旦敌对国家面对面坐在一起，即可把它们之间的争端当作可管控并有可能消弭的误解加以处理，几乎与人与人之间的争吵无异。神学派视对手为异教徒或叛教者，认为与这些人谈判大逆不道。[12]

尼克松的看法与这两派截然相反。他把谈判视为通盘战略的一部分，一张由种种关联要素织成的严丝合缝大网的一部分，包括外交、经济、军事、心理和意识形态。尼克松是老牌反共主义者，但并没有把美国与共产党国家之间的意识形态分歧视为外交接触的障碍，反而把外交当作一种有益手段并借助这一手段挫败敌对意图，把敌对关系转化为要么与对手接触，要么孤立对手。打开对华关系即基于以下信念：可以利用苏联对中国安全的威胁抵消中国僵化的共产主义。同样，1973年10月第四次中东战争期间，尼克松坚信，莫斯科在中东的仆从国无力通过武力实现自己的地区目标，从而为削弱苏联的影响力，由美国出面扮演促和中间人创造了战略和心理机会。

尼克松从未臆想过与外国领导人建立私交可以超越相互冲突的国家利益。1970年尼克松在联合国大会上说："我们所有人必须看到，美国与苏联之间有着深刻的根本分歧。"他进一步阐述说，认识不到这一点"将看轻了我们之间的严重分歧。两国关系若要取得实实在在的进展，需要采取具体行动，仅有气氛是不够的。真正的缓和是靠一系列行动建立的，不是靠表面情绪的改变建立的"[13]。

从实力地位出发与意识形态对手谈判可以引向一个有利于美国利益和安全的秩序。

依据以上方针，尼克松上任之初说服国会批准了国家导弹防御计划。很多人认为，这一鹰派色彩的计划是对莫斯科的挑衅。然而此后几十年里，导弹防御成为战略中不可或缺的组成部分。1970年苏联扶持和武装的叙利亚军队入侵约旦时，尼克松下令区域戒备。1973年10月第四次中东战争末期苏联领导人勃列日涅夫威胁干预时，尼克松下令全球戒备。尼克松坚决主张遏制苏联，但他的终极目标是建立一个和平架构。1970年尼克松在联合国大会上解释自己的观点时说："权力是国际生活中的现实存在。我们彼此负有义务约束权力，与其他国家一道确保权力用于维护和平，而不是用于威胁和平。"[14]

问题是如何诠释和实现"和平"？二战后遏制政策的制定者、眼光远大的乔治·凯南和两任国务卿艾奇逊和杜勒斯似乎认为，加强美国实力，坐等苏联生变足矣。他们坚信，历史决定了最终苏联要么变革，要么崩溃。然而过去20年里，美苏两国一直处于剑拔弩张的热核僵持状态，越南战争之痛更是雪上加霜。美国现在需要一种更积极的战略。尼克松采取的政策旨在通过谈判利用中苏之间的分歧，促使莫斯科和北京接受"国际体系"的合法性，依照符合美国安全利益和价值观的原则行事。

尼克松自称是谈判高手。就为吸引对方讨论战略问题纵谈天下大事而言，他这么说没错。尼克松不喜欢正面交锋，故不愿参与谈判双方互相讨价还价、修改案文细节的过程。而这正是折冲樽俎之义。

何况谈判具体的外交解决方案是一种技巧，总统最好不去碰它。历任总统功成名就少不了巨大的自信。置身谈判的总统十有八九要么过于迁就，要么过于对抗（或两者兼而有之）。总统打个人魅力牌时，可能会迁就有余；若以自己在国内一路打拼时承受过的压力为鉴，会把外交与对抗混淆在一起。

最高领导人之间若是谈僵了，会增加双方政府内部做调整的难度，这也是具体问题先交给下级官员处理的一个原因。下级官员更熟悉业务，做出让步给个人带来的风险也较小。最后阶段若只剩下寥寥几个问题悬而未决，此时国家领导人可以登场了，做几处象征性更动，然后大笔一挥在文件上签上自己的名字，为谈判取得的实质性成果画上一个圆满句号。

作为政治家，尼克松的优点体现在地缘政治战略的两端：缜密谋划，大胆实施。无论是讨论长远目标的对话，还是设法引起对话者对某一战略设想的兴趣，尼克松把自己的才华发挥得淋漓尽致。1972年莫斯科峰会上，尼克松与勃列日涅夫面对面谈判限制战略武器细节时局促不安。而在同一年的北京峰会上，尼克松与周恩来商讨美中地缘政治大计时却兴致勃勃（而且谈锋甚健），为挫败苏联称霸世界图谋协调美中战略奠定了基础。

尼克松把自己对谈判的看法和一项与外交政策建制派不合拍的战略结合在一起——挂钩。1969年2月4日，尼克松致函国务卿威廉·罗杰斯和国防部长梅尔文·莱尔德，强调新政府的做法。[15]该信函的要点是改变前几届政府把看上去似乎互不相干的问题分交不同部门处理的做法。

第三章 | 理查德·尼克松：平衡战略

> 我知道，前一届政府认为，如果我们觉得在某个问题上与苏联有共同利益，应该寻求与对方达成一致，尽可能把该问题与其他地区动荡不已的冲突分开。在众多双边和实际问题上，诸如文化和科学交流，这样做很可能是明智的。然而，在当今重大问题上，我认为我们必须竭力在一个足够宽的战线上推进，从而表明我们认为政治问题与军事问题之间有一定联系。[16]

委婉地说，尼克松的这份备忘录令主张主流观点的人局促不安。主流观点认为，问题一出现就应该展开谈判，以防问题危及潜在合作领域。这一做法反映了政府内部门林立的结构，不同部门各自为自己偏好的"职责分工"奔走游说。尼克松认识到，政府部门碎片化有可能导致苏联操控议程，在谈判掩护下追求其帝国目标。

最终，尼克松的做法极大改变了苏联人的算计方式。1971年7月15日，尼克松宣布访华。3周后苏联邀请尼克松访苏，与勃列日涅夫举行首脑会谈。1972年5月，与尼克松下令轰炸北越、在海防港口布雷时隔仅3周，与北京峰会时隔3个月，美苏两国首脑举行了长达一周的峰会，显示了苏联渴望稳定苏美关系的意愿。莫斯科峰会期间，尼克松和勃列日涅夫签署了《第一阶段限制战略武器条约》（SALT Ⅰ）、《反弹道导弹条约》（ABM）和《美苏防止海上事故协定》。以上条约和协定均是实现尼克松在首次就职演说中提出的加强"和平架构"这一目标的具体步骤。1974年的《美苏限制地下核武器实验条约》推动了这一进程，1975年

177

的《赫尔辛基协定》也是如此，后者是尼克松之后的福特政府达成的。

以上协议彰显了与尼克松外交政策相连并引发争议的又一用语——缓和。缓和一词源自法语里一个不及物动词 détendre（放松、松开之意），因此有多重不可捉摸的含义，其中有缓和超级大国之间紧张关系之意。反对缓和的最大理由是，美国外交政策应把重点放在侵蚀乃至最终摧毁苏联和其他对手的制度上。对这一观点持异议的尼克松和我认为，在大规模杀伤性武器和其他领域内技术日新月异的时代，公开把推翻一国制度作为根本目标会导致任何争议蒙上终极对抗的阴影。尼克松和我主张，强大的军事实力应与外交相结合，通过多重选择达到捍卫美国战略利益的目的。

缓和的又一目的是让苏联能够从美苏关系的关键领域中受益。如果苏联的行为是负责任的，关系紧张时有所收敛，就可以发展两国关系。军事实力和外交同时摆在桌面上，作为同一战略的组成部分加以推行。下面会讲到，美国对高风险挑战做出了强烈反应，从而最大限度地促使对方保持克制，例如1970年约旦危机、1971年南亚冲突和1973年中东战争。与此同时，缓和始终为与对手共处的前景敞开大门。

欧洲之行

尼克松就职一个月后，于1969年2月23日至3月2日首次以总统身份出国访问。根据公布的出访目的，此行是为了"恢复新合作精神"。此前，美国与欧洲盟友在越南和中东政策上的分歧造成双方关系紧张。

然而，此次访问的崇高目标与欧洲日益强烈地追求新身份带来的复杂局面迎头相撞。一方面，欧洲大陆已经走出第二次世界大战浩劫，基本实现了经济复苏。另一方面，欧洲在建立共同机构上刚刚起步，誓言制定共同地缘政治战略的目标依然遥不可及。过去400年里，欧洲强大的军事实力和对政治哲学的贡献塑造了世界。今天，欧洲国家尤其惧怕苏联以武力作后盾对它们施压。美国盟友因此把美国通过北约组织提供的军事支持视为不可或缺。与此同时，欧洲各国努力在塑造自己的政治未来，尤其是经济未来方面拥有更大的自主权。

尼克松涉足外交政策始于1947年，当时他作为众议员参加了赫脱委员会的工作，该委员会是1948年马歇尔计划的前身。1947年秋天，赫脱委员会访问了欧洲，此次访问塑造了尼克松对美国与欧洲大陆之间有机联系的始终不渝的支持。当时欧洲国家渴望深化欧美关系。四分之一个世纪后尼克松出任美国总统时，欧洲国家领导人依然全神贯注于欧洲大陆自身的演变。与此同时，欧洲对加强与美国的政治伙伴关系的支持不过是说说而已。

尼克松访欧后还不到一年，几个欧洲大国的政府无一例外因国内原因发生更迭，情况因此更加复杂。两个月后，两次否决英国加入欧洲共同体——欧盟前身——申请的夏尔·戴高乐告退，乔治·蓬皮杜接任法国总统。在德国接待过我们的库尔特·格奥尔格·基辛格总理不到岁末被维利·勃兰特取代。基辛格总理基本遵循了阿登纳路线。勃兰特在"东方政策"①下将奉行对苏联更加灵活的政策。我们的英国东道主哈罗德·威尔逊首相在大选中败给了保守党领导人爱德华·希思。希思寻求与华盛顿拉开一定距离，把争取成为一个统一欧洲的成员作为优先目标，而不是进一步促进英美之间的传统关系。于是尼克松发现，他的欧洲之行是向一批关注本国政治前景的领导人表述美国做出的长期保证。

尼克松8天欧洲之行遇到的不只是以上矛盾现象。接待尼克松的各国东道主还敦促他就核武器控制问题与苏联展开谈判并启动结束越南战争的谈判。尼克松在广泛基础上接受了东道主的建议后，东道主反而不放心了。尼克松在布鲁塞尔北约总部表示："美国做好准备后，会在适当时候就一系列广泛问题与苏联展开谈判。"尼克松在讲话中承认，虽然是美国自己与苏联谈判，但谈判"会影响到我们的欧洲盟友"。考虑到这一点，尼克松强调了维护合作和团结的重要意义："我们将在与盟友充分磋商合作基础上与苏联进行谈判，因为我们认识到，谈判成功与否取决于我们的团结。"17

欧洲盟友听了尼克松的一席话后内心五味杂陈，既欢迎美国协助他们应对苏联威胁，又对美苏谈判会产生什么结果忐忑不安。尼克松宣称，他打算给冰封的国际局势注入一股外交活水。对此的赞许和焦虑兼而有之。尼克松呼吁"事前与盟友真正磋商"使人对联盟的凝聚力产生疑虑。这种疑虑延续至今。

在尼克松任内，美欧关系在合作和磋商层面有了进一步发展，

---

① 参阅第一章"阿登纳传统"小节。

尼克松本人对北约的支持处处可见。双方对更深层的结构问题也进行了探讨，然而问题并没有得到解决。在现有条约没有涵盖的地区，例如中东或亚洲，需要何种程度的合作？在一个四分五裂和技术爆炸的世界，大西洋联盟需要多么团结？能经受住多大分歧？

欧洲国家之所以心情复杂，越南战争是原因之一。一般来说，欧洲各国领导人认为，这场战争偏离了本国的重大安全利益。美国和欧洲对全球风险做出的评估是不一样的，因而引发了更多挑战，例如德国的"东方政策"，该政策倡导以一种政治前瞻方式与苏联打交道。

尼克松就职第三年，大西洋关系在经济领域发生了重大变化。1944年《布雷顿森林协定》确立了各国货币与美元的固定汇率，各国政府可以按35美元1盎司黄金官价兑换黄金。这一做法实行了20年，没有出过任何问题。但到了20世纪60年代末，固定汇率制面临的压力越来越大。[18] 第二次世界大战后随着西欧各国和日本的经济复苏，它们的美元储备不断增加，截至1971年年底，已达到400亿美元，而当时美国的黄金储备价值只有100亿美元。外国政府对美国维持美元兑换黄金的能力缺乏信心，在法国带头下要求把自己手中握有的美元更多地兑换成黄金。[19]

尼克松以惯有的果断处理了这一问题。1971年8月，他连续3天在戴维营召开会议，与经济顾问商讨对策。美联储主席阿瑟·伯恩斯极力维护布雷顿森林体系，财政部长约翰·康纳利和行政管理和预算局长乔治·舒尔茨主张美元与黄金脱钩，舒尔茨甚至提议建立一个新的浮动汇率体系。[20] 尼克松站在康纳利和舒尔茨一边，判定美元兑换黄金制难以为继,强撑危局只会招致投机行为,抛售美元抢兑黄金。8月15日星期日,尼克松宣布暂停美元兑换黄金。①

尼克松的这一决定和单边决策方式令一些盟友坐卧不安。法国强烈反对暂停美元与黄金挂钩。法国财政部长瓦莱里·吉斯卡尔·德斯坦(日后出任总统)担心,没有了挂钩这根系链,美国经济导致的通货膨胀也许会蔓延到全球金融体系。[21] 西德担心,单方面突兀变更汇率制预示着经济民族主义再次抬头。[22] 为了缓解盟友的焦虑,同时规划一项长期货币新安排,美国财政部副部长保罗·沃克会见了欧洲国家的财长。

1971年12月,以上努力最终产生了"史密森协议",其中包括美元贬值和制定各种货币之间的新汇率。然而废止金本位后很难维持新的固定汇率。1973年2月底,"史密森协议"瓦解,主要经济体改为实行浮动汇率。[23] 最初人们对浮动汇率制顾虑重重,但这一制度延续至今。尼克松在戴维营做出的决定使全球货币秩序更加灵活,最终也更可持续。换言之,达到了平衡。

对货币体系的争论依然不休。欧洲国家对核武器和越南战争忧心忡忡。为此,1973年尼克松提出了"欧洲年"建议,宣布行将结束的越南战争终战后,欧洲与美国之间将建立长期伙伴关系。

1973年4月,我在纽约的一次讲话中代表尼克松提议,美国与其欧洲伙伴参照1941年8月14日罗斯福和丘吉尔签署的《大西

---

① 那个周日我正在去巴黎途中,准备与北越代表举行谈判。参阅本章,第190-197页。

洋宪章》，年底发表一个政治和战略领域内共同目标的声明，目的是把共同安全措施提升到与技术进步相符的水平，同时结合世界各地危机发展趋势诠释共同政治目标。事后发现，这一提议为时过早。盟友不反对再发表一个涉及自身安全的战略目标声明，但不同意跨大西洋政治团结的全球定义。

尼克松支持了北约架构，积极捍卫柏林自由并加强了该城市的地位，结束了长达十几年的危机和对柏林通道的威胁。尼克松还始终与北约和欧洲主要领导人保持了政治对话。尼克松之后，美国在北约范围外采取的行动得到了欧洲国家的支持，例如在阿富汗和伊拉克的作战行动。欧洲这样做主要是为了让美国继续承诺协防欧洲抗衡苏联，而不是表达共同的全球目标。尼克松的终极目标是在全球问题上与欧洲建立全面关系。时至今日，他的这一终极目标依然有待实现。

越南战争及其终结

尼克松上任时，美国卷入越南战争已近20年。1969年1月尼克松参加就职典礼时，已有3万美国军人阵亡。美国各地反战示威此起彼伏。在一些地方，示威演变为暴力冲突。大选结束后我在皮埃尔酒店第一次见尼克松时，他强调决心在首任内结束越南战争。尼克松向阵亡将士亲属发誓，战争结局一定不会辱没美国的荣誉。他将通过与苏联挂钩的外交方式实现这一目标。可以想象，尼克松打开中美关系也有这方面的考虑。但他不会出卖盟友。自由国家人民的安全以及国际和平和进步取决于恢复乃至最终振兴美国的领导地位。必须继续在军事和政治上双管齐下。

早在哈里·杜鲁门总统任期内，美国已向南越派出军事顾问，帮助南越抵御北越。截至 1956 年，艾森豪威尔增加了美国援助。美国派驻西贡大使馆的军事顾问从 35 人增至近 700 人。[24]艾森豪威尔在任期即将结束时得出结论，北越在比邻南越的两个弱小中立国老挝和柬埔寨新开辟的供应线逐渐对西贡安全构成威胁，对此不能等闲视之。

这条日后被称为"胡志明小道"的供应线长达 600 英里，沿南越西部边界蜿蜒穿过茂密丛林，很难被发现、定位或阻截。"胡志明小道"成了北越破坏乃至最终推翻南越政府的撒手锏。

1960 年新旧总统交替期间，艾森豪威尔建议他的继任者约翰·肯尼迪在这一地区部署美军，必要时阻止北越渗入中立国家。肯尼迪没有马上将艾森豪威尔的建议付诸实施，而是为寻求政治解决与河内展开谈判，结果达成了 1962 年《关于老挝中立的宣言》。之后河内侵犯老挝中立地位，向老挝境内的渗透有增无减。肯尼迪于是派遣 15000 名美军帮助训练指导南越作战部队。肯尼迪政府认为，南越专制统治者吴庭艳已丧失民心，又没有必胜意志，于是怂恿南越军人将其取而代之。1963 年 11 月 2 日南越军人发动政变，吴庭艳被杀。身陷内战的南越政府因这场政变更加虚弱，而垂死挣扎的南越政府正是这场内战的最大战利品。北越抓住这个机会向老挝和柬埔寨派出正规军加强当地游击队力量。

1963 年 11 月 22 日肯尼迪遇刺后，林登·约翰逊采纳了肯尼迪留给他的国家安全班底的建议（唯有副国务卿乔治·鲍尔一人唱反调）①，升级了在越南的军事行动。约翰逊很快认识到，不仅印度支那政治局势扑朔迷离，制定一项军事战略也异常复杂。

美国向如此遥远的一个地区部署了数量如此庞大的部队。单凭这一点就需要迅速结束这场战争。而河内的战略是把冲突拖下去，一直拖到美国人在心理上再也无法承受。在一场机械化军队与藏身丛林的游击队之间的较量中，后者占有优势，因为后者只要不输就是赢。1969年1月底，北越巩固了占老挝领土面积三分之一的西部地区和柬埔寨的部分地区，将其作为向南越境内输送绝大部分物资的基地。对这些地区美军鞭长莫及，包括西贡在内的南越最南部地区因此受到威胁。北越可采用范文同总理告诉《纽约时报》记者哈里森·索尔兹伯里的战略，凭借后勤方面的优势考验美国人的忍耐力。这一战略基于以下信念：北越人献身越南的意志远远大于美国人。说白了就是，愿意为越南捐躯的越南人比美国人多。[25]

胶着的战局和不断增加的伤亡撕裂了美国社会。美国社会撕裂始于约翰逊政府时期的大学校园内，师生对战争目标和可行性展开

---

① 约翰逊这样做遵循了当时流行的一种观点。该观点认为，亚洲面临的共产主义挑战与20世纪四五十年代的欧洲面临的挑战性质相同，因此可以同样的方式应对，即先画出安全圈，让受到威胁的人民在安全圈内追求自身自由。不幸的是，这两个地区有一重大差异。欧洲各国基本上属于凝聚型社会，一旦安全有了保障，能够重建自己的历史认同。印度支那与欧洲情况截然相反，族裔各不相同，社会因内战而撕裂，因此，不仅有跨国界侵略，也有一国社会内部侵略。肯尼迪和约翰逊两届政府均把共产主义挑战视为一场全球斗争，印度支那是这场斗争的第一阶段。

了辩论。尼克松宣誓就职总统时，校园辩论已升级为美国价值观与美国手段之间的对抗：这场战争是正义的吗？如果是非正义的，完全退出战争难道不是更好吗？最初后一种观点被视为过于激进，但时隔不久即被大批美国精英接受。

美国例外主义被完全颠倒过来。当初，正义的理想主义激励美国在二战后承担起并一直坚守它的国际责任。如今，这种理想主义在越南问题上被用于彻底否定美国的全球作用。越南引发的信仰危机远远超过战争本身，波及美国目标的根本性质和实质。

美国各地大学的座谈会演变为大规模示威。1968年大选年期间，约翰逊总统甚至不能在公众场合露面，军事基地除外。尽管如此，单方面退出战争在美国国内依然不得人心。民主党总统候选人休伯特·汉弗莱和他的共和党竞争对手理查德·尼克松都反对单方面撤军。不过两人在竞选活动中均许诺，将通过谈判寻找结束战争的出路。

至于如何结束战争，尼克松含糊其词，只说不会走老路。民主党的抗议纲领仅笼统谈及了撤军。当年8月召开的民主党总统提名全国代表大会造成民主党内分裂，引发了街头骚乱。党纲中有一条，敦促双方（美国和北越）都从南越撤出自己的军队。正如参议员、被人称作"泰德"的爱德华·肯尼迪和其他鸽派民主党人所料，该提议仅说美国撤军规模会"相当大"。[26]

从我第一次见尼克松起，他始终强调在越南争取一个体面的结局，并将其视为美国世界领导地位的组成部分。在大选结束后的过渡时期，尼克松和我把"体面"定义为给予一直为自由而战的印度支那人民决定自己命运的机会。当时，美国国内抗议活动已经发展到呼吁单方面撤军。尼克松坚决反对单方面撤军。他认为，为国家利益计，必须在胜利与退却之间寻找出路。在尼克松看来，无条件退却会导致精神上和地缘政治上的退缩。换言之，会严重危及美国对国际秩序的影响力。

尼克松宣誓就职后，看到了拒绝单方面撤军的现实理由。据参谋长联席会议估算，从越南撤出50万军队及其武器装备需要16个月的准备时间。就算参谋长联席会议的估算掺杂了他们不喜欢撤军的因素，2021年从阿富汗撤出5000名美军的混乱局面也显示，交战时单方面撤军有可能造成混乱。1969年，美国在越南有超过15万人的军队与至少80万人的北越军队对阵。此外，还有一支人数与北越军队不相上下的南越军队，他们若是觉得被人出卖了，有可能要么仇恨美国，要么吓得魂飞魄散。

正如尼克松在竞选中所说，他决心推行与苏联挂钩的外交方针。即使他宣誓就职不到3周北越就发动了一场攻势，导致超过6000名美军阵亡，尼克松仍然决心不改，在他出任总统6个月内继续推行这一方针，此后才在军事上出重拳。[27]

尼克松试图通过外交和施压两手并用，促使莫斯科切断对河内的援助。我的国安会幕僚为此拟订了一份外交方案。根据这一方案，我们将向北越提交准备做出的让步，也许通过莫斯科转交。与此同时，我的幕僚还在"鸭钩"代号[①]下拟订了种种军事升级选项（以

[①] 我不记得为什么、何人选用了这个代号，也没有任何相关记录。

封锁和恢复轰炸为主)。如果莫斯科拒绝我方提议,尼克松将采用军事手段迫使对手接受我方提议。(实际情况是,直到3年后,为了回击1972年5月北越发动的大规模"复活节"攻势,"鸭钩"方案中的军事选项才付诸实施。)

约翰逊政府时期与北越谈判的赛勒斯·万斯似乎乐意出任特别谈判代表,如果我们的提议得到回应的话。经尼克松批准,我向苏联驻美大使阿纳托利·多勃雷宁提出了这一想法(未提任何细节)。此后莫斯科方面杳无音信。在1969年8月举行的一次会谈中,也是我与北越代表的首次会谈,北越副外长春水拒绝了我们的这一提议,理由是河内永远不会通过第三方进行谈判。春水这样做等于告诉我们,他对我们的提议是知情的。

尼克松考虑使用外交轨道的同时,1969年7月25日向全世界提出了一个东南亚全面战略构想。[28] 他出人意料地选择了位于西太平洋的关岛作为这次演讲的地点。当时尼克松正要启程进行一次环球旅行,途中将在关岛短暂停留一个下午。此前不久,尼克松接见了从月球返回地球的美国航天员。

尼克松在记者招待会上发表了听上去像是即席演说的讲话,其实讲话内容早已在白宫拟好,飞行途中又做了润色。尼克松在讲话中亮明了他的东南亚政策,借此强调美国与区域伙伴的关系。他以中国、朝鲜和北越的威胁为例,提出美国"必须避免亚洲国家过分依赖我们,以致把我们拖入像越南这样的冲突"。自不待言,随同总统出访的媒体记者刨根问底,有备而来的尼克松早就等着记者提问了。他回答说:

我认为,在与我们所有亚洲朋友的关系上,现在是美国强调两点的时候了:首先,我们会恪守做出的条约承诺……但还有第二点,就国内安全问题而言,就军事防御问题而言,除非某一大国威胁使用核武器,美国将鼓励并有权期待亚洲国家自己逐渐对付这些问题并承担自己的责任。[29]

日后所称的"尼克松主义"包含三大原则。

1. 美国将恪守做出的所有条约承诺。

2. 如果一个核大国威胁与我们结盟的一国自由,或威胁美国认为其存亡对自身安全乃至整个地区安全至关重要的一国自由,美国将向该国提供保护。

3. 如果是涉及其他类型的侵略,即非核大国的常规侵略,美国接到求援请求后会提供军事和经济援助,但期待受到直接威胁的国家为自身防卫承担出人出力的首要责任。[30]

根据所谓的"越南化",美国将依据以上原则中的第3条,继续向西贡提供军事装备和空中支援,直到西贡强大到足以靠自己的力量自卫。尼克松主义旨在展示美国的决心,同时使南越足够强大,迫使河内接受允许南越人民决定自己未来的政治结果。

尼克松誓言恪守美国对韩国和泰国这样的条约盟友做的承诺,同时也将捍卫受到核大国威胁的其他亚洲国家。这里的核大国暗指中国和苏联。尼克松与他的几位前任不同的是,他把美国援助的力度与受威胁国家承担的自卫责任相挂钩。从深层意义讲,也是向把自身安危寄托在美国身上的国家保证,谈判结束越南战争不会标志着美国从亚洲的战略撤退。[①]

约翰逊总统任期即将结束时已开启了与北越的正式谈判。尼克松任期内，谈判一直未停。尼克松政府时期，河内、美国、西贡政府和南越民族解放阵线每周在巴黎的玛吉斯缇酒店会谈一次。河内从来没有把巴黎会谈看作外交进程的一部分，而是当成自己心理战的另一阶段，借此消磨美国的意志，推翻"非法的"南越政府。

约翰逊总统在1968年总统竞选的最后几天，满怀希望地宣布了开启谈判的消息。河内参加谈判有双重目的。为了造成南越政府是非法政府的效果，北越先是拒绝与南越政府打交道，之后又执意把解放阵线作为代表南越方面的谈判伙伴。南越政府和民族解放阵线均声称自己是合法政府，最终达成的妥协是双方同时参加正式谈判。此后，河内拒不讨论任何实质性问题，用意仍然是一个拖字，拖到美国精疲力竭，或者拖到美国在国内分歧压力下被迫抛弃南越盟友。春水率领的代表团参加的在玛吉斯缇酒店举行的正式会谈取得了罕见的非凡成果：4年的谈判居然一事无成，只有空话连篇的正式声明。

1969年夏天，尼克松开始尝试使用莫斯科渠道争取我们要的体面结果。给对方施压前，尼克松决定再试试能否让谈判起死回生。谈判分为两段。1969年8月4日，我中途脱离尼克松的环球出访团队，飞往巴黎与春水见面。这是首次秘密会谈。从次年4月

[①] 6月尼克松启程开始环球之旅前夕，宣布从越南撤军3万人。此次撤军是为关岛声明做铺垫，但很有可能为时过早。

起，巴黎成为我与黎德寿之间的一条秘密联系渠道。

法国是北约内唯一与河内有外交关系的国家。法国驻北越大使让·圣特尼安排了我与春水的会面。我在哈佛大学暑期国际研讨班授课时，他夫人上过3个月课，此后我们成为朋友。这也是为什么尼克松政府与北越官员的首次秘密会晤选在圣特尼在里沃利街那处陈设典雅的公寓。圣特尼把我们介绍给了北越官员，还特别叮嘱我们，不要弄坏屋里的任何家具。

我与春水的会谈预演了此后3年的僵局。春水先给我们上了一课，讲述了越南人争取独立的波澜壮阔的历史，表示河内决心为实现这一目标斗争到底。此后几年，这套陈词我听了无数遍，最后总是以重弹河内提出的先决条件的老调收尾。轮到我讲时，我解释说，我们愿意在政治进程基础上进行谈判。所有团体，包括共产党人，都可以参加这一进程。

尼克松指示我利用这个场合做一次大胆尝试，让对方知道，倘若11月1日前从两个谈判渠道都没有收到对我方提议有意义的答复，我方将不得不考虑外交之外的手段，暗指动用武力。春水与我见过的其他越南谈判代表无异，举止彬彬有礼。他重申了河内的先决条件：举行任何有意义的谈判前，从越南撤出所有美军，推翻西贡政府。

尼克松无意讨论北越的先决条件。10月20日，他决定在白宫向苏联大使多勃雷宁重申我们的最后通牒。尼克松从椭圆形办公室的书桌抽屉里抽出一个黄纸记事本递给苏联大使："您最好记点笔记。"[31] 多勃雷宁问了一些问题要求澄清，谈到实质问题时推脱说不知情。为了强调对莫斯科和河内发出的最后期限，尼克松甚至安排了在11月3日就越南问题发表讲话，以期引起对方对最后期限的重视。这也是他最精彩的几次讲话中的一次。

尼克松顶住连续数周陷华盛顿于瘫痪的抗议活动的压力，呼吁美国"沉默的大多数"坚定支持实现体面和平：

> 不要让后世史学家留下一笔，说当年美国是世界上最强大的国家时，我们在路对面走过，对数百万人对和平自由抱有的最后一线希望被极权势力扼杀熟视无睹。
>
> 为此，今晚我呼吁你们，呼吁沉默的大多数美国同胞支持我。[32]

然而尼克松从他宣布的路线后退了。我与他共事这么多年，这是唯一一次。11月的最后期限日益迫近，河内立场没有变化，尼克松也没有做出任何重大决定。鉴于国家安全事务助理有义务向总统分析重大决策问题，我撰写了两份备忘录。

第一份备忘录探究了"战争越南化"是否能达到我们商定的目标。次日的第二份备忘录分析了现行战略中鼓励外交解决的手段。[33] 尼克松决定继续维持现行做法不变。

尼克松既没有把他威胁使用、手下幕僚正为此做准备的军事升级付诸实施，也没有顺从河内和美国国内抗议者的要求，从越南单方面撤军。他实际上选择了他在关岛记者招待会上阐述过的越南化道路。在11月3日的讲话中，尼克松把他的战略解释为一面继续谈判，一面逐渐撤出美军，一直坚持到西贡力量强大到足以争取一个让南越人民能够决定自己命运的政治结果。越南化政策出自国防部长莱尔德之手和尼克松之口，意思是逐步撤出美军，代之以南越军队。尼克松这次讲话时，大约10万美军正在从越南撤出。

当时我对尼克松做出的这一决定心有不安。在此后的岁月里，我思索了当年的种种选项后认识到，尼克松的做法比较明智。他若是听从了自己的最初直觉选择军事升级，必然会发生一场内阁危机，让美国各大城市的抗议示威活动造成的国家瘫痪雪上加霜。当时开启对华关系依然仅仅是一个念头，我们尚未接到北京对我们首次试探的答复。① 在中东和柏林，苏联还没有被慑服，与苏联的谈判仍处于摸索阶段。那一年堪称多事之秋，年初尼克松访欧期间，欧洲盟友表达了对东南亚战争的厌恶。

虽然起初我持不同看法，但在此后年月里还是坚定执行了尼克松的决定。尼克松和我都坚信，美国必须靠它的战略信誉支撑演变中的国际架构的稳定，而不是听任国际架构自生自灭，尤其是与中国和苏联打交道时。尽管美国精英阶层对此嗤之以鼻，尼克松还是竭力兑现他对美国"沉默的大多数"做出的许诺，避免在越南遭受耻辱的失败，同时不再把他们的孩子送到没有结果的冲突中。以上目标能否兼容是当时美国全国辩论的核心问题。当时美国校园和街头沸反盈天，造成的气氛既束缚了我们的手脚，又促使尼克松身边的幕僚不停反思。

---

① 参阅本章，第208–210页。

河内方面，北越与法国和美国打了几十年仗，绝不是为了什么政治进程或通过谈判达成妥协，而是为了在政治上彻底取得胜利。为了探索一切谈判途径，尼克松恢复了与河内的秘密政治谈判。河内派遣政治局委员、首席谈判代表黎德寿去巴黎，每隔3个月左右，我与他见一次面。较之我与春水的正式谈判，我与黎德寿的会谈还算有些实质内容。即便如此，两者之间并无重大差别。每一次会谈，黎德寿都会宣读一份声明，一一列举美国在越南的种种侵略行径。河内开出的最低条件和最高条件依然毫无二致：由热爱和平的人士取代西贡政府，举行谈判前美国从越南撤出所有军队。我方询问黎德寿"热爱和平"的含义，发现没有任何重要的南越政治人物符合他的这一标准。

尼克松寸步不让。两年后，1972年1月25日，尼克松公布了过去两年我与黎德寿之间的秘密谈判记录。多年来一直抨击尼克松无视和平进程的媒体闻知后大吃一惊。在当晚一次讲话中，尼克松提出了一项提案，也可以说是最终提案，其中包含停火、南越自治和美国撤军。自1969年11月3日尼克松那次讲话后，美国不事声张地采取了这一战略。[34]

河内对此的回应是1972年3月30日对南越发动了"复活节攻势"。北越动用除一个师外的所有野战师，攻陷了南越的一个省会广治。自尼克松就任总统以来，这是北越首次攻克一个省会。北越一定盘算过，时年是美国大选年，美国不会冒危及5月莫斯科美苏首脑峰会的风险升级军事行动。

当时我们正在一步步接近实现越南化的目标。1971年年底，美国已经从越南撤出了所有战斗部队。1972年年底,仍留在越南的美军从尼克松宣誓就职那天的50多万人减至不到2.5万人。在美国空军支援下,南越地面部队正在为击退河内的新攻势独自作战。美军伤亡人数大幅下降,从1968年的16899人降至1971年的2414人,1973年又降到68人。签署《巴黎和平协定》后,美国从越南撤出了剩余部队。[35]

北越选择的"复活节攻势"时机增加了尼克松应对北越攻势的风险。尼克松对中国的国事访问为改变冷战格局迈出了历史性的第一步。定于5月下旬召开的莫斯科峰会将是又一个具有里程碑意义的事件。华盛顿圈内的共识力主军事上采取克制态度。不出我所料,这一建议被尼克松否决了。

1972年5月8日上午,白宫召开了国家安全委员会会议。会上尼克松总统承认,采取升级性报复措施可能会危及莫斯科峰会,过去几个月为这次峰会做的一切准备有可能会付诸流水。然而,如果不作为或被逐出越南,我们会带着一份美国放弃自身义务的记录去莫斯科与苏联谈判。

尼克松本着这一精神对全国发表讲话,阐述了美国的立场。讲话基本重复了他在1月份提出的和平方案:停火、美国撤军、河内接受由一个各方商定的政治进程组建的西贡政府。

> 在这场战争中,现在只剩下两个问题。第一,面对一场大规模入侵,我们是不是袖手旁观,置6万美国人(包括文职人员)安危于不顾,把南越人民推向漫漫恐怖长夜?这种情况

不会发生。我们将做出一切必要努力捍卫美国人的生命和美国的荣誉。第二,面对谈判桌上对方的顽固立场,我们是不是与敌人一起在南越安插一个共产主义政府?这种情况也不会发生。我们不会逾越慷慨与背叛之间的这条界线。[36]

尼克松常把一句箴言挂在嘴边:半心半意做一件事与全力以赴做这件事付出的代价是一样的。尼克松也是这样做的。他下令将1969年制定的一揽子举措付诸实施,包括在北越港口布雷,不分地点轰炸运输补给线,实际上废止了自1968年以来一直实行的停止轰炸协议。

面对尼克松的军事升级挑战,莫斯科选择睁一只眼闭一只眼。美苏首脑峰会按原计划如期召开。苏联谴责了美国升级战争和封锁北越,但仅在勃列日涅夫别墅举行的一次晚宴上说过一次,没有发出任何威胁。晚宴后,当晚我与安德烈·葛罗米柯外长恢复了对《第一阶段限制战略武器条约》的讨论。这次峰会后不久,苏联领导人尼古拉·波德戈尔内访问了河内。此后苏联也没有采取任何报复措施。莫斯科已打定主意,不能放弃为平衡我们的中国之行而做的努力。

7月份南越收复了广治,河内日益孤立。苏联和中国都没有伸出援手,只是公开表示抗议而已。当月我们恢复了与黎德寿的谈判。他的正式立场依然未变,但说话的口吻稍有和解味道。黎德寿就谈判一项最终协定大概需要多久问了一些问题,假定双方谈判取得突破的话。在10月8日的一次会谈中,黎德寿突然拿出一份正式文件，解释说这份文件代表河内接受了尼克松1月份提出的最后方案。黎德寿说："这份新提案与尼克松总统本人提出的方案别无二致：停火、结束战争、释放战俘、撤军。"[37]

他说的基本准确，不过此后的谈判又频频横生枝节。尽管如此，北越把西贡政府当作一个延续结构加以接受确实达到了我们的一个主要目标。黎德寿讲完后，我请求暂时休会。待他走出房间后，我转身握住我的朋友也是特别助理温斯顿·洛德的手说："可能大功告成了。"①

黎德寿拖延了将近3年后，态度上仿佛换了一个人。现在河内渴望在日益临近的美国大选前结束谈判，担心它或许不得不与一位以压倒性优势再次当选的总统打交道。

尼克松心里清楚，他在第二个任期内很可能要面对一个对他心怀敌意的国会。当时国会已在运作切断战争拨款。现在出现了一个双方战略盘算趋同的短暂机会窗口。如专门研究谈判解决实例的专家所言，这场冲突终于"熟透了"。我与黎德寿连续三天三夜起草最后案文（有待尼克松和西贡认可）。和平距离我们之近令人垂涎，河内催促我们立即结束工作。

然而尼克松和我都不会把和平协议强加给与我们并肩战斗了20年的南越人民，并以这种方式结束战争。西贡很清楚，生死存亡之战不会随着和平协议的签署而终结，为此抓住枝节问题不放以拖长

---

① 1970年美国出兵打击河内在柬埔寨的基地时，温斯顿听从了我的劝告，没有挂冠而去。我告诉温斯顿，他有两个选择：一是带上一块反战牌站在白宫前抗议；二是留下来继续干，直到我们一起结束这场战争。

谈判。谈判进程证明，有忍耐力的不止北越一家。其实西贡拖延战术还有更深一层含义：担心以后它要独自面对一个不达目的誓不罢休的敌人。对后者而言，"和平"一词仅具有战术意义。

当时的情况与尼克松第一个任期内的情况截然相反。河内催促我们缔结一份它躲避了10年的协议，急于把我们拴在双方讨论过的内容上，为此河内公布了当时正在谈的完整案文。我在1972年10月26日的一次记者招待会上介绍了谈判现状，强调我们依然致力于通过谈判结束战争。我说了一句话（事先得到尼克松首肯）："和平近在咫尺。"我用下面一段话结束了发言，旨在说明我们既有紧迫感，又有底线：

> 我们不会被人催着赶着急匆匆签署协定，除非条款合情合理。我们不会背离协定，如果条款合情合理。抱着这种态度，加上对方一定程度的配合，我们认为无须多日，美国将再次恢复国内的和平与团结。[38]

11月7日尼克松再次当选后，黎德寿判定时间对他有利，于是重拾谈判取得突破前用过的拖延战术。12月初尼克松断定，河内试图把谈判拖到他的第二个任期，于是下令出动B-52轰炸机轰炸军事目标。此举受到美国媒体、国会和国际社会广泛抨击。然而两周后河内重返谈判桌，接受了西贡提出的修改意见。1973年1月27日签署了《巴黎和平协定》，协定中包含了尼克松一年前开出的主要条件。

9 个国家外加西贡、河内政府和南越共产党人正式批准了和平协定。尼克松的越南政策成果达到巅峰。[39] 然而到了 3 月底,河内公然违反协定,再次利用"胡志明小道"偷偷把大量军事装备运到南越境内。1973 年 4 月初,尼克松决定恢复轰炸河内供应线。[40] 我们计划 4 月初恢复轰炸,那时被北越关押的美国战俘应该全部返回了美国。

然而到了 4 月中旬,白宫顾问约翰·迪安开始与联邦检察官合作,配合联邦检察官对他的办公室参与窃听及其他涉嫌违法的活动的调查。事情很快演变成如今众人皆知的水门事件丑闻。在这一丑闻冲击下,国会原来的保留态度瞬间转变为彻底禁止在印度支那采取任何军事行动。

越南和平协定始终依赖各方执行条款的意愿和能力。协定基于以下假设:1972 年北越发动攻势期间西贡的表现说明,只要能得到条约许可的军事装备,它就有能力抗衡北越军队。北越若是发动全面攻势,美国还会向南越提供空中支援。①

调查水门事件的日子里,心力交瘁的美国公众不会支持印度支那的又一场冲突。国会干脆切断了对柬埔寨的军事援助,把它推给了嗜血的红色高棉,同时把提供给南越的经济、军事援助砍了一半,禁止"在北越沿海、南越、老挝和柬埔寨境内、上空或比邻地区"的一切军事行动。[41] 在这种情况下,执行越南和平协定中的限制条款已不可能,对河内的束缚化为乌有。

---

① 类似假设也是 1953 年《朝鲜停战协议》的依据和支撑。

通过签署《巴黎和平协定》，尼克松给美国带来的是糅合了荣誉和地缘政治的结局，尽管日后该协定因美国国内的灾难而作废。1974年8月，尼克松辞去总统职务。8个月后，北越所有野战师倾巢而出，对南越发起总攻，西贡陷落。除美国外，和平协定的其他国际保障国没有一个吭声。

美国社会内部走向分裂始于越南战争。时至今日，这种分裂依然在撕裂着美国社会。冲突带来了一种公开辩论的风气。争论越来越聚焦在政治动机和各自认同上，而不是实质问题。愤怒取代了对话，成为与对方争论的方式。意见分歧变成了文化冲突。在这一过程中美国人可能会忘记，一个社会之所以伟大，不是因为哪一个党派的胜出或置国内对手于死地，也不是因为彼此之间谁胜谁负，而是因为有共同的目标和彼此之间的互谅互让。

大国外交与军备控制

作为一位政治家，尼克松的重要性源自他扎根于地缘政治的策略。继1969年年初欧洲之行后，尼克松发动了一场旨在削弱莫斯科对其东欧卫星国控制的外交攻势，逐一把这些卫星国拉入美国的外交轨道。

同年8月，尼克松成为访问一个华沙条约组织成员国的首位美国总统。此前，尼克松曾建议与罗马尼亚的专制统治者齐奥塞斯库会晤。齐奥塞斯库热切期盼具有重要象征意义的一位美国总统的来访，甚至为此推迟了与尼克松提议的访问日期相冲突的罗共代表大会，取消了原定出席罗共代表大会的苏联领导人勃列日涅夫的访问。欢迎勃列日涅夫的标语牌要么被拿掉，要么被刷上了漆。

尼克松受到罗马尼亚人民的热烈欢迎。这当然是官方事先安排好的，目的是为齐奥塞斯库争取在苏联轨道内有更大自主权造势。（作为尼克松的随行人员之一，我享受到了罗方提供的奢华待遇：一间带室内游泳池的大套房。）尼克松在祝酒和公开讲话时，尤其是与齐奥塞斯库会晤时，鼓励这种友好感情。他还把齐奥塞斯库作为与中国开启对话的手段。尼克松告诉齐奥塞斯库，他对与中国对话感兴趣。5个月后，我们发现尼克松说的话已传递给北京。此后，中国也时不时地把罗马尼亚当作与华盛顿沟通的另一条渠道，但只用过几次。

尼克松的战略目标是增加苏联维持其欧洲帝国的成本，最终苏联为了继续维持其欧洲帝国不得不分散对其他重大目标的注意力和资源。尼克松任总统期间，还安排访问了其他争取自主权的东欧国家，分别于1970年和1972年到访南斯拉夫和波兰。维利·勃兰特成为联邦德国首位社会民主党总理后，白宫默认了他提出的"东方政策"。勃兰特提出这一政策旨在实现与民主德国、其他苏联卫星国乃至最终与苏联的关系正常化。勃兰特出任总理初期，尼克松接受了他偏离阿登纳政策的做法，同时把勃兰特拉入盟友磋商进程。我们力求使"东方政策"符合北约目标，以此影响苏联的图谋。事实证明，无论对于美国还是联邦德国，这一战略都行之有效。

尼克松就任总统后的第一个月末出访欧洲。启程前尼克松把苏联大使多勃雷宁请到椭圆形办公室，向他表达了希望直接与苏联领导人打交道的意愿。几天后，总统指定我作为与苏联大使讨论敏感问题的主要渠道。

这一安排一直延续到尼克松任职结束。它建立了一个模式，通过被称为"背后渠道"的基辛格－多勃雷宁管道，我们与莫斯科建立了直通尼克松和苏联领导人的直线联系。双方讨论的重大问题之一是美苏两国储存的数量庞大的核武器对世界秩序的影响，以及如何避免一场要么起于先发制人、要么起于美苏两国冲突升级的全球灾难。

尼克松任艾森豪威尔政府副总统期间，曾思考过核技术对战略产生的影响，包括如何应对核威胁以及理论上可能会如何使用这类可怕的武器。尼克松继承了大规模报复理论，该理论把核威慑建立在给对手造成不可接受的损失基础上。此后又修改了大规模报复理论，改为"相互确保摧毁"，这一概念寻求把束手无策的困境降为双方对升级风险做出冷静评估。然而，这一理论——评估什么样的摧毁是"可以接受的"，什么样的摧毁是"不可接受的"——实际上暗示了数小时内死伤人数会超过两次世界大战伤亡人数的总和。

一次尼克松向一位记者表示，核时代的政府领导人除了其他特征，还需要有为了国家利益采取非理性行动的意愿。[42] 这是尼克松想给对方留下印象的又一个例子，而不是释放操作层面上的信息。尽管如此，他的这番话还是招来强烈批评，斥责他鲁莽。其实就其实质而言，尼克松这番话反映了核大国手中握有巨大毁灭力这一始终存在的基本事实。

如前几章所述，夏尔·戴高乐和康拉德·阿登纳都对把本国安全寄托在盟友手中的武器上顾虑重重。武器除了造成灾难性毁灭,没有提供任何解决冲突的可信办法。使用核武器面临三个问题。第一,有无可能让对手或盟友相信,一方愿意打一场有可能重创本国社会秩序的战争?第二,有无可能为说到底是非理性的行动引入理性计算?第三,有无可能在自我毁灭和外交之间达成平衡?

以上难题是将近 80 年前核时代降临时出现的,至今依然无解。长崎之后没有再使用过核武器。核大国即使卷入与非核国家的战争,也选择承受常规战争带来的伤亡,而不是为了速胜动用核武器。苏联在阿富汗,还有美国在朝鲜、越南和伊拉克的例子都验证了这一点。

尼克松明白,他就职总统时,美国核能力正在成为国会拨款程序中一个有争议的项目。为此,尼克松任命莱尔德为国防部长。莱尔德曾在众议院拨款委员会下属的国防小组委员会主席位置上干过几年。尼克松决心防止一个侵略者通过发展核武器优势拥有可信的战略威胁能力。在莱尔德的协助下,尼克松关于导弹防御和扩大战略武器的设计和能力范围的目标得到国会认可。莱尔德还通过研发巡航导弹和可移动陆基武器提高了美国战略力量的灵活性和抗打击性。

其次,尼克松高度重视军备控制。1963 年肯尼迪和勃列日涅夫签署的《禁止核试验条约》是核武器控制领域内采取的首个正式措施。肯尼迪总统遇刺 4 天后,约翰逊总统提议恢复与苏联的战略武器谈判。[43] 然而,讨论日程的预备会议每日争执不休,会议裹足不前,直到 1968 年夏天尼克松赢得大选前夕,双方才就启动谈判的条件达成协议。[44] 1968 年 8 月苏联入侵捷克斯洛伐克后，预定的美苏首脑峰会被取消。

尼克松早期面临的一个问题于是成了还要不要与苏联进行军备控制谈判。他做出的决定象征了尼克松一届政府的方向。尼克松运用挂钩理论，在敲定了一项越南战略后才正式表态同意启动与苏联的战略武器限制谈判（SALT）。1969 年 10 月，美国宣布参加军备控制谈判，为此需要调整现有的政府机构。对五角大楼而言，军备控制是一个新课题。此前国防部的工作重点一直是研发核武器，而不是限制核武器。军备控制谈判涉及高级军事人员，这些人直到现在才刚刚接触这一课题，因此需要有新的领导机构。

尼克松就任总统后不久建议，建立一个共有 12 处发射基地、覆盖全国的导弹防御体系。这一建议挑战了当时流行的共识：唯有通过相互确保摧毁才能实现战略平衡。批评尼克松建议的人士指责说，防御性倡议会侵蚀相互不安全性，从而损害威慑能力。基于以上批评意见，加之担心导弹防御计划耗资巨大，效果不佳，众多美国国会议员反对该计划，力图削减拨给它的预算。

冷战另一方苏联则高估了我们的新反弹道导弹（ABM）能力，担心美国防御体系会损害苏联的进攻能力。苏联人推断，美国有了导弹防御体系后，会不再忌惮苏联的第二次打击，因此更有可能发动一次突然袭击，先发制人解除对手武装。

战略武器限制谈判启动伊始即在程序和先后顺序上陷入僵局。苏联要求先就限制防御性武器展开谈判，此后再谈判进攻性武器。尼克松坚持保留防御选项，一则为谈判限制进攻性武器施加必要压力,二则为美国平民人口提供保护。

即将举行的核武器限制谈判在美国国内再次引发争议。自由派的共识是赞成尽快开启战略武器限制谈判,并加快谈判进程,借此缓和紧张局势。然而随着军备控制逐渐成为国际议程上的固定议项,一批自由派人士和保守派人士开始合流,异口同声批评军备控制,理由是它只治标不治本,无视共产主义制度的专制特征和对人权的侵犯。

再者,鉴于对立双方的核武器系统具有的特征,很难给平衡下一个可行定义。苏联的战略武器数量庞大,但精确度低。美国的核武器更机动、更精确。倘若美国在精确度基础上增加导弹的有效载荷,或苏联通过提高精确度增大现有导弹的威力,这一平衡就会被打破。

双方争吵了数月后,尼克松亲自介入了。1971年3月11日,尼克松拍板定了修建4处反导防御设施的初步目标,拒绝了苏联提出的"零反导"要求。为了打破防御性武器与进攻性武器关系上的议程僵局,尼克松让我私下与多勃雷宁会晤。[45] 他没有对外界透露我与多勃雷宁之间的密谈,原因之一是防止国会在此期间对导弹防御体系动手脚,令我们无法把它作为讨价还价的砝码。

尼克松亲自干预后,谈判进程加快了。1971年3月底,我启用了多勃雷宁渠道,代表尼克松向他建议,就进攻性武器和防御性武器同时展开谈判。此后,美方代表杰拉尔德·史密斯与苏方代表弗拉基米尔·谢苗诺夫开始在维也纳展开谈判[46],最终产生了《第一阶段限制战略武器条约》。1972年5月,尼克松与勃列日涅夫在莫斯科峰会上签署了该条约。

尼克松在谈判方针的制定上起了关键作用，但对谈判细节没什么兴趣。每轮谈判之初，我和手下幕僚会起草一份内部讨论概要，包括对有可能出现情况的预测。尼克松一般仅对原则性问题谈点意见。谈判期间，每天晚上我向尼克松呈交一份谈判现状小结。总体来说，尼克松一般都是等到谈判临近突破时才会表态。虽然有关武器均势的技术性谈判不太可能吸引尼克松，但他对自己确定的三大目标始终一清二楚：（1）防止对手获得首次核打击能力；（2）避免冲突发生后自动升级；（3）向美国公众显示他结束或至少缓和军备竞赛的决心。

莫斯科峰会产生了核时代首份全面战略武器控制协定。该协定把弹道导弹防御限于两处设施（《反弹道导弹条约》），把进攻性战略武器数量限制在现有水平上（《第一阶段限制战略武器条约》），决定了处理海上事故和核事故的方式。作为谈判的一个副产品，美国（与法国和英国一道）与苏联就确保柏林通道不受威胁展开谈判并达成一份新协议，该协议一直维持到1989年柏林墙倒塌。

尼克松终其一生把军备控制视为国际秩序的关键一环。他之后的每位总统任职期间，都以某种形式推动实质性军备控制谈判，直到特朗普政府时期才中止。1975年，福特政府缔结了《赫尔辛基协定》，该协定的谈判始于尼克松。除阿尔巴尼亚外，所有欧洲国家，外加苏联和美国都接受了在安全、经济和人权领域内的一些共同原则。卡特政府缔结了第二个限制战略武器条约，该条约从未得到美国参议院的批准，但基本内容得到了遵守。里根政府与苏联缔结了唯一一个销毁整个一类武器（即中程导弹）的军备控制协议。最后，乔治·W. 布什政府谈成了《第一阶段削减战略武器条约》（START I），华盛顿和莫斯科把各自的战略核武器削减了将近60%，从1971年两国加在一起的4.8万枚核弹头，减至2001年大约2万枚核弹头。[47] 始于尼克松时期的一件新鲜事，在他之后已司空见惯。

苏联犹太移民

尼克松上任之初，自苏联出境的犹太移民每年仅有几百人。[48] 尼克松授权我把它作为一个实际问题而不是意识形态问题向多勃雷宁提出来。我告诉这位苏联大使，我们正在密切关注苏联在移民海外问题上的做法。苏联对我们关切的尊重将在我们对待苏联高度重视问题的方式上得到体现。换言之，改善苏联犹太人移居海外的条件会促进美苏合作。

多勃雷宁从未正式回复过我，但同意讨论具体人遇到的困难。1972年年底尼克松结束第一个任期时，每年从苏联出境的犹太移民已超3万人。[49] 尼克松在竞选活动中从未就此事邀功，也从来没公开说过增加的移民人数。苏联方面从未承认过这是双方协商的结果。

美国的国内政治损害了这一默契安排。来自华盛顿州的参议员亨利·杰克逊热衷国际事务。身为民主党人，杰克逊曾经跨越党派界线，真诚支持了尼克松为争取充足国防开支所做的努力。杰克逊把犹太移民看成是意识形态问题，称促进移民应当成为美国外交内容之一。为此，杰克逊对《1974 年贸易法案》提出了一项修正案，将美国和东欧集团的贸易与苏联在移民问题上的表现挂钩。此后移民数量不断下降，从 1973 年的大约 3.5 万人减至 1975 年年底的不足 1.5 万人。[50]

尼克松在犹太移民问题上的目标与他的几位继任者相似，但采用的方式涵盖范围更广，也更细微，把意识形态冲突置于特定的实际安排之下。

打开对华关系

1967 年，当时在野的尼克松在《外交事务》杂志上发表了一篇立意新颖的文章，提高了不把中国"永远隔绝在国际大家庭之外"的可能性。[51] 尼克松从宏大的战略高度出发提出这一建议，强调如果中国能够减少对世界各地革命的支持，有一天与西方建立外交关系的话，将有利于世界和平。尼克松在此文中没有详说以何种方式最终打开对华关系。

两年后尼克松当选总统，打通中美关系有了可能。中国当时正深陷"文化大革命"。作为净化意识形态宏大计划的一部分，中国从世界各国召回驻外大使，只有埃及除外。（在少数几个国家，例如波兰，大使级以下的外交官依然留任。）首次试探来自尼克松本人。如前所述，1969 年 6 月尼克松访问罗马尼亚时，通过齐奥塞斯库表达了与中国接触的愿望。齐奥塞斯库表示将转达他的建议，此后杳无音信，很可能是因为中国对苏联渗透的卫星国不放心，哪怕是罗马尼亚这样一个特立独行的卫星国。[52]

法国在越南的战争结束后，1954年召开了日内瓦会议。美国驻波兰大使馆被指定为华盛顿与北京接触的联络点。在华沙一共举行了162次大使级会谈，最终以互相拒绝接受对方提出的先决条件结束：美国拒绝讨论台湾无条件回归中国，中国拒绝保证只采用和平方式追求自己的目标。此后几年，甚至连摆摆样子的会谈也没举行过。1970年1月，我们决定启用华沙联络渠道。我向美国驻波兰大使沃尔特·斯托塞尔发出指示，让他利用下一次美中外交官都出席的社交活动向一位中国外交官提出我方的对话建议。斯托塞尔以为收到的指示是我个人所为，对此置之不理。此事显示了白宫与国务院之间的明争暗斗。斯托塞尔被召回国内述职。尼克松总统把他召到白宫，亲自对他下达指示。此后不久，斯托塞尔在南斯拉夫使馆举办的一次外事活动中递交了美方的提议。参加活动的一位中国外交官先是躲着斯托塞尔，最后实在躲不开才收下了美方的提议。

两周后，中国驻波兰大使悄然来到美国大使馆，奉命与美国开启对话。双方一共会晤了4次。美国官僚体制设置的审批制度是先要通过政府内部审批，然后需要国会审批，这阻碍了对话的进展。尼克松一次感慨道："这个婴儿还没诞生就会被他们杀死。"

1970年5月美国出兵柬埔寨后不久，中国为表示抗议中断了华沙渠道。当年10月，巴基斯坦总统叶海亚·汗出席联合国会议时来白宫拜访了尼克松，尼克松向他再次表达希望与中国建立直线联系。

这一次，尼克松收到中国总理周恩来代表毛泽东主席的亲笔复函。1970年12月9日,周恩来用了含义隐晦的四句话把尼克松与叶海亚·汗的谈话提升到正式口信地位,称这是美国首次在总统一级与中国接触,"一国首脑通过一国首脑转达给一国首脑"[53]。

周恩来表示,中国愿意与美国就台湾回归祖国问题举行谈判。我方话中有话地回复说,如果开展对话,每一方都可以提出自己关切的问题。为了尽可能减少泄露风险,同时为避免引起莫斯科反弹或给世界其他地区带来不稳定因素,双方往来信函均没有信头和签名。双方倒退回旧的外交方式上:华盛顿派信使把信函带到巴基斯坦首都伊斯兰堡,再从这里由巴基斯坦转交给北京。中国给美国的复函走的是同一条路线,只不过是逆向的。

由于双方都决心不让对方利用己方的急切心情,同时也是为了最大限度地对莫斯科保密,美中之间的信函交流速度放慢了。通过我与周恩来之间的信函往来,尼克松与毛泽东的对话持续了几个月,每次只有简短几句话。这一进程因苏联的一次误判提速。

1971年春天,我们与中国的秘密接触开始结果,双方就我出访中国一事达成一致。我们同时与中苏两个对手就两场峰会进行谈判。尼克松解决了安排峰会的难题,他指示我们分别向中国和苏联提交举行峰会的提议,先发给苏联。如果中国和苏联都接受了,就按两国回复时间的先后安排峰会顺序。

1971年6月,我在戴维营向多勃雷宁提交了举行美苏峰会的提议。苏联回复说,它接受峰会提议的条件是我们支持苏联与联邦德国、英国和法国谈判一个新柏林协议。两个峰会孰先孰后的问题,苏联帮我们解决了。中国的做法与苏联截然不同。1971年7

月我秘密访华期间，周恩来提议尼克松访华，而且没有附加任何先决条件。我从中国返回3天后，尼克松接到了北京发来的邀请。当月，多勃雷宁也提议无条件邀请尼克松访苏。按照原定计划，我们把尼克松访苏日期定在访华后3个月。

我的秘密访华之行做出了特别安排。我先出访越南、泰国、印度和巴基斯坦。到伊斯兰堡后再告诉外界我身染小恙，需要在一座山间别墅休息康复，如此可以解释我失踪的两天。从1970年10月25日尼克松与叶海亚·汗会谈[54]，到1971年7月9日我抵达北京，尼克松访华过程前前后后费时8个月。从离开华盛顿到抵达北京之日算起，尼克松访华之行一共8天，而在北京逗留的时间仅有48小时。

如何充分利用这段短暂的时间？美国政府在华沙大使级会谈时早有既定议题，其中包括台湾问题、没收美国财产产生的金融诉求和资产问题、战俘问题和中国南海航行问题。尼克松和我一致认为，以上问题及类似议题很有可能会把我们引入生僻技术枝节和意识形态僵局，坏了继续推进两国关系的大计。我受命向中方表达了讨论台湾问题的意愿，但仅限于在越南战争结束后的中美整体关系框架内。

尼克松为了强调对地缘政治的重视，1971年7月6日在密苏里州堪萨斯城发表了演讲。当时我正在出访途中。尼克松阐述了他对基于大国平衡的世界秩序的看法，只字未提台湾。尼克松说：

> 从经济角度看，当今世界不是美国一家称雄世界，一枝

独秀，也不是只有两个超级大国。从经济角度和经济潜力看，世界上有……5个了不起的经济超级大国：美国、西欧、苏联、中国大陆，当然还有日本。⁵⁵

我秘密访华的唯一成果是中国邀请尼克松访华。双方着重阐述了己方的基本立场，为今后的讨论奠定基础。我阐述了尼克松讲话的要旨。周恩来在会谈之初引用了毛泽东说的一句话："天下大乱，形势大好。"

3个月后，我于1971年10月第二次访华，双方开始了更具体的外交对话。此次访华是为美中首脑峰会做准备并起草一份公报。我第二次访华后过了4个月才举行美中首脑峰会，这段间隔显示了尼克松和我的坚定看法：鉴于两国首脑的首次面对面会谈受到各自国内因素的制约，同时受到媒体的高度关注，必须避免会谈谈崩的风险。

我随身携带了一份常规格式公报草案，各方申明己方一般立场，措辞笼统空泛。次日上午，周恩来带回了毛主席清晰无误的口信：中美高层多年不相往来，不要造成一种假象，好像从今以后两国就一团和气了。毛泽东建议应把双方在具体问题上的分歧写入公报，再加上明确达成一致的观点。这样处理公报可以更突出双方的共同点，而不是表达善意的公式化措辞。涉及台湾未来的联合声明留给了即将举行的峰会主角去处理。不过我与周恩来谈成了一份共同反对在亚洲称霸的文件，借此对苏联发出警告。

中国突然与美国接触无疑是受到苏联威胁的结果：苏联沿中国

东北和新疆边界陈兵40多个机械化师。美中为建立全球平衡进行高层合作一事现在将公布于世,冷战性质为之一变。

峰会前产生的公报草案前所未有,此后也没有过类似文件。一如事先商定的那样,双方列举了一长串意见分歧,外加在一些问题上的共同看法。双方各自对己方方案负责。由于双方都没有要求有权否决对方案文,这种公报格式给了我们一个机会,可以清楚地阐述美国在台湾问题上的立场并将其作为联合公报的一项内容。现在公报草案只待尼克松和毛泽东点头了。

毛泽东出席峰会只有45分钟。中国医生后来告诉我们,会前一周毛泽东刚大病一场。不过此前他批准了10月份起草的公报草案,草案全面阐述了美国在台湾及其他问题上的立场。在这种情况下,毛泽东与尼克松短暂会见时做出的一个表态尤其重要。他解释说,中国并不想马上收回台湾,因为台湾人"是一群反动分子……目前没有他们也无大碍。100年后台湾再回来吧"[56]。

峰会期间,台湾问题给两国之间的谈判造成了极大困难。台湾不再是紧迫问题后,才有了此后50年一直是美中关系指导原则的声明:"美国认识到,台湾海峡两边的所有中国人都认为只有一个中国,台湾是中国的一部分。美国政府对这一立场不提出异议。"[57]

依照尼克松在峰会上提出的一项正式提议,以上措辞写入了《上海公报》。尼克松访问结束时发表了这一公报。

这段措辞既不是尼克松想出来的,也不是我想出来的,而是我们借用了艾森豪威尔政府时期一份声明里的用语。当年起草该声明是为与北京谈判做准备,最终谈判化为泡影。这一声明的优点是准确表述了台北和北京公开宣称的目标。美国在《上海公报》里放弃了对"两个中国"方案的支持，但公报在将由"海峡两岸的哪一方"实现中国人民的愿望上依然含糊其词。

几天后，周恩来接受了我们的措辞。模糊措辞使双方得以奉行一项战略合作政策，从而使国际均势向不利于苏联的方向倾斜。美中双方将申明一个中国原则，美国不再发表暗含两个中国政策的声明或采取类似行动，任何一方不寻求强迫对方接受自己的案文。美国坚持和平解决的立场清楚地写入《上海公报》美方段落里。卡特政府时期和里根政府时期又与中国签署了两个公报，扩大了以上谅解内涵。这三份公报加在一起依然是海峡两岸关系的基础。任何一方若挑战三个公报，军事对抗风险会大幅上升。

尼克松访华后20年里，美国和中国为遏制苏联扩张奉行广泛合作政策。在此期间，美中合作甚至延伸到情报领域，不过合作范围有限。1973年2月我再次访华时，毛泽东让我感受到了中国的坚定承诺。他敦促我不要只来中国，也要去日本走动走动。毛泽东担心日本会受到冷落，对共同抗击苏联不再那么热心。"我们不想看到日本加深与苏联的关系，"毛泽东告诉我，"我们宁愿看到日本改善与你们的关系。"[58]

次月，新加坡总理李光耀在美国宾夕法尼亚州的理海大学讲演时谈了他对尼克松政府的外交重大意义的思考。

> 我们生活在一个动荡不安的时代。最近两年大国之间关系变化之大，实为世界多年所未见。我们看到，一端重量改变后，

均势也随之而变。大国正在学习如何彼此和平相处……

冷战时期一成不变的旧分歧似乎变幻不定、模糊不清。华盛顿从对抗走向与北京和莫斯科进行谈判。无论出于什么考虑，两个共产主义大国都希望越南战争降级，从而使美国能体面地撤军……

中国对资本主义美国和日本比对共产党俄国更热乎……

意识形态分歧显得不那么重要了。当前，国家利益似乎是各国政府行动和政策最可信赖的指南。[59]

李光耀对尼克松政策的评价可以说是尼克松希望得到的最高评价了。

1976年毛泽东逝世。邓小平复出后，继续推动1974年他首次复出后启动的改革政策。此后一直到2017年特朗普上台，美国对华政策始终遵循了这一时期的跨党派原则。

今天，中国在经济和技术上成为美国令人生畏的竞争对手。当今国际形势下，时不时会出现疑问：倘若今天尼克松还活着，会不会后悔对中国敞开大门？尼克松生前预见到了这一挑战。1971年7月他在堪萨斯城讲演时，不经意地流露出他对中国影响国际体系的潜力有清楚的认识。

> 我们结束中国大陆孤立的政策很成功。这一政策的成功将意味着中国在经济上不仅对我们，而且对世界其他国家的挑战将成倍增加……中国向世界开放必然带来各方面的交流，

包括思想交流。面向世界的8亿中国人将成为一个具有巨大经济潜力世界中的一支经济劲旅。[60]

英国首相帕麦斯顿有过一句名言："我们没有永恒的盟友，没有一成不变的敌人，只有永恒不变的利益。我们的职责是追求这些利益。"冷战时期，与中国发展合作以抗衡苏联就是美国的最大利益。今天，任何美国对华政策都无法脱离可与美国比肩的中国庞大的经济、不断增长的军事实力和在维护几千年独特文化岁月中打磨出的外交技巧这一大背景。

如同每个成功的战略范例，当年打开对华关系不仅是为了应对那个年代面对的问题，也是一张接受未来挑战的"入场券"。在各种挑战中，以下挑战最为突出：伴随形形色色高科技武器的问世和人工智能的巨大进步，现代技术正不断增加核战争的毁灭力，中国、俄罗斯和美国已开始使其储存的军事武器现代化。正在研发的武器具有自行寻找目标和不断学习的能力。网络武器可以让人无法迅速判定其来源。伴随技术进步，开展永久对话对于确保世界秩序的稳定，甚至对于人类文明的生存都是不可或缺的（详论参阅结语部分）。

风雨飘摇的中东

尼克松就任总统之初面临两个始终难解难分又似乎相互矛盾的问题：如何维持西方在（居民以阿拉伯人为主的）中东的地位，同时履行美国对以色列安全做出的承诺。尼克松与他的几位前任一样，完全赞同这两个目标，但开始从新的战略视角追求这两个目标。

尼克松即将接手的中东危机现状形成于约翰逊政府任期的最后一年。1967年以色列与邻国埃及、叙利亚和约旦之间的战争结束时，以色列占领了埃及的西奈半岛、叙利亚的戈兰高地和约旦河西岸的巴勒斯坦领土。以色列使用武力拓土后，双方讨价还价的地位随之发生了变化。以色列想在占有有形领土的前提下启动和平进程，如果有可能启动的话。以色列希冀利用占据的领土实现无形战略目标：承认以色列国的存在和合法性并承认其安全边界。这暗含对1949年停战线做出调整之意。

1967年，联合国安理会通过了242号决议。联合国寻求通过这一决议为和平进程建立一个国际框架。242号决议里圣洁字眼一个不少："和平""安全""政治独立"。然而，这些字眼的先后顺序使该决议丧失了实际操作意义，每一方都可以按照己方的理解解释决议。决议是这样写的：

> 安全理事会……
> 1. 确认为履行宪章原则，必须于中东建立公正及持久和平，其中应包括实施以下两项原则：
> （1）以色列军队撤离其于最近冲突所占领土；
> （2）终止一切交战地位之主张或状态，尊重并承认该地区每一国家之主权、领土完整及政治独立，与其在安全及公认疆界内和平生存、不受威胁及武力行为之权利……[61]

决议在以色列应从哪些领土撤出问题上含糊其词。"公正和持久和平"的定义同样模糊不清。再说,在一个由主权国家构成的世界中,这个条件很难实现。结果每一方都依据己方坚信不疑的观点诠释这一决议。

1969年3月,埃及总统纳赛尔试图加快和平进程。埃及军队使用重炮轰炸了苏伊士运河沿岸的以军阵地。作为回应,以色列空袭了埃及境内的纵深目标。尼克松当机立断,把中东问题谈判一事交给了国务卿威廉·罗杰斯,同时指示我依照先越南、后中东的方针,外交上优先解决越南问题,之后再争取中东问题的外交突破,从而避免在两个风马牛不相及的问题上同时引发国内争议。

经过罗杰斯的调停,联合国促成了苏伊士运河沿岸停火协议,在运河两岸建立了50公里(约32英里)宽的非军事区。1970年6月19日罗杰斯提出了这一方案,8月7日又将其公布于世。纳赛尔和苏联人马上把协议踩在脚下,在运河西岸非军事区内部署了苏联提供的50个防空导弹群。①

运河沿岸爆发军事冲突似乎迫在眉睫。国家安全委员会下属的一个小组判定,以色列最有可能先动手。尼克松对这一评估意见不以为然。他不赞成以色列在距离自己边界如此远的地方挑起一场冲突。尼克松认为,以色列这样做或许会走向与苏联对抗,甚至会引发一场更大范围的冲突。鉴于苏伊士运河沿岸的冲突涉及美国的安

---

① 埃及得以集结部队,为3年后在地空导弹(萨姆导弹)保护下发动"十月战争"创造了条件。

全利益，如有必要应出动美军，最大限度地遏制苏联。尼克松把出兵决定留给自己，未经他批准，不得再研究这一选项。于是这个问题搁置了几周，直到中东危机的重心从苏伊士运河转到约旦国的未来上。

在此期间，尼克松探索全面解决办法时，把重点放在削弱苏联军事援助的作用上。阿拉伯国家之所以想入非非，苏联提供的军援起了关键作用。[62] 在尼克松的白宫私人办公室召开的每日例行晨会上，我们推断，一俟埃及和叙利亚认识到，美国绝不会让苏联的援助图谋得逞，两国就会改弦易辙。苏联提供的军事援助包括米格飞机和重炮，同时向叙利亚地面部队派驻大约2万名军事顾问。为挫败苏联战略，限制苏联防空导弹群，我们还备了一件礼物：我们准备支持在中东和平问题上进行认真谈判，条件是阿拉伯国家直接与以色列打交道。

尼克松非常喜欢这一策略，敦促我在公开场合提出来。于是在尼克松政府初期，我接见一位记者时解释说："我们正努力去除苏联的军事存在。不是仅仅赶走顾问，我们要赶走的是立足未稳的战斗机驾驶员和战斗人员。"[63]

1970年9月，这一战略首次受到考验。1964年在开罗成立的反以色列恐怖团体巴勒斯坦解放组织（简称巴解组织）劫持了数架载有西方乘客的飞机，强迫其中3架降落在约旦（第4架飞机降落在开罗，乘客被释放后不久飞机被炸毁）。[64] 这次劫机事件后又发生了一连串事件，阿拉伯世界称之为"黑色九月"事件。巴勒斯坦恐怖分子把主权国家约旦变成一个行动基地指日可待。

侯赛因国王是一位有血性的君主。过去几十年里,他娴熟运用外交手腕,勇敢应对了对约旦虎视眈眈的阿拉伯邻国和以色列的安全关切。这一次,侯赛因国王向对手提出挑战,关闭了约旦境内已成为巴解组织基地的巴勒斯坦难民营,把大部分难民营居民驱赶到黎巴嫩。

局势日趋紧张。叙利亚和伊拉克开始沿约旦边界集结军队。"华盛顿特别行动小组"数次开会(该小组是一个由国家安全事务助理主持的副部级跨部门小组,人员构成不固定,负责协调危机管理)。我们断定侯赛因不会屈服,以色列也不会坐视邻国入侵约旦。尼克松听取了我们的看法后,再次强调了他在苏伊士运河危机时发出的指示:约旦要保,但没有美国许可,以色列不得轻举妄动;未经他同意,美军不得采取军事行动,也不得轻言动武。

9月18日,叙利亚一个装甲师越过约旦边界直扑伊尔比德市。侯赛因国王下令抵抗,同时向美国求援。

危机演变成一次直接的战略挑战。一旦约旦不复存在,阿拉伯国家陈兵以色列东部边界,战争恐难避免。苏军也许会开进这一地区,给派驻在叙利亚和伊拉克军中的苏联顾问撑腰。以色列十有八九会反击。美国支持以色列至关重要,至少是外交上的支持。

危机管理有时会产生相互矛盾的结果。一个星期日晚上[65],我向尼克松通报了叙利亚入侵约旦的消息。当时他正在艾森豪威尔行政办公大楼地下室打保龄球(极其罕见)。当务之急是防止约旦危机升级。同时,我们又绝不会坐视叙利亚依仗苏联武器和顾问占领约旦的战略要冲成为既成事实。我向尼克松陈述了形势后,他批准采取行动制止危机恶化，击退叙利亚入侵。我当着尼克松的面——他仍在保龄球道上——拨通了以色列驻美国大使伊扎克·拉宾的电话，告诉他美国不会接受叙利亚的侵略。美国支持以色列动员军队威胁叙利亚侧翼，但军事行动必须等待进一步讨论。之后我给国务卿罗杰斯打电话，把总统的想法告诉了他。罗杰斯告诉我，他对军事行动感到不安，但会让助理国务卿乔·西斯科到白宫战情室协助协调外交努力。一如以往的习惯，尼克松没打算穿一身保龄球服在白宫处理危机。他消失了几分钟，换了一身西服后来到我和西斯科先他一步赶到的战情室。

传统外交会呼吁双方克制，同时召开一场外交会议解决悬而未决的问题。但在当时的情况下，这样做只会使侵略者有时间扩大战果，反而会加剧危机。在叙利亚撤军前呼吁召开一场国际会议无异于奖赏劫机和侵略，还会使叙利亚在约旦领土深处保有军事存在。我们的政策目标是分化阿拉伯国家政府和扶持它们的苏联。美国若按传统外交套路行事，不仅达不到这一目的，很有可能还会加重这些国家对莫斯科的依赖。

参加会议的人越多，越难达成一致。自以色列建国起，拒绝承认以色列生存权已融入阿拉伯的外交。大多数欧洲国家支持以色列的合法性，但反对以色列坚持在停火前先进行谈判的立场。即使以上情况都不存在，外交步伐也必然赶不上已带着苏联顾问进入约旦的叙利亚军队的挺进速度。

尼克松因此在战情室决定，对于他国发出的要求克制的呼吁，一律用于对叙利亚侵略者及其苏联后台施压。作为谈判的先决条件，我们将坚持叙利亚必须从约旦撤军。这一政策需要美国以某种方式显示其决心。为此尼克松把驻欧美军戒备等级提高一级。第六舰队水兵被召回位于地中海的军舰。在美国本土，第82空降师整装待发。[66] 提高戒备等级——一般仅用于常规力量——旨在警告涉事方，尤其是苏联和叙利亚，美国正在考虑采取军事行动。

一如惯常做法，尼克松拍板定下战略后放手让下属去执行。他离开了战情室，留下我、西斯科和亚历山大·黑格将军（当时是我的副手）处理细节。以尼克松的名义发给以色列总理果尔达·梅厄的信函申明，美国将抵制外部大国——指苏联——的干涉，同时敦促梅厄夫人不要扩大现有动员规模，以便我们有时间实施制定的战略。我们在发给侯赛因国王的信函中告诉他，我们会支持他恢复原状。同时我们还向北约盟友致函，告知提高戒备等级一事并解释了这样做的原因。

美国公开表示不能容忍叙利亚在苏联支持下施加军事压力后，莫斯科不再插手危机。次日下午，也就是9月21日下午，在一个外交招待会上，多勃雷宁的副手把我拉到一边，告诉我叙利亚军队越境进入约旦时，苏联顾问已从叙军中退出。苏联撒手不管后，叙利亚军队返回了自己的营地。侯赛因重新控制了自己的国家。

管理约旦危机的战略体现了一种模式：先深思熟虑一段时间，然后突然出手。出手力度之大足以让对手相信，继续升级将构成不可接受的风险。尼克松在管理此后的危机时多次采用了这一模式。在思考和动手两方面，1970年9月发生的事件是1973年10月中东重大危机的一次预演。

1973年中东战争

苏联开始探讨与美国共处可能性的同时，依然源源不断向阿拉伯盟国输送援助和武器，对抗风险再次浮现。美国国内情况也发生了很大变化。1972年11月，尼克松再次当选总统，获得的选民选票数量之大在美国历史上名列第二。尼克松打算替换国务卿罗杰斯，但还没有想好换谁接任，这也是中东外交步伐放慢的一个原因。但根本原因是，尼克松决心避免出现国内同时辩论越南和中东问题的局面。为此，他把中东外交推迟到大选后。1973年8月，尼克松决定任命我为国务卿。9月21日，国会通过了对我的任命。

两周后的10月6日，埃及和叙利亚出兵西奈半岛和戈兰高地。与此同时，白宫顾问约翰·迪安向司法部长供出白宫的违规活动（以及他本人在其中的作用）后，水门危机骤然升温。

在中东，受约旦危机冲击，外加1970年9月埃及总统贾迈勒·阿卜杜勒·纳赛尔去世，阿拉伯国家对利弊的权衡也发生了变化。纳赛尔一直是阿拉伯对抗政策的旗手。接替他的安瓦尔·萨达特起初因袭了前任奉行的战略，以苏联为靠山争取美国对以色列施压，迫其撤出西奈半岛。1972年夏天，萨达特突然驱逐了苏联派到埃及的2万余名军事顾问，下令没收苏军设施和重型武器装备。[①]1973年2月，萨达特派自己的安全顾问哈菲兹·伊斯梅尔出访白宫，打探美国对恢复谈判的态度。

---

① 详情参阅第四章，第281-285页。

伊斯梅尔给出的条件与此前造成与以色列谈判陷入僵局的条件基本没啥两样：作为承认以色列及与它直接谈判的先决条件，以色列撤回到1967年边界。埃及发出的信息内含一点新意，暗示埃及也许会撇开其阿拉伯盟友，单独采取以上步骤。

尼克松在椭圆形办公室接见了伊斯梅尔，告诉他我们将在11月以色列大选后启动和平进程，从而兑现1972年尼克松与果尔达·梅厄达成的谅解。我在此后与伊斯梅尔的一次私下会晤中重申了尼克松的保证，同时谈了我们为推动和谈可能会采取哪些步骤的大致构想。萨达特觉得这一前景未知数太多。以色列大选后，就组阁问题进行的谈判通常（今天依旧）持续数周，有时甚至数月。10月6日是赎罪日，以色列年历上最神圣的日子，以色列人大多去犹太教堂。萨达特在这一天让以色列和美国惊掉了下巴——埃及军队跨过了苏伊士运河。与此同时，叙利亚军队开进戈兰高地。以色列、美国和全世界对这次突然袭击事先毫不知情，事后不知所措。

此时此刻，尼克松正忙于应付水门事件及其后果。10月6日是战争爆发首日，副总统斯皮罗·阿格纽即将辞职，他被指控在任马里兰州州长期间受贿。10月20日被媒体称为"星期六夜大屠杀"，这一天尼克松解除了司法部长埃利奥特·理查森及其副手威廉·拉克尔肖斯的职务，两人均拒绝罢免特别检察官阿奇博尔德·考克斯。代理司法部长罗伯特·博克随后将考克斯免职，国会众议院于是启动了对尼克松的弹劾程序。

尽管美国国内政治灾难接二连三，但美国依然在实现停火、启动中东和平进程上起了关键作用。此后这一和平进程持续了几十年。尼克松的目光始终没有偏离核心战略目标：继续与阿拉伯国家开展有创意的外交，维护以色列安全，削弱苏联地位，战后美国为推动和平开展可持续外交。这一外交政策的核心特征在3年前的约旦危机中初见端倪：为了避免陷入僵局和矛盾不断激化，我们决定不召开涉及所有问题、相关各方参加的大会。我们的做法是分步骤推进和谈，参加会议的都是诚心想实现和平的国家。这一办法是否可行将取决于当时激战正酣的战事结果。

埃及和叙利亚的突然袭击令以色列军方措手不及，也暴露了我方情报机构事先毫无准备。战争爆发后，美国情报机构最初判断是以色列发动了突然袭击，而不是埃及和叙利亚，阿拉伯军队马上会一败涂地。实际情况是，埃及军队跨过苏伊士运河后，在西奈半岛一条10英里长的地带坚守阵地，顶住了以色列的大规模反攻，埃军拥有的苏制地空导弹压制了以色列空军。与此同时，叙利亚军队攻占了戈兰高地部分地区。局势一度显得叙利亚军队有可能突破以色列防线，进军以色列本土。

然而到了10月9日，战争爆发第四天后以色列完成了全国预备役军人动员，以军开始反攻。当日清晨，华盛顿以为以色列距离胜利仅有一步之遥。

依照我们制定的目标，从战争爆发第二天起，尼克松允许以色列使用商业飞机运输高科技军事装备。当时面临的一大难题是如何补充以色列损失的大量坦克、飞机。10月9日，以色列驻美国武官莫迪凯·古尔将军拜访了我，向我提交了一份紧急援助清单。以色列损耗之大实在出人意料。由于损失惨重，以色列总理甚至准备亲赴华盛顿求援。我告诉古尔将军，以色列总理来美会给人造成以色列已经绝望的印象。最重要的是，当时尼克松正在应付迫在眉睫的副总统阿格纽辞职一事。当天午夜，尼克松授权我向以色列大使保证，我们将在战后补齐以色列损失的所有装备；美国安排补充以色列武器的同时，以色列应动用本国武器储备。

此后，技术和政治困难接踵而至。和平时期，美国加强空运能力依赖五角大楼有权征用民用飞机。然而民用航空公司不愿意飞往交战区域，这一技术障碍又转化成为政治障碍：民用飞机从美国飞到以色列需要中途降落加油，葡萄牙和西班牙是最适合中途加油的两个国家，然而两国忌惮阿拉伯国家的反应和苏联的压力，拒绝让美国飞机降落加油。

技术和政治困难持续到开战第 7 天（10 月 12 日）时，尼克松拍板做出决定，下令动用无须中途加油的军用运输机运送以色列所需装备。这绝不仅仅是一个策略性决定，而是向以色列提供了扭转初期不利战局的手段，也是美国卷入这场战争的一次重大升级。10 月 12 日上午白宫开会讨论危机。会上尼克松否决了对使用军机次数加以限制的建议，他说："用 3 架飞机和用 300 架飞机反正都一样挨骂。"总统指出，我们的战略最终要由其政治成果评判，并解释说："我们需要做的是让我们能够在促成真正解决方案的外交倡议上发挥建设性作用。"我附和了总统的看法并补充说："只要我们立场坚定，就可以使自己处于前所未有的最佳地位，为一项解决方案做出贡献。"[67]

当务之急依然是扭转战场上的力量对比，然后将其作为外交先导。两天后尼克松给我打电话时肯定了这一总方针：

> 基本想法是——输送武器的目的不仅仅是让战争继续打下去，目的（是）维持均势……只有这一地区实现了均势，才会有不欺骗任何一方的公平解决……[68]

停火外交

就在华盛顿讨论空运问题时，以色列驻美大使西姆哈·迪尼茨向我通报了耶路撒冷新提出的一项倡议。此前，果尔达·梅厄收到国防部长摩西·达扬和总参谋长戴维·埃拉扎尔请求停火的提议。两人力陈，除非以色列有办法对付苏制防空导弹，否则很难突破埃及沿苏伊士运河新构筑的防线。梅厄夫人打算接受两人的提议。当时以色列正在戈兰高地发动反攻，梅厄夫人要等到以军迫近大马士革后再提出停火。我回复说，我会问问英国是否支持这样一份安理会决议，同时请联合国安排10月13日星期六召开安理会会议。

美国的空运外加萨达特的失算缩短了战事。以色列对戈兰高地发起攻势后，以军兵锋直指大马士革。叙利亚总统哈菲兹·阿萨德向萨达特求援。囿于对叙利亚盟友做出的承诺，加之高估了埃及军队跨越苏伊士运河的战果，萨达特拒绝了英国正在探讨的停火建议，下令两个装甲师对西奈半岛发起进攻，目标是夺取中央高地的关隘。发动攻势的埃及装甲部队失去了运河一线地空导弹的掩护后，完全暴露在强大的以色列空军打击之下。10月14日星期日，埃及250辆坦克被摧毁。以色列装甲部队于是打破了苏伊士运河沿岸的胶着状态，3天前以军指挥官还认为无法打破战事僵局。10月16日，以色列装甲部队越过苏伊士运河进入埃及境内。①

10月18日星期四，萨达特要求停火。当时多勃雷宁在华盛顿正与我方商讨停火案文。10月19日星期五，苏联邀请我去莫斯科与勃列日涅夫敲定停火。

此时，埃及军队已陷入进退维谷的境地。苏联已无暇利用美国国内乱局。10月21日星期日，在莫斯科谈成了一项得到尼克松认可的停火建议。10月22日星期一，联合国安理会通过了这一建议。[69]停火决议在通过12小时后生效，决议含有要求各方为达成政治解决方案开启谈判的条款。

3天前以色列领导人还请我们建议停火，现在却磨磨蹭蹭不想马上停火。以色列想扩大越过苏伊士运河后的战果。为此，我从莫斯科返回华盛顿途中绕道以色列。我在以逗留期间，以色列接受了停火。按华盛顿当地时间算，我当天在莫斯科与华盛顿之间打了个来回。回到华府后我发现，宣布停火容易，落到实处很难。停火协议几乎马上成了一纸空文。在停火谈判中，各方常常会争取对己方有利的停火线。然而此次谈判破裂不是战术原因，而是战略因素所致——扑向苏伊士市的以军马上就要把位于运河东岸的埃及第三军团装入口袋。

莫斯科方面认为，几天前刚刚一起提出停火提议，最新事态是

---

① 详细经过参阅第四章"1973年战争"小节。

以色列公然蓄意挑衅。10月24日星期三晚上，来自莫斯科的函电越来越咄咄逼人。晚上9点左右，我们收到了勃列日涅夫的口信。他先讲述了苏联对上个周末谈判以来事态发展的看法，随后建议苏美两国军队共同采取行动，强制实施停火。勃列日涅夫警告说：

> 恕我直言，如果你们觉得在这一问题上不可能与我们采取联合行动，我们将不得不紧急考虑采取适当的单方面步骤。我们不能坐视以色列肆意妄为。[70]

尼克松总统任内最惊心动魄，也最考验人的日子来临了。据情报部门通报，苏联几个空降师正整装待发。载有高科技武器的苏联舰只也驶入了地中海。我在战情室召开了华盛顿特别行动小组主要成员会议（当时我身兼二职，国务卿兼国家安全事务助理）。我们面临的挑战是：既不能与苏联一起针对我们的一个重要盟友出兵中东（在当时的情况下，这样做会极大地改变政治均势），又要阻止莫斯科单方面采取军事行动。

国安会此次会议的气氛很有些戏剧色彩。尼克松因连续几周面临个人和国际压力而疲惫不堪，白宫医生不得不催促他在收到勃列日涅夫来函前睡一觉。因此，我们只能以非同寻常的方式做出决定。国安会确信，美国不能考虑在美国盟友以色列和埃及之间部署军队作为缓冲，埃及之所以能采取军事行动靠的是苏联提供的武器，苏联还正在向它空运武器。美国同样不能容忍苏联单方面向这一地区派遣战斗部队以贯彻其战略意图。在以上问题上，与会者观点完全一致。

国安会就拒绝勃列日涅夫提议一事达成了共识。接下来还需要遏制苏联单方面采取行动。会议在总统缺席的情况下继续进行。黑格将军（已取代霍尔德曼任白宫办公厅主任）担任尼克松的联络员，我负责外交联络。我从会议室给多勃雷宁大使打电话，告诫他苏联不得单方面采取行动，并通知他对勃列日涅夫照会的正式答复正在拟定中。国安会遵循以往决策程序并参照约旦危机经验，建议采取必要措施制止苏联硬上弓，包括把核戒备状态提升至第3级（DEFCON 3），意味着这是一场仅次于核战争的严重危机。

我们代表总统在给勃列日涅夫的复电中拒绝了美苏共同出兵埃及的提议，但重申美国支持就和平进程展开磋商性外交。我们把复电压了几个小时才发，一是为了让苏联充分认识到核戒备状态升级的意义，二是以便我们有时间在自己内部协调并与盟友磋商。其间我向北约成员国大使及其他盟友，尤其向以色列通报了情况。

由于各方之间函电来往频繁，我一直留在战情室。与此同时，黑格将军时不时奔走于战情室和总统之间。尼克松的战略目标以这种方式得到了贯彻执行。国安会成员一致坚信，为阻止苏联采取不可逆转的行动，时间至关重要。

凌晨时分，尼克松返回椭圆形办公室，准许了国安会建议的细节。中午时分，勃列日涅夫给尼克松的答复来了。他一退到底，不再要求联合军事干预，改为提出一项反建议：美苏两国派出人数有限的观察员监督停火。尼克松在一场记者招待会上简述了危机经过，强调美国反对苏军介入这场冲突，同时也强调了我们愿意在寻求和平进程中发挥主要作用。

是什么原因促使勃列日涅夫退却？他的这一决定与贯穿1973年危机始末的苏联行为方式其实并无二致，即在外交上以及通过空运在物质上小心翼翼地支持其中东伙伴，但避免与美国发生会导致不体面收场的军事对抗。勃列日涅夫的退却也许还预示了苏联追求自己的目标不再那么坚定，苏联的经济社会状况也许正在走下坡路。18年后，苏联帝国坍塌。

中东和平进程

这一地区的任何和平进程若有望取得进展，首先需要跨越交战各方提出的显然无法调和的先决条件之间的鸿沟。以色列把外交承认作为结束敌对行动的先决条件，埃及和叙利亚提出的先决条件是以色列同意退回到1967年边界。双方均不接受另一方的先决条件，也拒绝先达成一项临时协议，把它作为起点。

问题之复杂远不止于此。如果停火各方，包括苏联，都参加和平进程，那么立场顽固的国家在随之召开的会议上将握有否决权，从而使得苏联或阿拉伯国家有机会阻碍西方做出的努力，以达到追求自己冷战目标的目的。尽管如此，我们还是决定通过召开一场有各方参与的多边会议赋予谈判合法性。假如会议陷入僵局，我们会改变做法，与愿意谈下去的国家一起分步骤推进和平。

会议定于1973年12月22日在日内瓦召开，停火各方均受到邀请。阿萨德拒绝参会。萨达特因不愿意受制于苏联的否决权率先做出外交努力，敦促采取分步走的办法。以色列坚持双轨和谈方式，即各方相互做出一系列让步，日后以色列总理拉宾把这一进程形容为用"一块土地换一块和平"。在此阶段，全无可能达成全面协议。这次会议后再没有开过任何会议。此后采取了分步走的做法。

尼克松任总统期间，在美国斡旋下达成了几项中东协议。1974年1月，埃及与以色列达成了脱离接触协议，在苏伊士运河沿岸建立了一个隔开双方军队的缓冲区，在每个缓冲区内限制军队和武器装备的调动。1974年6月，叙利亚与以色列达成了一项实质上的军队脱离接触协议。协议的技术和可观察条款基于限制双方在对方前沿阵地范围内部署重武器。事后证明，自从谈判达成脱离接触协议以来，协议中的限制条款发挥了作用。叙以两国在此后半个世纪基本上保持了克制，包括始于2011年的叙利亚内战时期。

之所以能达成以上协议，是因为所有当事方均接受了分步走办法，而且对美国发挥的调停作用产生了信任。各方接受这条道路时都不得不做出让步。埃及和叙利亚分别对原来提出的要求做了调整，不再坚持把以色列归还它们视为自己的领土作为开启谈判的门票。以色列在西奈半岛和叙利亚前沿阵地问题上也做了让步，以此换取和平保证。不过按照定义，和平保证也是可以变的。

1975年，埃及与以色列又缔结了一项新协议：以色列军队将撤退到西奈半岛山隘，换取埃及在政治上做出让步，包括重开苏伊士运河，以色列船只有权通过运河。美国设在西奈半岛的一个雷达站将监督该协议的执行。1976年年底，埃及和以色列开始谈判结束两国交战状态。作为交换，以色列军队从西奈半岛中部山隘撤到距离埃以边界 20 英里的穆罕默德角到阿里什一线。

克里姆林宫默许这一进程是这一具有战略意义的地区发生的一次重大地缘政治变更。不久前，苏联在这一地区还显得不可一世。这证明了挂钩做法和尼克松谈判策略的正确。危机期间的缓和外交维持了与莫斯科沟通渠道的畅通，为避免不必要的对抗发挥了作用。更重要的是，这一外交策略把苏联与它在其他一些问题上不愿损及的其他利益连在一起，包括关于柏林地位的谈判和 1975 年《赫尔辛基协定》。

1979 年，以色列与埃及在白宫草坪举行的一场仪式上正式签署了一项和平协议。卡特总统、以色列总理贝京和萨达特总统出席了签字仪式。1974 年在尼克松私人办公室早餐会上粗略构思的和平进程实现了。[1]

孟加拉国与藤缠蔓绕的冷战

20 世纪下半叶，基于 19 世纪欧洲均势的国际体系又一次发生巨变。诸如印度和中国这样的传统亚洲文明国家开始以当之无愧的大国身份加入国际体系，100 年前崛起的工业化的日本已经预兆了这一趋势。19 世纪欧洲霸权之争的特点是不同联盟之间一较高低。新崛起的大国没有走老路，而是展示了自己有能力凭借自身力量挑战全球平衡。如果说亚洲和非洲的去殖民地化首次把威斯特伐利亚

---

[1] 详见第四章"萨达特的耶路撒冷之行"小节和"曲折的和平之路"小节。

国家体系扩展到全球各地,如今国力不断壮大的印度和中国则进一步削弱了昔日帝国主义列强的相对实力。此前依据西方大国关系界定的国际秩序正在演变为世界秩序。

尼克松决定把中国引入威斯特伐利亚体系为前所未有的战略组合铺平了道路。尼克松与中国谈判时,没有把它看作苏联主导阵营中的一个附庸,而是将其视为平衡苏联阵营的一支力量,一个理应受到高度重视的参与者。尼克松走的这步棋利用了两个共产党大国之间有增无减的相互敌意。对世界秩序的追求从此成了不折不扣的多边事业。

1971年3月,这一新的现实证明了自己的存在。就在我与周恩来的会晤把中国带入国际体系的同时——不过当时还保密——南亚的巴基斯坦与印度之间爆发了一场区域冲突。美国、中国和苏联迅速被卷了进来。新出现的东巴基斯坦问题造成了前所未有的事态:一场三个拥核大国卷入的危机,它们作为主权平等国家在此一较短长。

这场危机的根源是20多年前印度次大陆的血腥分治。殖民时期,英属印度是英国统治下的一块广袤土地。1947年,英属印度分裂为印度和巴基斯坦两个主权国家。巴基斯坦又分为两个实体,两个实体同属巴基斯坦,但中间夹着印度,彼此之间相隔1200英里。

印度自称是世俗国家,印度教信徒占人口大多数,同时也有数量可观且人数不断增长的穆斯林。巴基斯坦是一个伊斯兰国家,但它的两块领土在族裔和语言上迥异,地理上相互隔绝。伊斯兰信仰并不能给国内人民带来同属感,更不要说政治凝聚力了。

西巴基斯坦的伊斯兰堡统治着这个分裂的巴基斯坦国。占人口多数的旁遮普人操控了国家军队和其他重要政府部门。占东巴基斯坦人口多数的孟加拉人历史上四分五裂，各种派别五花八门。伊斯兰堡的中央政府惯用分而治之的手法统治东巴基斯坦。1969年1月，东巴基斯坦爆发了大规模抗议示威，最终于1971年3月26日宣布成立独立的孟加拉国。

危机之初，没有一个世界大国在战略上有所动作，只有印度例外。1970年10月，巴基斯坦叶海亚·汗总统在出席联合国大会期间拜访了尼克松。日后他还将利用出席联合国大会之机向北京转达尼克松对他表达的希望与中国接触的愿望。叶海亚·汗告诉我们，他打算12月份举行大选。叶海亚·汗预期大选后的东巴基斯坦会陷入党派纷争，如此一来，他可以继续利用孟加拉人之间的分裂。

然而，1970年12月的大选结果与叶海亚·汗的预料大相径庭。在东巴基斯坦，致力于孟加拉人自治的"人民联盟"政党获得绝对多数。次年3月，东巴基斯坦社会秩序陷入混乱。在谢赫·穆吉布·拉赫曼的领导下，东巴基斯坦宣布独立。西巴基斯坦视其为分离。

叶海亚·汗为了恢复对东巴基斯坦的控制诉诸暴力，废除了选举制度，宣布对东巴基斯坦实行军事管制。此后东巴基斯坦陷入令人毛骨悚然的血腥冲突，大批难民逃离东巴基斯坦，大多数人越境进入印度。伊斯兰堡认为这是本国内政，拒绝外国干涉。印度从危机中看到了改变自己四面受敌的战略环境的机会，声称不断流入印度境内的孟加拉难民造成了本国财政困难，并着手把难民打造成反巴游击队。

对造成大量人员伤亡的这场冲突的报道马上对美国产生了影响。遥远南亚的这场冲突发生之时，美国国内正在对美国权力的性质和越南战争产生的道义问题展开激辩。尼克松政府没有如很多美国人所愿公开强烈谴责西巴基斯坦，为此受到激烈抨击。人权鼓吹者继续主导了美国对东巴基斯坦局势的讨论。其中一些人在美国主要报刊上撰文，敦促尼克松做出象征意义大于实际意义的姿态。

这些人提出的建议从支持派遣联合国事实调查团和国际红十字会向东巴基斯坦派遣人员，到中止美国向西巴基斯坦提供的一切军事经济援助。[71] 对于当时的美国决策者，权衡利弊远比中止援助复杂得多。西巴基斯坦武器充足。武器禁运也好，中止援助也好，不幸都无法阻拦巴基斯坦领导人动用军队对付东巴基斯坦人民。当然，采取以上措施可以表示美国不赞成巴基斯坦的暴行，但也会削弱美国的影响力，危及刚刚萌芽的对华接触，巴基斯坦在其中扮演了主要的中间人角色。

不无讽刺的是，批评者把尼克松政府对这场危机的应对与它在越南的所为相提并论，但抨击的理由截然相反。批评者强烈认为，在东巴基斯坦一事上，美国错在没有干预遥远地方的一场冲突。按照他们的说法，美国似乎还纵容了邪恶行径。而在越南，美国却因持续卷入受到谴责。

华盛顿不愿公开卷入这场危机绝非麻木不仁（尽管我们自己内部的讨论谈不上有多么高尚），白宫关注的焦点是打开对华关系。东巴基斯坦不断发展的悲剧在时间上恰好与我们同巴基斯坦就我秘密访华的时间和议程事宜进行沟通重合，因此给沟通造成了很大困难。不仅如此，巴基斯坦和美国同是东南亚条约组织成员国（1954年国务卿杜勒斯谈判缔结了这一条约），因此巴基斯坦也是美国的一个条约盟友。

巴基斯坦危机期间，尼克松采取的政策被人斥为眼光短浅，此前他的政策从未被人这样指摘过。人们把危机归咎于尼克松不喜欢印度总理英迪拉·甘地。不错，她对美国的冷战政策，尤其是对美国的越南政策直言不讳的批评一直令人不快，但也仅仅是不快而已。再者，实际政策要复杂得多。3月初危机爆发之始，国家安全委员会成员即判定，结果很可能是东巴基斯坦实现自治乃至最终独立，这也是我们希望看到的结果。但我们希望以不直接挑战巴基斯坦或损害我们与中国联络渠道的方式实现这一目标。

白宫批准为救济东巴基斯坦难民提供大规模粮食援助。中央情报局还与"人民联盟"代表秘密会晤，为之后可能开启的后续正式谈判建立联系。国务院得到授权为"人民联盟"和印度牵线。然而以上尝试均被印度拒绝。印度的目标是怂恿东巴基斯坦脱离巴基斯坦，而不是仅仅寻求政治自治。总而言之，美国在危机第一阶段（大致在1971年3—7月）期间的政策要点是防止一场区域危机演变为全球危机，同时通过打开对华关系继续推动改变冷战格局。

以上两个目标因我的秘密访华之行更趋复杂。1971年7月，我途经西贡、曼谷、新德里和伊斯兰堡前往北京。一路上，尤其是在最后两国首都逗留期间，我听到了对这场南亚危机的种种看法。印度，尤其是甘地总理关注的焦点不是难民问题，而是让东巴基斯坦成为一个独立国家。我在印度期间，向印方讲述了美国在难民问题上提供的帮助，尤其是粮食援助，同时也介绍了我们为鼓励与"人民联盟"对话所做的努力。在座的印度官员彬彬有礼，面有所思，但基本立场依然是倾力把宿敌位于自己东边的半壁江山变成一个新国家，一个未来中立甚至对印度友好的国家。印度特别强调了这一立场。我在提交给尼克松的报告里提到了一种可能性：印度或许会根据自己宣称的地缘政治观点采取行动，通过大举出兵东巴基斯坦了断这场危机，这样做有可能招致巴基斯坦的盟友中国做出反应。[72]

我的下一站是伊斯兰堡。次日早上，我将从这里启程前往中国。在伊斯兰堡，我会晤了叶海亚·汗总统和外交国务秘书苏尔坦·汗。我向尼克松简要汇报了在东巴基斯坦问题上的讨论情况：

> 我强调了今后几个月努力化解这一问题（东巴基斯坦）的重要性。我建议，作为化解办法之一，或许可以——至少在国际社会眼里——尽可能把难民问题与重建东巴基斯坦政治结构的问题区分开。如果尝试这一办法，巴基斯坦提出一个包括一系列重大步骤的一揽子方案很重要。一揽子方案旨在不仅对难民问题，也对国际社会产生重大影响，也许还可以使上述努力国际化。[73]

为此我们建议，合并我们敦促纳入一揽子方案的种种改革措施，以期重建东巴基斯坦的政治结构。这样做产生的实际效果将是东巴基斯坦自治。

1971年7月，美中关系大门打开的消息公布于世。尼克松定于翌年 2 月访华。次年夏天，孟加拉危机进入第二阶段。在东巴基斯坦，肆意践踏人权的现象大有改善。① 为了应对美国打开对华关系后可能发生的国际体系重组，英迪拉·甘地不再对自己促成东巴基斯坦分离的意图遮遮掩掩，而是变本加厉地支持孟加拉国的游击战。8 月，她又朝着摊牌迈出一步，与苏联缔结了一项军事援助友好协定。

该条约标志了苏联南亚战略的第一个具体步骤。这一战略旨在大幅增加对印度的军事援助和外交支持。[74] 苏联的南亚战略也是针对中国和美国战略的直接回应。孟加拉冲突因此从区域和人道主义挑战转变为一场全球战略意义上的危机，而这恰恰是我们要极力避免的。如果巴基斯坦帮助我们打开对华关系不久后在苏联－印度压力下解体，不仅会危及即将举行的北京中美峰会，还会撼动我们对华战略的根本前提——制衡苏联。

尼克松在国内面临要他站在印度一边的巨大压力。印度开展的外交活动受到广泛赞扬。然而对白宫而言，问题从来不在于孟加拉国的国内结构，而是维护适当的国际平衡。1971 年夏天，我多次与印度驻美大使拉克希米·杰哈会晤时强调了这一点。8 月 9 日，我向尼克松汇报了与杰哈大使的谈话内容：

> 一个强大的、不依赖他国的独立的印度符合美国利益……即使印度不干预，东孟加拉也会赢得自治。除了希望看到一个强大和不断发展的印度和一个独立的巴基斯坦，我们在南

---

① 但在巴基斯坦统治东巴基斯坦的最后阶段，早期发生的暴行再次上演。

> 亚次大陆没有自己的利益。实际上，我们对待印度与对待巴基斯坦的做法是有区别的。印度是一个潜在的世界大国，巴基斯坦永远是一个区域大国。基于以上原因，如果我们把救济问题与难民问题分开，把难民问题与政治和解分开，问题自然会迎刃而解。印度大使说，他对分开救济和难民问题没有困难，但绝对无法把难民问题与政治和解问题分开。[75]

9月11日，面对不断恶化的局势，我向杰哈大使重申了美国的立场：

> 我们对维持东孟加拉作为巴基斯坦的一部分不感兴趣。但是，我们对防止爆发战争和防止这一问题演变成为一场国际冲突的确非常在意。至于其他问题，我们不会采取任何主动立场。[76]

随着危机不断升级，第一次世界大战爆发前几周的苗头开始浮现。两个大国联盟在一场起初对自己无关紧要的区域冲突中虎视眈眈。从美国的角度看，我们认为羞辱巴基斯坦是不可取的，因为就在不久前，巴基斯坦刚为我们打开美中关系大门出过力。同时，维护尼克松访华的深层战略意图也很重要，即减缓苏联在全球施加的压力，实现国际秩序再平衡。放任苏联凭借与印度新近的结盟染指南亚将损害我们的第二个目标。

不过眼前我们的首要目标是避免在南亚次大陆爆发战争。1971

年10月，叶海亚·汗再赴华盛顿。叶海亚·汗访美期间，尼克松向他提出了东巴基斯坦自治问题。慑于巴基斯坦四周重兵压境，加之遭到国际社会的反对，叶海亚·汗许诺给予东巴基斯坦自治。自治前定于1972年3月先成立一个制宪议会。我们把东巴基斯坦自治解读为孟加拉人走向独立的序曲。

继叶海亚·汗访美之行后，1971年11月3日至6日，英迪拉·甘地也来美访问。访问以完败告终。问题本身已经很棘手了，两位领导人之间的矜持谨慎更是让问题雪上加霜。尼克松告诉英迪拉·甘地，叶海亚·汗已经同意取消军事管制，东巴基斯坦交给一个文职政府实行自治。甘地对此不感兴趣。她的目标是一个独立的孟加拉国，而不是美国倡议的一块自治区域。英迪拉·甘地是一位杰出的现实主义者，不为感情左右。她判定，从目前各方力量对比看，她可以得到印度追求的战略结果。

拘于形式的冷冰冰的白宫会晤之后，12月4日印度入侵东巴基斯坦，再次改变了冲突的性质。此后冲突进入第三阶段，也是最后阶段。如同两年后的萨达特，英迪拉·甘地深知，单方面使用武力有可能改变最终解决方案的条件。东巴基斯坦正无可挽回地滑向自治。在占优势的印度军队影响下，东巴基斯坦很有可能走向独立。尼克松只限于在联合国公开批评印度无视国际社会承认的边界。英迪拉·甘地决定对沿印度西部边界的巴控克什米尔地区采取军事行动，解决两国边界争端。巴控克什米尔是巴基斯坦在喜马拉雅山脉地区的一个省。1947年，克什米尔也一分为二，印度占据了面积更大的一块，也是更具有历史价值的一块。此时尼克松关注力度越来越大。在苏联军事和外交援助下，印度有能力逐个省肢解巴基斯坦。巴基斯坦若是因印度、苏联两家结盟而国将不国，中国或许会直接卷入战事，由此引发一场大战，导致全球秩序撕裂。无论何种情况，倘若事态照此发展下去，会让人看到美国在一个具有重大战略意义地区的存在形同虚设。

尼克松已准备让争取独立的东巴基斯坦内部领导人去应对东巴基斯坦境内的局势演变，但他设置了一条底线：印度和苏联不得串通一气威胁西巴基斯坦的生存。一如他的性格，尼克松要求表述美国这一立场不得有半点模糊。为了显示美国对南亚战略平衡的承诺，尼克松下令第七舰队派遣一支以"企业号"航空母舰为首的特混舰队前往孟加拉湾。同时，尼克松授权我在一次背景吹风会上暗示，即将召开的莫斯科峰会成功与否将取决于苏联在这场南亚冲突中的表现，言外之意是如果苏联提出挑战，美国准备推迟这次峰会。为了公开显示局势已万分紧急，尼克松向各方正式提议立即停火。

富于戏剧色彩的决断时刻来临了——北京峰会前两个月，莫斯科峰会前五个月。1971年12月10日星期五晚上，我应中国要求会见了中国首任驻联合国代表黄华。会晤期间黄华警告说，如果目前战况继续下去的话，中国不会置之不理。星期六上午，黄华再次要求见我。气氛愈加紧张。我们不禁担心，黄华约见我的目的或许是向我们通报中国采取的军事措施。黄华约见我时，尼克松和我即将启程飞往亚速尔群岛会见法国总统蓬皮杜，讨论美国最近做出的放弃金本位的决定。尼克松觉得，如果他在这么短时间内取消这次会见，定会引发金融恐慌。为防备南亚次大陆局势升级，尼克松要

第三章｜理查德·尼克松：平衡战略

我随他一起出访。

因此黄华第二次来访时，我当时的副手亚历山大·黑格代表美国接见了他。如果中国宣布采取军事行动，该说什么？如果苏联采取反制措施怎么办？尼克松指示黑格沿用1970年叙利亚入侵约旦时曾用过的办法。黑格不得发表具体意见，但得到授权可以告诉对方，美国对苏联的军事动作不会漠然处之。

最终尼克松的指示完全没有派上用场。中国传递的口信仅仅重复了两天前发出的警告。中国对美国停火提议的支持还软化了这一警告。1971年12月16日星期四，印度宣布在西部战场停火，至少可以看作对尼克松呼吁停火做出的某种回应。[77]

日后证明，这场冲突的解决乃是冷战的一个转折点，不过当时没人看出来，今天认识到这一点的人也不多。印度之所以主动提议停火，原因之一是尼克松决心以军事上释放信号和开展高层外交的方式重新平衡战略等式，借此化解危机。尼克松处理这场危机的方式不无风险，预定的北京和莫斯科峰会有可能因此泡汤。与此同时，这一方式又显示了尼克松为了地缘政治目标会毫不犹豫地使用美国力量的意志。美国传统盟友对此看在眼里，记在心上。

20世纪60年代曾就美国在世界上承担的道义义务展开过辩论。今人常常从这一角度描述孟加拉危机。其实还可以把这场危机视为有史以来围绕着第一个真正的全球秩序的形态爆发的首场危机。在道义和战略两个层面，东巴基斯坦危机不到一年就以有利于世界秩序和人类价值观的方式比较迅速地得到解决。这与叙利亚的内战形成鲜明对比。叙利亚内战自2011年起已打了十多年，姑且不提利比亚、也门和苏丹境内仍未平息的内部冲突。

美国对孟加拉采取的行动基于对国家利益深思熟虑的诠释，始终聚焦重大战略目标，根据变化的形势和美国能力不断加以调整。人道主义因素受到高度重视，为此采取了切实可行的重大措施。

孟加拉危机代表了冷战转变过程中迈出的一大步，从僵硬的两极结构走向更为复杂的全球平衡。亚洲在这一全球平衡中变得越来越重要。由于我们顺时应势，多种手段并用，包括外交、胆略和克制，因孟加拉问题引发一场全球战争的风险从有可能发生渐次降为不可想象。最终危机各方各有所得，只有巴基斯坦有所失，但微不足道。此后几十年里，没有任何一个大国打破过这一安排。

不出两个月，与毛泽东的峰会如期举行，之后产生了《上海公报》。中国和美国在联合公报中宣布，两国反对任何大国在亚洲谋求霸权。孟加拉人赢得独立。停火后不到4个月，美国承认了孟加拉国的独立。[78] 尽管美国与印度和苏联关系紧张，1972年5月，南亚危机前商定的莫斯科峰会依旧如期举行。峰会成果塑造了冷战未来，最终逐步走向和平结局。不到两年，美国与印度的关系开始改善，此后两国关系始终在积极轨道上发展。1974年我访问新德里时，两国成立了美印合作委员会，该委员会后来成为协调两国利益的机制基础。这一趋势有增无减，一直延续到今天。[79]

尼克松与美国危机

人们脑海里记忆的历史事件常常让人觉得有一种必然性。今

第三章｜理查德·尼克松：平衡战略

天，当时亲历者切身感受的疑虑、风险以及事件的偶然性已成烟云，而这些感受当时有可能会压垮亲历者。尼克松的领导力体现在他的坚毅上：坚毅地克服自己内心潜藏的灾难感；虽身受捉摸不定的因素的煎熬，坚毅地把扑朔迷离的地缘政治走势与对国家利益的广义诠释相结合，面对逆境毫不动摇。尼克松坚信，在一个几乎注定会有紧张局势和冲突的世界，和平是政治家不懈努力产生的脆弱且稍纵即逝的结果。政治家的责任是寻求在一个激发人心的未来愿景基础上寻求解决冲突。

1994 年我在尼克松的葬礼上曾说过，尼克松"推动了他年轻时在贵格会怀有的和平愿景"。事实就摆在眼前，一目了然，故我所言不虚。尼克松从越南撤回了美国军队，帮助结束了中东和南亚战争。通过外交倡议而不是单方面让步，在与苏联的超级大国博弈中引入了激励克制的手段。尼克松抱有的和平愿景同样也清楚地反映在他重塑世界秩序的方式上，通过打开对华关系把多极化引入全球体系，同时促进了美国利益和总体稳定。

通过调整美国的角色，从步履蹒跚的霸主转变为有创造性的引领者，尼克松在一段时间内成绩斐然。1974 年 8 月，尼克松政府因水门事件的悲剧倒台。8 个月后，西贡陷落。尼克松的外交方针因此未能对美国思维产生理应产生的影响。人们多从意识形态角度而不是从地缘政治角度审视和认识美国最终赢得冷战和苏联帝国的覆亡，认为两者验证了美国对世界所抱信念的正确。

这些信念反过来又在很大程度上指导了美国对待后冷战时期的方式。其中包括以下信念：坚信对手会因为自身原因崩溃或被打

245

败；国与国之间的摩擦常常是误解或恶意的结果，而不是各方视为合理的利益或价值观相左的结果；只要美国推一推，一个基于规则、体现不可阻挡的人类进步的世界秩序就会自然而然生成。

今天距离尼克松总统在位已相隔半个世纪，以上冲动把美国带入了酷似20世纪60年代末尼克松上任之初面临的局面。同样一幕再次上演。先是狂热信心导致过度扩张，过度扩张随之又引发伤筋动骨的自我怀疑。在几乎世界所有地区，美国的战略和价值观再次面对复杂挑战。预期了很久的世界和平并没有降临。灾难性对抗的潜在可能反而重新冒头。

我们再次看到，在鲁莽的必胜主义和合理的退却之间摇摆不定已给美国的世界地位亮起了红灯。美国外交政策需要既讲究现实又富于创造性的尼克松式的灵活。尽管尼克松在任时期与今天的情况大相径庭，但美国将继续受益于源自尼克松治国方略的三个人们熟悉的方针：（1）国家利益高于一切，（2）维护全球平衡，（3）大国之间为建立一个合法性框架持续展开深入讨论。在此框架内，均势将得到诠释和遵守。

尼克松领导力的某些特征将有助于实现以下原则：（1）了解国家实力方方面面之间的相互联系，（2）明了全球平衡发生的细微变化并灵活地抵消由此产生的不平衡，（3）具有战术上出其不意的想象力，（4）有能力从全球战略角度管理区域动荡，（5）具有把美国历史性价值观用于它今天面临的挑战的眼光。

管理全球秩序需要美国对正在演变且常常模糊不清的事态高度敏感，同时还需要有辨识战略上孰轻孰重的能力。我们必须认真思考以下问题：哪些威胁和机会需要盟友？哪些威胁事关美国的核心利益和安全，必要时我们将独自应对？在哪个节点上多边承诺能加强实力？什么时候多边承诺会造成多方掣肘？为了实现和平目标，对抗式竞争必须给各方认可的合法性留出空间。均势和共同认可的合法性合在一起为和平提供了最坚实的结构。

尼克松在他第一个总统任期即将结束时对美国国会参众两院发表讲话，讲述了截至他讲话那一刻这一届政府的外交政策成果。依尼克松之言，这些成果不仅是国家成就，也是世界范围内的一项使命：

> 一个前所未有的机会被置于美国手中。有史以来从未像今天这样，更有理由抱有希望，自满自足更加危险。我们开了一个好头，因为我们已经起步。现在历史赋予了我们特殊责任，要我们完成这项未竟的事业。[80]

尼克松的外交精髓体现在他有节制地运用了美国权力和国家目标。此前，美国权力和国家目标因国内争执不休几乎毁于一旦。1972年大选后曾有过一种可能，第一届尼克松政府的外交成果或许会转化为美国外交政策上的一个永久"学派"——不仅重新校准战略，也重新校准思维方式。果真如此的话，就会认识到美国例外主义不仅源自熟练而又节制地运用美国固有的力量，也源自它决心证明美国立国原则的正义性。

然而尼克松这次演讲后仅过了两周，发生了水门事件。

| 第四章 |

安瓦尔·萨达特：超越战略

安瓦尔·萨达特的特殊品质

本书讨论的 6 位领导人都致力于为自己的社会确立新的目的，都寻求在新目的与某种有意义的传统之间建立关联。他们中的 5 位即便留下的遗产有争议之处，也都得到了后人的承认，在各自的国家青史留名。

从 1970 年至 1981 年担任埃及总统的安瓦尔·萨达特却是个例外。他的成就主要体现在概念上，而那些概念的实施又因为他的遇刺而未竟全功。该地区继续推进他的理念的人屈指可数，且仅仅采取了萨达特的实际操作，并未继承他的远见，也未显示出萨达特为实现自己的理念那种一往无前的勇气。结果，萨达特与以色列达成和平的伟大功绩鲜有人记得，他更深刻的道德目的更是几乎无人理会，尽管以色列与巴勒斯坦的奥斯陆协议、以色列与约旦的和平，以及以色列与阿联酋、巴林、苏丹和摩洛哥之间的外交关系正常化均建立在这一道德目的的基础之上。

在地区冲突看似无解、外交努力陷入僵局之时，萨达特提出了大胆的和平愿景，其构想前所未有，其实施大胆无畏。萨达特小时候平平无奇，青年时期成为革命者，后来官至高位，却似乎只是次要人物，当上了总统仍不受重视。然而，他提出了一个和平概念，这一概念蕴含的光辉前景至今尚未实现。当时的中东没有任何其他人展现出类似的远大志向，或显示出实现此种志向的能力。所以，萨达特主政的时间尽管短暂，却始终是史册上一个醒目的惊叹号。

萨达特是埃及总统，与他同时期的中东国家领导人都献身于实现中东和北非的阿拉伯统一事业，他却是个另类。他的前任贾迈勒·阿卜杜勒·纳赛尔魅力十足，邻国利比亚的穆阿迈尔·卡扎菲惯于装腔作势，叙利亚的哈菲兹·阿萨德是严厉冷酷的军事现实主义者。萨达特研究了他们对国际体系的做法后，断然改弦更张，转用西方的外交方法。他的战略把国家主权和与美国结盟定为优先，将其置于当时风行于阿拉伯和伊斯兰世界的泛阿拉伯民族主义和不结盟理念之上。除了战略想象力，萨达特还具有非凡的品质。他坚忍不拔、体谅他人、勇敢无畏，还有一种既脚踏实地又神秘莫测的庄重。他的政策是他内心思考和转变的自然产物。

本章试图追踪萨达特的心路历程，了解他如何能够不从流于当时的普遍观点，因而超越了数十年来束缚扭曲着中东、耗尽了埃及国力的种种意识形态。

历史烙印

埃及的历史赋予了它高度的历史连续感和文明完整感。数千年来，阿斯旺北边的尼罗河谷始终是埃及这块土地的核心。连续23个世纪，埃及名义上一直受外来人统治，先是希腊人的托勒密王朝，然后是罗马人、拜占庭人、好几任哈里发、马穆鲁克、奥斯曼人，最后是英国人。然而，埃及一般都能够从表面上的征服者手中夺回当地的控制权。埃及自亚历山大大帝时代起就从未享受过充分的独立，但也从未完全默认自己的殖民地地位。它实际上是一个以法老为代表的践行永恒的文明。如此鲜明的特征绝非偏安一隅之地所能有。在这个意义上，萨达特升任总统之前和担任总统期间的首要使命是展现埃及文明的抱负，确保永久独立。

尽管埃及历史绵延，却有几个世纪的时间在两个文明身份之间摇摆不定。一个身份源自托勒密王朝在埃及建立的古地中海王国，面向希腊和罗马文明。在那个框架下，希腊化时期和罗马帝国早期的埃及地位卓越。亚历山大港是古代世界的中心枢纽，尼罗河岸边的肥沃土地是地中海流域的谷物主产区。

第二个身份距今较近，是面向麦加的伊斯兰国家。这个身份在18世纪期间和19世纪早期重获振兴，全靠马穆鲁克首领阿里·贝伊和奥斯曼帝国的军事统帅穆罕默德·阿里这样的人物。他们大力推行扩张，意图影响并征服阿拉伯半岛和黎凡特地区。1805年，拿破仑短暂巡游埃及后，穆罕默德·阿里自封为首任赫迪夫——实质上是奥斯曼帝国辖下的总督，自此开启了埃及150年的王朝统治。阿里的后代也使用赫迪夫这个称号。因此，现代埃及主要从伊斯兰角度看问题，又并不完全采用伊斯兰视角。[1]

漫长的19世纪期间，埃及独立的精神逐渐与西方理想交织缠绕。自由开明的阿拉伯思想席卷埃及（el nahda，埃及文艺复兴），这些思想大多受了翻译过来的法国自由主义和革命著作的启发。[2]

第四章｜安瓦尔·萨达特：超越战略

19世纪70年代晚期，自16世纪起就管理着埃及的奥斯曼帝国颁布了一部临时成文宪法，支持民众代表参政，并试验推行议会治理体制。

在这个启迪思想的时刻，埃及的两个身份互相叠加，产生了思想智识方面的融合。伟大的改革哲学家哲马鲁丁·阿富汗尼和他的学生穆罕默德·阿布杜是这方面的典型人物。他们阐明的伊斯兰复兴思想与西方政治结构的原则相兼容。[3]但是事实证明，此等目光远大的人为数寥寥。又过了四分之三世纪，埃及才等来了又一个能超越各种思想分歧的人。

19世纪下半叶，奥斯曼帝国江河日下，埃及的几任赫迪夫借机为埃及赢得了事实上的独立。不过，在他们的统治下，国家债台高筑，最后不得不在1875年将埃及在苏伊士运河的股份出售给英国，并交出了埃及对运河的经营权。就这样，从1876年开始，埃及的财政落入了巴黎和伦敦的控制之中。1882年，英国占领埃及，自封为埃及的"保护国"。[4]从那时起，原本受欧洲作家的启发而兴起的埃及民族主义开始转而反对那些作家所属的国家。20世纪上半叶，结合了阿拉伯团结概念的新型民族主义得到了很多埃及人的支持，民众对英国干预埃及事务的不满更加深了他们的民族主义情绪。

在这样的氛围中，1918年12月，安瓦尔·萨达特出生了。

早期生活

安瓦尔·萨达特是家中13个孩子中的一个。他父亲有部分土耳其血统，在政府军事部门当职员，外祖父是苏丹人，是被强迫带到埃及做奴隶的。[5]他们一家人住在尼罗河三角洲一个名叫迈特阿布库姆的村子，直到安瓦尔6岁时全家搬到开罗郊区。

在开罗的那段日子并不好过。萨达特的父亲又讨了一个老婆，萨达特的母亲和她所生的孩子因此在家中降到二等地位。家里人口多，有时穷得连面包都买不起。[6]萨达特后来在公开场合对这段经历绝口不提，只回忆自己在田园风光的农村度过的童年，避而不谈那个拥挤狭窄、普通至极的城市公寓。[7]他后来出席公共活动时，经常说自己是尼罗河的孩子，是农夫之子。[8]

青年时代的萨达特在受到任何政治理论或意识形态的影响之前，就表现出一种本能的爱国主义。在迈特阿布库姆村，还是个孩子的他崇拜反殖民主义运动的偶像圣雄甘地，找块白被单披在身上，还"假装不想吃饭"[9]。他知道英国的力量十分强大，因为这种力量决定了他父亲那份工作的性质。例如，1924年英国人强迫埃及军队撤出苏丹后，他父亲失去了工作。

小萨达特偶尔会从皇家果园偷杏子当零食。[10]8岁时，他加入了要求撤换埃及所有亲英大臣的街头示威。少年萨达特对骑着摩托车在他住的开罗街区招摇过市的英国警察满心鄙夷。

萨达特家中非常重视教育。安瓦尔的祖父识文断字（这在当时的埃及农村极为罕见），他父亲是迈特阿布库姆村第一个获得文凭的人。[11]虽然囊中羞涩，他还是设法供安瓦尔及其哥哥上了学。安瓦尔从小被培养成为虔诚的穆斯林。他上过两所不同的中学，既接受过遵照《古兰经》的教育，也接受过符合基督教传统的教育。他博览群书，如饥似渴。

萨达特被开罗皇家军事学院录取时，对自己所属阶级与其他阶级的差别有了更加深刻的意识。那时，该学院刚刚开始接收来自低层和中层阶级的学生。[12] 为了他能被录取，家里费了好大的劲去找勉强算是熟人、在国家等级制中地位足够高、能说得上话的人，低声下气地求人家推荐。

成年后，萨达特的爱国本能开始发展为政治理念和自我意识。他在开罗公寓的墙上挂着凯末尔·阿塔图尔克的肖像。在军事学院上学时，萨达特读过这位土耳其英雄的传记。[13] 后来，他经常光顾书店，不断充实自己。

整个青年时期，萨达特不论在家里还是在学校都感到自卑。他小时候的环境教他学会了生存之道，或是小偷小摸，或是阳奉阴违。这些随机应变的能力在他后来干革命时以及总统任期之初都派上了用场。

年轻的萨达特非常聪慧，从孩提时期就受宗教的浸淫，但是他的思想远未成形，也尚未产生他后来的想法与主张。不过，萨达特愿意了解新事物，怀有强烈的好奇心。他天生开放，能够领会各种不同的主张。他研究新思想锲而不舍，对其含义刨根问底。

萨达特的青少年时期和成年早期正值各种政治潮流相互碰撞之时。从1882年到1914年，埃及是奥斯曼帝国的一个自治省，但英国事实上控制着埃及，将它变成了自己"非明言的被保护国"[14]。1914年第一次世界大战爆发后，英国宣布埃及为受英国保护的苏丹国，并鼓励阿拉伯人起来反叛已经支离破碎的奥斯曼帝国。[15] 英国不准受民众拥护的华夫脱党①参政，结果引起骚乱。经过数年动荡，英国终于在1922年不情不愿地兑现了它早就做出的承诺，同意埃及正式独立，埃及从被保护国和苏丹国变为王国。作为阿里王朝第九代苏丹王的福阿德一世苏丹成为福阿德一世国王。起初，这不过是名字上的改变。经营苏伊士运河，防止外国干涉埃及，"保护"埃及的安全、外交和国际交往——这些仍然掌握在英国手中。[16]

象征性的独立逐渐带来了自治方面实实在在的进步。例如，1936年的《英埃条约》加强了埃及政府的某些权力，减少了英国在埃及的军事存在。这个进步固然令人高兴，但民众的沮丧情绪仍日益加深，因为华夫脱党既未能为埃及争得完全独立，也未能恢复埃及对苏丹的控制。当时苏丹仍处于英国统治之下。[17]

1942年2月，英国军队和坦克包围了阿卜丁宫，强迫福阿德的继任者法鲁克国王接受英国人挑选的政府。民众由于改革无望而产生的愤懑和反英情绪因此达到高潮。[18]后来，埃及民族主义者说，国王遭受的屈辱是接下来10年爆发革命的直接原因。[19]

埃及革命团体信奉的原则与萨达特最早的宗教和政治信念颇为吻合。萨达特坚信埃及应该是伊斯兰国家[20]，他对穆斯林兄弟会的创始人哈桑·班纳心怀崇拜，还与他见过面。[21]班纳也在实现真正独立的问题上毫不妥协。萨达特因为自己的苏丹血统，把英国继续统治苏丹看成是对他个人的侮辱。在萨达特看来，英国人是不请自

---

① 华夫脱党是埃及的主要政党，是独立运动的先锋队。它的独特之处是奉行世俗主义，打出的口号是"宗教属于上帝，国家属于全体人民"。

第四章｜安瓦尔·萨达特：超越战略

来的罪犯，温斯顿·丘吉尔是"窃贼"，是羞辱了埃及的"可恨的敌人"。[22]

1939 年，21 岁的萨达特中尉从军校毕业，没过多久就遇到了一位名叫贾迈勒·阿卜杜勒·纳赛尔的年轻军官。纳赛尔在埃及军队内部组建了一个地下革命团体"自由军官组织"。这个团体和穆斯林兄弟会一样，策划通过武装斗争赢得独立。萨达特一接到纳赛尔的邀请就立即加入了这个运动。

萨达特激烈的反英情绪推动他走上了暴力革命之路。1940 年 6 月，法国已经沦陷，意大利扩张的胃口越来越大，第二次世界大战的战火延烧到了北非。埃及名义上与英国站在同一战线上，但萨达特一心要把英国人赶出自己的祖国。他从阿齐兹·马斯里的事迹中得到了激励。马斯里是第一次世界大战期间反对奥斯曼帝国的阿拉伯起义的卓越领导人，与英国人合伙将奥斯曼人逐出了阿拉伯半岛。[23]

马斯里把敌人的敌人看作自己的朋友。萨达特以他为榜样，开始与在北非作战的德军通信，并向他们提供支持。他与英军驻扎在一起，却心存反意。萨达特在回忆录中说："那时，在 1941 年夏天……我制订了第一份发动革命的计划。"[24]

1942 年夏，埃尔温·隆美尔指挥纳粹军队从利比亚进攻埃及。萨达特试图送信给隆美尔的手下。他并非唯一有这个想法的人：1942 年 2 月，开罗的人群呼喊着口号支持隆美尔和德国军队。[25] 但是萨达特的信被拦截。英国人逮捕了他，将他投入监狱。

论领导力

狱中思考

接下来的二战期间及之后的 6 年，萨达特是在进进出出监狱中度过的（1942—1944 年和 1946—1948 年）。第一次羁狱期间，他成功逃脱了不止一次。做逃犯的日子里，他潜踪匿迹，同时继续积极参加"自由军官组织"的活动。1946 年 1 月，萨达特被控参与了暗杀亲英的财政大臣阿明·奥斯曼的行动。在等待审判的 27 个月中，他经常被单独监禁，直到最终被判无罪——不过后来他承认自己的确参与了暗杀。

萨达特在狱中忍受着长时间的孤独之时，"自由军官组织"的其他成员仍在继续活动。他们把这个初生的运动发展成为一个资金充足、等级严明的组织。多数秘密策划革命的成员明面上仍在埃及军队中担任普通军官。他们震惊万分地听到了一个完全改变了他们目标的消息：1948 年 5 月 14 日，以色列宣布建国。

戴维·本-古里安在特拉维夫的大会上发表了以色列建国的独立宣言后，美国总统哈里·杜鲁门总统立即承认了以色列。以色列的阿拉伯邻国随即卷入了阿拉伯人与犹太人在巴勒斯坦托管地的内战。埃及、外约旦、叙利亚和伊拉克发动入侵，开启了一场长达 10 个月的战役，企图阻止以色列独立建国。战役失败后，战斗仍时断时续，又打了 25 年。

1948 年 10 月，埃及军队已是损失惨重。1949 年 1 月，埃军节节败退，被包围在加沙地带。当年 2 月，埃军签署了停战协议。这是阿拉伯参战方签署的第一份停战协议，却不是最后一份。[26]

战败令阿拉伯联盟大失颜面,因为它未能协调好各成员国五花八门的军队。参加过1948—1949年战争的军人,包括后来担任埃及总统的纳吉布和纳赛尔,都认为战败的原因是阿拉伯国家之间不团结。一个新的泛阿拉伯计划于是应运而生,要建立阿拉伯国家的军事同盟,共同对抗以色列,抵制西方影响力。也许是因为许多埃及人认为,以色列建国又是欧洲强加给阿拉伯地区的,所以埃及对阿拉伯事业的认同有所加强,对西方的怨恨也愈加激烈。

萨达特从狱中获释后重回"自由军官组织"(现在他是该组织的领导机构"执行委员会"的一员),不过,他在某些方面仍旧与其他人隔了一层。许多"自由军官组织"的成员都参加了1948年的战争。萨达特却没有直接参加那场战争,对阿拉伯团结的热情也相应地不那么高涨。

此外,萨达特在狱中经历了深刻的变化。在单独囚禁中,他没有消沉颓废,而是发展出了他后来所谓的"内心力量"。萨达特童年时乡村生活的慢节奏养成了他沉静的性子。据萨达特自己说,他在狱中变得更加沉静。不过,这种沉静并非静止不动,而是"一种……改变的能力"[27]。萨达特在回忆录中说:"在那个与世隔绝的地方,我对人生与人性的思考使我认识到,若是无法改变自己的思维结构,就永远不可能改变现实,因此也就永远无法有任何进步。"[28]

1948年8月,萨达特终于获释。他依然致力于革命事业,但不再不假思索地支持同胞们的想法。他养成了敢于质疑自己以前信念的自信。

埃及独立

埃及君王受到的羞辱、第二次世界大战的重压和1948年战败的耻辱都加剧了埃及民众的反英情绪。1951年10月，埃及议会单方面废除了1936年的《英埃条约》。这份条约尽管看上去有利于埃及主权，却构成了英国在苏伊士运河周围继续驻军的基础。英国人拒绝离开，于是埃及人对留在运河区的英军实施了封锁。

对峙恶化为小规模冲突。1952年1月25日，英军坦克摧毁了埃及在伊斯梅利亚的警察局，造成43人死亡。两天后，数千名义愤填膺的开罗市民走上街头。随之发生的暴乱将开罗市中心大片地区付之一炬，那一天也因此而得名"黑色星期六"。[29] 后来的几个月中，根本无法组成能够在议会中占多数席位的政府。政府组成后又解散，如此反复3次。

"自由军官组织"成员们看到，人民蓄势待发，政府软弱无力，显示局势已到关键时刻。他们希望通过说服英国的美国盟友接受既成事实来"消除英国人的力量"，于是通知美国大使馆说马上会有大行动。[30] 1952年7月23日，他们成功发动了针对法鲁克国王的政变。法鲁克退位，把王位交给了尚在襁褓中的儿子福阿德二世。

萨达特起草了国王的退位诏书并在电台宣布了"自由军官组织"的胜利。他的讲话平静而又克制，强调要重组埃及政府和军队，去除外国影响，并在平等基础上与他国建立外交关系。[31]

因国王年幼，按惯例成立了摄政委员会来管理王国事务。但是，真正的权力现在掌握在以纳吉布将军为首的革命指挥委员会手中。委员会颁布了一项新宪法,规定在 3 年的过渡期中由委员会来统治国家。1953 年夏,革命指挥委员会废除了君主制,宣布埃及为共和国,并任命纳吉布为总统兼总理,纳赛尔被任命为副总理。

纳赛尔和纳吉布很快展开了领导权之争。纳吉布广受国民支持,但他属于老一代人。纳赛尔则继续运用自己的魅力来鼓舞和激励"自由军官组织"的成员。1954 年春,纳赛尔说服了纳吉布依靠的主要力量——军队中手握实权的军官,使他们相信,他们的领袖对多元主义和议会主义的坚持已经把埃及带到了无政府的边缘。[32]

赢得军队支持后,纳赛尔可以放手追求自己的野心了。1954 年 10 月,他正在讲台上演讲时,有人向他开了 8 枪。神奇的是,没有一发子弹打中。毫发无伤的纳赛尔在演讲结束时说:"来呀,向我开枪。"他即兴发挥道:"你们杀不死纳赛尔,因为所有埃及人民都会成为纳赛尔。"[33]

有人坚持认为那次开枪是事先安排好的表演。无论是否表演,此事都产生了巨大效果。枪击事件发生后,民心倒向了纳赛尔。1954 年 11 月,纳赛尔趁势当上了 3 年过渡宪法下的总统,也掌握了革命指挥委员会的领导权。纳吉布只能靠边儿站。[34]

纳赛尔和纳吉布之争也是关于民主在埃及的未来的斗争。[35] 1954 年,革命指挥委员会中的纳吉布派起草了一部宪法,赋予议会很大权力。但是,纳吉布派不敌纳赛尔的支持者。1956 年 6 月,埃及第一部共和国宪法创建了一个相对不受制约的行政部门,这是军方不甘心分享权力的表现。[36] 与此同时,纳赛尔重新当选为总统。

手腕高超、气派非凡的纳赛尔击败了他的主要竞争对手。此前革命指挥委员会颁布了一系列政策,包括投资发展工业化和教育、推行土地改革(削弱了贵族的力量)、废除贵族头衔(有头衔的大多是土耳其-切尔卡西亚族精英)。这些政策深得人心,赢得了埃及老百姓的好感。面对穆斯林兄弟会的暴力挑衅行为,革命指挥委员会的回应是于1953年冬宣布所有政党为非法。纳赛尔和他的政治盟友就这样用专制权威取代了革命。[37]

革命喉舌

纳赛尔任总统期间,萨达特负责埃及国家媒体的运作。他在1953年12月创立了《共和国报》,自己担任了几年主编,还是该报的知名专栏作家。[38]这家报纸在萨达特的主持下不停地抨击帝国主义。[39]其间萨达特还写了3本关于埃及革命的书,包括1957年出版的英文书《尼罗河上的起义》(*Revolt on the Nile*),纳赛尔为该书撰写了前言。

从1954年9月到1956年6月,萨达特在纳赛尔的内阁中担任国务部长(没有专职)。尽管他没学过法律,但还是成了革命指挥委员会的司法机构"革命法庭"的一名法官。"革命法庭"起初专注于铲除保皇党和忠英派,后来把矛头转向了穆斯林兄弟会。[40]

不久后,萨达特步步高升。1957年,纳赛尔巩固了权力、重新允许政党进入人民议会(埃及的议会)之后,萨达特出任民族联盟(埃及最强大的政党)秘书长,并成为议员。[41] 1960年,萨达特成为人民议会议长。他虽身居高位,却仍保持低调。

在接下来的10年里,萨达特尽量避免出风头,即使在1969年升任副总统后依然如此。萨达特当了总统后,一位记者问他,他之所以与纳赛尔保持了良好关系,是否因为他的名望比较小?萨达特在回忆录中说,那位记者一定以为他不是"无足轻重",就是极为"狡猾",所以才没有像其他与纳赛尔长期共事的人那样与纳赛尔产生摩擦。萨达特回答说:

> 我在纳赛尔活着的时候并非无足轻重,在我一生中任何时候也从未羞缩或狡猾过。这事其实很简单。纳赛尔和我19岁时就成了朋友。然后爆发了革命。他成为共和国总统,我很开心,因为我信任的朋友当了总统,这令我感到高兴。[42]

萨达特说得对,他可不是个无足轻重的人。他避免在公共场合露面,但在推行纳赛尔的各项方案过程中起到了关键作用,特别是在外交政策方面。萨达特在纳赛尔时代做的许多事到他自己成为总统后也在继续推行。[43]

纳赛尔想取消穆斯林兄弟会的合法地位,将其成员投入监狱,因为他们构成了政治上的威胁。但是纳赛尔也想维持占埃及人口多数的穆斯林对他的支持。为了发展国家与重要的伊玛目之间的关系,纳赛尔在1954年组建了伊斯兰大会,[44] 任命萨达特为大会主席。

萨达特自己宗教信仰坚定,以前还与穆斯林兄弟会的领导人物有过通信来往,所以唯有他能够成为连接纳赛尔的世俗政府和穆斯林兄弟会以及其他伊斯兰领袖的桥梁。他在后来的政治生涯中,曾再次企图把世俗主义与精神追求在埃及社会中结合起来——两次尝试的结果都算不上完全成功。

伊斯兰大会在国外还有一个重要目的:推动埃及与沙特阿拉伯结盟,反对英国人支持的(也是美国鼓励的)"巴格达条约组织"这一反苏防务联盟。[45]纳赛尔把这个组织视为西方耍的花招,认为它意在拉拢阿拉伯世界,并把伊拉克打造为抗衡埃及的力量,所以他在1954年拒绝加入。[46]同年,萨达特打乱了约旦加入"巴格达条约组织"的计划,他对约旦的一些大臣施加压力,搅黄了这件事。一个西方观察者说他是"谈判破裂的直接原因之一"[47]。萨达特使用类似手法在黎巴嫩也如愿以偿。

到50年代末,萨达特已成为埃及政府中不可缺少的一员,但同时又相对低调。他控制着国内具有重大影响力的群体,与其他立法者关系良好。他以实际行动证明自己是外交能手,具有同理心这种特别的素质。[48]萨达特是坚持纳赛尔路线的职业公共人物。

然而,在重重约束下,萨达特已经开始形成自己对国家未来走向的独有想法。

纳赛尔与萨达特

纳赛尔对埃及和阿拉伯世界民众的思想具有一种近似催眠术的影响力。他任职期间特别擅长管理冲突,先是与英国的冲突,然后是与以色列的冲突,但具体行政工作却是他的弱项。如同一位中东

第四章 | 安瓦尔·萨达特：超越战略

问题专家在1967年所写的，纳赛尔具有一种

> 出奇的才能，知道自己在某个时刻想要什么，也知道在自己力不从心的时候如何放低身段，寻求与对手和解……但是他显然不喜欢做确定的长期交易，也许部分原因是他的脾性使然，但更重要的是因为埃及革命和其他阿拉伯革命一样，仍在摸索之中，尚未确立清晰的目的。[49]

整个20世纪50年代中期，纳赛尔保持了萨达特眼中的革命初心，即捍卫埃及的国家特权。1954年10月，他和英国谈判达成了一项新协议，用来正式取代被废除的1936年《英埃条约》。新协议规定，英军将在两年内撤走，届时埃及国土自1882年被占领以来将首次摆脱外国军队的存在。[50]纳赛尔从执政早期起就与美国和苏联都保持着开放的沟通渠道。到1955年万隆会议召开时，他已成为不结盟运动的象征性人物。

纳赛尔知道，要捍卫埃及主权，必须加强经济自给自足的能力。本着这个精神，他开启了阿斯旺大坝工程。这个标志性工程一旦完工，将控制尼罗河的水流，减少洪水的发生，扩大耕地，还能用水力发电。1955年12月，美国、英国和世界银行同意为阿斯旺大坝的建设提供资金。

然而，很快即可清楚地看到，埃及无力偿还贷款。革命以来，私人投资和经济发展疲软无力。纳赛尔发动反美宣传，支持刚果、利比亚和阿尔及利亚的反西方力量，与捷克斯洛伐克达成军火交

易[51]，承认中华人民共和国[52]。美国和英国看到纳赛尔这些刺激西方的行动，相信他已经站到了苏联一边。1956年7月19日，华盛顿取消了资助建设阿斯旺大坝的计划。不久后，英国和世界银行也收回了融资承诺。

雪上加霜的是，美国公开宣布，它决定取消资助是因为埃及的经济不行。世行行长尤金·布莱克评论道，"谁也不愿意被银行拒贷"，还说"若是第二天在报纸上看到自己被拒贷是因为信用不佳，会感到（特别）恼火"。[53]对纳赛尔和萨达特来说，这个问题超越了信用好坏的范畴。这两位埃及领导人看到，西方大国在使用债务来羞辱埃及，阻碍它的发展——70年前它们占领埃及时就是这么做的。

几天后，纳赛尔发起了报复。主要由法国和英国股东拥有的苏伊士运河公司自从19世纪末期以来一直负责运河的经营。1956年7月26日，纳赛尔宣布将苏伊士运河公司收归国有，并建立国营的苏伊士运河管理局取而代之。苏伊士运河是从欧洲到亚洲最快捷、最繁忙的海上通道，过河费的收入十分丰厚。现在这笔收入将由埃及收取，而不是落入埃及的殖民者的口袋。纳赛尔宣称，这些新获得的收入将用于建设阿斯旺大坝。[54]

苏伊士运河国有化是对英国在中东总体地位的挑战。1956年8月，英国首相安东尼·艾登写信给艾森豪威尔总统："消灭纳赛尔，在埃及设立一个对西方敌意不强的政权必须……是我们的首要目标之一。"艾登认定纳赛尔是又一个"墨索里尼"，他的野心将使英国的生存"受他摆布"。[55]

当年10月，为夺回苏伊士运河，英国、法国和以色列经过密谋后入侵埃及。在美国的外交干预下，联合国大会投票反对英法这两个美国盟友的行动。英镑遭到挤兑，美国却阻止国际货币基金组织对英镑伸出援手。被英国的头号盟友抛弃的艾登健康状况恶化，又受此羞辱，只得终止了入侵行动。1957年1月艾登辞职下台。

纳赛尔被美国救了一命，却不改对西方的敌意，反而抓住机会加大赌注。冲突结束后，他把运河关闭了5个月，打乱了欧洲从亚洲进口的供应链，给英国、法国和其他欧洲经济体造成了损害。

运河的关闭也给以色列人带来了困难。他们在入侵行动中遭受了直接军事损失，如今又面临美国援助的暂停和石油供应的中断，他们的船只也被禁止通过运河。[56] 在艾森豪威尔的压力下，在美国制裁的威胁下，以色列撤出了西奈半岛。一些埃及人于是认为，华盛顿可以左右以色列的政策。同时，纳赛尔政府在国内采取了一系列惩罚行动，把埃及境内犹太人的财产全部没收。埃及6万犹太人口中，四分之三的人被迫离开埃及。[57]

苏伊士运河的关闭提高了纳赛尔的声望，帮助把埃及推上了国际舞台，但这个胜利带来了惨重的代价。苏伊士运河危机后，法国、英国和美国扣押了本国境内埃及政府的资产。[58] 运河在入侵行动中遭到损坏，修缮费用高昂，同时又无法给新接手的埃及经营者带来收入。旅游业萎缩，工商业撤走。纳赛尔在11月又没收了英-埃石油公司、几家银行和保险公司，还有欧洲人拥有的其他一些实体。这些行动使局势更加恶化。[59] 外资纷纷逃离埃及。

苏联人抓住机会建立新的国际联盟，进一步压实了埃及与西方的疏远。接下来的 8 年里，苏联总理尼基塔·赫鲁晓夫许诺以优惠条件对埃及发放大笔贷款，3.25 亿美元用于建设阿斯旺大坝，还有 1.75 亿美元用于执行其他工业项目。[60] 苏联的援助、军事装备和成千上万的苏联军事顾问涌入埃及。[61]

纳赛尔把苏伊士运河公司收归国有，并敢于抗击欧洲国家和以色列的军事行动，因此成为阿拉伯世界的英雄。他很享受自己的领袖角色，利用阿拉伯团结的口号予以培育巩固。但是，他一旦被冠以阿拉伯领袖的称号，阿拉伯人就期待他发挥领导作用。对于粮食靠美国、武器靠苏联的埃及来说，它既不愿意，也没有能力去承担别国的负担。

然而，叙利亚找到埃及要求结为联邦的时候，纳赛尔无法拒绝。若是拒绝，会显露出他对阿拉伯世界并非全心投入。于是，阿拉伯联合共和国（UAR）就此诞生。这个阿拉伯团结的实验时运不济，从 1958 年到 1961 年仅仅维持了 3 年。纳赛尔在他日益膨胀的泛阿拉伯抱负的驱动下，把埃及带入了也门内战。这场耗费国力却毫无结果的冲突后来被称为"埃及的越南战争"。埃及军队直到 1971 年才完全从也门脱身。

本来埃及在国外卷入各种行动已经有些力不从心，纳赛尔却又在 1967 年决定对以色列发起挑战。根据苏联的情报——后来证明是假的——以色列即将攻击叙利亚，于是纳赛尔关闭了蒂朗海峡，把军队开入了自苏伊士运河危机后实际处于非军事化状态的西奈半岛。在接下来的战争中，以色列空军消灭了埃及空军。以色列陆军占领了约旦河西岸、加沙地带、戈兰高地、东耶路撒冷和整个西奈。

第四章｜安瓦尔·萨达特：超越战略

"六日战争"于1967年6月由埃及、叙利亚、约旦联手发动。阿拉伯联军在部分战场上得到了苏丹部队的支援，在别的战场有巴勒斯坦游击队相助。但是到战争结束时，以色列把自己的领土扩大了两倍以上，并兵临苏伊士运河，令它的各个阿拉伯邻国颜面扫地。

纳赛尔因战败羞窘之极，于6月9日宣布辞职。民众游行请愿，又把他请回了总统的位子。他为了重振威信，对以色列发动了一场消耗战。但是，也门战争、"六日战争"和（持续到1970年的）"消耗战"这一系列战争不仅没能恢复埃及往昔的荣光，反而一步步耗尽了埃及的资源，加大了它对苏联的依赖。

1967年和1968年，埃及经济开始萎缩。[62]国内发展疲软乏力，生产率持续低下。苏伊士运河再次关闭，这次一关就是8年，剥夺了埃及原本想通过把运河收归国有而获得的收入。另外，纳赛尔的工业化方案把耕地转为制造业用地，造成的后果是埃及完全依赖粮食进口。

不久后的事态发展表明，为纳赛尔那些最宏大的国内项目出资的苏联与其说是埃及的盟友，不如说是唯利是图。1964年赫鲁晓夫倒台后，苏联在列昂尼德·勃列日涅夫、阿列克谢·柯西金和尼古拉·波德戈尔内领导下很快换了一副不讲情面的精明嘴脸。1966年，经济援助日渐减少[63]，苏联也越来越不肯帮忙。苏联领导人开始劝说埃及采取紧缩政策。1966年5月，柯西金拒绝了开罗缓期还债的要求。[64]苏联继续为埃及供应武器，偶尔也给予资金援助，所以仍然对埃及有影响力，但它不再是埃及的大国保护者。

1967年6月，纳赛尔因美国对以色列提供军事援助断绝了与美

269

国的关系。到 1970 年，苏联人不再回应他关于援助、贷款和减免债务的请求。[65] 纳赛尔追求泛阿拉伯主义，却造成了埃及的孤立。

萨达特之见

即使在埃苏友谊的高峰期，两国关系也循规蹈矩到冷淡的程度。萨达特亲眼见过苏联人认为埃及不能自立而显露的轻蔑。1961年 6 月，他作为埃及国民议会议长出访莫斯科，受到苏联总理尼基塔·赫鲁晓夫的接待。宴会上，据说赫鲁晓夫对萨达特说："你们的纳赛尔正在失去对国家的控制，也解决不了自己国家的问题，所以我们很难对他有信心。"萨达特立即起身离席，未向主人辞别就离开了莫斯科。[66]

后来的 9 年里，萨达特眼看着纳赛尔既离不开苏联人，又对苏联人满心反感，这令他坚信，与苏联结盟是彻头彻尾的失败。1970年 9 月 28 日，纳赛尔最后一次恳求莫斯科增加援助未果 3 个月后，死于心脏病发作。萨达特本人确信，苏联人的苛待加速了纳赛尔的死亡："这无疑是他意志消沉的一个重要原因，结果加剧了他严重的心脏病和糖尿病。"[67]

依纳赛尔之见，埃及位于阿拉伯、伊斯兰和非洲这 3 个世界的交叠处[68]，与整个阿拉伯世界有"共同的命运"。[69]他自认担负着把阿拉伯世界从殖民主义桎梏下解放出来的使命。在纳赛尔看来，阿拉伯团结是关键的第一步——1948 年败于以色列之手表明了阿拉伯国家单打独斗的风险，而他自认为是把阿拉伯各国团结在一起的富有魅力的领袖。

如果说1948年战争塑造了纳赛尔的观点，那么1967年战争就形成了萨达特的思想。对萨达特来说，"六日战争"表明了将泛阿拉伯团结置于国家利益之上的危险。萨达特自己感到了"地中海的吸引力"，期盼埃及能充分"被纳入世界体系"。[70] 高度参与阿拉伯世界是策略上的需要，却不是文明上的义务。在埃及漫长的历史中，与阿拉伯的关系只是众多影响中的一个。因此，泛阿拉伯主义的提议只能根据眼下的实际利弊来决定取舍。

纳赛尔去世几天前，还在试图掩饰同为阿拉伯人的约旦国王侯赛因与巴勒斯坦解放组织（巴解组织）主席亚西尔·阿拉法特之间的龃龉。1970年9月，巴解组织劫持了4架商用飞机，还企图推翻侯赛因（侯赛因把巴解组织驱逐出了约旦）。[71] 即便纳赛尔不是死于这样的紧张操劳，萨达特也看得出他把自己逼到了墙角。1967年战争后，埃及与美国断交，结果只能依靠苏联援助。萨达特根据形势发展，看到与苏联结盟没有给埃及带来什么好处，反而使埃及失去了腾挪空间。不过，将来若是与美国结盟，也必须保证埃及的自治。

纳赛尔去世之前，萨达特已经开始按自己的直觉行事。纳赛尔靠向苏联的时候，萨达特完全出于国家利益的算计与美国进行了接触。1959年，他告诉美国驻埃及大使，美国和埃及在非洲的立场其实是并行不悖的。[72] 1962年和1963年，也门军方带头针对当权的伊玛目发动叛乱后，埃及蹚入也门的浑水，支持也门军方。在此期间，萨达特和华盛顿一直保持着联络，他敦促美国不要出手帮助也门的保皇派。他这样做是为了避免美国与埃及发生直接冲突。[73] 但是，尽管萨达特做了这些努力，到 1964 年，因刚果、也门和美国援助政策而起的紧张还是使得埃及与美国的关系退化为直接的敌对关系。[74] 即使如此，萨达特在 1966 年仍然对美国进行了官方访问，成为埃及革命以来访美的最高官员。他希望借这次访问劝说美国做诚实的中间人，帮埃及与沙特阿拉伯就也门问题达成交易。[75]

萨达特的要求冷静而清醒，是基于对双方共同利益的理性考虑。身为顶层埃及官员的萨达特若是显现出一丁点儿非同寻常的友好，与他交谈的美方人员中一定会有人注意到。无论是他担任政府部长时期，还是担任议长的 10 年间，都没有哪个美国官员认为他对美国的态度特别热情。

那时，萨达特尚未形成关于和平的远见卓识。他可能在 1970 年秋天看清了，与以色列无休止地打下去没有实际用处。时断时续的作战耗资昂贵，而埃及已经国库空虚。空袭阻滞了埃及的经济，连开罗都处于空袭的威胁之下。[76] 埃及因这场冲突站到了西方的对立面，被排除在更广泛的国际体系之外。作为纳赛尔政府中的部长，萨达特重视的是由国家主权而非由帝国霸权或地区团结占主导地位的框架。他懂得中立带来的机会，纳赛尔却不懂。但是萨达特没有把这些东鳞西爪的思想组合起来形成关于埃及未来道路的连贯性长期观点，也从未想过自己会成为带领埃及前行的舵手。

当时没有任何公开迹象显示萨达特具有和平缔造者的潜力。事实上，他发出的几乎所有信号都指向相反方向。萨达特虽然与美国有接触，却经常激烈抨击美国。他在担任总统早期依旧如此，至少在公开场合是这样。萨达特在 1957 年出版的《尼罗河上的起义》中指称,以色列得以建国是因为"美国国务院梦想把权威强行施加给从高加索到印度洋的伊斯兰世界"[77]。1970 年,他断然拒绝承认以色列的可能性:"决不!决不!决不!此事谁也不能决定……我们的人民会碾碎任何决定这么做的人!"[78] 萨达特把以色列视为美帝国主义的矛尖:"以色列是美国利益的第一道防线……是美国人给以色列对加沙的侵略开了绿灯。"[79]

萨达特滔滔不绝地批评美国,因为他喜欢戏剧性效果。他相信,"在埃及,个性永远比政治纲领重要"[80]。他就任总统不久,就把一位高级苏联顾问召来痛骂了一顿。那次他身穿埃及武装部队最高统帅的制服,警告那位顾问说:"我是斯大林,不是加里宁(当时苏联名义上的国家元首)。如果你不执行我的命令,我会用和斯大林一样的法子对付你。"[81] 萨达特说话总是劲头十足、活力充沛。他偶尔会讲述自己与别人的冲突和采取的大胆行动,却没有确切证据。有时他不像是意志坚定的政治人物,更像个言语夸张、自尊自大的雄辩家。

萨达特在总统任期的头两年似乎仍把反美作为政策主线。所以,他用埃及与苏联结为伙伴后应得的好处来衬托西方的吝啬小气,说西方"连一把手枪都不肯卖给我们,即使我们愿意付外汇"[82],又说西方虚情假意地说"援助我们,然后又反悔,企图以此来动摇我们的人民对自己、对自己的梦想和对自己革命领导人的信心"[83]。1971 年年初,萨达特把时任以色列总理的果尔达·梅厄的提议说成是"建立在胜利情结上的痴心妄想"[84]。萨达特就任总统相当长一段时间后，美国决策者还认为他和纳赛尔并无二致，只不过没有那么张牙舞爪。

校正运动

贾迈勒·阿卜杜勒·纳赛尔这种富有个人魅力的领导人搞政治靠的是令民众着迷。他们的言谈话语、举手投足令人激动兴奋，目的是借以掩盖日常生活的灰暗现实。只有当令人目眩的独特人物消失之后，顽固的现实才再次成为注意的焦点。

这就是1970年10月纳赛尔去世后的情况。按照埃及宪法，经议会批准后，副总统萨达特接任纳赛尔成为过渡时期的总统。他就职典礼的风光完全被纳赛尔的葬礼盖过，数百万民众涌上街头对纳赛尔致敬。送葬行列被人群挤得东倒西歪，萨达特甚至害怕人群会抢走纳赛尔的遗体，令纳赛尔无法妥善下葬。[85]

萨达特担任国家高级领导人已近20年，但他一直保持低调，所以埃及老百姓对他并不熟悉，外部世界对他更是缺乏了解。[86]萨达特在仕途上逐步高升期间，华盛顿对他不太看得起。1969年12月萨达特被任命为副总统时，不仅媒体，就连美国政府和美国驻开罗大使馆都认为，萨达特得到晋升主要是因为他无足轻重，威胁不到纳赛尔的地位。[87]

1970年9月下旬，尼克松在地中海的萨拉托加号航空母舰上得知了纳赛尔去世和萨达特自动接任总统的消息。[88]当时在场的所有人都本能地觉得，萨达特这个总统做不长，能够得到的情报也是这样显示的。萨达特似乎会延续纳赛尔咄咄逼人的民族主义意识形态。另外，他看起来是个没有影响力或真才实学的人。[89]一位高级顾问说萨达特顶多能在总统大位上坐6个星期，认为他的继位仅仅是"权宜之计，为的是阻止选出一个更强的竞争者"[90]。同样，当时中情局的一份报告在"纳赛尔去世时身边最重要人物"的名单中并未包括萨达特，还预言萨达特"最不可能争取长期执掌权力"[91]。

萨达特的个性也是造成他相对默默无闻的因素。虽然他有时摆出咄咄逼人的样子，例如在斥责苏联顾问或怒骂美国的时候，但那不过是做样子，为的是表达某个意思。在实际生活中，萨达特异乎寻常地沉静。这个特性在一定程度上使他免于个人野心和政治狂热的压力。萨达特在政府任职的18年间，一直与政治旋涡中心保持着距离。他是革命指挥委员会中少数几个最初未得到部长职位的成员之一。有时这种超然的态度是他有意为之：萨达特至少有一次暂时退出了革命指挥委员会，因为他不喜欢那些人的装腔作势和钩心斗角。[92]

萨达特个性平静无争，与纳赛尔又私交甚笃，因此不像通常的从政者那样热衷于发展自己的政治基础，而且他从来不是天生的政治家。他花在静思和祈祷上的时间比演说的时间多。萨达特喜欢独处，因而见识深刻，思想独立，但也给人留下了不合群的印象。

许多埃及人和外国观察者一样，认为萨达特不过是个过渡性人物。革命指挥委员会的其他成员，特别是以阿里·萨布里、沙拉维·戈马、萨米·谢拉夫和穆罕默德·法齐将军为首的有权有势的小集团，都觉得萨达特跳不出他们的掌心。[93]萨布里是埃及贵族，在纳赛尔手下先后当过副总统、总理和情报部门领导人，被视为顺理成章的接班人。戈马是纳赛尔的内政部长，法齐是国防部长，谢拉夫是总统的亲密助手——其实就是总统的军师。（萨达特就任总统初期，保留了前3人的职务，任命谢拉夫为国务部长。）

萨达特要正式继任总统，需要得到埃及唯一的政党阿拉伯社会主义联盟执行委员会的提名。1970年10月7日，执行委员会在势力强大的部长理事会的支持下，同意了对萨达特的提名。[94]他们默认萨达特，一个原因是他们无法就他们中间谁能扮演纳赛尔的角色达成协议，也因为他们认为萨达特软弱，不会对他们构成挑战。为确保自己的控制权，他们给萨达特的提名附加了5个条件，包括要他保证在执政时与阿拉伯社会主义联盟和国民议会的领导人配合，而那些领导人中的重要人物是萨布里和戈马的盟友。实际上，这伙人给了自己对总统政策的否决权。萨达特同意了这些条件后获得了提名，并按计划当选。

纳赛尔生前促进阿拉伯团结的努力屡遭失败。军队状况不佳，经济管理不善，致使私营和公营部门双双萎缩。尽管如此，纳赛尔依然是埃及人民爱戴的偶像。对他留下的经济和政治局面感到失望的人需要找一个让他们发泄不满的人。于是，新总统萨达特成了他们的靶子。

哪怕在最理想的情况下，做一位富有魅力的领导人的接任者都令人望而却步。政策可以接续，魅力却看不见摸不着。人民还在哀悼纳赛尔，赢得他们的全心拥护是不可能的。萨达特知道，自己若是控制不了政府的运作，就只是个傀儡。当务之急是要站稳脚跟。

当选不到6个月，萨达特自行做了几个决定，都与想操纵摆布他的那些人意见相悖。他下达总统令，禁止没收和扣押私人财产，暗示要向以色列做出和平姿态，并宣布与叙利亚和利比亚达成了建立联邦的协议。[95]

萨布里和戈马看到新总统打破了与他们先前的协议，为之震惊，又因他们在国民议会中的力量遭到削弱而感觉受到了威胁，于是开始策划军事政变。[96]萨达特发现他们的阴谋后，解了他们的职。接下来，所有参与阴谋的人集体辞职，希望挑起一场宪政危机。但是，萨达特自1952年起以及担任议长期间在国民议会中积累了不少人脉，他靠着这些人脉连夜找到替代人选，填补上了重新组建的政府中所有空缺。

萨达特的对手原以为他会屈从他们的要求，他却一举将他们全部清除，这一行动后来得名"校正运动"。24小时内，萨达特监禁了大部分参与政变阴谋的人，91人最终受到审判。这种果决在萨达特早期生涯中表现得并不明显，但这将成为他作为总统的标志性特点。萨达特每一个出人意料的大胆举动都经过仔细盘算，都是为了服务于更大的战略目标。正如一位高级外交官当时所说："他们要是以为他会乖乖就范，那真是看走了眼……他们难道忘了他年轻干革命的时候在口袋里装过炸弹吗？"[97]

战略耐心

"校正运动"巩固了萨达特的权力，使他摆脱了同僚的控制。

但是他依然被纳赛尔的遗产和埃及的现实绑得死死的。萨达特必须做的两件事恰好互相矛盾：要维持他在公众心中的合法性，他需要保留纳赛尔主义，维护他与纳赛尔形象的联系；要扭转埃及的国运，他却必须抛弃纳赛尔纲领中的许多内容。因此，萨达特决定一边重申纳赛尔主义，一边逐渐地、起初几乎微不可见地改变政策方向。他看似遵循既定方针，实际掩盖了自己的真实意图。

萨达特10月7日被提名为总统后不久，在对国民议会的演讲中宣布，他将继续"沿着贾迈勒·阿卜杜勒·纳赛尔的道路走下去，无论在何种情况下，无论处于何种地位"。他重申纳赛尔的外交政策，尤其是对以色列的政策，要争取把阿拉伯土地从以色列占领下解放出来，加强阿拉伯团结，并"充分捍卫巴勒斯坦人民的权利"[98]。

国内政策固然在恢复埃及历史角色的努力中作用重大，但萨达特坚信，他能否完全恢复埃及的独立最终还是要靠外交政策。不过他就任总统之时，丝毫没有显露对外交政策做出重大改变的迹象。作为纳赛尔的接班人和继承人，他哪怕内心深处在考虑脱离纳赛尔的政策，也不敢做出如此惊人之举。

萨达特做的第一件事是在1971年5月和苏联签署了一份友好条约。这是在政治上迈出的一步，超过了纳赛尔1956年为建造阿斯旺大坝而接受苏联援助的纯经济协议。同年9月，他完成了与利比亚和叙利亚建立联邦的程序，以此显示他忠于纳赛尔的泛阿拉伯遗产。萨达特也延续了纳赛尔的通常做法，不断痛批以色列和美国：

> 主要当事方（不是以色列，而）是（以色列的）监护人美国。美国在各个方面对我们表示公开蔑视，蔑视我们的存在，蔑视我们的尊严、我们的独立、我们的意志以及我们和我们的先辈自7月23日革命后奋力实现的每一项价值观。[99]

和萨达特的许多行动一样，与苏联签署友好条约具有双重目的。在埃及仍依赖苏联军事装备之时，此举平复了苏联因亲苏的阿里·萨布里被捕而感到的不安。它也是一个试探，看看是否能利用与苏联结盟来诱使美国对以色列施压，迫其接受以阿拉伯要求为基础的中东问题解决方案。

在1967年的喀土穆峰会上，阿拉伯各国领导人发誓决不承认以色列，决不与以色列媾和，决不同以色列谈判。萨达特就任总统初期，国内根基不稳，不容他对喀土穆规则有任何偏离。于是，他延续了对以色列和美国的纳赛尔式攻击，甚至有过之而无不及。1972年，萨达特在对国民议会的一次演讲中断言："我们所目击的以色列式的武装殖民主义把整个民族逐出了他们自己的土地……所使用的驱逐手段是种族灭绝和赤贫。"至于美国，虽然它"有力、强大、专横"，却也"无能为力"。[100] 萨达特在总统任期的第一年不管怀有什么抱负，都谨遵他的前任确定的外交政策，例如，在关于苏伊士运河沿岸临时停火的谈判中，通过联合国外交官与以色列进行间接接触。

然而，在这种延续性的外衣下，萨达特开始了渐进的"去纳赛尔化"。他谨慎地加快了埃及向资本主义的过渡，还主持制定了一部新宪法。新宪法保留了1952年革命确定的总统掌握大权的基本制度结构，但加大了对民主权利的重视和对宗教团体，特别是对穆斯林兄弟会的宽容。很多穆斯林兄弟会的成员因此从监狱中获释。

在外交政策上，萨达特长期追随纳赛尔左右，后来更是成了副总统，得以近距离观察纳赛尔的外交。他从纳赛尔的去世中吸取了一个教训：一定要量力而行。纳赛尔关闭了苏伊士运河，又让埃及卷入了阿拉伯世界的事务，致使自己力有不逮。而且纳赛尔没有意识到循序渐进的重要性，包括（或者说特别是）在追求意识形态目标方面。这损害了埃及的声望，造成了经济和军事的双重代价，也令纳赛尔丧失了转圜的余地，因为他被不切实际的承诺和僵硬的意识形态困得动弹不得。

洞察到这些后，萨达特向以色列发出了最初的和平试探。但这个试探过于模糊不清，不可能立即产生巨大成果。1971年2月，刚当上总统5个月的萨达特表示，如果以色列撤出苏伊士运河周边地区，他愿意重新开放运河。[101]① 可以说，这标志着埃及从它和阿拉伯世界要求以色列完全撤回到1967年以前边界的立场上后退了一步。

以色列认为，萨达特此番表态是个花招，意在破坏以色列沿苏伊士运河东侧建造的加固工事巴列夫防线。以色列也反对萨达特采用的间接谈判方法，即通过联合国官员，通常是联合国秘书长任命

---

① 当时运河尚未重新开放，因为虽然开放运河能给埃及带来它所急需的现金收入，但埃及没有开放运河所需的设备，而且开放运河代表着对依靠运河来廉价运输石油的以色列和欧洲的重大让步。

的调解人为双方传话。为继续保持与以色列的沟通渠道,萨达特接受了苏伊士运河沿岸临时停火的协议,即使停火被打破后,也没有下令恢复敌对行动。[102]

过了一年多一点,萨达特于1972年7月一改先前的渐进方式,做出了一个惊人之举。他突然将大约2万名苏联顾问驱逐出埃及,事先没有警告莫斯科,也没有与包括美国在内的任何西方国家就行动本身及其后果举行磋商。[103] 这一战略转变的含义要再过一段时间才充分显现出来,但它代表着中东外交的一个转折点。

回首当时,看来萨达特给了自己两年的时间来确定纳赛尔对莫斯科的依赖能否产生实际结果。这也是为什么在1971年5月签署了《苏埃友好条约》后,勃列日涅夫开始敦促尼克松加速中东和平努力。

勃列日涅夫提出这一建议的时候,正值越南战争接近尾声,导致全球外交格局改观的1972年(2月)北京峰会和(5月)莫斯科峰会召开之前。考虑到当时的形势,美方对苏方的回应与对中东各方的表态一样:我们愿意讨论最终解决方案的原则,包括在莫斯科峰会上开展讨论。正式进程何时开始将取决于讨论的进展。

尼克松政府上台之初,采取的战略包括创造条件鼓励埃及转而接受美国的外交努力。莫斯科峰会结束时发表的联合声明宣布了相关原则,包括美苏共同致力于维持中东稳定,却没有呼吁立即恢复谈判。这个结果,加之苏联拒绝向萨达特提供他认为足够数量的武器,令萨达特坚定地认为,与苏联的伙伴关系没有用处。

我遇到的每一位国家领导人——可能戴高乐除外——在推行新

战略时都会循序渐进，分阶段行动。这样的话，万一战略无效也好转圜。萨达特却是与过去彻底决裂。没有退路，只能一往直前。

埃及和苏联官员之间紧张关系的形成非一日之寒。[104]萨达特自童年时就时常看到外国人羞辱埃及人的情景，内心极受刺激。1972年，苏联领导人列昂尼德·勃列日涅夫要求埃方就驱逐苏联顾问做出解释。萨达特在给他的信中说："您把我们当作落后国家来对待，而我们的军官是在贵国的学院里接受教育的。"[105]萨达特在回忆录中写道："我想告诉苏联人，埃及的意志完全是埃及人的。我想告诉全世界，我们永远是我们自己的主人。"[106]

埃及仍继续接受苏联的经济援助。苏联因为决心维持对埃及起码的影响力，也继续提供援助。但是萨达特达到了目的，成功地表明埃及能够自主采取行动，不是一个遥远的超级大国的仆从。

把苏联人员驱逐出埃及后，萨达特去除了美国参与和平进程的一个主要障碍。随着苏联影响力的消退，经由美国的外交途径显然成为自然而然的前进之路。

不过，外交政策既受客观环境的影响，也受不可见因素的左右。萨达特在华盛顿仍然不被看重。他升任总统之初采取的公开行动与他私下的试探互相矛盾，而且他的私下试探过于迂回微妙，看不出开启对话、导致巨变的可能性。萨达特就任总统后，我个人对他的看法并未有多大改善。1973年2月，萨达特作为初步试探，派国家安全顾问哈菲兹·伊斯梅尔访问了华盛顿，并邀请我访问开罗——如果我们的会谈能有进展的话。我给一位同事写了张纸条："问一下二等奖是什么会不会不礼貌？"

第四章 | 安瓦尔·萨达特：超越战略

这次试探在几个层面上引不起我们的兴趣。鉴于萨达特在1971年和1972年频繁发表反美言论，开罗不像是个好的谈判地点。此外，哈菲兹·伊斯梅尔访问华盛顿时，结束越南战争的《巴黎和平协定》刚刚签署一个月。大约同时，尼克松答应了以色列总理果尔达·梅厄，等以色列定于10月下旬举行的大选结束后再开始关于一系列看似无解的问题的谈判。萨达特显然想让美国帮忙促成符合阿拉伯要求的中东问题新解决方案，而阿拉伯国家的首个要求就是以色列无条件撤到1967年的边界，只有这样才可以就承认以色列的问题举行谈判。苏联人没能为纳赛尔实现这个结果。几位阿拉伯国家领导人用武力也没有达成，却又不肯通过对话来追求这个目标。

当时，阿以和平进程面对的根本挑战是，双方都要求对方做出不可逆转的让步，将其作为己方参加谈判的条件。阿拉伯国家要求以色列同意回到1967年的战前边界。以色列坚持要求直接谈判，阿拉伯国家予以拒绝，理由是那等于承认以色列。

尽管存在着重重障碍，尼克松还是同意与哈菲兹·伊斯梅尔见面探探情形。在1973年2月23日和尼克松的会见中，伊斯梅尔挑明了萨达特驱逐苏联人之举的含义，即埃及做好了与美国实现关系正常化的准备。尼克松表示愿意真诚地探索这个可能性。最后，尼克松谈到中东谈判的困难时，将其总结为"不可抗拒的力量撞上了不可动摇的物体"。他提出，任何解决方案都必须既达到埃及主权的要求，又满足以色列安全的需要。然而，鉴于尼克松所称的"双方之间的鸿沟"，他感觉最好采取分步走的办法，寻求临时、部分的解决方法，不要试图达成全面解决（虽然他没有断然将其排除在选项之外）。[107]

按照已经形成的标准操作程序，尼克松强调，实际谈判应通过国家安全事务助理办公室进行，伊斯梅尔和我应立即开始探索阶段的工作。的确，我俩次日就开始了讨论。为便于长时间谈话并突出讨论的非正式和保密的特点，讨论是在纽约郊区一所私人住宅里进行的。

会谈中哈菲兹·伊斯梅尔重复了他对尼克松说过的话，说埃及厌倦了"不战不和"的局面，萨达特愿意与美国重建外交关系。伊斯梅尔敦促美国积极参与和平进程，还暗示愿意在以色列完全撤军的条件下探索与以色列单独媾和。这是他在会谈中唯一一次偏离阿拉伯世界的既定条件。我坚守尼克松提出的分步走方法，详细谈了这种方法有可能奏效的原因。

我指出，分步走方法与迄今为止中东外交的典型做法大相径庭。现在争取中东和平的普遍方式是寻求全面解决，要一并解决以色列与各个邻国以及与巴勒斯坦阿拉伯人之间的所有边界争议。此外还设想召开所有各方参加的和平会议，主要的地区参与者和巴勒斯坦代表都要出席。美国和苏联作为大国推动者和预计将达成的协议的担保者也要与会。

相比之下，分步走方法把巴以争端与中东地区在具体问题上寻求进展的努力分隔开来。那些具体问题有的涉及主权（管辖与行政安排、关系正常化和最终相互承认），其他的涉及安全（创立不扩散制度、打击恐怖主义网络和确保能源自由流动）。在这类实际问题上向前迈进，而不是把它们与一个重要的心理和历史问题的最终解决捆绑在一起，这样能够促使在各个具体问题的解决中利益牵涉最大的地区参与者着力维持取得的成果，从而创造一种有机的前进势头。

与伊斯梅尔的对话没有立即做出决定。从这个意义上讲，谈话未能产生结果，主要原因是在 1973 年春那个时候，阿拉伯国家之间的协议根本不容许分步走的方法。尽管如此，我还是向伊斯梅尔大概讲了一下分步走怎样操作。例如，把埃及和以色列的主权要求与两国在共同关注的安全问题上达成和解分隔开来。伊斯梅尔没有从我们这里得到一份支持他所陈述的目标的方案，但我们对他详尽而准确地讲述了我们建议的另一种方法（最终萨达特接受了我们的建议）。

这是 2 月的事。到那年秋天，准确地说是 10 月 6 日，萨达特在回归外交途径之前，决定一举震惊世界，令各国对他刮目相看。

1973 年战争

早在 1971 年 7 月，萨达特在阿拉伯社会主义联盟的一次大会上宣布，他不会"接受这种不战不和的局面"[108]。萨达特指出了埃以之间的僵局这个问题，却无法在他就任总统之初做出解决问题的决定。他仍在探索各种加强自己谈判地位的方法。[109]

到了 1972 年，萨达特才决定改变战略。但那时他若要在阿拉伯世界推动分步走的办法，并保住苏联最起码的支持，就需要做出惊人之举来证明自己是真材实料。

萨达特决定打仗。他也许希望一举达成他所宣布的目标。更有可能的是，他发起战事，期望以此给作为替代的外交选项赋予合法性。萨达特那非凡的夫人贾汉·萨达特回忆道，萨达特对她说，形势要求"再打一场战争才能赢得参加谈判的平等地位"[110]。1973年白宫和伊斯梅尔的讨论使萨达特确认了美国参与的意愿以及美国面临的限制。萨达特因此坚信，若是埃及无法在战争中大获全胜，也许分步走可以作为后备方案。

萨达特花了一年多的时间等待各种力量形成合适的组合，以"实现真正的和平"[111]。1972年8月，埃及记者穆罕默德·海卡尔描述那段时期为"埃及血流不止，一种毫无英雄气概的死亡令整个国家濒于窒息"[112]。贾汉·萨达特对那段时期的回忆是：

> 苏伊士运河沿岸的零星作战还在造成埃及士兵和自由战士的牺牲。运河区所有房子的窗户和所有车辆的车灯都涂成深蓝色，以防空袭时泄露灯光。在开罗，建筑物前面依然堆满沙袋，博物馆和商店的窗户贴着纸条，以尽量减少炸弹造成的破坏。在这段被历史学家称为"不战不和"的时期，气氛非常压抑。我们都痛恨这种状况，盼它早日结束，特别是安瓦尔。[113]

萨达特决心等局势发生变化后再动手，好让他要发动的战争成为"最后一战"[114]，所以他做了精心准备。1972年年中，萨达特驱逐了苏联顾问之后，命令制订军事计划。1972年10月，他查问

第四章|安瓦尔·萨达特：超越战略

计划制订的进度时，发现将军们甚至还没开始动手，可能是因为他们不相信真的要打仗。萨达特撤了战争部长的职，拨出更多资金从苏联那里增购了武器。[115] 他还和叙利亚总统哈菲兹·阿萨德秘密制订了联合作战计划。[116]

萨达特一边秣马厉兵，一边迷惑以色列。1973年从春到夏，他不断放话要动手，借以刺激以色列人，然后骗得他们进入战备状态。以色列国防军两次花费大量资金全体动员，两次都是虚惊一场。埃及开展了6次看似例行的模拟真实作战的军事演习。实际入侵前一天，苏联飞机撤离苏联外交官——这个行动本应引起以色列人和美国的警惕——被说成是开展训练。[117] 1973年战争过后，有人问以色列当时的国防部长摩西·达扬为什么10月份没有动员军队，达扬回答说，萨达特"让我动员了两次，一次就花费1000万美元，所以到第三次的时候，我以为他不会来真的。可是他骗了我！"。[118]

到1973年秋天，萨达特已经花了近18个月的时间来为即将到来的战争营造国际环境。他公开表示对运河通行的灵活态度，在国际上赢得了赞誉。他驱逐苏联人，增多了他的外交选项并确保了他的计划不会受到苏联顾问的阻挠或破坏。他与白宫开展试探性对话，暗示他是在与华盛顿建立了工作关系的情况下开战的。萨达特一定算计到了，万一战事不利，美国会出手帮助收拾残局，可能也会参加谈判。

基于这些考虑，埃及和叙利亚于1973年10月6日协同发动了对以色列的进攻。萨达特早在1972年1月就呼吁埃及人民准备"对

287

抗",继续忍耐。

> 我们今后会遇到众多艰难险阻。但是,我们在真主的帮助下会担起未来的重担和牺牲。我们的人民将在战斗中表明自己是伟大的人民,无愧于我们漫长的历史、悠久的文明以及我们的人性和理想……主啊!请保佑我们的信仰至高无上,和我们同在,直至胜利。[119]

战争打响第一天,萨达特给时任国务卿的我写信说,他的目标是有限的,他准备在敌对行动结束后努力推动和谈。战争的第二天,我回信说:"您打仗用的是苏制武器。请记住,您媾和却只能靠美国外交。"[120]

埃及军队在苏伊士运河上架设浮桥,跨越巴列夫防线,取得了纳赛尔没能获得的战绩。埃军深入西奈半岛10英里,夺回了1967年被以色列占领的土地。同时,叙利亚军队在戈兰高地突破了以军阵地。这两支主要装备苏制武器的阿拉伯军队步步推进[121],以色列军队伤亡惨重,损失了大批装备。

战争初期,埃军和叙军捷报频传,震惊世界,令各方大跌眼镜。然而不无矛盾的是,战争全面铺开之后,负责维护和平的联合国安理会却没有提议停火。安理会两个最重要的理事国中,苏联反对停火,因为它看到阿拉伯军队在推进,不想阻碍他们的脚步;美国也不愿意停火,因为那样以色列就无法发动反攻。其他理事国忧惧交加,心中没底,都举棋不定。结果,安理会等美国和苏联在10月

22 日商定了案文后才开会就停火协议投票,那时距战争爆发已经过了两个多星期。

那几周,尼克松的国内危机也到了关键时刻。1973 年战争爆发的当天,副总统斯皮罗·阿格纽启动了辞职程序,辞职原因是他任马里兰州州长期间(1967—1969)的一些活动。辞职于 10 月 10 日生效之时,恰值又一轮水门事件听证会开始,这轮听证是为了决定尼克松的谈话录音中哪些应该公布。10 月 20 日,中东战事开始两周后(当时我正在莫斯科谈判停火事宜),尼克松为阻止公布录音放出了大招。他先是要求司法部长辞职,紧接着干脆撤了司法部长和特别检察官的职。此举引发大哗,导致对尼克松弹劾进程的开启。

尼克松尽管在国内焦头烂额,却仍然把握着对外交事务的控制。战争初期,他确定了两个首要目标:尽快结束敌对行动,并且如我代表他公开表示的那样,采取的方法要"使我们能够大显身手,消除(过去)25 年导致了 4 场阿以战争的因素"[122]。

战场局势几乎一日一变。10 月 9 日星期二是战争打响的第四天,也是尼克松批准斯皮罗·阿格纽副总统正式辞职的当天。同日,以色列驻美国大使西姆哈·迪尼茨和武官莫迪凯·古尔来到白宫官邸的地图室告诉我,以色列在苏伊士运河沿岸的初期战斗中损失了数百辆坦克和好几十架飞机。他们要求我们立即补充供应,并让梅厄总理来华盛顿陈情。

尼克松处理完阿格纽辞职一事后,同意向以色列提供紧急支援以解燃眉之急。他指示立即每天派 3 架飞机向以色列运送补给物资，并要求评估动员民航飞机的可行性。为了让以色列放心动用储备武器，尼克松保证战后会补足所有损失。

10月11日星期四，迪尼茨再次来到白宫，带来了又一个惊人的消息：以色列参谋总长戴维·埃拉扎尔将军和国防部长摩西·达扬说服了总理，认为由于运河西岸一带部署了地空导弹，所以为运河以东15~20英里的领土提供空中掩护代价太大。因此以色列愿意接受停火，想请我们帮助安排。[123] 为了加强谈判地位，以色列将在防御较薄弱的叙利亚战线上发动攻势，以促使苏联在安理会支持停火。尼克松同意了。于是我们找到英国，希望由它提出停火决议。

外交大臣亚力克·道格拉斯－霍姆爵士代表英国政府采取了行动。可是，10月13日星期六，我们要求萨达特同意停火时却惊讶地听他说，除非以色列保证回到1967年6月以前的边界，否则他拒绝同意。澳大利亚又找了他一次，也铩羽而归。

到10月14日星期日，萨达特拒绝停火的动机终于显明：他决定用两个装甲师的兵力直捣西奈更深处。萨达特这样做，或是因为对埃军跨过运河后的战斗力过于自信，或是为了缓解他的盟友阿萨德的压力，又或是由于一时失了分寸感。结果，埃军进入地空导弹保护区以外领土的行动遭到惨败。不再受地空导弹威胁的以色列空军和以色列坦克两面夹击，摧毁了大约250辆埃军坦克。以色列坦克更是趁机将埃及第三军团赶到了运河边。那次战役打响两天后，以军在激烈的战斗中跨过运河，开始摧毁运河西岸的苏制地空导弹发射场。与此同时，一万多以色列装甲部队挥师第三军团后方，大

第四章 | 安瓦尔·萨达特：超越战略

有包围第三军团，甚至包围开罗之势。

在此情况下，埃军战场总司令萨阿德·沙兹利将军力劝萨达特把第三军团从运河东岸调到西岸，以保护埃及民众。但是，此举将令萨达特大计落空。他的回答十分严厉："你不懂这场战争的逻辑"，并命令沙兹利按兵不动。萨达特说，埃及只需要西奈的"4英寸土地"，就能使外交局面完全改观。[124]

10月18日星期四，埃军两个师在西奈节节败退之时，萨达特突然要求停火。战局转向不利，他需要己方在西奈仍有立足之地的时候叫暂停。[125] 就在他呼吁停火的时候，他仍声称取得了心理上的胜利："敌人仓皇失措，到现在仍惊魂未定。我们伤痕累累的民族恢复了荣誉，中东的政治地图从此不复从前。"在同一篇演讲中，他敦促美国和埃及一起推动和平。[126] 萨达特也许在军事上陷入了困境，但他对政策选项的分析依然准确无误。

10月17日，危机扩展到全球经济。石油输出国组织（欧佩克）宣布实行石油禁运，旨在迫使美国及其欧洲盟友推动以色列达成解决方案。原油每桶价格急剧飙升，最终达到危机前的4倍。[127]

翌日，阿纳托利·多勃雷宁大使开始和我讨论停火决议的案文，看美苏两国能否联合将此决议提交安理会。10月19日，勃列日涅夫邀请我去莫斯科完成停火谈判。两天后，美国和苏联共同向安理会提交了决议草案，决议于10月22日获得一致通过。

实现停止敌对行动有过一次挫折，发生了违反停火的情况，以色列忍不住包围了苏伊士城，切断了第三军团的补给线。接下来的48小时非常紧张。几天前刚在莫斯科谈成的停火协议遭到破坏，苏联人对此提出抗议，要求美苏联合行动恢复停火，并威胁要单方面采取军事行动强制实行停火。萨达特本可借苏联的压力为己所用，但他并未这样做。苏方提议遭到美方有力拒绝后，又提议由他们派遣非作战观察员参与监督停火。一番操作的成果是联合国安理会340号决议，规定由安理会常任理事国以外的联合国会员国派遣国际观察员组成联合国紧急部队。①

萨达特借机做出了一个象征性姿态，表示他致力于寻求解决冲突的新方法。自从1948—1949年停战以来，埃及和以色列两国官员从未举行过面对面谈判。现在各方惊异地看到，萨达特通知以色列说，他将派军官到开罗－苏伊士公路的80公里处详谈对340号决议的执行，并安排为被围困的埃及第三军团提供补给。（由于各种技术性原因，实际谈判地点从80公里处移到了101公里处。）此举不等于对以色列的正式承认，也不是外交承认，而是象征着萨达特决心带埃及走一条新路。

梅厄夫人与萨达特

战争结束后，梅厄总理于1973年11月1日来到华盛顿。在我与之打过交道的以色列领导人中，没有人比梅厄总理更难对付，也没有人像她令我如此感动。

梅厄夫人是个不同寻常的人。她的满面皱纹是她跌宕起伏的一

---

① 此次危机中外交折冲的详细情况见第三章"停火外交"小节。

生的见证。她是在陌生而严峻的环境中为建设一个新社会筚路蓝缕的开创者。在弹丸之地艰难求存的以色列强敌环伺，处境危险。邻国对它深怀敌意，虎视眈眈。它与灭绝的命运擦肩而过。梅厄夫人那戒备的眼睛似乎无时无刻不在警惕意外挑战的出现，特别是来自鲁莽的美国盟友的挑战。在长达2000年的时间里，她的民族在大流散中朝不保夕。她要保护被人民寄予热望的国土，将其视为自己的使命。我的童年时代在希特勒的德国度过，所以我理解梅厄夫人那种挥之不去的忧患意识。

我认识到，梅厄夫人目前对我们所持的态度有一定道理。她的国家遭到了军事攻击，美国盟友却多次要求她的政府参与和平进程。她依赖美国盟友的支持，但这个盟友却似乎从来没有真正明白她经历的创痛。

梅厄夫人对待同为犹太人的我像是对一个她最疼爱的侄子。侄子若是不同意她的意见，她就深感失望。我和她很熟，习惯了叫她果尔达，我现在想到她仍然想到果尔达这个名字。我的妻子南希曾经说，在以色列果尔达的家中，果尔达和我在晚餐桌上的争论是她所看到过的最扣人心弦的戏剧表演。南希没有说我们的争论通常如何结束：果尔达和我会到厨房去达成意见。

停火达成后，梅厄夫人第一时间来到华盛顿。她最不高兴的是我们坚持要让埃及第三军团获得补给，虽然只是非军事补给。其实她抱怨的不是具体政策，而是战略现实的变化：以色列的脆弱性显露无遗，埃及显然成了被美国接受的谈判伙伴。现在又要求她力行克制，好让攻击她的国家的那个国家变得更加和平，梅厄夫人认为这个提议不合理。

> 梅厄夫人：战争不是我们挑起的，但……
>
> 基辛格：总理夫人，我们现在面对的是一个非常可悲的局面。战争不是你们挑起的，但为了保护以色列的生存，你们需要做出明智的决定。这是你们面临的现实。这也是我作为一个朋友的诚实判断。
>
> 梅厄夫人：你是说我们没有选择。
>
> 基辛格：我们面临的国际形势就是我刚才讲的这样。[128]

一个国家若以为自己拥有完全主权，那是一种怀旧心态。现实决定，每个国家，即使是最强大的国家，都要根据邻国和竞争对手的能力和目标调整自己的行为。梅厄夫人最终做了应做的调整，这显示了她值得称颂的领导力。

梅厄总理访问华盛顿想同时达成两个结果：一是和美国这个以色列不可或缺的盟友达成一致，二是促成国内民众的一致意见。多数民众依然没有从他们处境的变化所带来的震惊中恢复过来，许多人仍然强硬好战。提供补给的行动由联合国监督，这意味着无须交战方直接合作即可做到。在以色列大使馆的一次晚宴上，梅厄夫人对美国政府做出了半公开的批评（可能是说给在场的她的助理、部长和顾问们听的）。我没有介意她的批评。翌日我前往布莱尔大厦（国宾馆）拜访，和她举行了一次只有顾问参加的私下会议。会谈中她表示愿意考虑在我所说的 6 个条件下准许提供补给，包括开始脱离接触谈判。① 我提的 6 点还规定在进程之初先交换战俘，这是以色列尤其关注的一个问题。

以色列大选在即，所以梅厄夫人的内阁起初拒绝授权她在华盛顿接受这些条件。不过此时我们对以色列政治有了足够的了解，知道如果总理认为不能接受，就不会提出这个方案。只要她还在总理的位子上，内阁就不会违逆她的意思。

没有梅厄夫人的参与，萨达特开展谈判的愿景就无法实现。梅厄夫人同意谈判就是接受了以色列建国以来第一次放弃领土的可能性。她同意让第三军团获得非军事补给就是放弃了以色列取得决定性军事胜利的可能性。同时，梅厄夫人为谈判的突破创造了条件。为了有可能走向和平，她克服了自己的本能。没有对方，萨达特和梅厄夫人都无法迈出这第一步。

初会塔拉宫

1973 年 11 月 7 日，梅厄夫人访美仅仅 4 天后，我和萨达特举

---

① 6 点是：1. 埃及和以色列同意严格遵守联合国安理会呼吁的停火；2. 双方同意，在联合国主持下，在脱离接触和部队分开协议的框架下，立即开始讨论，力求解决回到 10 月 22 日的阵地上的问题；3. 苏伊士城每天将获得食物、饮水和药品供应，苏伊士城中所有受伤平民都将撤出；4. 不得阻碍非军事物资运往东岸；5. 开罗－苏伊士公路上的以色列检查站将被联合国检查站取代，在公路的苏伊士一头，以色列军官可与联合国人员一起核查运河岸上货物的非军事性质；6. 一旦在开罗－苏伊士公路上建起联合国检查站，就将交换所有战俘，包括伤员。（基辛格，《动乱时代》，第 641 页。）

行了首次会晤。在停火遭到违反的危机中,萨达特拒绝让苏联采取军事行动,因而为美国的外交努力铺平了道路。我们后来发现,埃及发动战争的战略目标是在心理上使形势改观,以达成可持续的和平。萨达特对谈判的开放态度也改变了我们对他的看法。他在我们眼中不再是激进分子。

迄今为止,萨达特的举动象征意义大于根本意义。我们看到的是真正的另起炉灶,还是换汤不换药?阿拉伯国家要求以色列立即回归1967年6月以前的边界,仍然以此为谈判的前提条件。至于承认以色列国的合法性,哪怕一丝暗示都没有。这场会晤也许能推动分步走方案的执行,但如果萨达特坚持总体解决,就可能陷入僵局。

我们在讨论中需要解决一些重大问题。迫在眉睫的是第三军团的补给,目前的安排仅是临时性的。第二个问题是中东和谈的目标。停火决议呼吁举行和谈,但和谈的目标从未正式说明。第三个问题是埃及与美国未来的关系。严格来说,两国关系仍然停留在1967年战争结束时纳赛尔与美国断交的状态中。

会见的地点塔拉宫位于开罗郊区——一个曾经时尚现在却费力维持着光鲜外表的地区。我被匆匆引向一个凉台,那里聚集着一大群记者,还有不少萨达特手下的工作人员。看不出采取了什么安保措施。

一片混乱当中响起了一个洪亮的男中音:"欢迎,欢迎。"萨达特就这样不声不响地到来了。他身穿卡其布军装,肩上披着大衣(开罗的11月有时相当冷)。他没有做任何开场白,只停留片刻让摄影记者照相,然后就把我带进一个大房间,房间的法式落地窗外是一大片草坪,草坪上放着供我俩的助手坐的柳条椅。

我们在面对花园的沙发上落座,两人都做出轻松随意的样子,尽管心中都深知,这次会面的结果将决定埃美关系的性质,可能也会决定短期内阿拉伯世界与美国的关系。萨达特看上去十分放松,把烟斗填满后点燃,开口说他一直在盼着和我见面:"我为您准备了一份计划,我叫它'基辛格计划'。"

语毕,他走到房间另一头摆着形势图的架子前站定,说到了我先前与哈菲兹·伊斯梅尔的会谈。前面说过,伊斯梅尔提出要以色列撤出整个西奈半岛时,我建议做出临时安排,在做出最后决定之前,先朝着和平进程进行小步调整。伊斯梅尔拒绝了我们的分步走提议,现在萨达特却接受了,将其命名为"基辛格计划"。他建议,作为第一步,以色列撤出西奈三分之二的土地,撤到从阿里什(距以色列边界 20 英里,距苏伊士运河 90 英里处的城市)到西奈半岛南端的穆罕默德角国家公园之间那条线。[129]

我们事先预想,这场谈判一定漫长而又艰难。谈判如此开始着实令人震惊,不是因为萨达特的建议前所未有(事实上他的建议并不现实),而是因为他表明愿意探索分阶段脱离接触的临时性安排。我从未遇到过谈判对手刚开始就让步的情形。我们也向其他阿拉伯领导人提出过临时解决方案的想法,均遭拒绝。萨达特却在我没来得及提出这个想法时就接受了。

不过,萨达特一定知道,战争是埃及发起的,现在不可能说服以色列领导人撤出如此大片的地区,包括西奈中部的战略隘口。为避免与萨达特的对话刚开始就陷入僵局，我请他解释一下他造成今天这种局面是出于何种考虑。

萨达特谈了他的目的，起初从容镇定，后来越来越激动。他对苏联人感到幻灭。苏联人不能或不愿和美国一起促成符合埃及尊严的中东和平。1972年莫斯科峰会公报中的语言毫无疑问地表明了什么才是苏联人优先关心的问题：他们不会为了埃及去冒可能与美国搞僵关系的风险。萨达特要恢复埃及的尊严。驱逐2万名苏联顾问是朝着这个目标迈出的第一步，战争又是一步。他驱逐苏联顾问时没有事先警告，事后也没有向美国提任何要求。

萨达特英语讲得非常好，稍微有些不自然，用词准确而正式，可能是因为他的英语是战争期间他在英国人的监狱里坐牢时靠看报纸、读短篇小说和其他书自学的。[130] 萨达特说话时语气坚定，眼睛微眯，像是眺望着远处的地平线。他说，他最后认定，如果没有美国的长期善意，不可能取得任何进步。因此，他要寻求与美国和解，在中东实现持久和平。他想改变的是基本态度，不是地图上的界线。

萨达特给我讲了他的"基辛格计划"，然后问我的计划是什么。

我说，对话的目标是实现持久和平。然而，和平能否持久，取决于各方一步步赢得对方的信任，在此过程中逐渐积累信任。第一步是不可能实现和平或建立信任的。我接着说，在目前这个时候，萨达特的"基辛格计划"雄心太大。比较现实的以军撤退线远远达不到他提议的地方，大约只能撤到米特拉和吉迪这两个隘口以西。撤军可能需要几个月的谈判才能达成。我们会尽全力推动实现脱离接触，并力图将其维持下去，在这个基础上建立和平进程。

和萨达特的谈话常常因他陷入沉思而中断。现在，经过又一段沉思后，他只回答了四个字："以色列呢？"我的回答同样含义隐秘，只是递给他一份和梅厄总理一起制定的6点方案。

萨达特把手中的文件读了几分钟后，没有多说就接受了。他总结道，纳赛尔通过攻击美国来迫使美国合作的做法是不明智的。第三军团不是埃及与美国之间问题的核心。萨达特与纳赛尔不同，他想达成的目标是与美国建立相互信任的关系，与以色列实现和平。作为这一目标的象征，他将在我们会谈结束后宣布一件我方甚至没有提议的事。他要宣布在华盛顿设立大使级"埃及事务处"，就此结束埃及自1967年以来对美国的外交抵制。大使将于1973年12月任命。（同年早期，我们与中国建立关系也采用了同样的做法。）等缔结了脱离接触协议后，埃美两国将建立全面外交关系。

以上这些不是作为条件提出的，也不要求我们做出对等回应，而是陈述了一个值得一试的办法。后来我们得知，萨达特面对顾问们几乎异口同声的反对，力排众议，决定赌一把，相信美国国务卿所说的，美国会在3个月内推动埃以领土谈判取得重大进展。这段时间内，第三军团始终处于围困之中。若是出了任何岔子，萨达特将身败名裂，埃及将举国蒙羞。

为被包围的第三军团提供非军事补给的步骤看似微小，但它为埃以之间初步合作创造了机会，成为迈向和平的象征。我还在开罗时，助理国务卿乔·西斯科和埃及外交部长伊斯梅尔·法赫米把原来在华盛顿和梅厄夫人商定、现在得到萨达特接受的6点写成了条约语言。

我的访问结束时，萨达特实现了他的豪赌的初步目的。他打破现状，就是为了开辟在美国主持下与以色列谈判的可能性。他的最终目标是结束与以色列的冲突。这场冲突自从1967年6月的战争以来消耗了埃及的国力，也打击了埃及的信心。在萨达特心中，以色列的存在不是对埃及的威胁，与以色列的战争才是威胁。可以通过树立新的安全观来减少并最终消除这个威胁。新安全观的基础是和埃及的敌人一道开启和平进程而不是消灭敌人。

即使是成功的谈判，有时也会令谈判者回想起来时感到不安，因为自己在谈判中做出的妥协给将来的努力投下了阴影。萨达特在回忆录中谈了对我们那次会面的看法：

> 我们第一次会谈用了3个小时。第一个小时中，我感觉自己面对的是一种全新的心态，一种新的政治手法……塔拉宫会谈的第一个小时后，任何看到我们的人都会以为我们是多年的老朋友。我们彼此理解毫无困难，所以我们就一项6点行动纲领达成了协议，包括美国保证在部队脱离接触的框架下回归10月22日的停火线。[131]

萨达特愿意接受脱离接触，同意6点方案。这种在谈判中单方面放弃讨价还价特权的做法非常罕见。他深刻意识到，归根结底，建立信任和善意比获得眼下的让步更重要。这种相互信任至关重要,因为双方刚刚迈出万里长征第一步。

从日内瓦到脱离接触

塔拉宫会谈后,接下来显然应该立即推行分步走方案,然而却做不到,因为萨达特对盟友阿萨德负有不单独媾和的义务。另外,美国在莫斯科的停火谈判中,同意与苏联协同推动全面谈判。于是,1973年12月,在日内瓦召开了一次中东和平会议。

这次会议是为了提供一个论坛,为后续谈判赋予合法性。所有地区当事方都受邀参加在日内瓦举行的最初讨论,美国和苏联作为和平进程的推动方也应邀参会。埃及承担着近乎义务的政治压力,必须与会,因为它1967年加入的《喀土穆宣言》拒绝任何阿拉伯国家单独与以色列谈判,而且在1973年战争之前和战争期间,萨达特自己也公开这么说过。现在,看到埃及和盟友们对日内瓦会议趋之若鹜,萨达特决定自己采取行动确保此次会议流产。

萨达特厌倦了阿拉伯世界的内斗,也不信任苏联人。他反对寻求总体解决,因为他害怕各种否决意见会阻碍协议的达成,也担心冷战竞争会压倒阿拉伯国家重视的问题。果不其然,在日内瓦达成协议的可能性很快烟消云散。叙利亚的阿萨德拒绝出席。治理约旦河西岸的约旦来参加会议,却引起了争议。苏联关注的是和美国之间缓和的进展,对地区谈判并不上心(或者说,它之所以同意采取分步走的办法,是因为它料定此法会失败)。于是,美国、苏联、以色列、埃及和约旦共同参加的日内瓦会议宣布休会,从而可以对构成总体解决方案的各个问题开展探索。这对萨达特和美国来说正中下怀。

现在一切都取决于埃及和以色列能否把探索性的讨论转变为具体成果。需要就一系列问题达成协议,包括以色列撤退的范围、双方对军备限制区的确定、阿拉伯抵制的结束,以及对达成的任何协议实行管控并使之合法化的方法。

谈判能否成功要看以色列是否愿意破天荒地从自己已经占领的领土上撤出。为此,摩西·达扬成了关键人物。达扬是以色列的公民－军人制度所允许的范围内最接近职业军人的人。他知识渊博,思维敏捷,似乎是以色列方面领导新生和平进程的最合适人选。但是,达扬此刻正心情郁闷。他被萨达特的假动作所迷惑,战争爆发时被打了个措手不及。他知道自己在动员军队上判断失误,会因此付出政治代价。到1974年6月,达扬和梅厄夫人都离了职。

然而,达扬不失尊严地履行了职责。他明白以色列从1967年边界上首次后撤的深远意义。达扬知道,虽然他本人的参与即将结束,但刚刚开始的这一进程以后的势头必将越来越强劲。

1974年1月4日,来华盛顿开启谈判的达扬提议把撤军线定在离苏伊士运河12~20英里处。这与萨达特在"基辛格计划"中建议的撤军线相差甚远。不过据达扬所说,这是可行范围内最大的妥协,因为再往东撤,以色列就会失去对西奈隘口西边唯一南北通道的控制。达扬无意为了讨价还价而摆出强硬的架势,也不想耍政治手腕。在分两天举行的7个小时的讨论中,达扬用一张标着新的分界线、包括标出了军备限制区的详细地图作示范,说明了他的提议。[132]

第二个星期,我把达扬画得一丝不苟的那张地图交给了萨达特。我们讨论脱离接触细节问题的会议安排在萨达特过冬的阿斯旺举行,那是个沙漠城市,在开罗以南425英里处。1月11日的首次会议上,萨达特提出了两个令人吃惊的提议。如果我留下来,在埃及和以色列之间穿梭推动尽快取得结果,他就接受以色列的撤军线。萨达特还为他自己(和美国谈判团队)确定了一个最后时限。他安排在下个周末,也就是1月18日,造访他的阿拉伯兄弟,讨论欧佩克在"十月战争"期间对美国实施的石油禁运。若届时如萨达特所愿达成了脱离接触协议,他会敦促结束禁运。虽然萨达特觉得以色列的有些提议损及埃及主权,因此不能接受,但那些问题可以留待谈判的晚些时候再提。

穿梭外交前所未有地加快了谈判步伐。1月11日和1月18日之间,我做了7次穿梭访问。[133] 其中一次(1月12—13日),达扬提出了在脱离接触区内实现非军事化的复杂的实质性大纲。

1月14日,萨达特把谈判从两人面对面的会谈方式改为会议方式,安排美国团队(美国大使赫尔曼·艾尔茨和乔·西斯科)坐在会议桌一边,萨达特带着外交部长法赫米和国防部长贾马斯坐在另一边。这种安排是我与萨达特相识期间唯一的一次,可能他想让美方和他共担痛苦决策的责任。

那次会议变成了萨达特与他的手下之间的一场戏剧性对抗。撤退线没有争议，轻易得到了确认，但达扬关于在以色列军队撤出的地区建立军备限制区的提议激起了强烈反对。萨达特事先向我表示，他坚信，在埃及土地上为了保卫埃及而部署埃及军队这件事，决不容许外国发号施令，特别是一个正在与埃及打仗的外国。法赫米和贾马斯现在表示反对是出于类似的理由，他们特别反对以色列关于埃及在苏伊士运河对岸只能部署30辆坦克的提议。贾马斯在结束发言时激愤地说："任何有自尊的埃及军官都不会签署包含这类条款的协议。"

萨达特一言不发地坐了几分钟。然后，他从沉思中回过神来，向我提了一个奇怪的问题："能不能组成一个我们双方的工作小组？"（他指的是在座所有人，除了他和我。）我表示同意后，他建议由工作小组确定军备限制的问题，坦克的事留给他自己和我来处理。然后，他请我跟他去了隔壁的房间。

等房间里只剩我们二人的时候，萨达特（就关于限制苏伊士运河对岸坦克数量的问题）问道："她（梅厄总理）是认真的吗？"

我答道："她在讨价还价。不过您必须决定愿意在这个问题上花多少时间。"

萨达特没有告诉我他的决定，只说："咱们去找他们吧。"在会议桌上，他解决了这个争议："我接受了30辆（作为运河对岸埃及坦克数量的限制）。基辛格博士会替我争取到更多。贾马斯，你要签字同意。"

萨达特避免了迫在眉睫的僵局。工作组就主要武器种类的限制达成协议后，交给了战争结束时为执行谈判结果而建立的101公里技术小组。后来,梅厄夫人把准许部署在运河东岸的埃方坦克数量提高到 100 辆以上。

穿梭外交不仅加速了决策,还使萨达特得以加深并推进对话。他说,梅厄夫人会明白,运河对岸坦克部队规模的大小只具有象征意义。

> 如果我想发动攻击,一夜之间就能把 1000 辆坦克开过运河。所以,作为我致力于和平的表示,您可以(向梅厄夫人)转达我的保证,我不会在运河对岸部署坦克。但是,我要让总理明白,协议的整个未来都由心理因素来决定。以色列绝不能颐指气使,冒犯埃及武装部队的尊严。您可以告诉她,我说了,我会坚决沿着这条路走下去。[134]

下一次穿梭访问中(1 月 16 日),萨达特要来一张标志着建议在西奈半岛上划定埃军和以军各自军备限制区的地图。他大笔一挥,划掉了众多小分区,然后画了一条简单的分割线,把那些区一分为二,一边是以色列的,另一边是埃及的。他说,应当限制的是分割线到运河的距离,而不是部队规模。

为了避免在谁做出了让步这个问题上争辩不休,萨达特还想出了一个聪明的办法。以色列和埃及不要把协议描述为彼此间的一系列义务,而要称其为对美国总统做出的共同承诺。这样,协议就间接获得了华盛顿的担保。为突出美国的监督作用,萨达特提议在苏伊士运河部署两个联合国技术检查组,要求检查组由美国人员组成,使用美国技术。① 又经过两次穿梭访问,就确定了第一份脱离接触协议的最终稿。

战争和运筹操作用了几个月,而萨达特在区区一周内就营造出了双方都敢于说出"和平"这个字眼的时刻。他批准了工作组要转给以色列的最后文件,还加上给梅厄夫人的一封信,表达了他实现真正和平的诚心,和他几天前讨论坦克数量限制的问题时所说的话意思一样;

> 您一定要把我的话当真。我在1971年提出倡议的时候,是真心实意的。我威胁要打仗的时候,也是真心实意的。现

---

① 这项协议在写成正式语言的过程中变得复杂起来。萨达特和我对工作组介绍这一突破的方式显示了它的复杂性。萨达特让我替他做介绍。

萨达特:您来吧,您聪明得多。

基辛格:但我不如您有智慧。总统和我不仅讨论了技术性条款,还讨论了快速推进和在日内瓦慢速行动的利与弊。技术性条款如果在日内瓦达成也许更好,但我们评判快速行动有其优势。

萨达特:我们是这么评判的。

基辛格:埃及防线是为了保卫埃及,以色列防线却不是为了保卫以色列。所以对埃及人来说,把自己在埃及领土上的防线后移是不可接受的。不得不说,我认为此论很有说服力。所以我愿意回以色列去提出从未有人提过的建议——让他们放弃不同的区之间这些分别。以色列军队撤回到这条线,埃及军队撤回到这条线,埃及的防线定在这里——这样埃军不需要后撤。我们对于任何限制都不从后撤的角度去描述,而是采取埃及防线到运河的距离,以及运河到以色列防线的距离这个角度。萨达特总统说的第二点是,埃及很难签署一份限制它在自己领土上部署军队的文件。

萨达特:对。

(基辛格,《动乱年代》第826页。)

第四章 | 安瓦尔·萨达特：超越战略

在我说要和平，还是真心实意的。我们以前从未有过接触。现在有了基辛格博士帮忙。我们应该用他做中间人，通过他彼此交谈。[135]

离直接对话仍有一步之遥。以色列总理接见我的时候，因为得了流感正在卧床。"这是好事，"梅厄夫人简短地说，"他为什么这样做？"一天后，她决定做出正式答复。我把协议的最后文本带给了萨达特，外加梅厄夫人的回信——这是萨达特首次与一位以色列政府首脑正式直接接触。下面是梅厄夫人私信的部分内容：

> 我深知以色列总理接到埃及总统信件的意义。我对此深感满意，真诚希望我们两人之间通过基辛格博士的接触能够继续，并成为我们关系的一个重要转折点。
> 在我这方面，我将尽最大努力营造我们两人之间的信任与谅解。
> 我们两国人民都需要和平，也应该得到和平。我最强烈地坚信，我们必须为实现和平投入全部精力。
> 请允许我借用您的信中的话："我说到我们之间永久和平的时候，是真心实意的。"[136]

萨达特刚刚读完这封信，正在把信折起来的时候，一个助手走进房间对他耳语了几句。萨达特走向我，吻了我两边的脸颊："他们刚刚在101公里处签署了脱离接触协议。今天我要脱掉军装——除了庆典仪式，我希望再也不需要穿军装了。"

萨达特补充说，他准备当天就启程前往各个阿拉伯国家首都，向他们告知谈判结果。我告诉他，当天晚上我要去大马士革继续和阿萨德一起推动分步走进程。阿萨德是萨达特的战争盟友，也加入了关于决不与以色列举行和平谈判的1967年阿拉伯协定。若能在叙利亚方面取得一定进展，对加强萨达特在阿拉伯世界中的地位会大有助益。

萨达特虽然赞成我的外交活动，但他还有个主意。"您最好在卢克索待上一天，体验一下历史的伟大，"他习惯性地停顿了片刻，又说，"和它的脆弱。"

叙利亚方面

本书讲述的人物中，萨达特的哲学和道德远见是他那个时代和他所处的环境中最重大的突破。相比之下，叙利亚总统哈菲兹·阿萨德采取了纯粹的务实态度。他冷酷无情，智力超群，想当阿拉伯世界的领袖，却又知道自己力不从心。

叙利亚与埃及不同，它实现自治的历史相对较短。在长达数百年的时间里，它经历过征服和分裂，取得过成就，也遭遇过灾难。这一切削弱了叙利亚的重要性和自信心，使它难以自主行事。阿萨德没有萨达特那种对自己国家能力的信心，他带领叙利亚在与国际环境的抗争中坚持下来，靠的是他的顽强、意志和狡猾。

大马士革是现代阿拉伯民族主义的发源地，同时也是阿拉伯民族主义在外国人手中遭到挫败的一个具体案例。阿萨德一次对我说，第一次世界大战之前，叙利亚被土耳其背叛，战后被英国和法国背叛，第二次世界大战后，叙利亚又因美国支持以色列国而遭到美国背叛。因此，他完全不想同美国建立合作，也不想让叙利亚与西方的和平提议扯上关系。他对萨达特单独媾和的行动极为愤怒，甚至当萨达特在脱离接触协议签署之后访问大马士革时拒绝见他，只在机场收下了萨达特关于第一次穿梭外交结果的报告。

但是，阿萨德愿意推动叙利亚自身的利益。具体来说，他想重新拿回以色列在"十月战争"最后的攻势中夺走的通往大马士革的公路旁边的领土。他还想在自1967年起被以色列占领的戈兰高地效仿西奈协议的规定，实现部队脱离接触。

因此，我和阿萨德的谈话始终围绕着军事安排的一个个具体问题。没有高尚远大的话题作为激励，自始至终仅限于处理实际问题，还时常需要挽救谈判免于因阿萨德本人的行为而破裂崩溃。我谈到阿萨德的谈判手法时曾说，那好比向着悬崖边不断靠近，偶尔还跳下悬崖，指望有棵树挡住他，让他能再爬上来。

阿萨德想达成西奈协议中部队隔离的原则那样的结果，但他没有萨达特的道德远见作为谈判的加速剂。结果，叙利亚方面的穿梭外交谈判一步一步用了整整35天。在大马士革的每一次会面都分三个阶段，每个阶段都由阿萨德主持。先是我与阿萨德单独举行范围较广的讨论，只准我的翻译在场；然后与阿萨德的军事顾问开会；最后与文职部长开会。（第一阶段阿萨德连自己的翻译都不带，以限制下属对我从耶路撒冷带来的报告的了解。）这种决策方式复杂曲折，但它使阿萨德得以决定哪些信息适于释放。它还导致会谈十分冗长，令以色列领导人不明所以，因而心生焦躁。

第34天夜里，阿萨德把事态逼到了似乎必然破裂的地步。我们已经起草完了宣布谈判完成的公报，就在我们都以为最后一次会议终于结束，我正朝着门口走去的时候，阿萨德又想出了继续谈判的办法。接下来花了5个小时进行关于谈判的谈判。直至入夜时分，讨价还价仍在继续。

谈判结束时，叙利亚榨干了能够得到的所有好处，把分界线向着基本中立的方向又移动了几百码。最终，以色列将撤出大马士革南边10英里以外的领土，也将撤出库奈特拉城。对峙的两军带着武器将隔开30英里，这样重型武器就打不到对方的前沿。[1] 和与埃及达成的协议一样，双方在给美国总统的信中保证执行协议。

毋庸赘言，穿梭外交叙利亚一方的谈判结束时没有埃及方面的谈判那样令人欢欣鼓舞。叙利亚与以色列的协议是敌手之间冷酷的讨价还价，各自仅对本国立场做了一定调整。阿萨德采用了萨达特

---

[1] 达成这一目标的复杂性从美国在谈判晚期的提议中可见一斑：
"库奈特拉全城将由叙利亚管理。
在库奈特拉以西，从西路西侧那一排建筑物开始测量，向西200米处将画一条线。在这条线上将设置路障。此线以西地区将实现非军事化。联合国将确保双方遵守规定。允许以色列平民在这一地区耕种。
以色列军事线将设在两个关键山丘的东山脚，但不允许在山顶部署武器，因为那里可以直线打到库奈特拉。
此保证将载于尼克松总统写给阿萨德总统的信中。
库奈特拉北边和南边的线将画成直线，这样库奈特拉就不会被以色列阵地包围。"
（基辛格，《动乱年代》第1087页。）

的务实解决办法,却拒不接受萨达特的道德格局。不过,阿萨德尽管只字不提和平,却还是愿意达成具体协议,使发起战争的难度大为增加。这些务实的条款没有感情因素的驱动,但切实可行且易于监督。

最后,所谓的《戈兰协议》中的规定得以维持,部分原因是阿萨德尽管完全可以打破那些规定,却从未这样做过。虽然他自尊自傲、精明狡猾,但他最终实际上接受了对以色列一种间接的、默然的承认。对一个激进的人来说,认识到这一点一定令他痛苦万分。阿萨德比萨达特更加坚信以色列是大敌,因此对他来说,这段旅程更加艰难,进展也比较小。然而,阿萨德和望远镜另一端的梅厄夫人一样,向前眺望时瞥到了结束冲突能够带来的裨益的一线微光。

没有萨达特的主动,阿萨德不可能实现对外目标,也不可能产生内心变化。不过,阿萨德的确对地区争端的分步走解决做出了很大贡献,哪怕他追求的只是些平凡的目标。矛盾的是,阿萨德在谈判中把理想主义挤干抹净,反而使得萨达特在政治上有可能继续沿着实现自己愿景的道路走下去。

走向和平的又一步:西奈二号协议

叙利亚脱离接触协议达成后,萨达特期望继续推进与以色列的和平进程。顺理成章的下一步应该是就以色列在1967年6月的战争中占领的约旦河西岸达成协议。可是,阿拉伯世界的内部政治决定了此路不通。[137] 西岸虽然事实上处于约旦治理之下,却既不属于约旦，亦非主权实体。1974年10月28日，叙利亚协议达成后不久，阿拉伯联盟就把巴解组织定为巴勒斯坦人民的唯一合法代表。因此，以色列若试图与约旦的侯赛因国王谈判撤出西岸事宜，必将立即引爆阿拉伯世界的内乱。以色列却又不准备与誓言摧毁它的巴解组织打交道。

就这样，西岸问题被移出了分步走的外交努力。似乎唯一有可能推进的是就以色列在西奈进一步后撤再次举行埃以谈判。

然而，此事必须等待尼克松1974年8月辞职一事尘埃落定之后方能开始。必须给杰拉德·福特总统留出时间来听取内部通报，组建他自己的白宫团队。福特总统在第一次公开讲话中任命我为国务卿，保证了工作的连续性。

其实，对连续性最重要的保证是新总统的个性。福特在密歇根州长大，在那里上学。他体现了中部美国最优秀的品质，包括爱国精神、对伙伴关系的信心、对美国宗旨的信任和非凡的洞明练达。福特同意他的前任在任期间发展起来的中东和平原则，眼下他首先要致力于克服美国自己内部的分歧。

以色列也换了领导人。梅厄总理在头一年12月的大选中幸运过关，但公众强烈地批评政府在1973年战争爆发前应对不力，所以她觉得自己最好让位。继任的伊扎克·拉宾是第一个成为国家总理的sabra（指土生土长的以色列人）。拉宾在1967年战争中是以色列军队的指挥官，因为那场战争的胜利而成为国家英雄。他和萨达特一样，身为军人，却怀有超越战争的远大抱负。拉宾任总理时在一次动人心弦的演讲中说：

第四章 | 安瓦尔·萨达特：超越战略

> 作为一名曾经的军人，我会……永远记得战斗打响前那一刻的静默。寂静中，时钟的指针似乎在飞速旋转，时间在流逝，再过一个小时，再过一分钟，地狱之火就将爆发。
>
> 就在手指要扣动扳机，就在导火索开始燃烧之前那紧张的时刻，在那个静得可怕的时刻，仍然有时间思考，自己在心中独自思考：真的必须打仗吗？没有别的选择了吗？没有别的办法了吗？[138]

拉宾和梅厄夫人截然不同。梅厄夫人是作为先驱者来到以色列的。对她来说，以色列每一寸领土都是用鲜血换来的，因此神圣不可侵犯。按照这样的思路，用土地换和平是用绝对之物换取很可能转瞬即逝的东西。拉宾出生在以色列，对他来说，以色列的存在固然是个奇迹，但它继续生存下去更加重要。拉宾根据对犹太人几千年历史的了解，认为以色列要克服自古以来朝不保夕的处境，就必须与阿拉伯邻居建立联系。绝顶聪明又受过良好教育的拉宾以分析的眼光看待谈判进程。他喜欢分步走的做法，称其为"一块土地换一块和平"。

1975年早期，拉宾和萨达特开始试着按照西奈模式通过美国调停举行谈判。那时拉宾对分步走方法的理性理解尚未充分表现出来。① 谈判早期进展顺利。两人都致力于实现和平，所以就多阶段

---

① 充分体现了拉宾的理解的是1993年以色列与巴勒斯坦签订的《奥斯陆协议》，协议规定了以色列撤出西岸和加沙的三个阶段。

循序渐进的方法达成了一致。下一步，两人都倾向于以色列再次后撤——萨达特是为了继续埃及的和平之旅，拉宾是为了让他那易怒难缠的内阁明白国际现实。

1975年3月，拉宾托我转交给萨达特一封信。他在信中以自己的方式表达了与梅厄夫人1974年1月的信中同样的信念：

> 我始终坚信，埃及因为它的文化遗产、它的力量、它的规模和它的影响力，在我们地区缔造和平的努力中发挥着领导作用。从基辛格博士对我转达的信息以及您的公开讲话中，我相信您决心为实现问题的解决而顽强努力。
>
> 我也决心竭尽全力促进我们之间的和平。本着这个精神，我希望我们将达成一项不负我们两国人民的协议。[139]

我把信交给萨达特时，他问我写信的主意是谁想出来的。我承认是我鼓励写的。他又问："是他们写的吗？这一点更重要。"我如实回答说，信是拉宾起草的。翌日，萨达特要求单独见我，对拉宾的信做出了如下口头回答：

> 我的态度是，再也不让我们两国人民的关系中出现武力。如果拉宾负责以色列人民那边，我会试着搞定阿拉伯人民。我决心只使用和平手段实现最终撤到商定界线的目标。如果这项协议签署后召开日内瓦会议，我在日内瓦不会动这项协议的一个字，也不会改变我们之间的任何协定。请代我向拉

第四章 | 安瓦尔·萨达特：超越战略

宾保证，我并不奢望在日内瓦解决这个问题。无论出现什么困难，我都不会使用武力。只要以色列结束对埃及领土的占领，我随时愿意与拉宾会面。[140]

现在的提议是以色列再次后撤，这回是撤到西奈中部的隘口之后。拉宾希望埃及方面作为回报，宣布不与以色列为敌。这给"一块土地换一块和平"的办法出了难题，因为和平不像土地那样可以分割。萨达特尚未做好宣布全面结束敌对状态的准备，但他可以同意避免采取清单上列举的各种敌对行动。埃及将要提出的实现和平的步骤要求以色列撤到隘口另一边，这在以色列引起了争议，平息争议光靠动人的词句是不够的。就言辞能够达成的效果而言，能令以色列安心，使其相信自己的噩梦不会发生的最好办法莫过于由美国居间让萨达特与拉宾沟通。但是，犹太人从自己的历史中学到，单靠保证并不能确保悲剧不会发生。人的计划是脆弱的，需要法律或宪法条文来确保计划的效力。

协议需要得到以色列内阁和议会批准，而拉宾和他的所有前任一样，在议会中只占微弱多数——120个席位中占65个。[141] 内阁阁员也意见各异，国防部长西蒙·佩雷斯（后来他成为以色列著名的鸽派，但当时他是强硬派）的反对尤其强烈。这种分裂同样会危及任何和平计划。

到1975年3月，双方拟订了一份条约草稿。里面仍然有些内容模糊不清，需要写得更明白些，特别是关于敌对状态的内容。3月18日，为回应拉宾的反对意见，萨达特和法赫米做出保证：即便和平进程失败，埃及也不会动武。萨达特还对以色列承诺，只要以色列保证不攻击埃及，埃及就不会攻击以色列。他在给美国总统的信中做出了同样的承诺。萨达特明确表示，同意以色列撤离后把西奈的隘口交由联合国部队控制，而不是交给埃及。

尽管如此，以色列内阁仍然不愿意接受这个安排。其实，在1973年战争之前，这个安排对他们可说是梦想成真。外交部长伊加尔·阿隆根本不想同埃及谈判，而是倾向于与约旦谈判西岸问题。一辈子与拉宾竞争的国防部长佩雷斯继续主张采取强硬路线，断然拒绝在埃及明确承诺结束敌对状态之前放弃对西奈隘口的控制。

萨达特觉得，他若正式保证结束与以色列的敌对状态，必将导致埃及与阿拉伯世界关系的破裂。既然如此，以色列谈判者就开列了一个越来越长的应急措施清单作为正式保证的替代。通过这个方法，萨达特可以一项一项地同意实质上的"和平"，却不使用和平的字眼。

后来的事实证明，这些一块块的和平不足以给埃及带来它期望的那一块土地。谈判陷入对细枝末节的纠缠之中，于1975年3月底宣布破裂。穿梭外交按下了暂停键。像拉宾对我说的，这是"一出希腊悲剧"。[142]

福特总统从未参与过中东外交，但因在众议院军事委员会任过职，所以非常熟悉军事方面的问题。他与拉宾和萨达特都举行了会见。和萨达特的会晤似乎未能逃脱美国总统与阿拉伯领导人会面的魔咒，因为美国国内问题突然间压倒了中东问题。萨达特初次会见尼克松时，水门事件闹得正凶，6周后尼克松就辞职了。福特与萨达特见面的那个周末，不得不开除他的国防部长詹姆斯·施莱辛格和中情局局长威廉·科尔比，好为1976年的总统竞选清场。总统花了大量时间让萨达特放心，向他保证福特政府的政策是一贯的。

穿梭外交的暂停对福特是个打击。他毫不掩饰和我一样的焦躁，但决定给拉宾足够的时间来结束以色列内部的辩论。佩雷斯在这方面起了推动作用。他改变了立场，支持下一步行动，条件是联合国检查系统要改进，要迁至西奈半岛的中心地区附近。萨达特主动提出了又一个鼓励措施，提议由美国人负责西奈的警报站。萨达特指示外交部长说："这是个重要提议。让美国人当证人。这是给以色列人的十足保证。"[143]

1975年9月1日，协议达成。它没有引起第一次脱离接触协议缔结时那样的欣喜，但它的实质意义更加重大。埃及和以色列都在军事需要与政治条件之间搞平衡。双方都宣布，在说好的问题上不使用武力。以色列放弃了西奈的隘口。① 埃及宣布在一系列情况下不对以色列使用武力，甚至保证不支持叙利亚再次攻击以色列。这些措施将决定以色列和埃及对彼此的整个观感。萨达特和拉宾在争取达成全面解决，不是整个地区的解决，而是他们两国之间实质上的全面解决。

双方取得的成就反而限制了它们的行动选项。萨达特的行动越来越难以获得本国人民的理解或容忍，拉宾则逐渐接受了和平的新

---

① 起初在划定隘口范围方面起了争议。后来联合国的顾问会同以色列和美方代表一起在那里走了一圈，解决了争议。

定义，知道和平不单是一块块土地的问题。

萨达特的耶路撒冷之行

以色列和埃及都明白，西奈已经没有多少空间再缔结一份临时协议。不过，1976年晚些时候，随着美国大选的临近，两国开始探索新的步骤，想在距以色列边界20英里之内，从阿里什到穆罕默德角画一条线，那正是近3年前萨达特和我初会时提出的"基辛格线"。若是福特赢得了大选，他就职后的首个外交举措就将是用阿里什－穆罕默德角线换取停止敌对状态。

福特政府的最后一年和吉米·卡特政府上任后的第一年，萨达特一直努力让美国继续参与实现他设想的更广泛的和平。1976年8月，萨达特对美国大使赫尔曼·艾尔茨说，他希望美国不久能提出一项新提议。如果美国不提，他会鼓励以色列人"亮出所有底牌"[144]。

1976年竞选期间，卡特团队承诺致力于达成以色列与所有阿拉伯邻国之间的全面协议。为此要召开所有各方参加的大会，巴勒斯坦的未来将成为会上讨论的关键议题。因此，卡特总统于1977年1月就职后，分步走进程作为美国的战略走到了尽头。

1977年4月3日，萨达特向新任总统卡特提出了一份和平计划，因为他相信"美国人掌握着牌局里99%以上的牌"[145]。萨达特重申，需要建立巴勒斯坦国，以色列需要撤回1967年的边界，也说他愿意正式承认以色列，不会反对美国对将要成立的巴勒斯坦国提供援助或担保。[146]

第四章 | 安瓦尔·萨达特：超越战略

萨达特最不想要的就是召开多边的中东会议，更遑论企图实现全面解决。以色列人也是一样。一方面，任何这样的会议都必然提出回归 1947 年以色列建国之前边界的提议，而没有一个以色列政党会接受这样的提议，至少是涉及西岸的部分，因为根据 1947 年的分治计划，在西岸划定的边界距离特拉维夫和海法这两个以色列主要城市之间的公路还不到 10 英里，离以色列唯一的国际枢纽本－古里安机场甚至更近。另一方面，多边会议也会重新提起巴解组织参会的问题，而以色列拒绝考虑这一可能性。此外还会出现苏联与会的难题。萨达特一贯反对召开全面会议，因为那将使苏联影响力重返中东，令叙利亚有权否决埃及的外交努力，并威胁到萨达特所理解的逐步实现和平的办法。

但是，卡特总统没有被萨达特 4 月的提议说服，因为埃及反对全面解决而大伤脑筋。为了使萨达特改变主意，卡特在 1977 年 10 月 21 日直接向他提出请求，要他支持中东会议。[147] 萨达特害怕卡特会强迫他参与多边外交，令他的努力遭到心怀敌意的苏联人和多疑的阿拉伯盟国的阻挠，于是他直奔最终目标。若要实现埃以关系的持久改变，需要给整个体系再来一次冲击。后来萨达特写道，卡特鼓吹和平"引导我的思路第一次转向我后来采取的举措"[148]。

作为对卡特来信的回应，萨达特在 1977 年 11 月 9 日对埃及新一届议会的讲话中提到了为寻求和平不惜去往"天涯海角"的老调。[149] 然而，这次他简短提了一句对以色列的假设访问："以色列会惊讶地听到我说，我不会拒绝去他们那里，去以色列国会和他们讨论和平。"[150]

萨达特的讲话对以色列国会一笔带过，通篇对卡特提议的日内瓦会议大加称赞[151]——他可不敢拒绝卡特的提议。聆听他讲话的听众中坐着巴解组织领导人亚西尔·阿拉法特。为了他的缘故，萨达特坚称，这样一场会议的谈判方必须包括巴勒斯坦代表——他知道以色列不会接受这个要求。萨达特对和平的承诺显然是认真的[152]，但几乎没人意识到他其实是提出了访问以色列的意向作为试探，而根本不打算去日内瓦。

然而，以色列总理梅纳赫姆·贝京注意到了萨达特释放的信号。贝京是1977年5月接替拉宾担任总理的。1942年，他从波兰移民到以色列，先是担任一个叫"伊尔贡"的地下准军事组织的领导人，然后搞了30年政治，一直在野。贝京对于谈判毫不通融，坚守法律条文。不过他并不排斥与埃及达成"有约束力的和平"，只要不包括1967年之前的边界。[153] 11月15日，贝京主动正式邀请埃及总统访问耶路撒冷，此举可能是出于真心，也可能仅仅是想在世界舆论面前将萨达特一军。[154]

11月19日是星期六。为表示对犹太人安息日的尊重，萨达特的专机等到夜幕降临后才在以色列着陆，令举世皆惊。头一天，我给萨达特打电话祝贺他这个大胆的和平举措。我发现他轻松镇定、心情平静。他问我，我觉得哪位以色列领导人会给他留下最深刻的印象？萨达特自己觉得可能会是曾任以色列空军司令、现在贝京政府中任国防部长的风度翩翩的埃泽尔·魏茨曼（此人青年时也是"伊尔贡"地下组织的一员）。我说可能是达扬。我俩都错了。实际上是"老的那位"（果尔达·梅厄），她也是在机场接机的以色列领导人之一。[155]

萨达特到达时气氛紧张。以色列人猜想会发生伏击，萨达特的安保人员害怕他遇到危险。双方的激进分子都可能利用这一戏剧性时刻一举阻断他的努力。但是，人算不如天算。随着号角齐鸣，大群以色列人兴高采烈地欢迎埃及总统这次无人敢于料想的访问，最初紧张冷淡的气氛也随之消散。

到达以色列的次日是星期日。早上，萨达特在阿克萨清真寺做了祈祷，然后参观了圣墓教堂和亚德瓦希姆大屠杀纪念馆。之后，他的首个官方活动是对以色列国会演讲。他在那里现身是对阿拉伯一贯立场的巨大挑战。他用传统的经典阿拉伯语做的演讲丢弃了饱含着根深蒂固敌意的套话，没有沿用数十年的控告指责，而是把实现和平的希望寄托于敌对双方的灵魂：

为了坦言相告，我必须对你们说：

第一，我来到这里不是为了在埃及和以色列之间单独达成协议……没有巴勒斯坦问题的公正解决，就永远无法实现全世界期盼的持久公正的和平。第二，我来到这里不是为了寻求部分的和平，也就是说现阶段结束作战状态，而把整个问题推迟到以后……。同样，我来到这里不是为了达成第三项脱离接触协议，无论是为西奈，还是为戈兰高地或者约旦河西岸，因为那不过是延迟点燃导火索的时间而已。

我来到这里，是为了和你们共同建立基于正义的持久和平，避免双方哪怕再流一滴血。为此原因，我已经宣布我愿意去往天涯海角。[156]

萨达特说，满足于权宜之计意味着"我们太软弱，无法承担在正义基础上建立持久和平的重担与责任"[157]。但他相信双方都具有缔造这种和平的足够强大的力量。萨达特在讲话的高潮直击心扉地发问："我们为什么不怀着信任和诚意伸出双手，一起来打破这道屏障？"[158]

萨达特给和平下的定义不是一套敲定的条件，而是一种脆弱易损的状态，需要拼尽一切努力来修复、捍卫，以防冲突重起。他宣称："和平不是简单地认可写下的字句，而是重新书写历史……。和平是抵抗一切野心抱负和心血来潮的巨大斗争。"[159]

贝京继萨达特之后的讲话超越了他通常谨遵法律条文的态度，表示要克服冲突的惯性，拥抱所有外交选项：

> 萨达特总统知道，他来耶路撒冷之前就听我们说过，我们关于我们与邻国永久边界的立场与他的不同。然而，我要向埃及总统和我们所有的邻国发出呼吁：不要排除关于任何问题的谈判。我代表议会压倒多数的议员表态，一切皆可谈……。一切皆可谈。哪一方都不要抵制反对。哪一方都不要提先决条件。让我们怀着对彼此的尊重开展谈判。[160]

萨达特的耶路撒冷之行属于那种罕见的情形，仅仅事件本身就打破了历史，从而彻底改变了可为的范围。这是萨达特的终极革命,比1952年7月的政变、1971年4月的"校正运动"、1972年7月对苏联人的驱逐或1973年10月的战争及其后果都更加影响重大,更能反映他领导力的精髓。这次访问标志着萨达特特有的民族主义得到了实现。这种民族主义将和平作为一种内心解放的表现。

曲折的和平之路

埃及在"十月战争"中死了一万多人,包括萨达特最小的弟弟。他是战斗机飞行员,在袭击以色列一个军事机场的行动中被击落。在以色列这边,伤亡数字是2600多人死亡,7000多人受伤。[161] 在我的一次穿梭访问中,萨达特和我在埃及一家军事医院见面,对我讲到他的国家因为战争受了多少苦难,说国家不需要更多的烈士。[162]

接下来的4年表明,萨达特定下的标杆对双方来说都太高了。最先发难的是阿拉伯世界。萨达特出访耶路撒冷之前,上一次一位阿拉伯国家元首与一位犹太复国主义者或以色列领导人的会面还是1919年1月的事,那是埃米尔费萨尔与哈伊姆·魏茨曼的会晤。[163] 自那以后,为了萨达特宣布他准备放弃的原则,打了4场战争。

除眼前利益之外,阿拉伯领导人因为萨达特没有事先同他们商量,感觉个人受到了背叛。在实际层面上,他们担心萨达特去耶路撒冷会加强以色列的谈判地位。[164] 叙利亚的阿萨德公开表示轻蔑。1975年我问他有什么别的办法,他冷冰冰地回答:"你们正在抛弃越南,你们还会抛弃台湾。等你们厌倦了以色列,我们还在这儿。"[165]

萨达特政府内部的反对声音也很大。1977年11月15日，因萨达特决定访问耶路撒冷，外交部长法赫米辞职表示抗议。[166] 美国对以色列增加了压力。11月19日，贝京给卡特打电话确认萨达特到达了耶路撒冷时，卡特告诉他："你一定知道法赫米辞职了。萨达特需要带回去一些具体成果。他冒了很大风险。"[167] 有了这一段经过，萨达特访问后有时被指控通过耶路撒冷影响华盛顿，实在有些奇怪。其实，他想做的恰恰相反。

1977年7月，（萨达特满心鄙视的）穆阿迈尔·卡扎菲领导的利比亚挑起了一场对埃及的短暂战争，原因是萨达特坚持追求与以色列实现和平，并拒绝卡扎菲关于埃及和利比亚统一的提议。后来，卡扎菲把萨达特的行动说成是"对阿拉伯民族的背叛"[168]。叙利亚和巴解组织在一份联合公报中表达了类似的愤怒：

> （萨达特的访问）和萨达特－贝京计划一起，唯一的目的就是将既成事实强加给阿拉伯民族，进而破坏一切为实现建立在完全撤出被占领阿拉伯领土基础上的公正和平的真正努力。[169]

此时，正式的"萨达特－贝京计划"仅仅是想象。尽管如此，1977年12月在的黎波里的一次会议上，叙利亚、阿尔及利亚、南也门、利比亚和巴解组织依然把萨达特的行动称作"叛国罪"。[170] 与会各方决定，对任何与以色列开展贸易的埃及实体实行惩罚性的反以色列禁运法规。[171] 之后不久，埃及断绝了与5个阿拉伯国家

第四章 | 安瓦尔·萨达特：超越战略

以及巴解组织的关系。

萨达特本来希望，他的耶路撒冷之行能给以色列和美国之间的专有关系加一把劲，推动和平谈判进入新阶段，产生一份更强有力的永久性协定。[172] 他还预料，阿拉伯阵线的分裂会为以色列提供新的谈判机会。[173] 可是，接下来的一年里，贝京和萨达特向着和平迈出的步子踉踉跄跄。1977 年 12 月，贝京作为对萨达特访问耶路撒冷的回礼，访问了埃及城市伊斯梅利亚。那次峰会的唯一成果是做出了双方军事和政治专家开会的安排，不过这些会议很快就后继乏力。

贝京和萨达特一样，是干革命出身。他与萨达特不同的是，他担任政府首脑的国家是一个被邻国拒绝承认生存权的国家。贝京在事关象征和语言的问题上寸步不让。1975 年，有人说以色列要想获得阿拉伯邻国的承认，就必须放弃领土。贝京厉声反驳道，以色列人民"不需要合法性……。我们存在，故我们合法"[174]。获得邻国承认并非贝京最深切的关注。他比几位前任更加担心萨达特会危及以色列与美国的关系，而以色列的生存要靠美国保证。[175]

1978 年 3 月，萨达特在写给贝京的信中使用了类似尼克松 1973 年 2 月对哈菲兹·伊斯梅尔所说的话："安全不应该以牺牲土地或主权为代价。"萨达特写道，就以色列的存在而言，埃及已经承认了这条原则，他会尽自己的力量说服阿拉伯人和国际社会也接受该原则。但是，以色列必须遵循同样的原则。对于巴勒斯坦阿拉伯人，以色列不能"提出土地和主权方面的问题"。对于埃及，以色列不能要求埃及牺牲"土地和主权"来换取和平。萨达特暗示，安全可以是一种稳定的均势、一种商定的平衡。维持和平首先需要推翻既定做法。和平的基础是植根于实现互利互惠和共同和平愿景的正义观。

美国于1978年春重新参与了和平努力，但双方仍无法达成一致。萨达特日渐沮丧，同事们与他的隔阂也越来越深，他们觉得萨达特过分专注于追求和平，忽视了其他事务。

烦恼不已的萨达特请卡特亲自出马。于是卡特总统于1978年9月把萨达特和贝京请到了戴维营开会。会谈从9月5日持续到9月17日。最初，当事方开展双边谈判仍然困难重重，卡特和国务卿赛勒斯·万斯只得居间调停，以促成谈判的开始。

萨达特自己的代表团也不让他省心。他对外交部的一个官员说：

> 你们外交部的人以为你们懂政治。其实你们什么都不懂。从今往后，我不再理会你们的话和你们的备忘录。我的行动遵循的更高级的战略你们既看不到，也弄不懂。[176]

不出意料，继法赫米担任外交部长的卡迈勒也在《戴维营协议》达成前不久辞了职。[177] 萨达特从踏上耶路撒冷土地的那一刻起，就义无反顾地投入了埃以和平事业。12天的谈判中，标准的阿拉伯方案被他改得面目全非。

1973年，"十月战争"打响的3个月前，萨达特断然拒绝了美国关于开放苏伊士运河的意见：

第四章 安瓦尔·萨达特：超越战略

> 不接受部分解决，不能与埃及单独达成解决，决不谈判……。我（开放苏伊士运河）的倡议根本不是作为部分的或分步走的解决，本身也不是目的。我说的是：我来测试一下你们关于以色列撤退的意图，好确信她真的会完成撤离……。等确定了撤退的最后日期，我会开放运河。但是今天不行！[178]

5年后在戴维营，萨达特却同意了一项把实现道德大业留待未来，仅包含当下及以后要采取的详细步骤的解决方案。尽管分歧仍未完全消除，但这个解决方案是建立在之前4年中双方逐渐积累的信任之上的。双方都同意宣布放弃使用武力，实现关系正常化，签署双边和平条约，并允许联合国部队继续驻扎在苏伊士运河区。以色列同意撤出整个西奈半岛。

分步走方法达到了鼓吹全面解决的人希望通过一次大会来实现的几乎所有目标。同时，萨达特的战略，加之为地区和平和地区平衡确立的原则，促成了埃及国家目标的实现。以色列与一个邻国达成了有约束力的永久协议。它建国数十年来一直在寻求与所有邻国达成这样的协议。此外，以色列同意试着与约旦谈判达成和平条约，并探索就约旦河西岸和加沙的最后地位举行分别谈判的可能性。它也同意允许组建自治的巴勒斯坦权力机构。它还同意以满足阿拉伯国家实质性要求、符合以色列程序性规则的方式，让巴勒斯坦人参与关于他们未来的谈判。

1978年，萨达特和贝京因达成《戴维营协议》共同获得了诺贝尔和平奖。萨达特在 1978 年 12 月 10 日举行的颁奖仪式上讲话，重申了他的和平愿景。他说，在力图"为这一地区所有人民实现安全……自由和尊严"的宏大得多的进程中，这个成就仅仅是一个临时"目标"。最终的持久和平仍未实现，这种和平将是"不可分的"和"全面的"。萨达特向往的和平不仅会"使人不再死于杀伤性武器"，而且会使人类摆脱"匮乏之恶和苦难之恶"。[179] 萨达特最后说：

> 和平是一个动态的建设工程，所有人都应为其添砖加瓦。和平远远不止一份正式协议或条约，它超越了文字，所以需要政治家具有远见和想象力，能够超越当下，前瞻未来。[180]

从缔结《戴维营协议》到签署和平条约有 6 个月的间隔。在此期间，谈判一直在继续。萨达特采取了更多步骤来使以色列放心。他同意埃及不再声称在加沙肩负"特殊作用"，表示不反对美国为以色列提供担保，为它补上因失去西奈那个小油田而损失的石油。[181] 和平条约在以色列国会和埃及人民议会得到批准之后，1979 年 3 月 26 日，终于在白宫草坪上举行了签约仪式。

两个月后，贝京和萨达特在阿里什一起出席了该城控制权从以色列手中移交给埃及的仪式。仪式上埃军和以军士兵互相拥抱，发誓要保持和平。贝京和萨达特二人将这一切尽收眼底。贝京在给萨达特的一封信中忆起了那一幕：

我们学会了把条约变为和平、友谊和合作的真正现实。此处我要最深情地提到我们一起在阿里什见证的埃及军人和以色列军人的会面。双方的战争伤残人员对彼此,也对我俩说:"再也不要打仗了。"那是多么独特而感人的一幕啊。[182]

分崩离析

萨达特说要重现"以实玛利和以撒的兄弟情谊"这一古老的兄弟关系。然而,双方为此最需要出力的人却不为所动。埃及和以色列刚就戴维营框架达成协议,尚未签署两国关系正常化条约之时,已经可以清楚地看出,一俟在西岸和加沙建设定居点暂停3个月的规定到期,以色列就会恢复建筑活动。[183] 1978年11月下旬,萨达特写信给贝京,要求他给出将权力移交给"约旦河西岸和加沙居民"的时间表。[184] 贝京则在回信中列举了一串埃及未履行承诺的例子。

根据贝京对和平条约措辞的理解,条约并未要求以色列国防军撤出约旦河西岸或加沙,而且给予巴勒斯坦人的不是政治实体的地位,只是一个行政管理理事会。[185] 1980年7月30日,以色列国会再次宣布耶路撒冷为以色列首都。萨达特提出抗议,提议为耶路撒冷建立一个单一的行政当局,但主权分享。贝京回答说,耶路撒冷是不可分割的。[186] 1980年8月15日贝京收到萨达特的复信。萨达特在信中写道,既然如此,恢复谈判就不可能了。[187]

以色列挑战具体条款,阿拉伯世界则对《戴维营协议》全盘反对。在阿拉伯国家看来，和平条约违背了1950年阿拉伯联盟关于联合防务和经济合作的协议，该协议禁止任何成员国与以色列单独媾和。[188] 一些著名阿拉伯领导人拒不接受《戴维营协议》，因为它没有解决约旦河西岸和加沙最后地位的问题，也没有让巴解组织参加谈判。[189] 约旦国王侯赛因激烈谴责和平条约，对萨达特的行动表示"痛心疾首"。[190] 1979年3月31日，阿拉伯联盟暂停了埃及的成员资格，决定将总部从开罗迁往突尼斯。1979年12月，联合国大会以102票对37票的投票结果对《戴维营协议》和其他"部分解决方案"发出谴责，理由是它们忽视了巴勒斯坦人的权利。阿拉伯联盟成员国当中，几乎所有尚未与埃及断交的国家都迅速断绝了与埃及的外交关系。

外部的阿拉伯反对浪潮助长了埃及国内对萨达特已经存在的敌意。1973年战争后，萨达特因挥师跨过苏伊士运河而获得了政治合法性，得以摆脱纳赛尔的遗产。1974年春，他提出了带有他鲜明特色的国内立法"infitah"，即实现埃及经济自由化的"开放门户"政策。该政策的目的是促进外国援助和投资，实现经济繁荣。

埃及的确获得了援助。1973—1975年，阿拉伯国家给了埃及超过40亿美元的援助。美国的经济援助也不断增加，到1977年达到每年10亿美元。[191] 从数量上说，这几乎达到了与美国对以色列援助相等的水平，比美国给整个拉丁美洲和其他非洲国家的援助总额都高。[192] 然而，虽然埃及的GDP增长率从1974年的1.5%加速到1981年的7.4%[193]，但预料中的投资和生产率飙升却从未发生。埃及没能发展本土资本。[194] 短期贷款利率高达20%，用于公共项目的资金 90% 来自国外。[195] 1977 年 1 月，萨达特想减少给面包等主食的补贴，结果全国各地发生暴乱，仅开罗一地就有 3 万人参加示威活动。[196]

萨达特的经济政策也产生了一个明显可见的富裕外国人阶层。主要由中层或中下层阶级成员组成的激进伊斯兰团体发起了公开的抗议和反对活动。[197] 最坚决反对萨达特的人中有些是穆斯林兄弟会的成员。萨达特当年把他们放出监狱，却没有意识到他们中的许多人在囚禁中已经变成了他的敌人。[198]

当时两个最强大的伊斯兰激进团体是"赎罪与迁徙"和"伊斯兰解放组织"。这两个团体都致力于抗击西方影响力和犹太复国主义，也反对萨达特的和平努力。[199] 萨达特 1977 年 11 月在以色列国会的演讲中说以色列的存在是"既成事实"，此话被这两个团体理解为承认以色列国，故而违背了伊斯兰教义。[200] 它们还谴责 1978 年夏天公布的萨达特关于在西奈山上建造一座教堂、一座清真寺和一座犹太会堂的提议[201]，说那是亵渎神明。宗教激进主义者也激烈反对萨达特促进妇女权利的立法措施。促进妇女权利的努力被称为"贾汉的法律"，因为萨达特那有一半英国血统的年轻夫人贾汉·萨达特大力提倡计划生育和放宽离婚法规定。

反对变成了暴力。1977 年 7 月，一个宗教激进主义团体劫持并处决了一个曾在萨达特手下当过部长的人。[202] 作为回应，萨达特通过立法，命令对任何秘密武装组织的成员统统处以死刑。[203] 当时正在攻读硕士学位的贾汉·萨达特对丈夫的安全深为担忧。她在回忆录中说：

> 我不知道安瓦尔是否明白他们内心深处是多么反对他。我的丈夫有顾问，也有情报，但是我能更多地接触民众……。安瓦尔偶尔去视察大学，可是我每天都亲眼看到宗教激进主义者。我和一些顾问不同，我不怕报告不好的消息。"宗教激进主义在壮大，安瓦尔，"我在1979年秋天时告诫他，"如果你不赶快行动，他们可能会获得足够的政治力量，推翻你所代表的一切。"[204]

和平条约正式缔结后，埃及的紧张局势进一步加剧。1979年，阿拉伯联盟宣布结束对埃及的经济援助，并停止向埃及提供私人银行贷款和出口石油。[205] 伊朗革命使萨达特和庆祝阿亚图拉·霍梅尼胜利的伊斯兰主义者形成了对立。萨达特还是副总统的时候，和伊朗国王结下了私人友谊。1973年战争后，伊朗国王向埃及提供过财政援助，还在1974年出现石油短缺时向埃及供应过石油。[206] 萨达特访问耶路撒冷后，他依然支持萨达特。[207] 1980年，伊朗要求巴拿马引渡在那里避难的国王，萨达特当即把流亡的伊朗国王接到了埃及。[208]

1952年革命后上台的埃及官员治理国家，靠的都是军队的威信和纳赛尔煽动群众情绪的本事。现在他们开始躁动，令萨达特在国内面临的困难雪上加霜。萨达特推行了一定的政治改革，例如1976年在名义上将一党制改为多党选举制，并利用公民投票来绕开国民议会。但他没有从根本上改变专制的自由军官政府的组成，也继续维持了军方精英的统治地位。觉察到反对势力日益壮大的萨达特冒险一搏，采用了他惯用的与对手正面交锋的手段。他压制言论自由，解散了学生会，封禁了宗教极端主义的宣传渠道。[209]

在此过程中，萨达特身边的支持者不断减少。他发现自己陷入了典型的两难困境。他与意识形态上占多数的人的冲突越深，得到的支持越少，自身处境就越岌岌可危。1981年9月，经过穆斯林与科普特人①之间一个夏天的暴力冲突后，萨达特开始大批抓人，监禁了超过1500名活跃分子。[210]他甚至把科普特教宗和穆斯林兄弟会的总导师都拘了起来。[211]

宗教极端主义不断增强，萨达特在国内的施政纲领因而面临一个重大悖论。如当时一位观察者所说，"（萨达特）为了实现他的梦想需要自由民主，但越如此就越要回应民众回归伊斯兰传统的要求"[212]。萨达特追求实现和解的梦想，等于选择了烈士之路。

不幸遇刺

孩提时代的萨达特对为争取独立而战的埃及爱国者十分景仰。他特别喜欢传说中被英国人判处绞刑的埃及青年扎赫兰的故事。就在其他死刑犯都逆来顺受地蹒跚走向自己命运的时候，扎赫兰却高昂着头走向绞刑架，不屈地宣布："我是为自由的埃及而死。"萨达特的女儿卡梅利亚写道，父亲一生都以扎赫兰作为行动的榜样。[213]

---

① 指埃及的基督徒——译者注。

1981年10月6日,埃及举行了纪念"十月战争"8周年的庆祝活动。萨达特正坐在阅兵式的观礼台上,突然一辆卡车减速停了下来。一群士兵开始向萨达特开火,打死了总统和另外10个人。他们是埃及军队内部的宗教激进主义者,包括在先前镇压中漏网的一名伊斯兰圣战组织成员。

萨达特相信,埃及要实现自由,先要取得独立,然后要达成历史性和解。他认为,犹太人和阿拉伯人的历史注定紧密交织,因此他想重启这两个古老民族的对话。萨达特相信宗教信仰不同的社会应兼容并存,但这个信念恰恰是他的敌人所无法容忍的。

刺杀事件发生后,贝京总理高度赞扬萨达特对耶路撒冷的访问,说萨达特遭到了"和平的敌人的谋杀",还说:

> 他访问耶路撒冷的决定和以色列的人民、国会和政府对他的接待将作为我们时代的一个伟大事件留在记忆中。萨达特总统对谩骂和敌意不屑一顾,毅然致力于彻底结束与以色列的战争状态,与我国缔造和平。这是一条艰难的道路。[214]

萨达特的葬礼于10月10日举行。里根总统自己刚刚在刺杀中逃过一劫,无法出席。为表示美国的尊重,他派去的代表有尼克松、福特和卡特3位前总统,还有国务卿亚历山大·黑格、国防部长卡斯珀·温伯格和美国驻联合国大使珍妮·柯克帕特里克。为表示特别敬意,他还让当时没有公职的我加入了代表团。

葬礼令人感觉怪异。安保部队围得铁桶一般,众人仍旧没有完全从震惊中走出来。街道上一片安静，完全没有纳赛尔葬礼时民众难抑悲伤的情景。谋杀总统的到底是哪个团体尚未弄清，但显然高层有人与他们勾结，至少军方有他们的人。[215] 这意味着，送葬行列中的贵宾有可能也会成为攻击对象，必须保护起来。贵宾中有3位美国前总统、贝京、李光耀、威尔士亲王、英国前首相詹姆斯·卡拉汉、英国外交大臣卡林顿勋爵、法国总统弗朗索瓦·密特朗和前总统瓦莱里·吉斯卡尔·德斯坦、德国总理赫尔穆特·施密特和外交部长汉斯－迪特里希·根舍，还有欧洲议会议长西蒙娜·韦伊。[216]

就在两天前，叛乱分子企图攻克开罗南边的一个地区安全总部。利比亚政府因萨达特总统之死而兴高采烈，借机散播假新闻，谎称埃及发生了更多暴力事件。当几百名哀悼者想加入送葬行列的时候，卫兵们向天鸣枪迫使他们离开。

100来位贵宾聚在一个帐篷里，就在萨达特遭谋杀的阅兵场上。我们等了一个多小时后，沿着4天前阅兵队列走的路线跟随萨达特的棺木前行，在去往他墓地的路上经过了他遇刺的地点。

葬礼的诡异气氛反映了中东形势迷茫不明的前景。萨达特的行为表明他坚信其他中东国家领导人会选择他的路径。萨达特的死亡则象征了这样做可能付出的代价。卡扎菲政府诉诸政治暴力，从苏格兰到柏林的恐怖活动背后都有它的黑手。像这样的激进政权在阿拉伯世界一些地方声势大盛，秉持温和理念的人处境堪忧。我在萨达特遇刺的那天夜里说："萨达特把应付众多难缠的不确定性的负担从我们肩膀上接了过去。"[217] 现在这个负担必须由其他人担起来了。①

萨达特的墓志铭包括《古兰经》里的一节:"为主道而阵亡的人,你绝不要认为他们是死的,其实,他们是活着的,他们在真主那里享受给养。"下面写着:"他是战争的英雄,和平的英雄。他为和平而生,为原则而死。"[218]

1983年4月我访问埃及时,专程去萨达特墓前致敬。我是那里唯一的悼念者。

后记:未实现的遗产

安瓦尔·萨达特最著名的事迹是他为埃及达成的与以色列的和平条约。然而,尽管那是个了不起的成就,但萨达特的终极意图不是达成和平条约,而是要历史性地改变埃及的存在模式,在中东建立新秩序,以此对世界和平做出贡献。

萨达特自青年时代起就认识到,埃及由于自身的历史,既不能屈居被征服的省份的地位,也不适合做阿拉伯世界的意识形态领袖。埃及的力量在于它对永恒身份的向往。

埃及地处阿拉伯世界和地中海之间,这个地理位置既是潜在的资产,也是不利的负担。萨达特希望把埃及建成一个和平的伊斯兰国家,强大到足以与它迄今为止的敌人成为伙伴,既不统治对方也

---

① 举个例子,如已故的教授兼外交官查尔斯·希尔在给我的一封信中写的:"由于萨达特的被刺,埃及退出了它代表巴勒斯坦人与以色列谈判的国家谈判者的角色。"

不受其统治。他明白，公正的和平只能通过有机的演变和对相互利益的承认来实现，而不是由外部力量强加。一旦这样的原则得到普遍接受，和平进程即大功告成。

萨达特的总体愿景与他的同事和同代人太过格格不入，因此无法维持。他去世后留下来的都是些他认为不能持久的实际问题。

现代中东的根本性竞争仍在进行。竞争的两派中，一派倡导宗教或意识形态上的多元秩序，认为个人与社群的信仰与国家体系互不排斥；另一派拒绝萨达特的理念，要确立一种涵盖生活所有领域的全面神学或意识形态。帝国野心可能会把国家完全吞没，内部叛乱又可能使国家陷于分裂。萨达特希望建立主权国家之间以道德意义上的国家利益为基础的国际秩序，这样的国际秩序可以成为抵抗灾难的堡垒。

1979年5月，萨达特被本－古里安大学授予名誉学位。他在仪式上的发言中呼吁重振伊斯兰中世纪黄金时代那相对宽容的精神。他还说：

> 我们面前的挑战不是在这里或那里得分，而是如何为你们这一代以及你们的子孙后代建立一个独立可行的和平架构。要解决今天的复杂问题，狂热和自以为是不是办法，只能靠容忍、同情和宽大。
>
> 后人用来评判我们的不是我们采取的强硬立场，而是我们治愈的创伤、我们挽救的生命和我们消除的痛苦。[219]

萨达特的一个首要目标是展示埃及与生俱来的独立。我和他的官方关系结束后,在一次与他的私人晚餐中我对他说,和他一起工作过的美国人都该感激他,因为他使我们获得了其实难副的名声。萨达特稍稍加重了语气答道,他做这些事不是为了他自己或任何人的名声,他是在执行他的使命,要使埃及人民重获尊严与希望,并为世界和平确立标准。正如他1979年3月在《埃以和约》签字仪式上说的:

> 愿阿拉伯人与以色列人之间不再有战争和流血。愿不再有人遭受苦难或被剥夺权利。愿不再有人感到绝望,丧失信仰。愿不再有母亲因失去孩子而悲痛。愿不再有年轻人在一场没有赢家的冲突中丧生。让我们共同努力,直到有一天他们把刀剑铸成犁铧,把长矛改为修枝刀。真主会召唤人们来到和平之家。他会引导他心悦的人走上他的路。[220]

然而,萨达特不仅仅"表现"了他的文明,他还改动了它,使它更加高尚。萨达特崇敬埃及历史上的辉煌,但他的重大成就是超越了埃及在近代历史上的行为模式。同样,他在坐牢期间也超越了监禁,敞开胸怀接受道德和哲学观念的改变。萨达特在回忆录中这样描述那些年的日子:

> 在54号囚室内,我的物质需求越来越少,把我与自然世界捆在一起的绳索一条接一条地被切断。我那丢弃了尘世重

负的灵魂获得了自由,如同鸟儿一飞冲天,到了最遥远的空间,进入无限……。我狭隘的自我不复存在,唯一可辨的是渴望达到更高的超验现实的整体存在。[221]

后来,他本着这一精神拉近了埃及与以色列在观念上的差距,也弥合了两国谈判立场最初的南辕北辙。他明白,零和心态只会继续维持有悖于埃及国家利益与和平事业的现状。然后,他拿出了非凡的勇气来实现这场革命。

他有重要的以色列伙伴和他一道推进这场革命。以色列因自身地理条件所限,不适合做出宏伟壮举。然而,和萨达特共同努力的以色列领导人——果尔达·梅厄、伊扎克·拉宾和梅纳赫姆·贝京——都为萨达特对和平的远见所打动。[222] 特别是拉宾,他提出了和萨达特类似的和平概念。1994年签署《约旦和平协议》时,他对美国国会说:

> 我们的万书之书《圣经》以各种说法提到和平共237次。在我们从中汲取价值观和力量的《圣经·耶利米书》里,有一段描写了拉结作为母亲的哀痛:"你禁止声音不要哀哭,禁止眼目不要流泪,因你所作之工,必有赏赐。这是耶和华说的。"
>
> 我不会禁止声音不为死去的人哀哭。但是,在这个夏日,在远离家乡的华盛顿,我们感到,如同先知预言的那样,我们所作之工必有赏赐。[223]

拉宾和萨达特都死于暗杀，杀死他们的是对和平可能带来的变化心怀敌意的势力。

萨达特遇刺后不久，我撰文指出，关于萨达特，无论是说他"开启了历史不可逆转的进程"，还是说他担起了与古代阿肯那吞法老一样的命运——那位法老"在埃及的各种神祇数不胜数之时梦想建立一神教，但这个主意到 1000 年后才被人类所接受"——目前下判断都为时过早。[224] 40 年后，历时长久的埃以和约、以色列与约旦签署的同样的协议，甚至是叙利亚脱离接触协议和距今最近的《亚伯拉罕协议》（指 2020 年夏秋时节以色列和阿拉伯国家签署的一系列外交关系正常化协议），都证明了萨达特的正确。而且，即使在尚未与以色列签署正式协议的地方，时间也磨掉了幻想的一部分沙粒，露出下面萨达特阐述的真理的坚硬岩石。

我与萨达特相识之初，有时会猜想他开始的这场牌局是否太长，他会不会来不及把牌打完。他达成了眼前的目标后，是会回归早先的信念，还是会去追求另一个更加宏大的愿景？

我自认为了解的萨达特只是我所认识的那一面。我俩一起花了许多个小时参加本章描述的各场谈判。他遇刺前，我们作为朋友也曾在多个夜晚一起谈论比较抽象但同样启迪心灵的话题。我所熟悉的萨达特看问题的眼光从战略性转为先知性。埃及人民要求他的仅仅是回归战前边界，他给他们的却是普世和平的愿景。这一愿景最先反映在他对以色列国会的演讲中。我认为，这个愿景代表着他的全部思想，是他信念的最高体现。

我和他最后一次谈话是在 1981 年 8 月，他与里根总统举行了

第四章｜安瓦尔·萨达特：超越战略

初次会晤后我们一起坐飞机从华盛顿飞往纽约途中。7年内，他会见了4位美国总统，每一位总统提出的方案都有所不同。萨达特显然有些疲惫。但他突然转向我，谈起了一个他特别重视的象征性事件。"明年3月，西奈就回到我们手中了，"他说，"我们会举行盛大的庆典。你帮助我们迈出了第一步，你应该来和我们一起庆祝。"然后，随着他的共情心压倒了喜悦之情，他停住语声，陷入了他典型的长时间沉思。"不，你不该来，"他接着说，

> 放弃这块领土对以色列人来说是非常痛苦的事。如果犹太人看到你在开罗和我们一起庆祝，就太伤害他们了。你应该一个月以后再来。到时候，咱们可以就咱们两人开车去西奈山，我准备在那里建造一座犹太会堂、一座清真寺和一座教堂。这样的纪念更有意义。[225]

萨达特是在庆祝游行中遇刺的，那场活动恰恰是为了庆祝由他发起、彻底改变了中东的分水岭式事件。他没能活着亲眼看到他所促成的西奈从以色列手中的回归。他设想在西奈山上建造的敬神场所仍未建立。他的和平愿景仍有待实现。

但是，萨达特耐心、沉静。他看事物用的是古埃及的眼光。对他来说，愿景会随着永恒的展开而实现。

| 第五章 |

李光耀：卓越战略

论领导力

哈佛之行

1968年11月13日，新加坡45岁的总理李光耀来到哈佛大学，说要在这里度一个月的"公休假"。[1]新加坡3年前刚刚独立，但李光耀自从新加坡在1959年英国统治末期获得自治以来一直担任总理。

李光耀对哈佛大学校报《哈佛深红报》(Harvard Crimson)说，他此行的目的是"吸取新思想，结识启发我思考的人，带着新的热情回去投入工作"。他还语带谦虚地说："我想学习过去10年中我在无人指点的情况下摸索着应对的一切。"[2][①]

不久后，他应邀参加一次会议。邀请他的是哈佛大学利陶尔中心（现在是肯尼迪政府学院）的全体教师，都是些政府学、经济学和发展学教授。那时，美国人对李光耀以及他所代表的那个新独立的微型国家几乎一无所知。教师们只知道这位来宾是一个半社会主

---

① 他写道："我上任之初就发现，我在政府中遇到的问题基本上都是其他国家的政府遇到过并解决了的。于是，我经常会查询还有谁遇到过我们面临的问题，他们是如何应对的，他们的办法是否成功。"参见：李光耀，《从第三世界到第一世界》(From Third World to First)(New York: HarperCollins, 2000)，第687页。

义政党和前殖民地国家的领导人。因此,李光耀被我那些大多持自由主义观点的同事当成了同类。他在椭圆形大桌子旁落座时,受到了热情欢迎。

瘦削精干、精力充沛的李光耀没有寒暄介绍,而是开门见山地问起了在座各位教授对越南战争的看法。[3] 我的同事们无不激烈反对越战和美国在其中的作用。他们的主要分歧在于林登·B.约翰逊总统是"战犯",还是仅仅"精神变态"。几位教授发言后,利陶尔中心的院长微笑着请李光耀谈谈自己的观点,显然觉得他也持同样的意见。

李光耀直奔主题:"你们让我作呕。"接着,他不顾听众的感受径自解释说,新加坡作为世界上一个动荡地区的小国,依赖美国保护它的生存。这样的美国要对自己提供全球安全的使命充满信心,要强大到足以抗击东南亚的共产党游击队运动。当时那些共产党游击队正寻求颠覆东南亚几个新独立的国家。

李光耀既未乞求援助,也未大谈美德,而是冷静分析了他所在地区的地缘政治现实。照他所说,新加坡的国家利益是经济得以生存,国家获得安全。他明确说,他的国家会千方百计追求实现这两个目标。同时他明白,任何提供援助的决定都将由美国根据自身原因自行做出。李光耀请在座各位不要寻找与他在意识形态上的共同之处,而要和他一起探索需要做些什么。

面对一群惊愕的哈佛大学教授,李光耀阐明了他的世界观,没有反美敌意,也没有后帝国时期的怨恨。说到新加坡面临的困难,他既不将其归咎于美国,也不指望美国出手解决。他只是希望美国能对新加坡展现善意，使这个缺乏石油和其他自然资源的国家能够通过培育他口中的主要资源——人民的素质——来实现增长。而要发挥人民的潜力，就不能任由他们遭受共产党叛乱、邻国入侵或"中国霸权"的摆布。那年早些时候，英国首相哈罗德·威尔逊宣布撤回"苏伊士以东"的所有部队。这意味着设在新加坡的庞大的英国皇家海军基地将要关闭，新加坡将失去经济和安全的一大支柱。因此，李光耀希望在应对日渐逼近的困难时，美国能助他一臂之力。他没有采取冷战期间流行的说法，把这项任务列为道德责任，而是将其说成是建设地区秩序的要素。美国应通过维持这个地区秩序来推进自身国家利益。

政治家最重要的素质之一是不被一时的情绪冲昏头脑。李光耀多年前在哈佛大学那场座谈会上不仅展示了对美国和新加坡各自世界地位的清醒分析，而且表现出反潮流的勇气。他在自己的政治生涯中，多次展现出这种素质。

来自小人国的巨人

李光耀的成就与本书介绍的其他几位领导人不同。其他几位领导人代表的国家都是大国，有着历经几个世纪乃至几千年而形成的文化。他们努力带领自己的社会从熟悉的过去走向不断演变的未来，对他们来说，衡量成功的标准是他们能否引导社会的历史经验与价值观，来推动社会充分发挥潜力。

李光耀的治国方略来源完全不同。1965年8月新加坡独立后，

第五章 | 李光耀：卓越战略

他成为领导人，掌管的是一个过去从未存在过的国家。因此，实际上，他的国家除了曾经受过帝国统治，政治历史为零。李光耀的成就是克服了国家的这个缺陷，为一个由不同族群组成的社会创造出生机勃勃的未来，以此确立了明确的国家自我意识，并把一个贫穷的城市发展为一个世界级经济体。在此过程中，李光耀成长为一位世界级政治家，各大国向他求计问策，趋之若鹜。理查德·尼克松说，李光耀显现出"超越新仇旧怨、思考未来世界性质的能力"[4]。玛格丽特·撒切尔称李光耀为"20世纪最成就卓著的治国者之一"[5]。

李光耀是在极为不利的情况下取得这些成就的。新加坡的领土"落潮时大约有224平方英里"，他常说还不如芝加哥大。[6]这个国家连最基本的自然资源都缺乏，包括没有足够的饮用水。新加坡独立时，国内饮水主要靠热带降雨。但降雨有利有弊，因为雨水使土壤中的养分流失，导致无法进行农业生产。[7]按全球标准看，新加坡的190万人口微不足道，还被华人、马来人和印度人这3个不同族裔之间的紧张关系弄得社会撕裂。它周边的国家比它大得多，也强得多，特别是马来西亚和印度尼西亚，这两个国家对新加坡的深水港和扼守海上贸易通道的战略位置既羡又妒。

在开局如此不利的情况下，李光耀发挥了卓越的领导力，使新加坡蜕变为世界上最成功的国家之一。短短一代人的时间里，马来半岛最南端这个疟疾肆虐的小岛一跃成为亚洲按人均收入来算最富有的国家，成为东南亚事实上的商业中心。今天，按照人类福祉的几乎每一条标准来看，新加坡都位居世界前列。

对有些国家来说，在历史动荡中有起有落乃理所当然。新加坡却不同,它必须永远保持最高水平,否则就生存不下去——李光耀不断告诫国人勿忘这一点。正如他在回忆录中所说,新加坡"不是自然国家,而是人造的"[8]。正因为它作为一个国家没有历史,所以不能保证它一定会有未来,它失误的余地几乎永远为零。"我担心新加坡人以为新加坡是个正常国家。"他后来数次这样说。[9]"如果我们的政府和人民不能出类拔萃……新加坡就会不复存在。"[10]

在新加坡建国并争取生存下去的努力中,国内政策和外交政策必须紧密交织。新加坡的国策必须达到3个要求:推动经济增长,以养活全国人口;形成足够的国内凝聚力,以推行长期政策;执行敏捷灵活的外交政策,以在苏联和中国这样的国际巨人以及马来西亚和印度尼西亚这样的贪婪邻国的夹缝中生存。

李光耀也具有真正的领导力所必需的历史意识。"城市国家生存的记录不佳。"他在1998年如是说。[11]"新加坡岛不会消失,但它作为在世界上有一席之地、能发挥作用的主权国家却可能消亡。"[12]他认为,新加坡的发展轨迹必须是一条急剧上升的曲线,没有尽头,否则它就可能被后方吞没,或者被严重的经济和社会挑战击垮。李光耀给世界上了一门全球物理课,使世界学到,社会必须不断奋斗才能避免落入无序状态。新加坡走上增长之路后不久,李光耀在1979年5月一次世界领导人非公开会晤中指出,领导人很容易受悲观情绪感染,但"我们必须奋力摆脱这种情绪。必须拿出能够摆脱困境的可信、可行的办法"[13]。

李光耀在对国家灭亡的威胁猛敲警钟的同时,对国家的潜力也充满憧憬。如果说每一个伟大的成就在成为现实之前都是一个梦

第五章｜李光耀：卓越战略

想，那么李光耀的梦想大胆得令人窒息。在他的设想中，国家不单会生存下去，而且会通过不断追求卓越而蒸蒸日上。在李光耀的观念里，卓越远远不止某一次的表现，追求卓越要渗入全社会的肌理。无论是政府服务、商业、医学还是教育领域，平庸和腐败都不可接受。犯了错没有第二次机会，对失败几乎无法容忍。就这样，新加坡因其各个方面的杰出表现而享誉世界。在李光耀看来，尽管宗教、族裔或文化多种多样，但共同的成就感能将他的社会凝聚在一起。

李光耀给予新加坡各族裔人民最大的礼物是，他毫不动摇地相信，新加坡人民是他们自己最宝贵的资源，他们有能力释放自己都不知道的潜能。李光耀也不遗余力地在外国朋友和熟人心中激起对新加坡同样的信心。他能够服人，不光是因为他对东南亚地区政治观察入微，还因为他的中华文化传承加上他在剑桥大学接受的教育赋予了他洞察东西方互动走势的特殊能力，而东西方互动是历史一个至关重要的支点。

李光耀始终坚信，他所做的不过是释放了新加坡社会自身的能力。他知道，他的努力要成功，就必须成为持久的行为模式，而不能是他个人的杰作。李光耀曾说："任何自认为是政治家的人都需要去看精神病医生。"[14]

后来，就连中国都因为李光耀领导新加坡取得的成功来向他取经学习。1978年，邓小平到访这个城市国家，本以为会看到一个落后的地方，以为会受到成群华人的欢呼。1920年，邓小平前往巴黎途中在新加坡待过两天。从那时到他此次来访之前的年月里，他关于新加坡的信息基本上来自周围的人。他们提到新加坡领导层时，动辄称其为"美帝国主义的走狗"[15]。然而，邓小平在新加坡遇到的华人坚定地忠于他们年轻的国家。映入邓小平眼帘的闪闪发光的摩天大楼和一尘不染的通衢大道激励邓小平在后毛泽东时代的中国推行改革，也为他的改革提供了蓝图。

帝国统治下的青年时代

李光耀出生于1923年9月，此时距离英国苏门答腊殖民地副总督斯坦福德·莱佛士爵士在马六甲海峡附近这个被当地人称为"Singa Pura"（梵文中"狮城"的意思）的小岛上建立贸易站已一个世纪多一点。严格来说，1819年由莱佛士创立的新加坡是作为"东印度"的一部分由加尔各答当局治理的。不过当时的通信技术有限，所以当地殖民管理当局的活动空间相当大。新加坡被伦敦宣布为自由港，因马来亚大陆自然资源的出口而财源滚滚，这个新殖民地前哨因此而快速发展，吸引着东南亚及以外地区的商贩和淘金者络绎而来。从1867年起，新加坡成为英国直辖殖民地，置于英国殖民部的直接管辖之下。[16]

涌入新加坡的华人特别多，很快就在当地人口中占了多数。他们有些人来自附近的马来半岛和印度尼西亚群岛，其他人来自19世纪危机不断的中国，为的是逃离那里的动乱和贫困。这第二群人中就有李光耀的曾祖父，他是1863年从中国的广东省来到新加坡的。在这个自由的中转港，居住着马来人、印度人、阿拉伯人、亚美尼亚人和犹太人，各种语言混杂使用。到20世纪20年代，马来亚出产的橡胶和锡各占世界总产量的一半和三分之一,都是经由新加坡港出口的。[17]

到李光耀出生时,新加坡已经成为英国亚洲军事战略的一块基石。自1902年起,英国就是日本的盟友。1915年新加坡发生印度军队哗变,英国甚至叫来日本海军陆战队帮忙镇压兵变。[18]但是到1921年,英国海军部开始对日本实力日增感到焦虑,决定在新加坡建立大型海军基地,要将新加坡变为"东方的直布罗陀"[19]。尽管日本正在崛起,但在李光耀的童年时代,大英帝国似乎是不可战胜的永恒存在。"没有任何愤懑怨恨,"几十年后他回忆说,"英国政府和社会的优越地位不过是生活中的事实。"[20]

20世纪20年代的繁荣时期,李光耀家的日子过得不错。李光耀的祖父特别崇英,在他的影响下,李光耀的父母采取了一个非同寻常的举动,不仅给他们的几个儿子取了中文名字,还取了英文名字。李光耀的英文名字是"哈里"。他从6岁起就在英语学校上学。[21]

虽然有这些英国元素的影响,但李光耀是在中国传统文化之下成长起来的。他在外祖父家长大,家里人口很多,光是表兄弟姊妹就有7个。李光耀的父母带着5个孩子挤在一个房间里。这些孩提时的经历和儒家文化影响给李光耀幼小的心灵留下了孝敬长辈、朴素节俭、注重和谐稳定的烙印。

李光耀的父母不是受过良好教育的专业人士,因此在1929年的大萧条中备受打击。李光耀在回忆录中写道,管理壳牌石油公司门店的父亲经常"输掉了二十一点牌局后黑着脸回家……要我母亲拿出首饰来让他去当,他好回去再试试运气"[22]。母亲总是拒绝,因为她要用钱供子女上学。子女们也非常尊敬母亲，觉得自己一辈子都有义务努力满足母亲的厚望。[23]

李光耀是个聪明的学生，但有时不太听话。他12岁以第一名的成绩从小学毕业，因而获得进入莱佛士书院读书的资格。和他一道入学的还有150名完全通过择优录取的来自新加坡和马来亚各个族裔和阶层最出色的学生，柯玉芝小姐是唯一的女生。[24]莱佛士书院那时和现在一样，是新加坡最严格的英语中学，是这座城市未来精英的训练场，它的办学目的是让殖民地最有能力的臣民准备好参加英国大学的入学考试。后来，李光耀会见世界各地英联邦成员国的领导人时，无一例外地"发现他们也接受过同样的训练，学习过同样的课本，会背诵同样的莎士比亚剧本台词"[25]。他们都属于"英国殖民教育体系培养出来的……彼此相熟的公校毕业生圈子"[26]。

李光耀的父母看到儿子在学业上大有前途，又遗憾自己事业无成，于是鼓励他学医或学法律。在高级剑桥考试中名列新加坡和马来亚分区榜首的李光耀谨遵父母之命，准备去伦敦学习法律。[27]但1940年欧洲又爆发了一场世界大战。李光耀觉得最好留在新加坡，进入给他全额奖学金的莱佛士学院（现在的新加坡国立大学）读书。[28]

李光耀在大学一年级时学习成绩优异，在每门课上都和柯玉芝小姐竞争第一名。他依然抱着去英国学习法律的梦想，决心争取女王奖学金。一旦获奖，去英国上大学的费用就有了着落。因为海峡殖民地（马六甲、槟城和新加坡）每年只有两个获奖名额，所以李光耀一直心中焦虑，怕柯小姐和另一所学校的一名尖子生会赢得头两名，自己落第留在新加坡。[29]

更大的焦虑还在后面。1941年12月，日本人轰炸了夏威夷珍珠港的美国太平洋舰队，同时袭击了英国殖民的马来亚、香港和新加坡。两个月后的1942年2月，新加坡被日本征服，温斯顿·丘吉尔称此为"英国历史上最惨的灾难和最大的投降"。那时李光耀18岁。他后来说，这是"我生活中的第一个转折点"。他看到，英国资产者家庭惊慌失措地逃跑，而他们的殖民地臣民以及被日本人俘虏的来自英国、澳大利亚和印度的8万士兵坚忍地承受着苦难。两者形成鲜明对比。对李光耀和无数其他新加坡人来说，"英国人令我们着迷的绝对优越的光环被打破，再也无法恢复"[30]。

新加坡遭到日本人野蛮占领，它高度依赖贸易的经济被战争卡了脖子，老百姓忍饥挨饿，万念俱灰。日本当局给街道和公共建筑物改了名，搬走了皇后坊的莱佛士铜像，还强行使用日本的帝国日历。[31]李光耀本人在日军对华人的一次大规模拘捕中被不由分说地抓走，差点丧命。被拘押的大部分人都被立即处决，特别是手上没有老茧或戴眼镜的人，因为他们被认为是可能忠于英国人的"知识分子"。成千上万的人遭到屠杀。[32]李光耀幸存下来，学了3个月的日语，找到了工作。他先在一家日本公司当职员，然后在日本人的宣传部做英文翻译，最后成了一名黑市珠宝掮客。[33]李光耀在战争年代学到了一条："生存的关键是随机应变。"这条经验后来形成了他以务实、实验性的方法治理新加坡的思路。[34]

战争结束后，李光耀终于获得了女王奖学金，去剑桥大学学习法律，并以头等成绩毕业。他在战争期间开始追求的柯小姐和他走了同样的路，两人于1947年12月在埃文河畔的斯特拉特福低调结婚。[35]被李光耀叫作"芝"的柯玉芝是位杰出的女性,具有既才华横溢又敏感体贴的非凡品质。她成了李光耀生活中离不开的依靠,不仅照顾他的日常生活,更重要的是在李光耀公职生涯期间始终为他提供从感情到理智的各方面支持。柯玉芝在莱佛士学院上学时主修文学。李光耀后来回忆说,柯玉芝遍览群书,从"简·奥斯汀到J. R. R·托尔金,从修昔底德的《伯罗奔尼撒战争史》到维吉尔的《埃涅阿斯纪》"[36]。两人从剑桥大学毕业后返回新加坡,共同成立了 Lee & Lee 律师事务所。

在剑桥大学读书期间,李光耀坚定支持社会主义,反对殖民主义,甚至反英。这里面有一定的个人因素,比如有几次他在英国住店因为肤色而被拒之门外,[37]但更多的是由于他后来所谓的"空气中弥漫的骚动"。看到印度、缅甸和其他殖民地的独立斗争,李光耀发问:"马来亚为什么不能独立?那不就包括新加坡吗?"[38]他坚信"福利国家是文明社会的最高形式",钦佩克莱门特·艾德礼首相的工党政府在战后推行的改革,也赞赏印度总理贾瓦哈拉尔·尼赫鲁的国家主义经济政策。[39]

李光耀初次进入公众视线是在英国帮一位工党朋友竞选议员的时候。在德文的一个小镇托特尼斯,他站在卡车车厢上发表了他平生第一次公开演讲。李光耀以英国臣民的身份鼓吹马来亚自治。从他那次演讲中看得出他日后的风格:注重实际,不讲意识形态。他说,如果独立运动和宗主国能够通过合作来逐步实现独立,这样的独立就最成功。在演讲末尾,李光耀呼吁听众运用英国人的理性考虑自身利益:

即使你们不关心殖民地人民的公平或社会正义，为了你们自己的利益、你们自己的经济福祉，为了你们从马来亚和其他殖民地那里得到的美元，也应该让一个受当地人民信任的政府上台。那样，当地人民会乐于合作，愿意在英联邦和帝国内部成长。[40]

建立新国家

李光耀在英国读书时，新加坡正深受战后乱局之苦。时至1947年春，食品仍然靠配给，肺结核病猖狂肆虐。马来亚共产党和工会盟友联合起来组织罢工，令经济雪上加霜。[41]

1950年8月李光耀回到新加坡时，两个重大问题仍痼疾难解，一个是住房，一个是腐败。只有三分之一的新加坡人有足够的住房，房屋建筑跟不上需求。店铺关门后，店员常常在店里席地而睡。[42] 腐败在英国统治时期已经相当猖獗，战时更是变本加厉。[43] 通货膨胀侵蚀了公务员的购买力，加大了收受贿赂的诱惑力。[44]

李光耀回来后打算做执业律师，但很快就投入了新加坡的政治。他的才能立即产生了回报。1954年，31岁的他创立了人民行动党。5年内，李光耀以无比充沛的精力带领该党一跃成为新加坡政治舞台上的主导力量。新加坡马来亚大学的莱佛士历史学教授西里尔·诺斯古德·帕金森说，李光耀那些年的政治站位"极为左倾，离共产主义只差一点点，言辞比行动更左"。[45] 人民行动党大力倡导社会民主理念，着重指出殖民当局未能为人民提供像样的公共服务和廉洁高效的政府。人民行动党的候选人在竞选活动中不打领带，只穿白色短袖衬衫，这既是适合新加坡热带气候的合理着装，也象征着他们诚实治理的承诺。[46]① 1959 年 5 月，伦敦准许新加坡在除外交政策和防务以外的所有问题上实行自治。当月，人民行动党在议会选举中赢得多数，李光耀被任命为总理。他在这个位子上坐了 30 多年，直到 1990 年 11 月离任。[47]

新加坡实现自治后，短短几年内经历了 3 种不同的宪政安排：1959—1963 年是英国政府的直辖殖民地，1963—1965 年是名为马来西亚的新邦联的一部分，1965 年后成为独立的主权国家。现代新加坡国家的基础就是在殖民统治的尾声时期打下的。李光耀组建的内阁人才济济，包括经济学家吴庆瑞（他被任命为财政部长）和记者 S. 拉惹勒南（他被任命为文化部长）。这批人制订了改善新加坡社会条件的各项计划。②

新成立的建屋发展局很快开始建筑大批高层住宅，以便让所有新加坡人都能获得基本上同样类型的、负担得起的住房。居民有权以确定价格从建屋发展局那里购买公寓。李光耀任命称职能干、充满活力的商人林金山做建屋发展局主席。在林金山的领导下，建屋

---

① 据新加坡社会学家蔡明发所说，他们的目标是"表现出与激进左派同样的苦行主义和自我牺牲态度，如果不是更胜一筹的话"。参见 Beng Huat Chua, *Liberalism Disavowed: Communitarianism and State Capitalism in Singapore*（Ithaca, NY: Cornell University Press, 2017），3.

② 李光耀后来写到吴庆瑞、拉惹勒南和其他两位深得他信任的助手时说："他们都比我年纪大，对我从来都直言己见，尤其是当我错了的时候。他们帮助我保持客观和平衡。"（李光耀，《从第三世界到第一世界》，第 686 页）

发展局 3 年内建造的房屋比英国人在此前 32 年中建的都多。[48] 慢慢地，新加坡发展成为人人拥有住房的完全城市化社会，使得每个家庭都因为拥有财产而与新加坡的未来息息相关。[49] 正如李光耀在回忆录中指出的那样，将个人富裕与国家福祉紧密相连"确保了政治稳定"，而政治稳定反过来又促进了经济增长。[50] 同时，新加坡对住宅区实施的种族和收入配额制先是限制了种族隔离的现象，后来更是将其逐步消灭。来自不同族裔和宗教背景的新加坡人通过共同生活和工作，开始发展出国家意识。

李光耀根除腐败同样雷厉风行。他的政府上任不到一年，就通过了《预防腐败法》。该法严惩各级政府的腐败行为，对受贿嫌疑人的正当程序加以限制。在李光耀领导下，腐败遭到了迅疾无情的镇压。[51] 李光耀还将一切外国投资置于严格审查之下，政府对投资的尽职调查一丝不苟，有的时候李光耀甚至亲自出马。新加坡严格执行法律，提升了新加坡作为诚实、安全的营商之地的名声。

为实现自己的目标，李光耀用惩罚失职而不是加薪来鼓励公务员尽心履职。事实上，他的政府起初大幅缩减了公务员队伍。[52] 到 1984 年，新加坡比较富足了，李光耀才采取了他的著名政策，把公务员薪资固定在可比的私营部门薪酬 80% 的水平。[53] 结果，新加坡政府官员成了世界上薪酬最高的一批人。一位著名新加坡学者指出，反腐成功依然是"（人民行动党）统治的道德基础"[54]。

在新加坡，腐败不仅被视为个人道德的缺失，而且是对强调才能卓越、正大光明和高尚行为的社会道德的违背。[55] 新加坡经常被列为世界上腐败最少的国家之一，这是李光耀为他的国家确定的目标。[56]① 后来他说："你需要品质高尚、头脑清楚、信念坚定的人，否则新加坡维持不下去。"[57]

由于减少了腐败，政府得以投资实施相关计划来大幅改善新加坡人的生活，并提供建立在机会平等基础上的公平竞争环境。1960—1963年，新加坡的教育开支增加了近17倍，学生人数增加了50%。[58] 人民行动党掌权的最初9年，李光耀把新加坡近三分之一的预算用在了教育上，这与邻国相比是个惊人的比例，事实上与世界上任何国家相比都很惊人。[59]

注重生活质量成为新加坡的标志性特点。新加坡从1960年开展防治结核病的X光检查运动开始，一直将公共卫生作为重中之重。[60] 如乔治·舒尔茨和维达尔·约尔根森所说："这个城市国家在医疗保健上仅用了GDP的5%，取得的效果却比把18%的GDP用于医疗的美国好得多。新加坡的人均预期寿命是85.2岁，美国却只有78.7岁。"[61] 一代人的时间里，新加坡脱胎换骨，从一个疾病肆虐的贫民窟变为一个第一世界的大都市。与此同时，政府担负的成本份额稳步下降。[62]

李光耀为协调这场治理革命，建起了一张他所谓的"准政治机构"网作为国家和公民之间的联系纽带。社区中心、公民协商委员会、居民委员会和后来的市政理事会为公民提供娱乐，解决小纠

---

① 2020年，根据总部设在柏林的非营利组织"透明国际"推出的廉洁排行榜，新加坡名列世界第三（它和芬兰、瑞士、瑞典并列第三。新西兰和丹麦并列第一）。（参见"清廉指数"2020，Corruption Perceptions Index 2020，透明国际网站，https://www.transparency.org/en/cpi/2020/index/sgp。）

纷，提供托幼之类的服务，并传播关于政府政策的信息。[63] 人民行动党在这些机构中发挥着重要作用，模糊了党、国家和人民之间的界线。[64] 例如，李光耀建立了近 400 所幼儿园，里面的工作人员全是人民行动党党员。[65]

人民行动党通过提供公共服务和开展李光耀所谓的巧妙政治"拼杀"，在 1959 年选举后逐渐站稳脚跟，在 1963 年大选前后进一步筑牢了根基。[66] 到 1968 年，李光耀基本上完全击败了其他竞争者。反对党抵制选举，结果人民行动党赢得了近 87% 的选票和所有 58 个立法席位。在那之后，人民行动党基本上无可挑战。它长盛不衰的一个原因是新加坡从英国那里继承的"领先者当选"的选举制度，这个制度对于少数票不予考虑。另一个原因是，李光耀利用法律制度来孤立他的政治对手，限制不友好的媒体。[67] 他把自己与反对派的斗争描述为"一场没有规则限制的徒手格斗，赢者通吃"[68]。

李光耀对公共秩序极为重视。他刚掌权时，反主流文化和道德的普遍放松尚未在西方兴起，但李光耀后来认为这种现象是自由失控的表现。"在我看来，这整套制度中的有些东西完全不可接受。"他在 1994 年对法里德·扎卡里亚① 这样说。

> 扩大个人任意采取行动或破坏规矩的权利是对有序社会的损害。在东方，主要目的是建立秩序井然的社会，使每个

---

① 法里德·扎卡里亚是美国有线电视新闻网（CNN）著名主持人。——译者注

人都能最大限度地享受自由。这个自由只能存在于有序状态中，在争吵和无政府的自然状态中是没有的。[69]

新加坡刚建国时，李光耀觉得一个城市国家无法自立。因此，他下大力气与马来亚建立联邦，希望借以保障新加坡即将从英国那里获得的独立。李光耀相信，"地理、经济和亲情"构成了两地自然统一的基础，于1962年9月匆忙举行了关于和马来亚合并的公投。[70]为了动员新加坡民众，他短短一个月内做了36次电台讲话，使用12份讲稿，每份讲稿录3遍音，一遍用普通话，一遍用马来语，一遍用英语。[71]他的演讲才能赢得了民众的压倒性支持，使得他的计划在公投中顺利过关。一年后的1963年9月16日，新加坡和马来亚合并为马来西亚联邦，这一天也是李光耀的40岁生日。

这个联合立即遭到了内外夹击。印度尼西亚总统苏加诺看到马来西亚潜力的增大，垂涎三尺，梦想把所有马来族人统一为一个国家，于是发动了"马印对抗"。这是一场没有正式宣战的战争，采用丛林战和恐怖袭击手法，双方死亡人数都高达数百。对新加坡来说，这场冲突最激烈的表现是印度尼西亚海军陆战队1965年3月10日用炸弹袭击东南亚第一座有空调的办公楼"麦唐纳大厦"，爆炸造成3人死亡，30多人受伤。

在马来西亚内部，尽管人民行动党努力降低新加坡的族群紧张，还推动马来语成为国家语言，可许多马来政客仍然不信任李光耀。[72]他们害怕李光耀活力四射的个性和明显可见的政治天赋会令他们黯然失色，导致华人在新联邦中占据主导地位。

反对李光耀的马来领导人在新加坡挑动族裔暴乱。第一次暴乱发生在 1964 年 7 月。当年 9 月暴乱重起,共造成数十人死亡,数百人受伤。表面上看,引发暴乱的原因是建筑公共住房导致马来人的村庄被毁,但显然民族沙文主义者也趁机闹事作乱。[73]

结果,新加坡和马来西亚合并不到两年,就因为激烈党争和族裔关系紧张而分道扬镳。新加坡 1965 年 8 月的独立不是本地解放斗争的结果,而是因为马来西亚粗暴地决定和这个小小的南方邻居分家。

新加坡被逐出联邦,孤立无援。这个结局李光耀没有料到,也非他所愿。他宣布与马来西亚的合并失败时,几乎落泪:"我们每次回顾这个时刻……都将备感痛苦。"李光耀在记者会上说这些话时,一反常态地难以保持镇定,因为他面临的巨大任务几乎令他不知所措。他在回忆录中写道,由于这次分家,新加坡成了"一个没有身体的心脏"。"我们是一片马来海洋中的华人之岛,"他又写道,"我们怎么能够在如此充满敌意的环境中生存下来?"[74] 对这个人生低谷的记忆使李光耀在后来的一生中坚信,他的国家必须保持卓越,因为它永远在生存与灾难之间走钢丝。

创立新民族

新加坡独立 5 年后的 1970 年,历史学家阿诺德·汤因比在著作中预言,总的来说,城市国家"作为政治单位太小,不再实际可行"。具体到新加坡,它作为主权国家不太可能维持多久。[75] 李光耀很尊重汤因比，却不同意这位学者的宿命论观点。[76] 作为对汤因比预言的回应，他用被历史大潮冲到新加坡海岸的各色人种打造出了一个新民族。

只有李光耀所谓的"团结一心、坚毅顽强、适时应务的人民"[77]，只有被民族感情团结在一起的人民，才经受得住独立的多重考验，避免发生他最担心的两大噩梦：国内生乱和外国侵略。李光耀面临的挑战不能主要靠技术官僚来应付。他也许可以强迫人民做出牺牲，但要维持牺牲精神，人民必须有一种同呼吸共命运的归属感。

"我们不具备民族的构成成分，连起码的要素都没有，"李光耀后来说，"比如共同人种、共同语言、共同文化和共同命运。"[78] 为努力把新加坡建成一个民族国家，他权当新加坡民族已经存在，并采取公共政策予以加强。1965年8月9日李光耀在宣布新加坡独立的记者会结束时，为他的人民确定了高尚的使命：

> 无须担心……许多事一时改变不了。但是要坚定，要镇静。我们将把新加坡建成一个多种族的民族国家。我们会做出榜样。我们的国家不是马来人的国家，不是华人的国家，也不是印度人的国家。每个人在国家中都各得其所……
>
> 最后，让我们新加坡人，我现在不能说自己是马来西亚人了……团结起来，无论属于哪个种族、语言、宗教、文化。[79]

李光耀首先要做的是建立一支能够威慑印度尼西亚侵略的军

队，使之今后不敢轻举妄动。[80] 新加坡与马来西亚分开后，自己连一支忠心的团级部队都没有，领导层里也没人知道如何从零开始建立军队。干练的吴庆瑞如今担任国防部长，但他也只是1942年英国向日本投降时在新加坡志愿团里当过下士。[81]（1965年12月李光耀乘车去参加初创的新加坡议会开幕式的时候，是马来西亚部队"护送"他从办公室前往的。[82]）更加难办的是，岛上占多数的华人没有当兵的传统。在新加坡，当兵从来主要是马来人的行当，这有可能把防务问题变成种族矛盾的火药桶。

新加坡独立后，李光耀马上向埃及总统纳赛尔和印度总理夏斯特里求助，希望他们向新加坡派遣军事教官。那二人因为不愿意惹怒印度尼西亚和马来西亚，都婉拒了他的请求。被拒后，李光耀做出了一个大胆的决定。他顶着可能激起新加坡和整个地区大批穆斯林强烈反对的风险，接受了以色列提出的援助。为避免穆斯林反对，他干脆决定不公布以色列人来到新加坡的消息。谁若问及，就说新加坡新来的这批军事顾问是"墨西哥人"。[83]

这个安排是绝妙的结合，因为新加坡的安全困境和以色列的差不多。两国都是没有战略纵深的资源匮乏国家，都处于企图收复失地的较大国家的环伺之下。李光耀采纳了以色列的做法，决定建立一支小而精的专业军队，同时全社会都是预备役，一旦有事可以迅速动员。新加坡所有年轻男性，无论背景如何，都必须服一段时间的兵役，之后还要定期作为预备役参加营地训练。李光耀认为，国民服役制能产生"政治和社会收益"，因为可以加强民族团结，并超越族裔差异，实现社会平等。[84]

论领导力

1966年，印度尼西亚在外交上承认了经历"马印对抗"后屹立不倒的新加坡。[85] 到1971年，新加坡建起了一支有17个营的现役军队，外加14个营的预备役部队。在预算极为紧张的情况下，李光耀还是拨出资金迅速建立了空军和海军。要对新加坡各邻国形成可信的威慑，这些力量很有必要。为了弥补国家有限的空间和人力，他十分重视使用最新的技术和严格的训练作为"力量倍增器"。一代人的时间内，新加坡武装部队赫然成为东南亚头号劲旅，令国民自豪同心，令外国钦佩有加，包括美国国防部。

李光耀与许多其他后殖民时代的领导人不同，他不靠挑起国内各族群之间的矛盾来加强自己的地位，恰恰相反，他依靠的是新加坡在互相冲突的族群中培育出民族团结的能力。新加坡独立前，族裔间暴力横行肆虐。新加坡的人口构成具有天然的离心力。但李光耀克服了这些障碍，发展出了具有凝聚力的民族身份。正如他在1967年所说：

> 只有当你不管一个人的族裔、文化、语言和其他背景如何，都给他提供属于这个伟大的人类社会的机会，才算是给他指出了一条通往进步和更高级生活的和平之路。[86]

对于新加坡的多样性，李光耀既不压制，也不无视，而是引导、管理。他声称，任何其他办法都会使治理成为不可能。[87]

李光耀最富创新性的举措是他的语言政策。对于一个人口中75%讲各种汉语方言、14%讲马来语、8%讲泰米尔语的城市国家,该如何治理?与马来西亚合并失败后,李光耀不再赞成将马来语定为国家语言。然而,他觉得把汉语定为官方语言"完全不能考虑",因为"不是华人的那25%的人口会造反"。[88] 英语长期以来一直是政府的工作语言,但没有几个新加坡人能像李光耀那样讲英语和讲母语一样好。[89]① 李光耀想出的办法是推行双语政策,要求英语学校教汉语、马来语和泰米尔语,同时强制所有其他学校设立英语课。新加坡宪法规定了4种官方语言:马来语、汉语、泰米尔语和英语。[90] 李光耀在1994年说:

> 假如我强迫新加坡人民讲英语,他们会坚决反抗……但我给每个父母提供了选择英语和他们自己母语的机会,先后次序让他们自己定。通过人民的自由选择,加上30年来市场的酬报,我们确立了英语第一、母语第二的制度。我们把一所历来用汉语教学的大学从汉语转到了英语。这个变化如果是在5年或10年内强迫达成,而不是经过30年靠自由选择实现的,定会一败涂地。[91]

---

① 李光耀从小就讲马来语和英语。他学习汉语是十几岁开始的,二十七八岁时又捡起来接着学,80多岁还在跟着私人教师学汉语。为扩大政治基本盘,他将近40岁时开始学闽南话,并用这种方言讲演。参见:佩里,《新加坡》(*Singapore*),第192页;李光耀,《我一生的挑战:新加坡的双语之路》(*My Lifelong Challenge: Singapore's Bilingual Journey*),32—41页;李光耀1979年2月27日在地区语言中心对高级公务员的讲话"Clean, Clear Prose",载于《李光耀其人及其思想》(*Lee Kuan Yew: The Man and His Ideas*),第327页。

做英语国家也有经济上的好处。20世纪60年代,新加坡因其鲜明的亲英倾向在发展中经济体中独树一帜。李光耀决定保留莱佛士的雕像,因而维护了新加坡昔日一个不属于任何派别的人物,将其变为一个团结的民族象征。[92] 此举也是对世界发出的信号,表示新加坡愿意开放做生意,无意对谁控诉指责。[93]

"让历史评判"

在涉及国计民生的实际问题上,李光耀起初遵循社会主义路线。与马来西亚关系的破裂迫使他改变方向。新加坡作为一个国家要生存,经济就必须增长。它作为一个民族要成功,经济增长的果实就必须由所有族裔的全体人民公平分享。它要保持国际地位,就必须在主要大国中建立影响力,特别是美国和中国。

"有各种书教人如何造房子,如何修发动机,如何写书。"多年后李光耀回忆说,

> 但是我没有看到过哪本书能教人如何在来自中国、英属印度、荷属东印度群岛的各色移民的基础上建成一个民族,或教人如何在此地正在失去它以前作为地区转运港的经济角色的情况下为人民谋生计。[94]

李光耀经历了第二次世界大战、新加坡政治权力的争夺和与马来西亚的分离,从中获得了从任何正式课程中都学不到的治国心

得。他对外国的访问和与外国领导人的谈话也对他影响颇深。到1965年,他已经访问了50多个国家,对受访国治理成绩好坏不一的原因形成了坚定的看法。[95]"一个国家的伟大不只在于领土大小,"李光耀在1963年时说,"而是看人民的意志、团结、毅力和纪律,也看领导人是否具有为国家在历史上争得荣耀地位的品质。"[96]

这就是李光耀把"让历史评判"定为行动座右铭的原因。他拒绝了共产主义,因为它会导致运作良好的现存制度的解体。同样,他重视市场经济,因为他看到它能带来更高的增长率。[97]多年后,在我家的一次晚餐会上,一位美国客人赞扬李光耀把女权主义原则纳入了新加坡的发展,李光耀却不认同。他说,他是为了实际原因才让妇女加入劳动力队伍的,没有妇女的参加,新加坡的发展目标就无法实现。李光耀补充说,他的移民政策也是一样,目的是说服外国人才落户新加坡。这样做不是为落实关于多元文化主义益处的理论概念,而是新加坡增长的需要,也是为了改变新加坡固定不变的人口构成。

李光耀的思想有很强的功利主义色彩,这清楚地表现在1981年他在"五一"国际劳动节的讲话中:

> 每个理性的政府都想为最大多数公民谋求最大的福祉与进步。为达此目的,政府采用的制度或方法以及政策所依据的原则或意识形态各有不同。自从两个世纪之前的工业革命以来,各种不同的政府制度经历了某种优胜劣汰的过程。这种过程以为一个国家的最大多数提供最大福祉的效力为标准

来选择哪种意识形态－宗教－政治－社会－经济－军事制度能够胜出。[98]

建设经济

对新加坡适应能力的第一个重大考验发生在1968年1月。当时，英国被英镑贬值弄得心慌意乱，又因中东冲突而元气大伤，遂决定放弃在苏伊士以东地区的军事存在。头一年在下议院的辩论中，哈罗德·威尔逊首相企图保住英国在新加坡的军事基地，为此引用了拉迪亚得·吉卜林的《退场诗》，却毫无作用。此刻这首诗读起来似乎是对大英帝国衰落的预言：

> 我们的舰队，在遥远的呼喊中消融；
> 熊熊的战火，在沙丘和岬角上熄灭；
> 瞧啊，所有我们往昔的光荣，
> 都被归入尼尼微和推罗的行列！[99]

按照计划，英国将在1971年关闭在新加坡的海军基地，撤走军队，这可能使新加坡损失国民生产总值的五分之一。[100]

李光耀问计于外国专家，找到了荷兰经济学家阿尔伯特·温斯敏博士。温斯敏初访新加坡是在1960年，当时他是应吴庆瑞邀请来访的联合国开发计划署代表团的一员。[101]与西方国家相比，新加坡是穷国。但在20世纪60年代，它的工资水平居亚洲之首。[102]

温斯敏建议，新加坡要实现工业化，就需要压低工资，并通过拥抱新技术和培训工人来提高制造业效率。他提议优先发展纺织业，然后发展简单的电子工业和船舶维修，以船舶维修为踏脚石，最终进步到船舶制造。李光耀和吴庆瑞（他在1967—1970年重新担任财政部长）听从了他的建议。[103] 现在英国人即将离开，温斯敏告诫说，新加坡既不能指望实现完全的自给自足，也不能依赖地区关系。它不能再像1963—1965年那样，和马来西亚享有共同市场，所以必须扩大经济交往范围。

接下来几年，李光耀、吴庆瑞和温斯敏协力调整新加坡经济。其他新独立国家的领导人拒绝跨国公司，李光耀却积极招商引资。后来有人问他，这样的外国投资算不算"资本主义剥削"，他冷静地反问："我们只有劳动力……他们要是想剥削我们的劳动力，为什么不呢？他们尽管来好了。"[104] 为吸引外资，新加坡执行了提高劳动力质量的计划，并竭力打造一流城市的市容和设施。李光耀在1978年对我说："别人不会对一个要失败的事业投资，必须看起来有成功的样子。"[105]

城市绿化被当作重中之重，包括减少空气污染、植树以及结合自然光照设计基础设施。李光耀还确保为外来游客和投资者提供高质量服务。政府开展了公共教育运动，大力推动合适着装、得体举止和个人卫生。新加坡人（也包括外国人）如果乱穿马路、不冲马桶或乱扔垃圾，会被罚款。李光耀甚至要求每周向他报告樟宜机场卫生间的清洁状况，因为对许多旅行者来说，樟宜机场会给他们留下对新加坡的第一印象。[106]

这些办法奏效了。数十年后，李光耀回忆说，他成功劝说惠普公司在新加坡设立办事处后（惠普公司办事处于1970年4月开张），其他国际公司即随之而来。[107]①

1971年，新加坡经济年增长率达到8%。[108] 1972年，跨国公司雇用了新加坡全部劳动力的一半以上，完成工业产值占新加坡的70%。[109] 1973年，新加坡成为世界第三大炼油中心。[110] 新加坡获得独立后10年内，对制造业的外国投资从1.57亿美元增长到37亿美元以上。[111]

1968年年初，新加坡议会一片愁云惨雾，没人相信英军撤走后这个岛国能活下去。李光耀后来承认，从1965年到英军按计划撤走的1971年那段时间是他任期中最紧张焦虑的几年。[112] 然而，英国人离开时，新加坡经受住了经济冲击，失业率也并未上升。[113] 出乎所有人的意料，而且与普遍预期相反，李光耀顺应变化的决心把新加坡领上了惊人的发展之路。

为了继续吸引投资，新加坡需要不断提高生产率。为此，李光耀起初要求工人为了长期增长而同意暂时减少工资。[114] 他把教育列为当务之急，还经常调高国家的工业和社会目标。正如他在1981年"五一"国际劳动节的讲话中所说：

---

① 惠普对于新加坡经济发展局为帮助企业安置而提供的"一站式服务"印象特别深刻。一位主管说："如果你向他们要什么东西，第二天就摆到了你的办公桌上。"引语来自 Edgar H. Schein, *Strategic Pragmatism: The Culture of ingapore's Economic Development Board* (Cambridge, MA: MIT Press, 1996), 20。

新加坡劳工运动最大的成就是把50年代的反殖民革命热情（即对外国雇主的敌意）转变为80年代的生产率意识（与不管是新加坡管理层还是外籍管理层合作）。[115]

30年来，李光耀推动着新加坡在经济发展领域不断迈上新台阶，从维持温饱发展到制造业，又从制造业发展到金融服务业、旅游业和高科技创新产业。[116]到李光耀卸任总理的1990年，新加坡的经济已为世人所称羡。1992年，他回首往事时对我说，即使在1975年——那时他已经吸引了大量外国投资来到新加坡——我若是问他，他仍然想不到他的国家能取得这么大的成功。

李光耀与美国

1968年，李光耀为美国卷入印度支那辩护，令我的哈佛同事们惊愕。他们若是早点关注东南亚政治局势的发展，就会注意到他阐述这个观点已经好几年了。事实上，正是因为李光耀坚信华盛顿对于亚洲的未来起着不可或缺的作用，他才在两年内连续两次对美国做了重要访问。

1967年10月，李光耀对华盛顿的首次国事访问中，约翰逊总统在白宫晚宴上介绍他是"爱国者，杰出的政治领袖，也是新亚洲的一位政治家"[117]。李光耀以他典型的直率，利用与高级人物会见的机会向东道主说明，其实美国15年前的决定已经埋下了越南这场大戏的种子。在与副总统休伯特·汉弗莱的会谈中，李光耀把越南危机比作乘坐公交车的一段长长的旅行，说美国错过了它本可下车的所有站点，现在它唯一的选择是继续留在车上，直到终点站。[118]

后来几十年间，李光耀以他的智慧和坦率赢得了世界各国总统和总理的敬佩。由于他分析精微，行为可靠，许多他所依靠的人反而经常对他移樽就教。一个小小的、脆弱的城市国家的领导人怎么能对世界上如此多的领导人产生如此重大的影响？他看问题的角度是什么？危急时刻如何运用他的思维框架？

在某种意义上，李光耀对世界秩序的追求永远在路上。他明白，形成全球平衡的不只是无名的力量，也有活生生的政治实体。这些政治实体各有其历史和文化，都必须对自己面临的机会做出判断。作为一个贸易国，新加坡的兴旺依赖平衡，而维持平衡不仅需要搞好与各大国的关系，而且要对大国不同的身份以及由此产生的视角有一定的了解。例如，李光耀在1994年指出：

> 如果你看一看几千年来的社会，会发现某些基本模式。美国文明自清教徒移民以来一直以乐观和有序政府为特点。中国的历史则是王朝兴衰，社会浮沉。在各种起伏动乱之中，家庭、几世同堂的大家庭和家族为个人提供了一种救生筏。文明崩溃了，王朝被征服者推翻，但这个救生筏使得（中华）文明得以延续，并进入下一个阶段。[119]

一些国家领导人自己的国家比新加坡强大得多，但他们对李光耀尊敬有加，因为他的洞见能帮他们看清自己面对的根本性挑战。李光耀对外交事务的看法与他对新加坡国内需求的分析一样，是以对客观现实的观察为基础的。李光耀的评估从不掺杂主观偏好，所以他从来都是一语中的。有些领导人在谈话中喜欢显示自己对细节的掌握，以作炫耀。李光耀对于具体事实了如指掌，但他具有一种更加宝贵的素质：他能看到事物的本质。

新加坡诞生过程中的磨难是李光耀政治生涯中的决定性经历。自那以后，他在评价各国在世界秩序中的重要性时，特别注重它们的国内演变。在他对新加坡的生存和新加坡世界地位的评估中，两个国家尤其重要——美国和中国。在1973年4月的一次白宫晚宴上，李光耀对理查德·尼克松总统敬酒时，用朴素的语言界定了新加坡与美国的关系：

> 我们是个位于亚洲最南端战略要地的微型国家。当大象横冲直撞的时候，如果你是只老鼠，而你又不知道大象的习惯，你的日子会非常不好过。[120]

李光耀在1981年5月的一次讲话中谈到苏联制度时，也显露了他的先见之明和清晰的头脑：

> 第二次世界大战结束36年后，我们知道，在西方自由企业加自由市场的民主制度与指令性经济加管制分配的共产主义制度的较量中，共产主义制度在败退。它无法兑现诺言……

> 除非这场较量以使用核武器互相毁灭而完结，否则在较量结束时胜出的一方将是能够更好地为成员提供更大的安全和更多的经济暨精神福祉的制度。如果西方能够防止苏联人依靠军事优势不劳而获，那么注重个人能动性和刺激措施的自由市场制度会清楚地证明自己优于中央计划加市场控制的制度。[121]

过了10年，苏联解体后，李光耀的看法将成为普遍观点。但他说这些话的时候，几乎无人看到苏联的衰败近在眼前。

李光耀在美国人民身上察觉到一种非凡的慷慨和开放精神，这使他想起他自己受到的儒家教诲。他指出，二战刚结束那段时期，美国没有仗着自己的核垄断胡作非为：

> 昔日任何一个奠定了自己最高地位的国家都尽力把这一地位维持得越久越好。美国却着手帮助被她打败的敌人站起身来抵御苏联这个邪恶力量。她慷慨地向欧洲国家和日本大量转让技术，促成了它们的技术进步，使它们不出30年已经能与美国一争高下……造成此种结果的是对共产主义的恐惧加上来源于美国理想主义的伟大精神。[122]

邓小平开启改革后，李光耀的地缘政治关注从毛泽东时期的颠覆破坏转向了中国、苏联和美国之间更加错综复杂的宏大战略互动，后来又转向应对中国这个实力大增的经济和政治强国。在此过程中，他的评判随之发生了变化。但是他的主题思想从未改变，那就是美国对世界，尤其是东南亚的安全和进步不可或缺。

李光耀并非感情上"亲美"，他丝毫不受感情影响。他对于美国在政治和地缘政治方面的很多做法不能苟同。李光耀说自己早期对美国人的看法是"复杂的"：

> 我钦佩他们敢干肯干的态度，但同意当时英国建制派的意见，认为美国人充满活力但盛气凌人，他们拥有巨大的财富却常常使用不当。解决问题不是光靠花钱就行……他们是好意，却手法强硬，缺乏历史感。[123]

越战爆发后，李光耀的观点更进一步。他认为，在支持美国发挥实力的时候，不仅需要理解并鼓励美国想达成的目的，现在还必须争取让美国帮助捍卫亚洲的稳定，这一点非常重要。各种复杂的暴力势力危害着亚洲的平衡，而英国从亚洲撤离使得美国成为抗衡那些势力的必不可少的力量。一次，英国外交大臣乔治·布朗对剑桥大学毕业的李光耀说，他是"苏伊士以东最出色的英国人"[124]。李光耀对美国的态度有些像丘吉尔确立英美"特殊关系"时的态度。在东南亚关注的问题上，李光耀尽力争取参与美国的决策进程。然而，新加坡与美国的关系是由他这个微小的亚洲前殖民地城市国家的领导人塑造的。

在李光耀看来，美国光有宽宏大量和理想主义的伟大品质是不够的。它要发挥自己的作用，还需辅以对地缘政治的洞察力。敏锐察知国家理想与战略现实之间的矛盾至关重要。李光耀担心，美国一旦对世界事务的发展感到失望，它那注重道德的外交政策就可能转为新孤立主义。过分强调民主理想可能会令美国无法理解不够发达的国家不得不将经济发展置于意识形态之上的政策。

李光耀对上述观点的阐述表现出他特有的风格：将历史、文化、地理融会贯通，用于分析当代关注的问题；明白对话方的利益；雄辩滔滔，没有客套，不谈不相干的事情，也不带丝毫恳求之意。1994年，他坚称现实主义需要以善与恶之间清楚的道德区分为基础：

> 人性中某些基本的东西是不会变的。人需要一定的道德是非感。邪恶确实存在，它不是受社会迫害的产物。有的人就是恶人，本性难移，必须阻止恶人作恶。[125]

在世界眼中，李光耀的领导力表现为工作中始终着眼文化背景，并能将地区形势与更大的世界形势相关联。他一贯善于分析判断，通过与自己关系网中各种人的交谈和四处旅行获得对事物的深刻见解，用以答疑解惑，提供建议。他写道："我旅行时，总是注意观察一个社会、一个政府是如何运转的，它们为什么好？"[126]

1990年李光耀卸任总理后，总是记挂着提醒美国勿忘自身责任。冷战期间，他首要关注的是美国应在苏联威胁面前发挥维持全球平衡的重要作用。苏联解体后，他的注意力转向了美国在确定并维持亚洲平衡方面的关键作用。1992年，正当美国赢得冷战、意气风发之时,他在哈佛大学的演讲中警告说,如果美国就此将注意力转向国内,只顾享受后冷战时期的"和平红利",减弱履行自己全球责任的努力,那么地缘政治平衡将大为受损:

> 我这一代亚洲人经历了上一次大战的恐怖和苦难,记得美国是如何帮助日本、新兴工业化经济体和东盟从战争的灰烬中凤凰涅槃,走向繁荣的。如果美国在新的平衡中不再起中心作用,我们将至感遗憾,因为世界将变得面目全非。[127]

2002 年,李光耀指出,在全球各地"救火"与美国懂得并利用自己巨大的影响力来促成持久的全球稳定不是一回事。[128]他从战略意图的角度来看待外交政策,把大国平衡定义为国际秩序的关键,尤其是新加坡的安全和繁荣的关键。"我们只想获得最大的空间来自由发展,"他在 2011 年说,"当'大树'允许我们有空间的时候,这个目标最容易实现,我们在'大树'之间能有空间。(当)被一棵大树完全罩住的时候,我们就没有了空间。"[129]

李光耀敬佩美国,美国的摇摆使他感到不安。他敬畏中国,因为中国专心致志追求自己的目标。李光耀从历史上与中国的紧密关系和出于需求与美国建立的友谊中,为新加坡营造了安全和未来。

李光耀与中国

李光耀看到了中国领导亚洲的潜力。1973 年,中国还被认为是经济落后国家时，他就说："中国会成功的，只是时间问题。"[130] 然而，直至 1979 年，他还觉得中国在中期内仍会相对较弱。

> 世界以为中国是个巨人，其实它更像个软塌塌的水母。他们有资源，(也有)两个弱点，即共产主义制度和缺乏训练及专门知识。我们得看一看他们用这些能做成什么。现在，我担心他们可能不够强，无法如我们希望的那样抗衡苏联人。我不怕一个强大的中国，我怕的是中国也许太弱了。我们若要按照自己的心意选择一起发展的伙伴，对方就需要达到一定的实力。他们将需要 15~20 年，甚至是 30~40 年的时间。[131]

那时李光耀对中国崛起的态度有些复杂，因为新加坡有着"相互冲突的目标"：既想使中国强大到足以威吓共产主义越南（李光耀认为那样能"缓解"压力），又希望中国不致强大到统一台湾的程度。[132] 不过，即使在中国相对虚弱的当时，李光耀就发出了关于中国的决心和它可能引发巨变的警告："我不知道（中国）领导层是否完全明白他们一旦成功必将发生的变化的性质。有一点是肯定的：他们想成功。"[133] 李光耀的预言和前一个时代的伟大战略家拿破仑不谋而合。据说拿破仑谈到对中国的看法时说："让中国沉睡吧。她一旦醒来，会震撼世界。"[134]

但那会是什么时候呢？到 1993 年，李光耀的观点发生了变化。中国崛起不再遥远，而是已经成为当时的首要挑战。他说："中国对世界平衡的影响如此之大，世界必须在 30~40 年内找到一个新的平衡。""不可能假装中国只是又一个大玩家,"他接着说,"它是人类历史上最大的玩家。"[135] 几年后,李光耀对这个观点做了进一步阐述:

> 除非发生重大的不可预见的灾难,给中国带来混乱,或将其再次分裂为多个军阀割据地,否则中国人民重新组织、重新教育并训练自己来充分利用现代科学技术就只是时间问题。[136]

李光耀对中国的态度如同他对美国的分析,完全不受感情因素影响。在他看来,美国方面的挑战是它在缺乏内省的理想主义和经常发作的自我怀疑之间的摇摆,中国造成的问题则是传统帝国模式的死灰复燃。几千年来,中国自认为是位于世界中心的"中央王国",把所有其他国家都归为朝贡国。如此悠久的历史必然对中国人的思维产生影响,令其发展出霸权思想。"此时,我觉得美国造成的结果对我们最有利,"李光耀在2011年接受采访时这样说,

> 我不认为中国是美国那样的善良强国。我的意思是,他们说不称霸。如果你没有称霸的打算,为什么不断地告诉世界你不会称霸呢?[137]

在毛泽东时代,李光耀坚决抵制中国的政策,后来又努力打消任何觉得华人占多数的新加坡会自然而然地和母国站在一起的印象。他一直宣称,新加坡将是东盟成员国中最后一个与中国建立外

交关系的国家。(新加坡曾依靠中国台湾的投资和技术来发展工业,最先发展起来的是纺织业和塑料工业。)[138] 20世纪70年代,西方开始接纳中国之后,李光耀没有食言。他为新加坡设的定位是保持相对于邻国和超级大国的自主自治。1975年,他没有理会周恩来向他发出的访华邀请。由于这个决定,他从未与当时已身患沉疴的周恩来见过面。到1990年,新加坡才正式承认中华人民共和国。

然而,1978年11月,李光耀欢迎了中国领导人邓小平的到访。那次访问标志着当代新中关系的开端。李光耀为显示对这次访问的重视,特意安排在这位喜欢吸烟的中国领导人面前摆上一个烟灰缸和一个痰盂,尽管新加坡法律禁止吸烟(李光耀自己对烟雾严重过敏)。

邓小平此行是想动员东南亚国家反对苏联和统一后的越南。李光耀的首要关注却是缓解中国对新加坡政策的专横倾向。他对邓小平解释说,中国的电台广播意图煽动东南亚华侨,造成他们思想的极端化,这使他很难与北京合作。他要求邓小平停止宣传活动。没出两年,这样的活动就逐渐停止了。[139] 多年后,李光耀把邓小平列为他最钦佩的3位世界领导人之一(其他两位是夏尔·戴高乐和温斯顿·丘吉尔)。在他看来,邓小平"是一位伟人,因为他把中国从一个羸弱不堪、本来可能会像苏联一样崩塌的国家,变成了今天阔步走向全球最大经济体地位的国家"[140]。

据为邓小平作传的著名汉学家傅高义所说,邓小平访问新加坡时,对该推行何种经济政策尚未拿定主意,但那次访问"使邓小平坚定了开展根本性改革的信念"[141]。访新归来第二个月,邓小平就宣布了开放政策,在中国沿海设立"经济特区"欢迎外国直接投资。傅高义说,"邓小平觉得,井然有序的新加坡是改革的好榜样",于是派人去那里"学习城市规划、公共管理和控制腐败"。[142]

在中国改革开放初期,李光耀尚未完全承认中国就开始每年访华,去观察中国的城市发展和农业改革,并与中国高官建立关系。他向当时的中国总理提出,为经济增长而推行开放不一定要放弃"儒家价值观"。后来,这位总理借用邓小平"摸着石头过河"那句名言,说李光耀"为我们缩短了过河的时间"[143]。

李光耀提供的建议清楚地反映在苏州的新加坡工业园中。苏州是上海附近的一座古城,以众多美丽的中国传统园林著称。新加坡工业园在1994年开园,是为了将新加坡的管理方法与当地劳动力相结合,借以加速工业化,吸引外资来华。新加坡的主权财富基金淡马锡公司和GIC(过去的新加坡政府投资公司)成了在华主要投资者。

李光耀希望中国经济发展,政治稳定。他深信,中国若发生政治动乱,将给全世界带来可怕的风险,其中的各种危险在苏联解体中得到了淋漓尽致的表现。李光耀后来对比中苏两个案例时说:

> 邓小平是中国唯一在政治上有权威,也有力量扭转毛泽东政策的领导人……身为经过战争洗礼的老革命,他认为在天安门示威的学生是个危险,有可能使中国重回动荡混乱,陷入又一个百年瘫痪。邓小平经历过革命,在天安门看出了革命的早期迹象。戈尔巴乔夫和邓小平不同,他仅仅在书本上

读到过革命，没有看出苏联即将崩溃的危险信号。[144]

中国的经济改革在邓小平 1992 年"南方谈话"后再次启动。在那次长达一个月的影响深远的重要旅行中，已经退休的 87 岁的邓小平走了好几个南方城市，令人信服地重申了坚持改革开放的重要性。

周旋于中美之间

对美国来说，李光耀关于中国的评论令它清醒，其最深层的意思听之逆耳，即：美国在西太平洋，也许在更大的世界中，将不得不与一个新兴超级大国分享卓越地位。"它只能与一个更强大的中国共处"，李光耀在 2011 年说，而这"对美国是全新的感受，因为以前从未有过哪个国家大到足以对美国的地位构成挑战，而中国在 20~30 年后就能做到"。[145]

李光耀警告说，这样的形势对坚信美国例外主义的美国社会来说将是痛苦的。但是，美国的繁荣本身就源于例外因素："地缘政治的好运、丰富的资源和大批移民带来的活力、来自欧洲的大量资本和技术，以及把美国与世界冲突远远隔开的两个大洋。"[146] 在今后的世界里，随着中国成为拥有尖端技术的可畏的军事强国，地理不再是美国的屏障。

李光耀预见到，将要到来的变化会对现有国际平衡构成挑战，使夹在中间的国家难以自处。坦桑尼亚前总统朱利叶斯·尼雷尔告诫李光耀说："大象打架，小草遭殃。"我们前面看到，李光耀也喜欢用大象打比方，他回答尼雷尔说："大象做爱，小草也遭殃。"[147]① 他相信，两个超级大国之间若能保持友好而冷静的关系，那将最有利于新加坡的稳定与增长。但是，李光耀在与华盛顿和北京的互动中，表现得不像新加坡国家利益的鼓吹者，而更像是那两个可怕巨人的哲学导师。

与中国领导人会谈时，李光耀一般会从切合中国苦难历史的角度组织论点，言谈间带着他在其他场合鲜少表露的感情。2009年，他对新一代中国领导人提出了告诫，这些人没有经历过他们的前辈遭遇的贫困和灾难，对自己国家在世界上所处的地位深感不满：

> 这（老的）一代有着惨痛的经历，经历过"大跃进"，挨过饿，几乎饿死，差点儿与苏联人发生冲突……还有"文化大革命"的疯狂……我毫不怀疑这一代人希望和平崛起。但是他们的孙辈呢？他们认为他们已经强大了。如果他们开始展示肌肉，我们会看到一个非常不同的中国……孙子从来不听爷爷的话。
>
> 另一个问题更加关键：如果你一开始就认定世界一直亏待你，认为世界剥削了你，帝国主义者摧毁了你，抢劫了北

---

① 1973年，李光耀谈到美苏缓和时说："可以想见，利益将受到影响的中小国家会格外关注超级大国之间的直接外交，它们担忧超级大国越过它们解决分歧很可能会伤害它们的利益。"（李光耀，'Southeast Asian View of the New World Power Balance in the Making', 8）

京，对你做了这么多坏事……这样是不行的……你已经回不到中国曾是世界唯一强国的往昔了……现在，你只是许多强国中的一个，而很多其他强国比你更善于发明创造，更顽强坚韧。[148]

反过来，李光耀也劝美国不要"从一开始就把中国当作敌人"，除非它"发展出要在亚太地区推翻美国的战略"。他警告说，事实上，中国人可能已经在设想这样的场景了，但难以避免的"两国西太平洋最高地位之争……并不必然会导致冲突"[149]。因此，李光耀建议华盛顿让北京融入国际社会，并接受"中国为一个正在崛起的强大国家"，"在董事会会议室中有一席之地"。美国不应让中国人将它视为敌人，而应"承认（中国）为大国，为它重获尊敬、重拾昔日辉煌而喝彩，并建议具体的合作方式"[150]。

李光耀认为尼克松政府实施的就是这种方针，称尼克松总统为"务实的战略家"。在未来的世界里，美国应采取"对华接触，而不是遏制中国"的姿态，不过在这样做的同时"也要悄悄地做好后手准备，以防中国不像地球好公民一样遵守规则"。这样，万一本地区国家感到不得不"选边站，那么棋盘上美国一边应该包括日本、韩国、东盟、印度、澳大利亚、新西兰和俄罗斯联邦"[151]。

李光耀在太平洋两岸阐述观点时我都在场。与他对话的美国人总的来说同意他对地缘政治的分析，但一般都会询问他对于当下问题的看法，例如朝鲜的核方案或亚洲各经济体的表现。美国人也满怀期望，希望中国最终能采纳与美国相近的政治原则和制度。与李光耀对话的中国人欢迎他关于中国应得到大国待遇的论点，也同意，即使从长远来看，分歧也不一定必然导致冲突。但是，在他们彬彬有礼的举止之下，可以感觉到他们听一个海外华人指点中国应遵循何种行为原则，内心有些不自在。

李光耀认为，美国和中国一旦开战将是世界末日。大规模杀伤性武器一定会造成毁灭。除了毁灭，谈不到任何有意义的战争目标，尤其无法界定何为"胜利"。所以，对从未经历过他同代人的颠沛流离，可能过于依赖技术或实力的那一代中国人，李光耀晚年坚持发出呼吁并非偶然：

> 中国的年青一代生活在中国的和平与增长期，没有经历过中国过去的动乱。必须使他们了解中国因骄傲自大和过分强调意识形态而犯下的错误。必须向他们灌输正确的价值观和态度，让他们以谦卑和负责任的态度迎接未来。[152]

李光耀孜孜不倦地提醒对话方，全球化意味着每一个国家，包括（也许特别是）创立了这个制度、书写了它的规则的国家，都必须学会在一个竞争性的世界中生活。[153]他在世的时候，随着苏联的解体和中国的崛起，全球化终于定型。在这样的世界里，极大的繁荣与严重的匮乏比邻存在，必将激发爆炸性情绪。[154]"地区主义不再是终极解决办法，"李光耀在1979年说，"互相依存是现实。全球同属一个世界。"[155]他相信，如果管理得当，全球互联会造福所有人。

如李光耀在 2002 年对我说的，毕竟新加坡与世界的融合是它的发展速度超过中国的主要原因。[156] 在他看来，冷战的结束产生了两个互相矛盾的现象，一个是全球化，另一个是美中之间潜在的战略竞争，而且这种竞争有导致灾难性战争的风险。许多人只看到了危险，李光耀却坚持力行克制的必要性。美国和中国都负有至关重要的义务，必须对两国关系的成功注入希望并为此采取行动。

只有李光耀早早地预见到了中国的发展给中美两国带来的两难困境。两国之间的碰撞与摩擦不可避免。这种新关系会加剧它们的对抗吗？还是它们有可能放弃敌对行为，转而一道分析和平共处所需的条件？

几十年来，华盛顿和北京都宣称后者是自己的目标。但是在进入 21 世纪第三个 10 年的今天，两国似乎中止了对共存的追求，转向日益激烈的竞争。世界会如同第一次世界大战爆发前那段时间一样滑向冲突吗？当时，欧洲外交无意中成了推动世界末日的机器，令一个接一个危机越来越难以解决，直至最后引发大爆炸，将当时所认知的文明炸得粉身碎骨。还是说美中这两个巨人会找到共存的新定义，一个对它们各自关于自身伟大和本国核心利益的认知都有意义的新定义？现代世界的命运寄托在对此问题的回答之上。

李光耀见解深刻，成就卓著，是少数几位在太平洋两岸都受到尊敬的领导人之一。在他政治生涯的开端，他为一个蕞尔小岛及其周边地区发展出了秩序概念。到了晚年，他力劝有能力造成全球大灾难的国家明智而为，力行克制。李光耀本人决不会如此自诩，但是这位现实主义老人担当了"世界良知"的角色。

李光耀的遗产

1990年11月，李光耀辞去总理职务，结束了他漫长的任期。为确保过渡稳定有序，他一点点地从国家日常治理中抽身出来。他辞去总理一职后，先担任高级部长，然后又担任内阁资政，在随后的两位总理①任期中依然保留着影响力，但逐渐淡出了公众视线。

评价李光耀的遗产要先从新加坡人均国内生产总值的非凡增长说起。1965年，新加坡人均GDP是517美元，1990年增长到1.19万美元，2020年达到了6万美元。[157] GDP平均年增长率直到进入20世纪90年代许久都保持在8%的水平。[158] 新加坡成就了现代最了不起的经济成功故事之一。

20世纪60年代末，普遍认为前殖民地国家领导人应该保护本国经济免于国际市场的压力，并通过国家大力干预来发展本国自主工业。为了表现新获得的解放，有些这样的领导人在民族主义和民粹主义冲动的刺激下，甚至认为必须让殖民时期在本国土地上落户的外国人过不安生。这样做的结果正如理查德·尼克松所写：

> 当今时代，评判领导人常常是看他们言辞的尖锐和政治的色彩，而不是他们政策的成功。特别是在发展中世界，太多的人白天听了一耳朵话，夜里睡觉却空着肚子。[159]

---

① 第二位总理是他的儿子，这多少弱化了他退休的象征意义。

李光耀带领新加坡反其道而行。他拥抱自由贸易和资本主义，坚持严格履行商业合同，吸引了众多跨国公司纷至沓来。他珍视新加坡的民族多样性，将其视为特殊的资产，不遗余力地防止外部势力干预国内争端，因而帮助维护了国家独立。冷战时期，大部分其他国家领导人都采取了不结盟的姿态——在实践中这经常意味着事实上默许苏联的意图，李光耀却把地缘政治的未来押在了美国及其盟友的可靠性上面。

在为他的新社会确定路线的时候，李光耀高度重视文化的中心作用。西方自由民主国家和苏联领导的共产主义阵营都认为，政治意识形态是决定社会发展的最重要因素，所有社会实现现代化走的都是同一条路。李光耀拒绝接受这个观念，恰恰相反，他说："西方相信世界必然追随（它的）历史发展。（但是）民主和个人权利在世界其他地方是陌生的概念。"[160] 他无法相信自由主义主张放之四海而皆准，正如他难以想象美国人有一天会选择追随孔老夫子。

但是，李光耀同样不相信这种文明差异无法逾越。不同文化应共存互容。今天，新加坡依然是威权国家，但威权主义本身并非李光耀的目的，而是达到目的的手段。家族专制同样不是目的。吴作栋（和吴庆瑞没有亲戚关系）从1990年11月到2004年8月担任总理。李光耀的儿子李显龙的能力无人质疑，他继吴作栋之后担任总理，现在正逐渐从总理职责中抽身。他的继任者将由下一次大选决定。新加坡在这两位总理的先后领导下，沿着李光耀确定的道路继续前行。

第五章｜李光耀：卓越战略

新加坡的选举不民主，但并非没有意义。在民主政体中，民众通过选举换人来表达不满。在新加坡，李光耀及其继任者使用投票作为一种业绩评比，让当权者借以了解自己行动的效力，因此让他们有机会根据他们对公共利益的判断来调整政策。

有没有另外的办法呢？另一种更加民主、更加多元的做法有可能成功吗？李光耀认为不会。他相信，新加坡最初走向独立之时，和许多其他前殖民地国家一样，面临着被派别势力撕裂的危险。在他看来，存在严重族裔分歧的民主国家可能会沦入身份政治，而这又会加剧派别主义。① 民主制度的运作意味着多数人（对这个词的定义五花八门）通过选举建立政府，当政治意见发生转变时再选举另一个政府。但是，如果决定政治意见以及政治分歧的是身份定义这个不可变因素，而不是易于变化的政策差异，那么民主制度正常运作的可能性便依照分歧的程度成反比下降。多数派会永远占上风，少数派则企图通过暴力摆脱自己被压制的状态。李光耀认为，由一群关系密切的同僚组成务实的机构，不受意识形态制约，重视技术与行政能力，不懈追求卓越——这样的机构开展治理最为有效。他的试金石是公共服务意识：

---

① 斯里兰卡的例子对李光耀很有启发，他说："如果你相信美国自由派或英国自由派说的话，这个国家本应兴旺发达才是，但是它没有。一人一票导致了占人口多数的僧伽罗人对占少数的泰米尔人的统治……"（李光耀1994年11月1日在议会的讲话"How Much is a Good Minister Worth?"，载于《李光耀其人及其思想》，第338页。）

389

> 政治对一个人有特别的要求，必须忠于人民和理想。你不仅是在做一份工作。它是一种召唤，和担任神职不无相似之处。你必须感人民之所感，必须立志改变社会，改善人民生活。[161]

明天会如何呢？就新加坡的未来而言，关键问题是持续的经济和技术进步是否会导致向着更加民主、更加人性化的社会过渡。这个国家的表现若是不如人意，因而导致选民寻求族裔身份的保护，那么新加坡式的选举就可能变质，成为一党独大的种族统治的证明。

对理想主义者来说，测试一个结构要看它能否达到固定的标准；对政治家来说，要看它适应历史环境的能力。根据后者的标准，李光耀的遗产迄今为止是成功的。但是，政治家也必须经受他们所创立模式的演变结果的评判。对民意变化的容许程度早晚会成为可持续性的一个关键组成部分。在大众民主和改良的精英主义之间能否找到一个更好的平衡？这将是新加坡面对的终极挑战。

如同新加坡刚刚诞生的20世纪60年代中期，今天的世界再次进入了一个意识形态的不确定时期。关于如何建立成功的社会难有定论。苏联解体后，自由市场民主自称最可行的制度，如今却同时面临着外部替代模式的出现和内部民众信心的减退。其他的社会制度宣称自己能更好地释放经济增长，培育社会和谐。在李光耀的领导下，新加坡在转变中避开了这种斗争。李光耀对被他贬为"宠物理论"的僵硬教条避之不及。他一手设计了他所坚称的新加坡例外主义。[162]

李光耀不是研究治理的理论家，而是不停地依照形势需要随机应变。他采取他认为有可能生效的政策，如果发现并不有效，就马上修改。李光耀总是在试验各种办法，学习其他国家的好主意，也从它们的错误中吸取教训。然而，他从来不迷信别国。相反，新加坡必须不断自问，它是否正在实现由它独特的地理条件所决定，并由它特殊的人口组成所推动的目标。用李光耀自己的话说："我从来不受任何理论的限制。我遵循的是理性和现实。我测试每一种理论或科学的决定性标准是，它管不管用？"[163] 可能柯玉芝教给了他亚历山大·蒲柏的格言："争论政府形式的都是傻瓜，只要治理得好就是最佳。"[164]

李光耀创造了一个民族，还确立了一个国家模式。根据本书导言中的分类，他既是先知，也是政治家。他构想出了一个民族，然后千方百计鼓励他的国家在不断变化的形势中出色发挥，实现发展。李光耀成功地把不断创造变成了习惯。此法能够适用于不断演进的人的尊严的概念吗？

西班牙哲学家奥尔特加·加塞特说，人"没有本质，他拥有的是……历史"[165]。在缺乏国家历史的情况下，李光耀根据自己对未来的设想发明了新加坡的本质，在治理国家的同时书写了新加坡的历史。在此过程中，李光耀展示了他的信念的中肯，即政治家的终极考验是他在"沿着没有路标的路走向未知目的地"[166] 的途中如何运用判断力。

论领导力

李光耀其人

"环境造就了我。"李光耀去世前3年在一次采访中如是说。[167] 他解释道,在一个传统华人家庭中成长的经历塑造了他的个性,使他成为一个"自然的儒家信徒"[168]:

> 基本理念是,一个社会要良好运转,必须以广大民众的利益为重,社会利益先于个人利益。这是与(强调)个人首要权利的美国原则的主要区别。[169]

李光耀认为,儒家理想是做君子,"孝敬父母,忠于妻子,教导孩子,善待朋友",但最重要的是"忠君报国"。[170]

李光耀从不和人闲谈。他相信,他来到世上是为了推动本国社会的进步,并为全世界的进步尽一己之力。李光耀丝毫不肯浪费时间。他来我在康涅狄格州的周末别墅做过4次客,每次都携夫人前来,一般还会带一个女儿。按照先前的约定,我会安排晚宴,邀请正在处理李光耀所关注的问题的领导人和思想家前来,还会邀请一些我俩共同的私人朋友。李光耀利用这样的机会增进对美国事务的了解。我两次在他的要求下带他参加当地的政治活动,一次是参加一位众议员候选人的筹款活动,另一次是出席市政厅会议。我按他的要求,仅仅对别人介绍说他是我的一位新加坡朋友。

我去拜访李光耀的时候,他会邀请邻国领导人和他政府中的高官同我举行一系列座谈。他还会安排一次晚餐会,并和我单独举行

第五章｜李光耀：卓越战略

讨论，讨论时间的长短取决于当时对我俩之中任何一人有所触动的话题，不过从来都不短。所有的会见都在位于新加坡市中心的庄严的总统府举行。我多次访问新加坡，李光耀没有一次邀请我去他家，我也从未遇到过或听说过有谁去过他家。这有点像戴高乐，除了阿登纳，他也从不请人去科隆贝。

我和李光耀共同的朋友圈包括另一位国务卿乔治·舒尔茨和1974—1982年担任德国总理的赫尔穆特·施密特。① 我们几个人经常聚会（有时舒尔茨或施密特的日程安排不过来，就只有3个人聚）。第一次是1978年在伊朗，然后是1979年在新加坡，1980年在波恩，还有1982年舒尔茨被任命为国务卿后不久在帕洛阿尔托他家的阳台上。171 我们4人还参加了在旧金山北边的红树林中的一次务虚会。碰巧和李光耀一样不喜欢闲聊的施密特是舒尔茨的客人，李光耀是应我之邀。虽然我们几人对具体政策的看法并不总是一致，但我们有一个共同的承诺，如施密特对一位德国记者所说："我们对彼此从来都绝对说真话。"172 能和李光耀交谈说明获得了他的信任，表示他在自己修道般专注的生活中给了对话者一席之地。

2008年5月，李光耀挚爱的妻子、陪伴他60年的柯玉芝突然中风，瘫痪在床，无法与人交流。这场苦难持续了两年多。李光耀只要在新加坡，每天晚上都会坐在柯玉芝床边为她大声读书，有时会朗读诗歌，包括柯玉芝喜爱的莎士比亚十四行诗。173 尽管没有任何证据，但李光耀相信柯玉芝听得到。李光耀对一个采访者说：

---

① 见第一章"阿登纳传统"小节。

"她为了我醒着。"[174]

2010年10月，柯玉芝溘然长逝。她去世后的那几个月，李光耀破天荒地几次主动给我打电话，交谈中他说到自己的悲伤，特别是柯玉芝去世给他的生活造成的空虚。我问他有没有和孩子们谈过他的孤独。"没有，"他答道，"作为家长，我的责任是支持他们，而不是依靠他们。"柯玉芝去世后，李光耀失去了以往的活力。他仍然机智敏锐，但不复过去的努力奋进。他始终履行着他认为自己应该担负的责任，直至生命尽头，但他失去了灵感的来源，也失去了生活的乐趣。

我和李光耀做了近半个世纪的朋友，他在表达个人感情方面一直非常含蓄。最强烈的一次是2009年他主动送给我一张他自己和夫人的合照，上面写着："亨利，自从我们1968年11月在哈佛不期而遇，你的友谊和支持使我的生活从此不同。哈里。"李光耀对友情和对政治的态度一样，重要的事情毋庸赘言，付诸言辞只会减弱其重要性。

李光耀辞去总理职务25年后，于2015年3月与世长辞。世界各地的要人云集新加坡，来向他致以最后的敬意。许多亚洲国家的政府首脑出席了他的葬礼，包括日本首相、印度总理、越南总理和印度尼西亚总理，还有韩国总统。代表中国出席的是国家副主席李源潮。美国的代表是前总统比尔·克林顿、前国家安全事务助理汤姆·多尼隆和我。我们都曾多次在重大政治问题上与李光耀交流过。

葬礼最感人的方面是它展示了新加坡人民与他们的国父之间的亲密联系。在李光耀的遗体接受瞻仰的3天里，数十万人冒着瓢泼大雨排队等候到他的棺椁前致敬。电视新闻频道用滚动字幕通知哀悼的民众去致敬需要排队等多久,排队的时间从未少于3个小时。李光耀把各个种族、宗教、民族和文化聚合起来,造就了一个超越他自己生命的社会。

李光耀希望他的遗产能激励而不是抑制进步。为此,他要求在他死后把他在欧思礼路的住宅拆除,以免其成为纪念场所。[175] 李光耀的目标是让新加坡发展出能应对今后的挑战、集中精力面向未来的领导人和机构制度,而不是崇拜自己的过去。他在一次采访中说:"我能做到的只是确保我离开时,机构制度良好、坚实、廉洁、高效,政府知道自己需要做什么。"[176]

关于他自己的遗产,李光耀从来都采取冷静分析的态度。他承认有遗憾,包括对他担任国家领导人时采取的一些行动感到后悔。"我不是说我做的一切都对,"他对《纽约时报》说,"但我做的每一件事都是为了高尚的目的。我不得不做一些恶事,比如不经审讯就关押人。"[177] 他引用一句中国成语说,"盖棺论定",意思是等到一个人的棺材盖盖上之后,才能对他做出判断。[178]

今天,李光耀的名字在西方已经开始淡出人们的记忆。但是历史比当代传记更加悠长,李光耀的经验之谈依然值得迫切注意。

当今世界秩序同时遇到了来自两个方向的挑战。一是宗教派别的激情压倒了传统的组织结构,致使整个地区陷入解体;二是合法性主张互相冲突的大国之间敌意日益加剧。前者可能会造成混乱的扩大,后者则可能导致灾难性的流血。

李光耀的政治才干在这两种情况中都大有用武之地。他一生的努力证明，在最不利的条件下博取进步和可持续的秩序是可以做到的。他在新加坡和在世界舞台上的所作所为恰似指导课，教人如何在多种观点和背景并存的情况下培育相互理解和共存精神。

最重要的是，李光耀的治国经验说明，决定一个社会命运的最重要因素既非物质财富，亦非其他衡量实力的普通标准，而是人民的素质和领导人的远见。如李光耀所说："如果你只看现实，就会变得乏味、庸俗，就会失败。因此，你必须比现实站得更高，说'这也是有可能的'。"[179]

| 第六章 |
玛格丽特·撒切尔：信念战略

论领导力

最不可能成为领袖的领袖

能界定自己执政时代的领导人少之又少。但是,从 1979 年到 1990 年,玛格丽特·撒切尔取得了这个非凡的成就。作为英国首相,撒切尔夫人下大力气挣脱束缚着她几位前任的层层桎梏,特别是对已逝的帝国荣光的怀恋和对国家衰落挥之不去的遗憾。在她的领导下,英国在世界眼中重新获得了自信,成为美国在冷战后期的宝贵伙伴。

然而,撒切尔夫人刚上台时完全没有成功的把握。事实上,大家都觉得她干不长久。她对保守党的控制权是从清一色男性组成的建制派手中抢过来的,建制派万般无奈之下才容忍她的存在。因此,她的政治资产少得可怜。她之前在政府供职的记录平平无奇。她在国内的支持度并不高,对国际关系更是几乎从未有过接触。撒切尔夫人不仅是英国第一位女首相,也是当时罕见的出身中产阶级的保守党领袖。她几乎在所有方面都是彻头彻尾的圈外人。

在诸事不利的环境中,撒切尔夫人最大的资源就是她那独特的领导风格。她坚忍不拔的个性是她获得成功的关键因素。费迪南德·芒特曾担任唐宁街 10 号政策联络组组长(1982—1983 年)。

他言简意赅地描述了撒切尔夫人的改革:"出奇的不是改革的新颖,而是改革的执行。显示她政治勇气的不是将改革付诸实施,而是创造条件使改革的实施成为可能。"[1]

撒切尔夫人任职期间我没有担任政府公职,但我作为她近40年的朋友,有幸目睹了她的策略手法。

撒切尔夫人与英国制度

要明白玛格丽特·撒切尔的上升和就职,以及她的倒台,最好先了解一下英国的政治制度。美国人对本国总统制的体验一般就是总统一个接一个上台。至少在近来美国党派分歧固化之前,选民通常把政党视为民意的代表。总统胜选靠的是了解民意、接纳民意并保证在将来落实民意。相比之下,英国政党的制度化非常严格。选举获胜首先意味着党在议会中的权力得到增强,因此能够任命新首相。撒切尔夫人1968年在对保守党教育界的一次演讲中说:"英国宪政制度最基本的特点不是党的领袖另有身份,而是有另一种政策和另一个政府,随时准备上任。"[2]此外,党的政策通常在党的宣言中得到阐述,而宣言本身也是英国选战的一个重大因素。

因此,首相能够上位,靠的是其所属的政党。首相在某种意义上受党的领导。在美国的总统制下,合法的决策权力从顶层向下流动。英国的内阁制则不同,它提升了代表着党内最高层的内阁大臣的重要性,权力在首相和大臣之间双向流动。虽然大臣是首相任命的,但他们既是官僚机构的管理人,也是首相(实际或名义上)的支持者，有时自己也跃跃欲试想登上内阁之首。在内阁内部，假若一个有势力的小集团心怀不满，或哪怕只是一个有魅力的人搞阴谋诡计，首相就无法有效追求自己希望达成的政策目标。在极端情况下，一位内阁大臣的辞职甚至会威胁到首相对权力的掌控。

虽然首相的权威形式上由君主赋予，实际上它却主要依靠对党的纪律的维护，也就是说，看党的领袖是否有能力维持在议会中的多数席位和基层党员的信心。美国的分权制度使得行政部门免于立法部门的直接压力。但在英国，行政和立法两部门基本上是糅合在一块的。英国首相除了在大选中可能位子不保，还可能被议会不信任投票或党内哗变赶下台。议会不信任投票很少发生，因为如果首相在投票中没能过关，就必须举行大选。每个议员都得在大选中力争保住自己的席位。争夺党首地位就不鲜见了。如果议员们担心自己党的领袖越来越不得人心，可能会导致他们在下次大选中失去议员席位，他们就可能推举一位新党首。

当党和首相意见一致，党在议会中占据稳固多数的时候，这个制度运转顺畅。当首相背离正统，或显得在议会中势弱，或在公共舆论中声望受损的时候，首相就必须寻求内阁和党内的继续支持。在美国制度中，由于行政部门有4年的固定任期，所以即便是能力较弱的领导人也能干到期满。然而，在英国制度中，行政部门领导人保住职位需要拿出全部的坚毅和信念，要对实质性问题熟稔于心，还要有强大的说服力。若是无法说服同僚支持自己的政策，结果可能是灾难性的。因此首相也必须思维敏捷，以防放弃某项政策会导致自己的政治生涯完结。

第六章│玛格丽特·撒切尔：信念战略

1974 年 11 月，玛格丽特·撒切尔向爱德华·希思的保守党领袖地位发起挑战。希思在 1974 年 2 月的大选中败北，也因此失去了首相职位。通常在选举失败后，离任首相也会辞去党首的职务，但希思没有放手。即使在 1974 年 10 月连续第二次败选后，他依然留在党首的位子上，因为他认为自己在担任保守党领袖的 10 年间培养的人脉足以抵御严峻挑战。所以，撒切尔夫人站出来时，大家都以为这场竞争不过是走走形式而已，最后会以重新确认希思在党内的权威而告终。令许多人大跌眼镜的是，撒切尔夫人的挑战居然成功了。

希思在竞选中得到的支持并不热情，保守党右翼因此察觉到了为党重新定向的机会。保守党中有胜选机会的基思·约瑟夫和爱德华·杜卡恩二人决定不参选后，约瑟夫转而支持自己的朋友和思想上的盟友撒切尔夫人。撒切尔夫人遂成为右翼的默认人选，也成为中间派勉强的选择。第一轮投票中，撒切尔夫人比希思多得了 11 票。在第二轮投票中，她以相当大的优势击败持中间立场的威利·怀特洛，成为欧洲一个主要政党的第一位女性领导人。

撒切尔夫人赢得党首职位后，一位记者问她："你最希望你领导下的托利党展现什么品质？"她回答说："赢……赢的品质。"记者接着问："什么样的哲学品质？""只有赞成某些东西才能赢。"撒切尔夫人脱口而出。"赞成一个权力在公民当中公平分配，而非集中于国家之手的自由社会，"她继续说，"权力的基础应该是公民和臣民普遍拥有私人财产，而不是由国家掌握财产。"[3] 这些是她的根本信念，她在 1979 年到 1990 年担任首相期间把这些信念变成了政策，也因此扬名世界。

前路的挑战：20 世纪 70 年代的英国

1979 年 5 月撒切尔夫人登上首相之位时，英国的国运正处于低潮。撒切尔夫人在回忆录中写道，国家"元气大伤"[4]。它面临的挑战是实实在在的，特别是在经济方面。但同样实实在在的是一种心理障碍，人们普遍认为英国最好的时候已经一去不返。

1945 年，英国在 6 年的全面战争中取得了胜利，但也筋疲力尽、经济破产。英国战后的对外关系经历了一连串失望。二战期间它与美国团结一致，现在它不自在地眼看着美国开始取代自己成为全球超强。盟国宣布胜利几周后，美国就取消了慷慨的《租借法案》，代之以英国难以负担的商业贷款，令英国困窘难当。

美国力量的上升和英国地位的下降共同造就了新的地缘政治现实。温斯顿·丘吉尔 1946 年在密苏里州富尔顿那篇里程碑式的演讲中，不仅说到了在欧洲降临的"铁幕"，还提出了英美两国的"特殊关系"。丘吉尔希望筑牢与美国的伙伴关系，以保证英国在自身实力不能及的地方继续维持影响力——实际上就是通过与美国的紧密磋商关系借美国实力的光。英美两国对苏联威胁的共同认知为它们的跨大西洋联盟提供了新的基础，不过在战后这个阶段，一个令人难过的事实已明显可见——这个联盟并非两个平等国家之间的伙伴关系。

战后出现的新均势本已令英国丧气，1956 年发生的事情更是

第六章 | 玛格丽特·撒切尔：信念战略

将其彰显于世，让英国十分难堪。那年7月，埃及总统贾迈勒·纳赛尔宣布将苏伊士运河收归国有。3个月后，英法联合入侵埃及，意图夺回运河。此时，英国迎头撞上了新生超级大国美国，顿时蔫掉。艾森豪威尔总统没有耐心让英国为了重获帝国特权而瞎折腾，更不容它未经事先磋商就入侵一个具有战略意义的地区。他很快施加了金融压力，迫使英法草草结束入侵行动，给了这两个国家的全球野心一记重击。懊恼不已的英国撤回了军队，减少了国际活动。此事给英国统治阶级中许多人留下的长久教训是，将来千万不要惹怒美国人。

国外去殖民地化的负担和国内经济的衰退进一步削弱了英国的力量。1967年，哈罗德·威尔逊的工党政府被迫宣布英镑贬值。一年后，在财政危机反复爆发、政府左支右绌的情况下，威尔逊宣布撤回苏伊士以东世界各地的所有英国军队。一个曾经的全球强国现在只能退居地区一隅。菲利普·拉金的诗作《向一个政府致敬》（Homage to a Government，1969）的最后一节准确地捕捉了英国的阴郁情绪：

> 明年我们将居住在一个国家
> 因为缺钱而让士兵们回家。
> 雕像将矗立在同一个地方
> 树木遮蔽了广场，看起来几乎一样。
> 我们的孩子不知道这是一个不同的国家。
> 我们现在能留给他们的只有钱。[5]

随着英国的全球影响力日渐式微，它在继续重视跨大西洋关系的同时，也开始注意与欧洲大陆建立紧密关系的可能性。那些年里，对于如何界定自己在更广泛意义上的身份，英国摇摆不定，有时几近精神分裂。苏伊士运河惨败之前，首相安东尼·艾登拒绝让英国参加创建了今天欧盟前身"欧共体"的1957年《罗马条约》。然而，到了第二年，艾登的继任者哈罗德·麦克米伦在努力与美国维持紧密防务关系的同时，决定带领英国走上亲欧之路。[6]欧洲经济共同体（欧共体）建立之后，英国于1963年和1967年先后两次试图加入，均遭到法国总统夏尔·戴高乐的否决。1962年，美国前国务卿迪安·艾奇逊说大不列颠"失去了帝国，但尚未找到自己的角色"[7]。此话成为名言，因为它一语中的，尽管伤害了英国人的自尊心。

1970年任首相的爱德华·希思力图把麦克米伦发展起来的亲欧路线变为英国外交政策的指导原则。英国1973年加入欧共体是希思的最大成就。但是，此事也成为英美关系中的一个麻烦。

希思胜选令尼克松总统非常高兴。他对希思比对哈罗德·威尔逊欣赏得多，因为他觉得威尔逊的工党和美国的民主党差不多。事实上，在威尔逊和他的继任者詹姆斯·卡拉汉的领导下，工党一直毫无保留地践行英美"特殊关系"，特别是在北约和东西方关系问题上。工党也认为英国必须拥有独立的核威慑能力。但是尼克松与第一位工党外交大臣迈克尔·斯图亚特会见时，斯图亚特在白宫椭圆形办公室里质疑了美国干预越南的行动，此事给尼克松留下的坏印象久未消散。[8]

希思尚未担任首相时，尼克松就与他相识，尼克松期望他俩在保守党重掌政权后能继续保持个人友谊。直到1973年2月，尼克松还亲切地说希思是"在欧洲的一位朋友……是我们唯一可靠的朋友"[9]。可惜他的感情没有得到回应。由于戴高乐多次否决英国加入欧共体的申请，希思得到的教训是，英国首相必须是个"好欧洲人"。他把与美国的特殊关系视为达到这个目标的障碍，于是尽力降低在超过一代人的时间里培育起来的英美关系，至少减少这种关系的公开表露。等到1974年2月希思败选后，新上任的工党政府才开始恢复与美国的伙伴关系。因此，如果保守党重掌政权，它是会恢复希思首相任期后几年对美国的疏远，还是会回归它历史上亲大西洋的政策，尚需观察。

这段时期英国外交政策的摇摆不定因水门事件而进一步加剧，美国这一国内危机导致尼克松辞职。事后，美国国会对行政部门的权力施加了限制，这使得实施与盟国联动的冷战战略变得更加复杂。苏联人感觉这是个机会，发起了新的冒险活动。1975年，莫斯科通过古巴对安哥拉进行了军事干预。苏联人还在南也门和阿富汗大秀肌肉，西方却均未做出有效回应。

1976年，苏联开始在华沙条约成员国部署SS-20中程核导弹，形成了一代人时间以来对北约防务理念的最大威胁。那时，北约与之对等的武器系统——中程陆基导弹——还在研发中，后来为了动员民众同意部署这类导弹，欧洲的北约成员国费尽九牛二虎之力。因此，欧洲防务基本上依靠美国的"核保护伞"。换言之，要让苏联的军事规划者假设，欧洲战场若是发生常规军事冲突，美国决策者会动用美国的远程洲际导弹做出回应。这种性质的升级必然导致苏联的核报复,不仅打击欧洲,也将打击美国本土。这给延伸威慑的可信度造成了极大压力,此事在讲述阿登纳和戴高乐的章节中有过讨论。

此外,到20世纪70年代末,欧洲人对反核运动的支持日益强大,大大增加了欧洲领导人将安全政策置于核威慑基础上的困难。对于苏联的行动,最有意义的回应是在欧洲土地上部署美国中程弹道导弹,而这是核裁军运动的大忌。[10] 抗议人群希望寻求与苏联和解,无疑也赞成达成和解后在东西方冲突中保持中立。

然而,20世纪70年代英国面临的最大挑战是它那奄奄一息的经济。受生产率低下、税负奇重的拖累,英国经济在70年代大部分时间里都落在竞争者后面。那个时期的高通胀率导致了雇主与工会之间的冲突。工人因物价升高而收入缩水,于是要求增加工资,结果更加剧了通胀循环。在政府与全国矿工联盟矛盾升级造成的压力下,希思宣布从1974年1月1日起实行每周3天工作制。电视广播晚上10:30结束。矿工罢工期间,为节约煤炭,商业用电限制在每周3天。到3月初,选出了新一届工党政府。哈罗德·威尔逊首相立即同意把矿工工资提高35%。[11]

然而,经济危机仅仅是开始。1976年,英国不得不低声下气地找国际货币基金组织(IMF)求借39亿美元的紧急贷款(按2020年的价值来算接近180亿美元)。直到不久前的1967年,消费品价格还在以2.5%的速度稳步上升,1975年却猛增到24.2%,创下英国现代经济史的纪录。翌年,英国经济似乎稳定了下来,但这段喘息时间为期短暂。这为反对党新领袖玛格丽特·撒切尔创造了一个历史性机会。

1978年年底，通货膨胀气势汹汹地卷土重来。11月，福特汽车公司英国分公司给罢工工人加薪17%，违背了（现由詹姆斯·卡拉汉领导的）工党政府设定的5%的加薪上限。政府通过控制工资和物价来抗击通货膨胀的战略因此阵脚大乱。

翌年1月，英国平均气温降到冰点以下，在20世纪最冷冬天排行榜中位居第三。受福特汽车公司加薪17%的鼓舞，卡车司机在1979年1月3日举行了无组织罢工。他们不仅不去上班，还用卡车阻塞道路、港口和炼油厂。担忧断货的消费者扫光了食品杂货店的货架，结果反而使他们对物资短缺的担心成真。

随着罢工扩散到公共部门，情况愈加严重。铁路服务停止，公交车不开。位于伦敦剧院区中心的莱斯特广场变成了临时垃圾站。紧急呼叫无人接听。在不止一个地方，死去的人无法下葬。[12]

那一代英国领导人把有序管理国家衰落作为主要任务，他们的努力却产生了这样的苦涩结果。英国为摆脱目前的惨状，很快转向了一位截然不同的领导人。

始于格兰瑟姆的上升之路

1948年，在牛津大学主修化学的玛格丽特·罗伯茨刚刚毕业拿到学位，去皇家化学工业公司申请一份研究工作。她被拒绝了。对她的内部评价是："这个女人任性、顽固，自以为是到了危险的地步。"[13] 30 年后，英国人民正是看到了她这些品质的些许显露，才选择了"这个女人"来应对国家面临的各种挑战。

1925 年，玛格丽特·罗伯茨出生在一个名叫格兰瑟姆的集镇，父母是严格的卫理公会教徒，注重勤劳、正直和《圣经》教诲，星期日完全花在教会的相关事务上。玛格丽特和姐姐缪丽尔上午去教堂礼拜，然后去主日学校上课，经常在下午和傍晚回到教堂再听一轮布道，做一次祈祷。她们的父亲阿尔弗雷德·罗伯茨是卫理公会的会友传道员。罗伯茨一家的住所相当简朴，就是阿尔弗雷德的杂货店楼上的几个房间，没有热水，也没有厕所。

玛格丽特快 11 岁的时候进入凯斯蒂文和格兰瑟姆女子学校就读，并获得奖学金。在这所不错的文法学校里，她的学习成绩一直非常出色。后来玛格丽特被封爵时，为自己选的头衔是"凯斯蒂文的撒切尔女男爵"而不是"格兰瑟姆的"，以此表示对培养了她的学校的敬意。在玛格丽特的青少年时期，确切地说是 1939 年 4 月，罗伯茨一家接待了维也纳来的一个名叫埃迪特·米尔鲍尔的 17 岁犹太女孩，她是缪丽尔的笔友。纳粹占领奥地利后不久，埃迪特的父母写信问阿尔弗雷德·罗伯茨能否为埃迪特弄一份签证，结果埃迪特在罗伯茨家住了短短一段时间后，去了格兰瑟姆镇上条件比较好的另一个家庭。后来，埃迪特的父母设法逃出奥地利，最终到了巴西。这件事和其他小时候的记忆——例如母亲每周都会烤好几个面包，不事声张地送给需要帮助的家庭——使玛格丽特在成长过程中始终牢记"爱你的邻居如爱你自己"这条《圣经》诫命。[14]

玛格丽特·罗伯茨在高中学习成绩优异，毕业后考入牛津大学，还担任了牛津大学保守党协会主席。她做过短短一段时间的化学研究，之后通过了律师资格考试，成为一名出庭律师。虽然她离父母在格兰瑟姆的家越来越远，但她始终牢记家庭和信仰灌输给她的价值观：律己、俭省、同情、切实助人。

20世纪50年代的英国，政治环境对女性特别不友好。撒切尔夫人（她在1951年嫁给商人丹尼斯·撒切尔后，丈夫成了她一生的依靠）靠着纯粹的坚毅、决心和足够的魅力赢得了一个肯定能当选的保守党议员席位的提名。1959年，她代表伦敦北部一个选区当选为议会议员。

1960年，34岁的撒切尔夫人在下议院做了她的首次演讲。她的演讲有双重目的：首先，宣讲她提议的立法；其次，在同事和全国人民面前自我介绍。第二个目标她完成得干脆利落，没有任何开场的客套话。"这是我的第一次议会演讲，"她说，"但是我知道，我有幸代表的芬奇利选区的选民想让我直奔主题，谈谈议院正在审议的这个问题。"[15]

她在脱稿演讲中解释了她眼中一个严重的宪政问题。当时，当选地方官员常常操弄程序，阻止老百姓参加地方政府的会议。那时和现在一样，地方理事会负责监督学校、图书馆、公共住房和垃圾收集等至关重要的日常公共服务。撒切尔夫人指出，公众不能直接参与，就只能依靠报纸来了解情况，但报纸记者也被关在政府会议的大门之外。在撒切尔夫人看来，公众参与是头等重要的原则问题。

在英格兰和威尔士，地方当局每年花费14亿英镑，苏格兰的年度开支是2亿英镑多一点。这些钱不是小数目，哪怕从国家预算的角度来看都不算小……允许新闻记者参加首先是为了让我们知道钱是怎么花的。其次，我来引用弗兰克斯委员会①报告中的一句话："公开是对任何武断行为最大、最有效的制衡。"¹⁶

撒切尔夫人提议的法案得到了通过，至今仍在全国实施。财政监管是她担任公职期间始终强调的主题。

撒切尔夫人就这样开始了在议会梯子上的攀爬。在梯子的每一级，她的能力与投入都留下了清楚的标记。同时，她开始在政治光谱的右侧确立自己的地位，她这个立场经常与保守党领导层奉行的比较温和的路线相抵触。撒切尔夫人自称"信念政治家"是后来的事，但是她异常直截了当的风格当时已经显而易见。她在1968年谈到选民与政客的关系时说：

如果怀疑政客只是为了得到他的选票而做出许诺，选民会鄙视政客；但是如果政客不做许诺，选民又可能不投票给他。我认为，*政党和选举的意义要比竞相做出各种许诺大得多*——的确，若非如此，民主就不值得维护（斜体字为原文所有）。¹⁷

---

① 弗兰克斯委员会是1955年英国政府任命的委员会，任务是调查行政裁判所的问题。——译者注

第六章 | 玛格丽特·撒切尔：信念战略

1970年，保守党在希思带领下重掌政权，撒切尔夫人也首次进入内阁，担任教育与科学大臣。她立即成了争议人物，部分原因是她在工作中毫不放松。为了把资金转向更有可能产生教育成果的地方，撒切尔夫人削减了臃肿的预算，包括停止给小学学童供应免费牛奶。此事让她臭名远扬，人们给她起了个外号叫"偷奶贼"。撒切尔夫人还扭转了工党企图强制关闭文法学校的做法，帮助自由市场立法在议会获得通过，来加强科研竞争力。

然而，希思唯中央集权马首是瞻的做法令撒切尔夫人大失所望。她坚信，经济现状难以维持，于是问计于她在一个鼓吹自由市场的智库"经济事务研究所"的朋友。他们给她介绍了弗雷德里克·巴斯蒂亚、F. A. 哈耶克和米尔顿·弗里德曼的学说。自修经济学对任何人来说都是令人敬佩的智力成就，对撒切尔夫人这样一位人到中年的全职从政者来说更是了不起。与此同时，撒切尔夫人在外交政策上的直觉也与希思重视欧洲甚于维持对美紧密关系的做法背道而驰。① 她看到了自己与希思的根本性分歧，于是等到希思1974年10月在大选中落败后，对他的党首地位发起了挑战。

人人都觉得撒切尔夫人几乎全无胜算，所以她决定站出来竞选党首这件事本身就鲜明地展示了她的勇气和信念。长期以来被男性贵族统治的保守党在1975年2月选举撒切尔夫人为领袖，不仅令他们自己吃惊，也出乎整个西方世界的意料。温斯顿·丘吉尔、安

---

① 此时的撒切尔夫人虽然亲美，但对欧洲的态度与后来相比还是比较热情。例如，她在1975年的公民投票中支持英国留在共同市场。

东尼·艾登和哈罗德·麦克米伦的政党现在选了个杂货店主的女儿做掌舵人。

撒切尔夫人的当选令人眼前一亮,但普遍认为她做不长。在杰拉德·福特总统手下担任国家安全事务助理的我同样不能免俗。1975年5月,我突出强调了温斯顿·丘吉尔的女婿克里斯托弗·索姆斯的资历,我觉得他将来可能成为"一位伟大的保守党领袖"。对于目前这位党首,我的预测就不那么积极了:"我觉得玛格丽特·撒切尔干不了多久。"[18]

虽然我对她前途的判断不够聪明,但我对她性格的评价还是比较可靠的。我初见撒切尔夫人是在1973年,那时她任教育与科学大臣。那次会面是我后来的妻子南希·马金尼斯促成的,南希在为纽约州州长纳尔逊·洛克菲勒做一项有关教育的研究时曾向撒切尔夫人咨询过。南希对撒切尔夫人的印象很好,建议我争取和她见面。

希思推三阻四不愿答应我的要求,他那时正在尽最大努力使英国和美国拉开距离。尽管如此,我还是设法通过朋友安排了一次和撒切尔夫人的会面。1973年年末我再次和撒切尔夫人会面。1975年2月,撒切尔夫人击败希思成为党首几天后,我俩又见了面。

从第一次会见开始,撒切尔夫人的活力和决心就使我牢牢记住了她的领导力概念。那个时代,大多数从政者都认为,要想赢得选举,必须占据中间地带。撒切尔夫人却另有见解。她说,那种做法等于对民主的颠覆。人人都寻求中间立场,必然造成思想观点的贫乏。必须提出不同的论点使之相互碰撞,才能为选民提供真正的选择。

第六章｜玛格丽特·撒切尔：信念战略

还有一件事促成了我与撒切尔夫人关系的快速发展，那就是她1977年9月对华盛顿的访问。吉米·卡特总统对于保守党人士，无论地位高低，一概持有类似尼克松对工党的态度。因此，卡特对这位保守党领袖的接待中规中矩，并不热情。国家安全事务助理兹比格涅夫·布热津斯基建议卡特"借口事忙"，拒绝和撒切尔夫人会面，卡特欣然接受。[19] 结果，对美国热情友好的撒切尔夫人没有得到她预期的重视。

一天晚上，南希和我请撒切尔夫人吃饭，还邀请了美国两党在华盛顿的主要人物。这次非正式聚会确定了我们以后会面的基调。撒切尔夫人成为首相后，常常请我去和她私下讨论（那时我已不担任公职），就国际问题与我交换意见，或者仅仅为了印证英国外交部的普遍观点。我们的会面若有其他人在场，也通常是她的一位亲密助理，很少邀请内阁官员参加。从1984年开始，经常参加我们会见的一个关键人物是撒切尔夫人的外交政策顾问查尔斯·鲍威尔。英国有今天的卓越，他是劳苦功高的公职人员之一。[20] 鲍威尔智力超群、谦逊低调，怀有朴素的爱国感情。他从外交部调到首相办公室之前是杰出的外交官，曾被派驻赫尔辛基、华盛顿、波恩和布鲁塞尔。他成了撒切尔夫人的终生挚友，支持她度过了退休后那段难挨的日子。

撒切尔夫人成为保守党领袖后不久，和我在克拉里奇酒店共进英式早餐时大概地谈了她的想法。她言谈清楚，思维缜密，明确表示她立志改变英国。她不会寻求模糊不清的中间地带，而是会阐明一项方案，让持中间立场的人接受她的看法。撒切尔夫人的言论和政策与陈旧的普遍观点形成鲜明对比。她觉得,就是这种普遍观点令英国陷入了停滞。等她赢了下一场选举,她将开展根本性改革来克服传统观点,推翻自鸣得意的教条,打破面对通货膨胀肆虐、工会过于强大和国有企业效率低下等问题被动接受、无所作为的局面。

在撒切尔夫人眼里,没有神圣不可侵犯的东西,更没有无法逾越的障碍,每一项政策都要仔细审查。她说,保守党光是磨光社会主义的棱角是不够的,必须削弱国家的作用,否则英国经济将彻底崩溃。在外交事务领域,她坦承自己没有经验,诚实得令人卸下心防。她实话实说,称自己尚未形成详细的想法。不过她明确表示,她热诚相信与美国的"特殊关系"。

撒切尔夫人尽可能清楚有力地阐明自己的观点,争取政治重心向自己倾斜。她相信,英国人民看得出坚实的原则与一时的风尚之间的分别。正如她在 1983 年的一次采访中说的:"如果发表观点的人出去说'兄弟们,跟我走,我相信协商一致',那就不会有伟大的先知,不会有生活中的伟大哲学家,也不会有值得追随的伟大事业。"[21]

撒切尔夫人离职后很长时间里,我俩在她的有生之年仍经常见面。我这样描述与她的关系是为了说明一点:英国首相与美国总统不同,若压倒内阁自作主张,政府就维持不下去。撒切尔夫人明白这样的限制。为帮她克服这些限制,她会悄悄地找英国和世界各地的朋友,和他们讨论她想实现的目标和她能够选择的办法。

第六章 玛格丽特·撒切尔：信念战略

领导力框架

随着时间的推移,撒切尔夫人的外交政策思想日渐清晰。这在很大程度上归功于她非凡的勤学习惯,包括阅读并标注简报文件直至深夜。撒切尔夫人还召集周末座谈会,邀请大学教授和其他知识分子前来讨论世界形势发展的长期走向。在我们最早的几次会谈中,她便清楚地显示出民族国家主权不可侵犯等战略信念。撒切尔夫人坚定不移地提倡自决,相信公民有权选择自己的政府形式,国家有责任自主行使主权。

撒切尔夫人认为,英国的主权与它的独特历史、地理完整和它所激烈捍卫的独立紧密相连。她鲜少谈论抽象问题,但她在实践中支持一个广泛的概念,即单个国家的主权有助于维持国家间的稳定,这一概念可追溯到1648年的《威斯特伐利亚和约》。她相信,每个国家都有权采取自己的依法治理方式,并在不受非法干涉的情况下追求自身利益。撒切尔夫人在回忆录中写道:"虽然我坚信国际法,但我不喜欢动不动就找联合国,因为那说明主权国家缺乏自主行动的道德权威。"[22]

遵循这些信念的逻辑,撒切尔夫人坚信必须建立强有力的国防。在她看来,唯有可信的威慑方能真正保证和平,维护威斯特伐利亚意义上的主权。在实践中,这意味着西方先要恢复军事能力,才能在与苏联的谈判中产生成果。

撒切尔夫人这样想还因为她坚决反共。她相信苏联扩张主义威胁到了西方的生存,这是她反共信念愈加坚定的部分原因。撒切尔夫人直言，她认为共产主义对个人的压制在本质上是不道德的。她自从政之日起，始终积极宣传自由民主固有的道德优越性，成为自由卫士。

撒切尔夫人的理想主义有一个重要的制约因素，具体而言是拥有核武器的苏联。与第二次世界大战之前相比，现在英国在世界上单方面行动的能力大不如前。要想捍卫国家主权，只能与美国建立紧密的伙伴关系。丘吉尔的英美特殊关系概念有很大的现实主义因素：英国通过使自己的政策与美国政策紧密契合，能够放大自身影响力。这种特殊关系并未规定正式结构，但确实包括某些行为模式。美国和英国在第二次世界大战期间发展出紧密的情报合作，在冷战期间继续了这样的合作，并邀请澳大利亚、加拿大和新西兰组成了五眼情报联盟。私下里，美国和英国领导人在做出重大决定之前会密切磋商；在公开场合，他们对两国的历史友谊大加赞颂。英国外交官特别有办法使自己能够参与美国的决策进程，甚至令美国决策者会因无视英国的原则而感到愧疚。

在历届英国首相中，最深切致力于这种跨大西洋关系的莫过于玛格丽特·撒切尔。希思年代，英国的对美关系令人失望。撒切尔夫人接任反对党领袖后，以重建与美国的关系为己任。她相信，美国的领导对英国乃至世界的福祉不可或缺。一次她对我说："削弱美国就会削弱整个自由世界。"[23] 除了这个实际考虑，她对美国真心感到钦佩。她相信，美国和英国继承了许多共同价值观和漫长的共同历史，两国应联手重振西方联盟。她领导下的英国在这项联合努力中不再是单纯的受益方，而是更多地起到了伙伴的作用。

第六章 | 玛格丽特·撒切尔：信念战略

撒切尔夫人治国有原则，但她从不允许抽象概念左右她的决策。她的力量在于她有着不屈不挠的意志力，通过充沛的个人魅力得以落实。她领导才能卓越，部分原因是她能够在适应现实需要的同时不放弃自己更大的远见。她决心推动改变，也接受现实，明白达成的结果仅仅是长期进程中的阶段性成果。如查尔斯·鲍威尔所说，"她就像一个头脑清醒的海军军官，知道什么时候放出烟雾借以退避，以避免战术性失败。但她总是牢记最终目标，为之战斗不止"[24]。她认为，做得不完美永远比无所作为更好。

经济改革者

在英国以外的人的记忆中，撒切尔夫人是国际舞台上令人瞩目的人物。但英国人民选举她主要是因为她要推行国内改革。撒切尔夫人的胜利并非万无一失。1978年秋，没人预料到会发生最终导致工党政府下台的一系列戏剧性事件。然而，撒切尔夫人自修经济学后有了知识上的准备，能够在政治契机出现之际抓住它并予以利用。她明白英国的问题出在哪里，提出了有说服力的解决办法，这才在1979年5月的大选中赢得了支持。

按哈耶克理论的严格标准来看，撒切尔夫人的经济方案也许进展缓慢且不完整。然而，放在选举政治的背景中看，她建议的做法可以算得上果决，并且异乎寻常地经得起反复实验，最终产生了历史上的空前成果。撒切尔夫人的新政府决心打败通货膨胀，把利率提升至足以引发经济衰退的17%——这个数字迄今仍为历史最高。

经济衰退真的来了。1980年，国内生产总值收缩了2%。数十万失业工人只能靠失业救济金生活。民众和保守党内对改革的怀疑与日俱增，甚至内阁中也出现了怀疑的声音，但撒切尔夫人的决心坚如磐石。开始时，她在私下里并不像在公开场合那样表现得那么坚决，但慢慢地，她的政治决心占了上风。她支持财政大臣杰弗里·豪的改革提议，让就业大臣吉姆·普赖尔等以共识为准的政客气恼不已。撒切尔夫人顶着要求她改弦易辙的巨大公众压力，在1980年10月的保守党年会上发表演讲："我绝不转弯。"撒切尔夫人将通货膨胀视为对国家利益的威胁。这个观点反映了哈耶克的相关思想，但棱角更加尖利，注入了道德和爱国主义各占一半的内容。"通货膨胀恰似入侵的军队，能摧毁国家和社会，"她对保守党党员们说，"通货膨胀造成失业。它是看不见的强盗，夺走人们的储蓄。"[25]

即使初步效果不得人心，撒切尔夫人仍坚持不改货币政策。美国的利率由独立的央行确定。在撒切尔夫人时代的英国，确定利率的最终责任却是在财政部，因此也就直接由首相承担（这种情况持续到1997年）。[①] 有鉴于此，她的执着就更加了不起。

1982年，英国经济恢复了增长，可是失业率继续上升，一直延续到1984年。那年撒切尔夫人又遇上了一场国内危机，需要她拿出所有的政治技巧、深谋远虑和沉着镇定。

[①] 英格兰银行在1997年获得了对货币政策的控制权，也就是说，它可以自主确定利率并采取量化宽松措施。1998年托尼·布莱尔任首相时，英格兰银行正式成为独立机构。

第六章 | 玛格丽特·撒切尔：信念战略

1984年3月，全国矿工联盟领导人阿瑟·斯卡吉尔宣布针对全国煤炭委员会发动罢工。全国煤炭委员会是负责管理英国国营煤矿的法定公司。撒切尔夫人当政后，委员会关闭了生产力低下的矿井。斯卡吉尔做出罢工决定时并未举行工会成员投票以征求支持，但罢工仍然持续了一年。其间，超过1000名警察在与罢工矿工的暴力冲突中受伤。罢工的矿工设立了"飞行罢工线"，开展机动抗议行动，防止不参加罢工的工人进入工作场所。

民众普遍同情矿工，但不赞成罢工造成的暴力，也对斯卡吉尔未经工会成员投票就发动罢工不以为然。撒切尔夫人决心不蹈希思10年前的覆辙，早早地执行了储煤政策，因此能够做到拒不让步。结果，英国电网并未像过去煤矿工人罢工时那样出现停电。随着时间一个月一个月地过去，矿工们逐渐开始复工。

罢工期间，有一次我和前首相哈罗德·麦克米伦共进早餐。他是传统保守党人，出身于出版业家族。麦克米伦告诉我，他赞许撒切尔在矿工罢工一事上表现出来的勇气，接着又说，其实她别无选择。然而他承认："我自己做不到。"麦克米伦解释说，他记得自己在第一次世界大战中还是个年轻军官时，曾经在法国的战壕里命令那些矿工的"父亲和祖父跳出战壕冲锋"[26]。他不会忍心像撒切尔夫人现在这样与矿工较量耐力。

1985年3月，损失了2600万个劳动日之后，罢工结束了。浪漫派诗人塞缪尔·泰勒·柯尔律治在《政治家手册》这篇对从政者的"世俗布道词"里说："有幸认识伟人的人通常都有个毛病，会把国家发生的大事归因于某个个人……而看不到事情真正的实际起因，即公共舆论的主流。"[27]可是撒切尔夫人却常常宁愿挑战公共舆论，借以影响事态发展，并最终赢得民意。

撒切尔夫人的改革不可逆转地改变了英国。她任首相期间，保守党结束了外汇管制，取消了固定交易手续费，并向外国交易者开放了英国股票市场，此事被称为"大爆炸"。到20世纪80年代末，这一系列措施把英国打造成为国际金融中心。保守党的政策还限制了公共开支，虽然没能干脆减少开支数额。所得税和投资税降低了，消费税提高了。英国电信公司、英国航空公司、英国钢铁公司和英国天然气公司都实现了私有化。英国人中持有证券的人数几乎翻了两番。[28]

撒切尔夫人同样坚决地把私有化逻辑应用于公共住房问题。她制订了一个"购买权"方案，超过100万政府住房的租户因而得以以优惠价格购买自己住的房子。撒切尔夫人提出了"拥有财产的民主"口号，并通过把这一口号化为可操作的政策，帮助工人阶级积累了财富。不少新购房的房主成了保守党的选民，生动地证明了撒切尔夫人关于好政策可以营造新选民基础的信条。批评者指责她鼓吹维多利亚时代的价值观，她反唇相讥：

> 温斯顿（丘吉尔）说得好。你需要一架梯子。任何人，无论什么背景，都可以在梯子上往上爬，但（也）要一张基本的安全网，谁也不会掉到网下面。这就是英国特色……
>
> 同情心不在于你是否跑到市场上去演说政府该做些什么，而是看你准备如何过自己的生活，愿意把多少自己的东西送

给别人。[29]

撒切尔夫人对自己提倡的原则身体力行。她为自由市场大声疾呼，也为她的政府提升了社会服务的质量而骄傲。这特别生动地反映在她对国家医疗服务体系的态度上。在克莱门特·艾德礼首相的工党政府推行的战后改革中，国家医疗服务体系被誉为皇冠上的明珠。撒切尔夫人尽管强烈偏爱基于市场的解决方法，却从未认真考虑过对国家医疗服务体系实行私有化。她在削减其他方面开支的同时，反而增加了给国家医疗服务体系的资金。撒切尔夫人直言，之所以能够给国家医疗服务体系增资，全靠解除对私有企业的束缚后创造的财富：

> 国家医疗服务体系在我们手里是安全的……若没有高效且有竞争力的工业来创造我们需要的财富，就绝不可能实现这样好的社会服务。效率不是同情心的敌人，而是同情心的盟友。[30]

撒切尔夫人是在国家多年明显的衰落之后执掌大权的。1980年，通货膨胀率高达18%，但到1990年撒切尔夫人离任时已经降至8%。从1993年到2020年，通胀率基本上维持在2%左右。同样，失业率也从1984年近12%的高峰下降到1990年的7%。同期人均收入增加了一倍有余，从7805美元升至19095美元（以2020年的美元价值计算）。1983年，近10万工人离开了英国，但到1990

年，每年涌入英国的工人超过20万。[31]因劳资纠纷而损失的工作日从1979年的2950万个剧减到1990年的190万个。[32]英国不仅恢复了正常运转，而且撒切尔夫人和她能干的助手们策划的经济翻身仗把英国重新推上了世界强国地位。

撒切尔夫人经济改革的成功加强了她的政治力量，使她获得了更多资源和操作空间来实现外交政策目标，增加国防开支。乘经济改善的东风，撒切尔夫人带领保守党连续三次赢得了选举的胜利。另一方面，即使在经济改革开始显露成果之后，撒切尔夫人也从未争取到支持改革的广泛共识。很多人钦佩她，有些人爱戴她，但许多工人和左倾知识分子因改革时期的辛苦而对她心怀不满。1988年，撒切尔夫人推行"社区税"（一种给地方政府供资的固定统一税赋），她心肠冷酷的名声因此再次传开。"社区税"引发了广泛抗议，对撒切尔夫人最终的政治倒台起到了推波助澜的作用。

相比之下，撒切尔夫人对中间选民和政治精英的经济观点产生了持久的影响。1997年，撒切尔夫人离任7年后，托尼·布莱尔的"新工党"政府当选时，我写信给撒切尔夫人，祝贺她为这一脱离左翼的重大转移奠定了基础：

> 我从未想到我会因工党在英国选举中获胜而对你表示祝贺，但我想象不出任何东西能比布莱尔的纲领更能证实你的革命。我觉得该纲领比在你之前的保守党政府右倾得多。[33]

虽然撒切尔夫人想到自己被迫离职的情形时仍然感到难过，但这次她的心情也相当不错。"我想你的分析是对的,"她回信说,"但是让自己的政治对手能够当选,然后又真正当选,这可不是我本来的打算!"[34]

布莱尔就职两周后,邀请撒切尔夫人到唐宁街 10 号喝茶,令工党左翼为之震惊。[35] 表面上,那次会晤的目的是征求她关于即将召开的欧洲峰会的意见,但显然也有布莱尔本人对她心怀敬佩的原因。[36] 同样,10 年后,布莱尔的继任者戈登·布朗登上首相大位不到 3 个月,也特意邀请撒切尔夫人喝茶。那次,人们看到撒切尔夫人离开首相官邸时拿着一束花。[37] 这束花证明撒切尔夫人已经达到了她在凶险的 70 年代确定的目标:创造一个新的中心。

捍卫主权:马岛冲突

撒切尔夫人将捍卫英国在世界各地的利益和保护英国维持大西洋联盟的能力视为己任。她雄辩滔滔地阐述英国关于这些问题的观点,不遗余力地为英国企业寻求海外发展的机会,寸步不让地保护英国国民。1982 年 4 月,阿根廷对自 1833 年起被英国占领的马尔维纳斯群岛① 发动攻击,对撒切尔夫人践行自己信念的决心提出了考验。主权代表着在划定界线的领土内的终极权威。要维护这个概念的意义,撒切尔夫人必须采取行动。正如她后来写的,阿根廷的攻击涉及"英国荣誉的危机"[38]。

---

① 简称马岛,英国称之为福克兰群岛。——编者注

虽然威斯特伐利亚的国家主权平等概念被载入联合国的创始文件，但撒切尔夫人在联合国对英国主权的捍卫却引起了争议。许多新加入联合国的会员国是通过反殖民运动获得独立的，在它们看来，阿根廷拿下马岛是去殖民地化行动，早就该发生了。所以，就连威斯特伐利亚体系的许多成员也不太支持撒切尔夫人就南大西洋几个人烟稀少的小岛提出的论点。另外，尽管罗纳德·里根非常尊敬撒切尔夫人，美国与英国的关系也源远流长，但美国政府的态度模棱两可，北约内部对英国的支持也不太热情。然而，法国总统弗朗索瓦·密特朗认为撒切尔夫人的论点是有说服力的，安慰她说："您应该知道，其他人和您一样反对这种侵略行为。"[39]

批评者说，撒切尔夫人在马岛危机期间不肯让步，对一切争取妥协的呼声充耳不闻，冷酷无情地推行自己的意志。其实，撒切尔夫人在这场冲突中的所作所为固然是出于她坚持原则的决心，但也反映出她的精明。她知道什么时候需要根据客观现实显示外交灵活性，特别是在与华盛顿的关系方面。

马岛距离阿根廷大陆约300英里，因接近合恩角而具有战略意义。合恩角在美洲大陆最南端，与麦哲伦海峡一起构成了历史上连通大西洋和太平洋的通道。18世纪，法国、英国和西班牙竞相争夺马岛的控制权。这块殖民地的所有权随着欧洲历次战争的结果频繁易手。19世纪30年代早期，治理这组群岛的是布宜诺斯艾利斯——新获独立的阿根廷的首都。1833年1月，它们落入英国之手，从此一直为英国所辖。因此，到20世纪80年代早期，马岛上的居民做英国君主的臣民已将近150年，尽管阿根廷一直宣称自己

第六章 玛格丽特·撒切尔：信念战略

拥有对这组群岛的主权。

1981年，阿根廷经济混乱，暴力严重，濒临内战。莱奥波尔多·加尔铁里将军当年12月发动军事政变，成为阿根廷总统。他为赢得更多民众支持，决定一举落实阿根廷长期以来对马岛的主权声索。1982年4月2日，阿根廷出兵马岛，很快征服了防卫薄弱的马岛。

马岛受到攻击的消息令英国政府为之震动。"我简直无法相信。"撒切尔夫人后来写道。她坚持"这些是我们的人民，我们的岛屿"[40]。撒切尔夫人本能地想采取行动，但她这个想法在顾问当中应者寥寥。外交部看不到外交解决的途径，国防大臣约翰·诺特表示，采取军事行动夺回7000英里以外的那些岛屿是不可能的。

领导力的一个重要功能是激励下属去做他们以为不可能做到的事。撒切尔夫人以她特有的自信心强力推动政府采取行动。她告诉诺特："你必须把它们夺回来。"诺特坚持说做不到，但撒切尔夫人只是重复说："你必须这么做。"[41]

第一海务大臣亨利·里奇爵士终于想出了办法，证明撒切尔夫人拒绝接受"做不到"是正确的。里奇建议撒切尔夫人组织一支能够胜任的海军特遣舰队去夺岛，尽管这样做要冒很大的风险。于是撒切尔夫人指示他开展必要的准备。这并不意味着她一定要采取军事行动，但是，在撒切尔夫人听从那些不愿动武的阁员和美国盟友的建议、尝试各种外交手段的同时，这项决定为她保留了诉诸武力的可能性。

确定了战略后，撒切尔夫人立即将其付诸实施。她公开声明了她的原则，庄严宣誓要捍卫这些原则。马岛受到攻击的次日是星期六，英国下议院举行了紧急辩论。撒切尔夫人清楚地解释了她的想法："多年来，英国的主权领土第一次遭到了外国侵犯……我必须告诉下议院，福克兰群岛及其附属地仍然是英国领土。"简言之，这不是殖民问题，而是对英国的国家尊严和主权的挑战。撒切尔夫人在演讲结束时傲然宣布："任何攻击和入侵都改变不了这个简单的事实。政府的目标是解放福克兰群岛，使之摆脱占领，尽早回归英国管辖。"[42]

撒切尔夫人断了自己的退路，毫不含糊地表明了决心。

她希望，英国最强大、最重要的盟友美国能够做出积极反应。然而，华盛顿的立场却比她想象的更加矛盾。

乘罗纳德·里根总统1980年胜选的东风，英美关系到1982年年初已经相当不错。里根和撒切尔夫人的初次会面是在1975年。那时撒切尔夫人出任保守党领袖不久，里根正在准备参加1976年共和党总统初选。那次会面非常成功。两位胸怀大志的领导人在意识形态上有着相似的发展轨迹，在许多政策问题上所见略同，在个人层面上也惺惺相惜。会面后不久，里根写信给她说："希望您知道，这边的'殖民地'有您的一个热情拥趸。"[43]

里根上台后，跨大西洋关系得到了加强。1981年2月，撒切尔夫人成为里根就任后首个访问华盛顿的欧洲盟友。里根在白宫为她举行了盛大的国宴。撒切尔夫人回以异乎寻常的外交敬意，次日晚在英国大使馆为里根举办了答谢宴会。里根在日记里回顾那天晚上时记录道，那是"一个真正暖心而美好的场合"。他接着写道："我

第六章│玛格丽特·撒切尔：信念战略

相信首相和她的家人与我们有着真正的友谊——我们肯定这样觉得，而且我确信他们也有同感。"[44]里根上任不久，就对撒切尔夫人的经济改革表示了支持。他们两人在东西方关系中都采取了更加强硬的态度。

华盛顿和伦敦固然关系回暖，但美国也与阿根廷保持着重要的关系。里根时期，美国和阿根廷军政府的关系更上一层楼，布宜诺斯艾利斯参加了华盛顿公开——后来是秘密——援助尼加拉瓜反共力量的活动，支持他们反对由苏联撑腰的尼加拉瓜桑地诺民族解放政权。美国领导层有人担心，如果美国在马岛冲突中对英国表示支持，将损害与阿根廷的这项联合行动，削弱美国在欠发达的第三世界中的地位。令局势更为复杂的是，中情局警告说，如果加尔铁里政府遭遇军事失败，可能会被"一个高度民族主义的军事政权"所取代，而新政权"会与苏联建立军事关系"。[45]

面对相互冲突的各种压力，美国政府的行动步调不一，有时自相矛盾。在坚定的保守派卡斯珀·温伯格的指导下，五角大楼自冲突伊始就为英国提供它急需的各种军用物资。这样的援助大多是秘密的，特别是因为亚历山大·黑格国务卿掌管的国务院反对美国公开支持英国。为避免与阿根廷关系破裂，黑格担起了调解的责任。里根虽然同情英国人，但默许黑格在伦敦和布宜诺斯艾利斯之间开展穿梭外交。

黑格向我谈到他的计划时，我私下里表示严重怀疑，虽然我自己在中东做过穿梭外交。那时的穿梭是在彼此间相隔只有几百英里的首都之间，而在这场南大西洋危机中，相关首都之间的距离

427

近7000英里。在中东，决定可以连夜做出，万一发生紧急情况，也来得及调整修改，而且当事双方都致力于取得进展。相比之下，撒切尔夫人和阿根廷军政府在马岛危机中都采取了坚定不移的立场，排除了妥协的可能性。撒切尔夫人同意黑格展开调解，很可能仅仅是为了满足美国的愿望，并让她的舰队有时间到达马岛海域。只要调解可能有损于撒切尔夫人眼中的英国主权，她肯定会予以拒绝。

撒切尔夫人以为美国会不假思索地站到英国这边。因此，黑格的努力令她不快而又震惊。虽然她仍然坚信自己执意收回英国对马岛主权的立场是正确的，但是现在她不得不考虑妥协措施。撒切尔夫人同意听取美国人关于通过调解来解决问题的提议，也同意不公开坚持必须诉诸军事手段。但是，就在外交活动展开的同时，4月5日英国海军特遣舰队的出发确保了对阿根廷的压力逐步加码。撒切尔夫人深知美国公共舆论的倾向，更不用说她需要在国内维持广泛的支持，还要做出灵活的姿态。因此，她依照把马岛交给联合国托管的思路考虑了各种办法。

4月底，穿梭外交由于阿根廷寸步不让而宣告失败。随着军事冲突可能性的加大，寻求谈判解决的压力与日俱增。我在5月初访问伦敦时，体会到了撒切尔夫人外交灵活性的限度。

马岛危机爆发几个月前，外交大臣卡林顿勋爵邀请我在纪念英国外交部建立200周年的仪式上发表演讲。然而，演讲的日子到来时，卡林顿已经离职。保守党普通议员群情激愤，因为他们认为外交部没能预见或防止马岛遭遇入侵。卡林顿遵照一个长期的，却绝非得到普遍遵守的传统，决定担起政府失败的责任，引咎辞职，以此来保护首相和整个内阁。体现了荣誉精髓的卡林顿自己并没有做错事，但他出于责任感，认定辞职是唯一合适的行动。[①]

事实上，危机爆发的前一年，卡林顿对英国的一项决定表示了坚决反对。后来证明，正是那项决定引发了阿根廷的侵略。决定是国防大臣诺特提议的。作为节约措施，他提议把英国海军"坚忍号"破冰船从马岛区域撤回，这样每年可以节省250万美元。卡林顿争论称，阿根廷会将这项决定理解为"一个阶段性行动，是英国有意逐步减少对马岛支持的一部分"[46]。1982年2月9日，在下议院关于"坚忍号"的辩论中，撒切尔夫人表示支持诺特，不同意卡林顿的观点。这是她的失策。掏空在南大西洋的威慑力造成了昂贵的代价，马岛之战的总花费超过了70亿美元。历史学家安德鲁·罗伯茨对于这个决定这样写道："很少能如此赤裸裸地展现一个真理，即在防务上多花钱是合算的，因为打仗总是比威慑昂贵得多。"[47]

卡林顿既已离职，外交部200周年庆典即由新任外交大臣弗朗西斯·皮姆主持。我在5年前已经脱离公职，所以是以私人身份出席的。尽管如此，英方还是给了我官方礼遇——和皮姆及其他高官共进午餐，然后和撒切尔夫人一起喝下午茶。

午餐时，大家都在推测黑格的穿梭外交可能达成的妥协。关于妥协的细节没有一致意见，也没有任何迹象显示他们考虑过某种形

[①] 几个月后，我问卡林顿为什么对朋友都只字不提当时的紧张事态。他答道："如果你接受了责任，事后又悄悄告诉朋友你其实并不该负责，那接受责任就没有意义了。"

式的妥协之外的其他方法。在唐宁街10号喝茶时，我问撒切尔夫人喜欢哪种新办法。"我决不接受妥协！"她怒声说道，"你怎么可以，我的老朋友？你怎么可以说这种话？"见她火冒三丈，我不忍心告诉她这个主意不是我的，而是她的首席外交大臣提出的。

撒切尔夫人解释说，她的立场事关原则和战略，所以她才对她最亲密的盟友居然在英国领土遭到无端攻击时提出要开展调解感到失望。那天晚上我的演讲题目为"对伙伴关系的思考"。我在演讲中表示支持撒切尔夫人在马岛危机上的立场。美国若再像1956年苏伊士运河事件中那样放弃一个亲密盟友，殊为不智：

> 决不能破坏一个紧密盟友在它认为至关重要的问题上的战略立场或自信心。这是一条具有重大现实意义的原则。在这个意义上，福克兰群岛危机最终将加强西方的团结。[48]

不过，撒切尔夫人偶尔也会改变主意，从起初的抵制慢慢变为接受。她在马岛问题上的立场即是一例。她的谈判立场在一点点发生变化，即使阿根廷不肯做出任何回应。到5月17日英国请联合国秘书长哈维尔·佩雷斯·德奎利亚尔转达它所谓的最后提议时[49]，撒切尔夫人已经同意让联合国管理马岛，以此换取阿根廷撤军。她也同意把马岛的主权留待以后谈判解决。撒切尔夫人做出这些让步，主要是为了保住美国的支持。这离她最初坚持恢复入侵前状态的立场已相距甚远。

撒切尔夫人的"最后"提议是经过冷静、理性的分析后做出的吗？抑或是她摆出的姿态中有马基雅维利式的权谋因素？她看到阿根廷在谈判中自始至终的顽固态度，也许认为加尔铁里不太可能接受她的提议。这个提议也可能是后备方案，以防正在接近马岛的英国舰队遭到无法接受的损失。在结果如此不确定的情况下，撒切尔夫人为抢占道德高地，争取由联合国推动解决争端，其实冒了很大的风险。

如果布宜诺斯艾利斯接受撒切尔夫人的提议，那么她不管是劝说下议院接受这个解决办法，还是说服联合国在争端解决后把行政权交给英国，都要费尽移山心力。若是发生这种情况，我相信撒切尔夫人一定会让谈判久拖不决，直到英国派出的特遣舰队能够实现夺回英国主权的最初目标。然而，撒切尔夫人的运气不错，这一把她赌赢了。5月18日，阿根廷干脆地拒绝了英国的提议。三天后，英国军队发动了攻击。

战斗打响后，英国并无必胜的把握。英军补给线长得出奇，在当地的资源非常有限，所以英国的特遣舰队相当脆弱。此外，阿根廷从法国购买了一批"飞鱼"反舰导弹，重创英军舰船。假若英国的"赫尔墨斯号"和"无敌号"两艘航母中的任何一艘被摧毁，英国的处境就会大为不妙。

撒切尔夫人非常清楚这些危险和可能造成的人员伤亡。她在人前始终表现得坚韧顽强，但每一个损失都令她私下里痛彻心扉。根据得到她授权的传记作家的记录，阿根廷一次攻击的消息传来后，她的丈夫丹尼斯·撒切尔发现她坐在床沿一边流泪一边说："哦，太糟了！又沉了一艘船！我那些年轻人都没了！"[50]到战争结束时，她给牺牲的英军士兵家属写了 255 封亲笔信。[51]

作为战时领袖，撒切尔夫人的行为方式是确定规则，由海军将领按他们认为合适的方式组织战役，撒切尔夫人自己则负责提供坚定的政治支持。规则之一是英国政府 4 月 30 日宣布将福克兰群岛周边 200 海里设为禁区，对进入禁区的任何阿根廷船只均可无须事先警告发起攻击。这条规则很快就遇到了考验，需要做出决断：5 月 1 日，阿根廷的"贝尔格拉诺将军号"巡洋舰被发现在禁区边缘航行。翌日，撒切尔夫人命令击沉"贝尔格拉诺将军号"，尽管它已经驶离禁区约 40 英里。[52] 300 多名阿根廷水兵因此而丧生。撒切尔夫人的决定招致了极大争议，但是"贝尔格拉诺将军号"的位置构成了对正在驶近马岛的英国特遣舰队的潜在威胁。

5 月 21 日，陆上战斗打响。当晚，5000 名英军士兵登上了马岛。从那一刻起，撒切尔夫人的立场强硬起来。要求停火的国际压力不断增加，全被她置之不理。既然英国人在陆战和海战中都流了血，撒切尔夫人索性回到了原来的基本立场上，拒绝接受任何不能让英国完全收复主权的方案。

华盛顿对这个立场不太高兴，因为它受到来自拉美盟友越来越大的压力，要求停止战斗。英国的主权要求似乎一度影响到了美国的国家利益。5 月 31 日，英军挺进马岛首府斯坦利港之时，里根总统听从劝说，打电话给撒切尔夫人请她宽宏大量。撒切尔夫人不为所动，她对里根说："我现在不会交出那些岛屿……我损失了我最好的舰船，牺牲了我最优秀的军人，可不是为了不等阿根廷人撤退就实现停火，悄悄走人的。"[53] 里根听着撒切尔夫人火力全开，并

第六章｜玛格丽特·撒切尔：信念战略

未与她争论她论点的实质内容。美国没有再试图劝英国放慢前进的脚步。作为美英关系基础稳固的另一个表现，美国前海军部长约翰·莱曼后来透露说，里根甚至同意，万一英国皇家海军损失了一艘航空母舰，美国会把自己的"硫磺岛号"两栖攻击舰（直升机航母）借给英国，英国可以在上面使用海鹞垂直起降战斗机。里根告诉国防部长卡斯珀·温伯格："麦琪①需要什么都给她。"[54]

经过激战，阿根廷军队于6月14日投降。英国取得了具有宝贵象征意义的完全胜利。马岛之战的胜利和撒切尔夫人在国内推行的雷厉风行的经济改革一道，有效地改变了英国在世界舞台上的地位。如撒切尔夫人自己所说：

> 我们的国家不再后退。我们获得了新的信心——这个信心诞生于国内的经济战斗，在8000英里之外经受住了考验……我们欢欣鼓舞，因为英国重振了以往世世代代激励着她的精神，今天这个精神已经开始和过去一样大放异彩。[55]

美国的反应比较复杂。里根对撒切尔夫人政策的默许损害了与阿根廷的关系，后者突兀地切断了与华盛顿的合作。但是对其他国家来说，大形势比过去变好了。撒切尔通过在战场上展示她言出必践的性格，加强了西方在冷战中的力量。她的政策在殖民问题与战略挑战之间做出了关键的区分，清楚地把马岛问题归入了第二类。

---

① 玛格丽特的昵称。——译者注

433

香港谈判

马岛战争结束后不久，撒切尔夫人遇到了一个确确实实因英国的殖民历史而起的挑战：香港的未来。

香港岛自1842年起被迫割让给英国，但该岛周边的新界却是英国从清政府那里租来的，租期99年，1997年到期。中国拒不接受英国一直以来对这种安排的解释，而是坚持这两块领土都要在1997年归还给中国。届时，差两年就是中华人民共和国成立50周年。

中国把英国对香港和新界的殖民统治视为历史上的一段反常现象。英方立场以3个条约为基础：在《南京条约》（1842年）中，清政府永久割让了香港；在《北京条约》（1860年）中，清政府又割让了九龙半岛；在《展拓香港界址专条》（1898年）中，英国租用新界99年。因此撒切尔夫人相信，英国的要求按照国际法有理有据。然而，在中国看来，这些条约是被迫签署的，所以英国的要求正如伦敦强夺了这些岛屿一样没有合法性。

我熟悉中国人对这个问题的想法，因为我在和周恩来的交谈中听他说过。邓小平同我谈话时对这个问题谈得更多一些。我与他们二人主要是讨论美中关系，香港问题仅是顺便提及。邓小平解释说，中国会耐心谈判，但在主权问题上不会妥协，因为那与中国领土不可侵犯是一回事。然而，中国也许会同意给香港一定程度的自治，如果这能够推动和平统一台湾的进程的话。

到1982年，新界租约1997年到期的时间遥遥在望。中国公开通知英国,它打算扩大谈判范围,把香港岛也包括进来。撒切尔夫人在马岛之战胜利的鼓舞下立场强硬,拒绝放弃英国主权,特别是对香港本岛的主权。

撒切尔夫人也坚决反对把英国公民置于共产主义制度统治之下。她相信,任何共产主义制度,都破坏个人自由。因此,她感觉让北京来维护香港公民的权利是靠不住的。有一次,撒切尔夫人对我抱怨说中国领导人非常冷酷无情。[56] 我与她在香港的又一次会面中(那次会面在一架私人飞机上举行,以防窃听),她明确无误地表示了对中国领导层的负面看法。

但是,撒切尔夫人的政治选择有限。香港问题与马岛不同,不可能靠军事手段解决。在中国人民解放军面前,香港根本守不住,必须通过谈判来寻找解决办法。然而,一个大家心照不宣的事实是,假若谈判双方陷入僵局,中国有能力单方面解决问题。

撒切尔夫人的策略是把灵活性作为后手。在初期对话中,她避免讨论主权,而是寻求中方保证让英国继续治理香港。她说,只有如此安排,方能保持国际工商界的信心。这对香港当时的繁荣至关重要,在1997年后仍将十分重要。

1982年9月,撒切尔夫人带着这些主张访问北京。但是,在与邓小平及时任中国总理气氛紧绷的会谈中,她领教了中国的现实。在公开和私下场合,中方都明确告诉撒切尔夫人,不仅主权问题不可谈判,而且英国继续治理根本没可能。北京可以允许香港保留资本主义制度,但必须在中国领导之下。一位英国官员后来说,对中国人来说,"真到了关键时刻,主权高于繁荣"[57]。

撒切尔夫人没有可抓的稻草。她和邓小平会见结束离开时，在人民大会堂的台阶上摔了一跤。按中国人的说法，这是不祥之兆。香港股市 10 天内狂跌了 25% 左右。

撒切尔夫人的最初反应是坚决不让步。那年 11 月我在唐宁街 10 号和她的一次工作晚餐中亲眼看到了她的态度。她安排那次会面是为了征求我的意见，看英国如何"能在与中国人关于香港未来的谈判中最有效地出牌"[58]。

然而，根据我的回忆，那次讨论的实质内容并非如此。英国官员事先一定对撒切尔夫人说过，他们认为英国只能交出香港主权，但撒切尔夫人一点没有表现出知道此事的样子。一开始，她不假思索地断然拒绝在主权上让步，强硬地表示她决不会放弃香港。她本能地反对交出具有独特的英式加中式生活方式的香港岛。撒切尔夫人这个立场的第一次改变是同意英国就新界开展谈判，因为英国对新界不像对香港有终身保有权，只有很快就要期满的一纸租约。

那次参加晚餐会的还有外交大臣皮姆、外交部常务秘书安东尼·阿克兰爵士和香港总督爱德华·尤德爵士。几位外交官与撒切尔夫人展开了争论。我钦佩地看着他们不动声色地顶住首相从餐桌对面发起的一波又一波的激烈攻势。外交部官员和尤德都没有退缩。我没有参加英国人自己之间的辩论，但我回答了撒切尔夫人关于香港是否有可能实现自治的问题。我谈到我同邓小平的谈话，指出中国也许有兴趣给香港一定的自治权，以确立未来适用于台湾的一国两制原则的可信性。但是我认为，邓小平在主权原则上不会让步。到可以隐约看出首相意有所动的时候，已经过去了大半个晚上。

晚餐结束时,撒切尔夫人非常勉强地同意,整套问题都可以谈,也就是说,香港岛和九龙的未来可以和新界的未来放在一起谈判。

我提到这次晚餐会,是为了用这个简单的例子来显示撒切尔夫人在香港谈判期间立场的演变。像在马岛危机中一样,她不想做出任何让步,却最终同意探索让步的可能性。这一次不同的是,撒切尔夫人的让步不只是对敌人采取的战术手段。在香港问题上,英国派什么海军舰队都无济于事。

1983年3月,撒切尔夫人做出了决定。她写信给时任中国总理,说她愿意向英国议会建议将整个香港的主权归还中国,但英国和中国需要就未来的行政安排达成协议,以确保香港的繁荣与稳定。这封信清除了开启正式谈判的障碍。正式谈判中的激烈交锋产生了一系列让步,包括英国接受中国的条件,同意于1997年完全切断与香港的行政联系。

撒切尔夫人在回忆录中提到了和邓小平的一次谈话,那次谈话显露了他们谈判的紧张性质:

> 邓小平说,中国人若是愿意,可以当天就收回香港。我反驳道,他们的确可以这么做,我拦不住他们,但是那将导致香港的崩溃。到时候全世界都会看到从英国统治转到中国统治后会发生什么……他第一次现出了吃惊的表情。[59]

1984年12月,撒切尔夫人和时任中国总理签署了《中英联合声明》。根据该声明,英国将在1997年6月30日向中国移交主权。

这份文件不仅列举了归还主权的固定条件，而且规定香港将在50年的时间里从英国属地转变为中国一个理论上自治的地区。协议规定，交接完成后，中国对香港行使主权的同时要保证香港50年"自治"。但是，如若两者发生冲突，必定是中国主权压倒一切。因此，这个50年自治协议实际落实的成功与否取决于各方是否都认为协议得到了遵守。

但是，双方的看法在协议起草时已经分歧巨大，随着时间的推移，分歧越发难以弥合。50年自治期结束时，最后的过渡能否顺利要看届时中国的发展能否与英国的遗产相调和。中国这边不可能接受香港最终回归祖国时还带着中国认为是殖民主义残余的政治制度。

香港的制度机构暂时得以保留。这确保了香港居民的民主参政权利，恢复了世界对它作为金融中心的信心，这种信心是香港财富的基础。达成的协议肯定远不如撒切尔夫人所愿，但撒切尔夫人对形势做出了理性的判断。若是她的路线更强硬一些，也许英国人就会被挤到一边，失去对香港事务置喙的资格；若是她的态度再谦让一些，就可能葬送香港所有的自治希望。

撒切尔夫人顽固强硬的名声是英国谈判者的一大资产。有经验的谈判者只会欢迎自己这边有个看似不讲道理的第三方，任何交易都必须过得了第三方那一关才行。撒切尔夫人扮演这个角色得心应手。这样，她的谈判者可以对中方同行保证说，他们自己想就具体的小问题达成协议，却害怕惹得严厉的首相不悦，而首相对谈判主题的想法众人皆知。

第六章 | 玛格丽特·撒切尔：信念战略

撒切尔夫人公开显示绝不后退的态度,以为英方谈判者助一臂之力,私下里又通过对话来表达一个繁荣的香港符合双方共同利益的诉求。她用这个办法维持了英国对这个脆弱局面的一定的影响力。她的姿态也表明,即使英国在争端中处于绝对下风,也有绝不能退的底线。撒切尔夫人离职后,在英国治理香港的最后几年里经常到访香港,支持末代港督彭定康在把香港交还中国之前建立更多代表性机构和程序。

缔结外交协议时,一般双方都保证协议将持久有效。香港自治的发展却并未达到英国所期。撒切尔夫人和她的首席谈判代表深深致力于维护英式制度和法律程序的概念,在追求这一目标的过程中展示了娴熟的技巧和撒切尔夫人式的决心。他们界定了香港的自治,这个自治按协议规定将持续 50 年,已经运行了 20 多年。中国与英国完成香港交接之后,中国关注的重点从来都是推动自身发展,而不是维护殖民者留下的遗产。

现在,香港的未来难以料定。这令人忆起撒切尔夫人的警告:在自由受到威胁的地方,经济活力能持久吗?其他问题也必然随之而来:香港的演变会不会进一步加剧中国与西方国家之间的紧张?还是说可以找到办法让香港在关于世界秩序和政治共存的对话中获得一席之地?

面对暴力的遗产:北爱尔兰

1921 年,爱尔兰与联合王国分离,留下来的 6 个郡组成了北爱尔兰。国家事务中最直接影响玛格丽特·撒切尔的莫过于北爱尔兰冲突。然而矛盾的是，撒切尔夫人任首相期间引起她最大自我怀疑的也是北爱尔兰。

面对爱尔兰共和军的威胁恫吓，撒切尔夫人拒不低头，令他们无法实现把北爱尔兰并入（由南边26个郡组成的）爱尔兰共和国的要求。撒切尔夫人通过峰会外交，在很大程度上修复了英国与爱尔兰共和国的关系。1985年，她促成了里程碑式的《英爱协议》，旨在争取结束两国间所谓的"麻烦"，也就是北爱尔兰联合主义者与民族主义者之间长达数十年的暴力冲突。前者主要由新教徒组成，后者大多是天主教徒。

撒切尔夫人于1979年5月就任首相几周前，原定将在她手下担任北爱尔兰国务大臣的艾雷·尼夫被爱尔兰共和军一个派别暗杀。有鉴于此，撒切尔夫人的上述行动就更加引人注目。尼夫是撒切尔夫人的密友，也是第二次世界大战时的英雄。因为他的遇刺，撒切尔夫人对她出自本能的处理北爱尔兰问题的看法更加坚定：加强安保，同时对爱尔兰共和国施压，要求它打击恐怖主义。撒切尔夫人明白，恐怖分子有他们自己的战略逻辑。她后来忆及当时的形势时，把他们的方针描述为"精心策划使用和威胁使用暴力，以期达成政治目的"。撒切尔夫人特别指出："至于爱尔兰共和军，他们要达到的目标是胁迫愿意留在联合王国之内的北爱尔兰大多数人民，逼他们加入一个完全的爱尔兰国家。"[60]

在北爱尔兰和在其他地方一样，恐怖主义是弱者的方法。支持爱尔兰共和军的是少数中的少数。那些人寻求通过令人惊骇的暴力

第六章｜玛格丽特·撒切尔：信念战略

行为来逼迫英国政府做出让步，或者刺激英国政府过度反应，发动野蛮报复，因而将占北爱尔兰人口少数的天主教徒进一步推入民族主义阵营。尼夫的遇刺没有动摇撒切尔夫人，她一直坚定地同情占北爱尔兰人口多数的新教徒和联合主义者。撒切尔夫人的态度如此坚定还有一个原因，那就是她对爱尔兰共和国在二战中保持中立的不满始终挥之不去。[61]

1979年8月27日，爱尔兰共和军又犯下两桩暴行，新首相的应对能力再次面临考验。爱尔兰共和军先是在北爱尔兰沃伦波因特镇外的一次伏击中打死了18名英军士兵，然后又暗杀了女王的表亲、前国防参谋长蒙巴顿勋爵。暗杀行动中遇害的不只是蒙巴顿，还有他14岁的孙子、一个15岁的船夫和布雷伯恩夫人。撒切尔夫人哀悼死者，但不肯中计做出激烈反应。相反，她指示政府继续与爱尔兰政府定期会晤，寻求和平解决。

一年后，爱尔兰共和军为破坏谈判再出新招。1980年10月27日，北爱尔兰梅斯监狱关押的爱尔兰共和军成员开始绝食。希思曾给予这些囚犯"特殊地位"，但工党政府于1976年剥夺了他们享受了两年的"特殊地位"，自那以来，他们的各种抗议就没有停过。可能那些囚犯希望撒切尔夫人会恢复她的保守党前任的做法，但撒切尔夫人立即抓住了事情的关键：若同意他们的要求，给他们"政治犯"待遇，那将使他们的事业合法化，并将影响对监狱的有效控制。[62]

1980年12月上旬，英国对外情报部门（军情六处）悄悄重启了与爱尔兰共和军的秘密联系后，了解到爱尔兰共和军的有些领导

441

人赞成结束绝食。这个情报传递给了撒切尔夫人。她虽然不愿意直接与爱尔兰共和军对话，但她说，如果绝食结束，她可以对北爱尔兰的所有囚犯做出"人道主义"让步，不管他们是不是爱尔兰共和军成员，例如允许他们在周末自由交往，在工作日穿"平民式服装"。[63] 12月18日，监狱囚犯停止了绝食，撒切尔政府也宣布了相关的新措施。没有囚犯因绝食而死亡。撒切尔夫人面对压力岿然不动，因此更加名声远扬。

不过，平静没有维持多久。1981年3月1日，梅斯监狱中爱尔兰共和军囚犯26岁的领头人鲍比·桑兹再次宣布绝食抗议，重提给予爱尔兰共和军在押犯人政治犯待遇的要求。撒切尔夫人对此嗤之以鼻。"没有政治谋杀、政治爆炸或政治暴力这回事，"她3月5日在贝尔法斯特的一次演讲中坚称，"只有谋杀罪、爆炸罪和暴力罪。我们在这一点上不会妥协。不会给他们政治地位。"[64] 此言表明了撒切尔夫人与爱尔兰共和军硬杠的决心。

然后，天降爱尔兰共和军一份大礼。北爱尔兰一个民族主义者占多数的选区出缺了一个议会席位。桑兹宣布参选。身陷囹圄的他成为自1955年以来第一个赢得英国议会席位的民族主义新芬党候选人。桑兹5月5日在第二次绝食中死亡后，北爱尔兰各地发生了暴乱，撒切尔政府的压力骤增。成千上万人在贝尔法斯特参加了桑兹的葬礼。

其他囚犯的绝食抗议持续了整个夏天。尽管天主教会和美国国会众议院议长蒂普·奥尼尔都对撒切尔夫人施加了压力，她却始终坚持自己的立场。她的立场得到了英国民众的广泛支持。在下议院质询中被逼问桑兹的命运时，撒切尔夫人尖刻地答道："桑兹先生是被定罪的罪犯。他选择结束自己的生命，他的组织却不允许他们的众多受害者有这个选择。"[65] 囚犯绝食最终于 10 月 3 日结束，整个绝食过程中总共死了 10 个人。撒切尔夫人以钢铁般的意志为履行责任牺牲了同情心。

1981 年和 1982 年，爱尔兰是联合国安理会非常任理事国。它在联合国激烈批评英国的马岛冲突，损害了与英国的关系。尽管如此，撒切尔夫人仍然授权政府高级官员与爱尔兰开展旨在建立信心的谈判。撒切尔夫人和爱尔兰总理在 1981 年建立了英爱政府间理事会，由两国各自的内阁秘书德莫特·纳利和罗伯特·阿姆斯特朗主持理事会的指导委员会。纳利和阿姆斯特朗坚持不懈，尽忠职守，帮助两国关系度过了困难时期。起初，工作成果寥寥，但 1983 年 6 月的选举扩大了保守党的议会席位后，撒切尔夫人和爱尔兰总理加勒特·菲茨杰拉德开始经常沟通。他们因此得以克服相关挑战，例如 38 名囚犯在当年 9 月逃出了梅斯监狱，又如当年 12 月，爱尔兰共和军在伦敦中心的哈罗德百货公司放置炸弹，炸死了 6 个人，包括 3 名警察，炸伤了 90 人。

1984 年 10 月 12 日凌晨，爱尔兰共和军安置的炸弹炸穿了布赖顿的格兰特酒店的墙壁。当时，撒切尔夫人在自己的套房里刚刚审完她在翌日保守党年会上的演讲稿，尚未就寝。她没有受伤，但浑身上下都是灰土。她换上一身海军蓝套装，凌晨 4 点召开了记者会。撒切尔夫人在摄像机面前对全国说："会议将照常举行。"[66] 翌日下午，她准时出现在讲台上，证明了袭击的失败：

>　　这次袭击不仅企图扰乱我们的大会，让我们开不下去，还企图瘫痪女王陛下的民选政府。这就是我们大家亲眼看到的这场骇人听闻的行为的规模，我们现在聚集在这里，虽然感到震惊，但沉着坚毅。这不仅彰显了袭击的失败，而且表明所有用恐怖主义摧毁民主的企图都必定失败。[67]

接下来，撒切尔夫人话锋一转，感谢赶来现场的救援人员，对遭受痛苦的受害者表示同情。然后，撒切尔夫人以她典型的直截了当的风格宣布，她的讲话会"一切照旧"，会谈及"一两件外交事务"，还有两个"专门挑出来供思考的"经济问题，即"失业和矿工罢工"。[68]她演讲完毕，立即赶往医院去看望爆炸的受害者。

"今天我们运气不好，"爱尔兰共和军在声称对爆炸负责的声明中说，"但是请记住，我们只要有一次运气好就行了。你们却得永远走运才行。"[69]爆炸炸死了5人，包括一位议员，炸伤了30人，有的伤势极为严重。如果安置炸弹的人对首相所处位置知道得更准确些，撒切尔夫人很可能难逃此劫。

撒切尔夫人不容许爱尔兰共和军杀害她的图谋危及与爱尔兰共和国的谈判。短暂停顿之后，两国间峰会得以恢复。1985年7月25日，英国内阁批准了《英爱协议》草案。基本内容是英国允许爱尔兰正式参与有关北爱尔兰事务的协商，以此换取都柏林同意不再要求收回北爱尔兰（这个要求载于1937年《爱尔兰宪法》的第2条和第3条）。

菲茨杰拉德和撒切尔夫人签署这项协议，等于承认了现实。在协议中，爱尔兰正式同意，"北爱尔兰地位的任何改变必须得到北爱尔兰大多数人民的同意"，而且协议指出，目前北爱尔兰大多数人民赞同留在联合王国。[70] 英国则同意，天主教徒尽管在北爱尔兰总人口中占少数，但人数相当多，因此爱尔兰共和国将获得在北爱尔兰发挥重要影响力的机会。这项协议的重要性在于它把爱尔兰的影响力导入了合法渠道，例如让爱尔兰参加新设立的政府间会议，同时并未损害英国主权。

下议院以 473 票赞成、47 票反对的投票结果批准了这项协议，表明英国人对协议的支持正如北爱尔兰统一党人对它的拒绝，是压倒性的。撒切尔夫人和菲茨杰拉德于 1985 年 11 月 15 日在北爱尔兰的希尔斯伯勒城堡正式签署了《英爱协议》。接下来的几个月，阿尔斯特几个新教徒占多数的郡爆发了示威，对撒切尔夫人发出了最恶毒的谩骂。[①] 英国议会中北爱尔兰统一党议员集体辞职以示抗议。与此同时，华盛顿那些支持都柏林的人欢欣鼓舞，因为英国做出了让步，让爱尔兰共和国正式参与关于北爱尔兰事务的磋商。撒切尔夫人后来对菲茨杰拉德倾诉说："你得了光荣，我得了难题。"[71] 此言不虚。

《英爱协议》永久改善了英国和爱尔兰的关系，却没能遏制爱

---

① 阿尔斯特民主统一党领袖伊恩·佩斯利公然将撒切尔夫人比作"企图在一天内摧毁以色列的荡妇"，还大声祈祷："哦，上帝啊，把你的雷霆之怒降临在这个邪恶、变节、满口谎言的女人身上吧！"就连十分钦佩撒切尔夫人在马岛问题上的立场、自己的意见也很受撒切尔夫人重视的伊诺克·鲍威尔也问她是否明白"背叛的惩罚是遭到公众唾弃"。（参见：Moore, *Margaret Thatcher: At Her Zenith*, 333–8.）

尔兰共和军的暴力行为。20 世纪 80 年代末，暴力进一步加剧，直到 90 年代初都有增无减。撒切尔夫人在回忆录中写到爱尔兰时，说自己的办法产生的效果"令人失望"。"我们的让步疏远了联合主义者，却未能换来我们有权期望得到的那种安全合作。"她在 1993 年这样写道，并据此得出结论："有鉴于此，无疑该另想办法了。"[72]

直到 1998 年签署了《贝尔法斯特协议》，才终于实现了和平。与《英爱协议》相比，这项协议意向宏大得多，却没有激起联合主义者太多的敌意。四个重要的统一党中的三个都表示了同意。[①] 该协议在北爱尔兰确立了一个立法机构，把议会的一部分权力下放给它，还建立了权力分享的行政机构，保证民族主义者和联合主义者在地区政府内都有代表。在爱尔兰共和国这边，按照协议规定，它在宪法中删去了对北爱尔兰的领土声索。

撒切尔夫人在爱尔兰问题上的遗产是因人成事，但她自己也当之无愧。她从未发展出自己对北爱尔兰未来的构想，而是把指导谈判的任务交给了内阁秘书罗伯特·阿姆斯特朗。然而,《英爱协议》是一项重大外交成就。若非撒切尔夫人把谈判的实质内容瞒着各个统一党的领导人，协议根本就不可能达成——他们如果知道了，很可能会发动新教徒工人罢工，令整个北爱尔兰陷于瘫痪。[73]

最终，撒切尔夫人寻求的和平是通过北爱尔兰各派之间直接会谈达成的，而她的努力为这样的谈判创造了必要条件。所以，撒切

---

① 第四个统一党是佩斯利的民主统一党。该党对《贝尔法斯特协议》正式表示反对，却仍参与选举，是北爱尔兰选战成绩最好的政党。两个民族主义政党，包括新芬党，也签署了协议。

尔夫人后来对她的政府在北爱尔兰推行的政策表示遗憾似乎没有必要。在这个宗教分歧如此之深、暴力留下的痛苦如此之重的地区，她的方案已经接近可能性的极限。在看似无法克服的挑战面前，她为北爱尔兰一代人的相对和平奠定了基础。

根本真理："特殊关系"与冷战

撒切尔夫人时代，辩论东西方关系一般都取绝对角度。现实主义者认为，只要说服苏联领导人认识到，他们分化击败北约联盟的努力是徒劳的，冷战就会结束。理想主义者则坚称，冷战事关意识形态。一旦共产主义哲学被证明在思想上破产、在政治上无效，共产主义就会被打败。

撒切尔夫人综合了现实主义者和理想主义者相互矛盾的地方，对冷战的结局产生了重大影响。她坚持认为，国防能力、独立核威慑和盟友团结至关重要。撒切尔夫人始终遵循这些原则，未有稍离。但是，她在自己思想演变发展的过程中开始相信，要维护和平并证明西方价值观的有效性，最好的方法是探索与苏联的共存之道。撒切尔夫人从来不相信绥靖。作为吸取了慕尼黑教训的那一代人的后代，她想将强大的防务与建设性谈判相结合。此外，她正式访问匈牙利和波兰等东欧国家时受到了民众热情欢迎，她因此明白了公共外交的重要性。

管理东西方关系是撒切尔夫人时代外交政策的核心挑战，需要比看待马岛或香港问题更广阔的视角。在后两个问题上，她作为领导人的首要目标只是保护英国的利益。撒切尔夫人担任保守党领袖初期，治国理念建立在苏联对西方的威胁日益增长的前提之上。1976年年初，她成为首相的3年前，她对苏联发出了严厉批评，令一些人感到惊愕。"苏联人一心要统治世界，"她断言，"他们正迅速获得成为世界上最强大帝国的手段。"撒切尔夫人论称，莫斯科不寻求缓和紧张关系，反而在发展军力，在全球扩展影响力，"威胁到了我们的整个生活方式"。她警告说，苏联人的"前进并非不可逆转，但需要我们现在就采取必要措施"[74]。

在这篇激动人心的战斗檄文中，撒切尔夫人发表了她个人的冷战宣言。她对苏联领导层的评价毫不留情：

> 苏联政治局的那些人不需要担心公共舆论的起伏向背。他们把枪炮置于黄油之上，而我们把几乎一切都置于枪炮之上。他们知道，他们只是一种意义上的超级大国，那就是军事意义。他们在民生和经济层面一塌糊涂。[75]

作为回应，苏联国防部的报纸《红星报》称撒切尔夫人为"铁娘子"。这个绰号本意是将她比作俾斯麦，带有贬义，不料事与愿违。的确，宣传史上很少有如此效果惊人、为时长久的乌龙。这个原是侮辱性的称号被撒切尔夫人当作荣誉勋章牢牢抓住，结果成了她的标志性绰号。撒切尔夫人当选首相3年前，苏联无意中将她这个原本默默无闻的反对党领袖提升为全球性重要人物。

撒切尔夫人反对苏联不仅出于英国对苏联侵略的恐惧，更深刻

第六章｜玛格丽特·撒切尔：信念战略

的原因是她在道德上强烈反对国家控制和对人的尊严的否定。撒切尔夫人年轻时，铁幕的降下对她影响至深。苏联扶植卫星国，命它们围着自己转，这更坚定了撒切尔夫人把东西方关系视为暴政与自由之间的大决战的观念。1968年，苏联共产党领袖列昂尼德·勃列日涅夫公开提出了勃列日涅夫主义，宣称苏联有权保卫任何地方的共产党政权，特别是东欧的统治者，使之不致被他们自己的人民推翻。[76] 撒切尔夫人经常提醒听众，勃列日涅夫宣布自己的立场时直言不讳，坚称"社会主义在全世界的彻底胜利不可避免"[77]。撒切尔夫人总是将这一狂妄的野心与西方的表现相对照：

> 我们不想在世界任何地方建立统治和霸权……当然，我们愿意以全副精力开展思想的交锋，但是我们不试图将我们的制度强加于人。[78]

撒切尔夫人知道，光靠言辞无法结束冷战或保持西方团结。东西方关系需要重塑，而没有美国的支持与领导，这项任务根本无法完成。这也许是她如此坚定地致力于她外交政策的核心——重振跨大西洋关系——的众多原因中最主要的一个。

1975年9月，刚当上保守党领袖不久的撒切尔夫人访问美国。在美国，她强调了英美两国的共同理想，特别是个人自由。她认为，这些理想应当成为两国关系的基础。在华盛顿的全国新闻俱乐部演讲时，她试图驱散可能令自由世界陷于瘫痪的悲观情绪，振奋人们的精神。她发出的信息既突出道德因素，也强调实际效能：

449

> 我对英国和美国的未来怀有信心的真正理由是，法治下的自由作为我们两国宪法的精髓，既尊重人的尊严，同时也提供了经济机会，使我们的人民能够获得更大的繁荣——那是基于个人选择之上的个人繁荣。简言之，这个制度令其他制度望尘莫及。[79]

撒切尔夫人口中的"其他"制度当然主要指的是共产主义。所以，她的冷战思想由两个因素结合而成：一是知道美国的力量无可匹敌；二是坚信，40多年来每当美国外交政策偶尔出现波动，英国都为其提供了压舱石，因此英国的国际作用依然十分重要。

长期以来，英国始终根据对基本人性的清醒认识和对自身历史贡献的高度评价来确定自己的国际立场。[80]

英国政治传统将均势概念奉为圭臬。19世纪和20世纪初是英国影响力的巅峰时期，那时的英国领导人认识到，需要至少与欧洲大陆的一部分地区维持联盟，在世界其他地区建立基地也非常重要。英国领导人只要觉得有必要证明他们关于国际秩序的多极概念的正确，从来都毫不犹豫地出手干预。[81]这种意识，加之英国无与伦比的海军力量，使英国公民产生了全球视角，也赋予了英国政客永久参与海外事务的理念。[82]相比之下，美国直至第二次世界大战结束还将外交政策成就视为一个个孤立的、对未来没有指导价值的实际"解决办法"。这种思想导致美国不愿意承担永久性责任，在对外承诺中动摇不定。

撒切尔夫人就职后，决心重振与美国往昔的伙伴关系，这种关系在二战期间的英美团结中得到了最好的体现。她愿意支持美国在冷战中的外交努力，但也坚持要求美方听取英国政府关于美国政策走向的意见。为此，苏联1979年12月入侵阿富汗后，撒切尔夫人支持了卡特总统所做的回应。不过，英美伙伴关系真正发扬光大是在里根总统任职期间。

里根对苏联人的态度简单明了："我们赢，他们输。"[83] 撒切尔夫人的观点更细腻些，但她钦佩里根在对苏斗争中显示出来的强硬、精力和乐观。最重要的是，撒切尔夫人和里根一样，坚定致力于民主价值观。撒切尔夫人尽全力鼓励里根，里根也明白一位受到信任、意识形态合拍的外国人提出的劝告的价值。

苏联政策仍遵循共产主义理念。1979年12月苏联入侵阿富汗提醒了世人，使他们看清苏联从未停止推行冒险主义。撒切尔夫人注意的焦点仍旧是建立强大的国防和加强北约团结。她支持里根提升北约信誉的努力。

1982年，撒切尔夫人劝说里根以优惠价格对英出售新的三叉戟二型潜射弹道导弹，她希望英国能借以维持独立核威慑能力。本着同样的信念，她帮助引导了北约对于苏联针对欧洲部署SS-20中程导弹的回应。在北约内部因此举行的关于是否接受美国部署潘兴导弹和巡航导弹作为抗衡的辩论中，撒切尔夫人也起到了引领的作用。到1983年11月14日，美国中程巡航导弹运抵英国，准备在当月晚些时候把这种武器也运往联邦德国。撒切尔夫人鼓吹有效抗衡苏联导弹部署的努力产生了成果。

虽然反核运动遭遇了战术性失败，但不可思议的是，里根总统同情反核运动。里根有一次说，核武器"完全非理性，完全没人性，一无是处，只会杀人"。里根对这种武器的厌恶根深蒂固。他相信，自己作为总统最大的责任是建立一个无核的世界。1983年3月，里根宣布了战略防御倡议，震惊世界。这项计划要通过发展外空武器形成防御网，用以拦截并摧毁来袭的苏联洲际弹道导弹。用里根的话说，战略防御倡议会帮助世界"开始实现我们消除战略核导弹威胁的最终目标"[84]。

对于战略防御系统在技术上是否可行，或是否真能实现里根所说的巨大潜力，撒切尔夫人心存怀疑。她担心里根的计划超越了合理范围，所以她集中精力执行保证欧洲防务这个她认为比较切实的任务。不仅如此，撒切尔夫人还担心，即使是不完美的战略防御系统也可能破坏英国建立独立核威慑能力的根本依据。

在里根的信念与她自己的疑虑之间，撒切尔夫人选择了建设性模糊，这也不是她第一次这样做。在公开场合，撒切尔夫人不遗余力地赞扬战略防御倡议，不过她只赞美该倡议中她原则上支持的科研部分。至于比较有争议的实际部署，撒切尔夫人认为还是很遥远的事，应最终在北约内部谈判，还要与苏联谈判。

1984年12月，撒切尔夫人在戴维营与里根坦诚交换了意见，表明了自己的关切。虽然里根无意放弃自己的根本观点，但是他做出了一个关键让步。会见结束后，撒切尔夫人在新闻谈话中宣布，里根同意，"鉴于条约义务，战略防御倡议的相关测试与部署须经谈判决定"[85]。五角大楼愤怒地表示反对，因为这个许诺超越了美国政府过去同意的任何东西。不过，里根这个表态不仅在一定程度上安抚了焦虑的北约成员国，而且显示了美英之间持久的亲密关系。撒切尔夫人比任何其他欧洲领导人都更加坚信，促进大西洋两岸盟友之间的沟通是自己的责任。同时，她继续支持增加本国的国防开支。

撒切尔夫人对于战略防御倡议的态度反映了欧洲盟友的暧昧心情和英国的特殊处境。所有北约盟国都依赖美国的核保证，同时又害怕核战争会将自己的国家化为焦土。任何新武器系统，只要可能限制美国履行核保证的意愿或影响核平衡，都令它们感到不安。撒切尔夫人有自己的特殊关切，因为她决心保护英国的独立核威慑能力。二战期间，美国开发核武器得到了英国科学家的合作。因此，英国在道义上有权要求美国帮助英国发展核武器，或从美国那里获取核武器。1944年9月，罗斯福和丘吉尔在纽约州海德公园达成秘密协议，同意在战后继续开展核合作。战争结束后不久，两国关系出现了一些波折。之后，两国在1958年缔结了《美英共同防御协定》，该协定至今仍是国家间核武器合作的黄金标准。美国同意向英国皇家空军提供核武器，直到英国的核威慑达到足够规模，还同意与英国合作开发核潜艇技术，并允许向英国转让浓缩铀和浓缩钚。这项协议至今仍然有效。

英国两党每一届内阁都致力于发展核能力。有了核能力，英国就顶得住核讹诈。例如，1956年苏伊士运河危机期间苏联暗示要动用核武器时，英国能够做到夷然不惧。有了核能力，英国也有了参加军控谈判的底气。美国这边并非总是一致同意英国的态度，因为美国担心发生核扩散。尽管如此，美国还是有少数人相信，英国掌握核能力符合美国的长期利益，因为大西洋彼岸这个一贯与美国目标一致的伙伴会因此得到加强。万一发生危机，也会使苏联对北约的反应做出解读或预测时大费踌躇。

关于格林纳达的龃龉

撒切尔夫人希望维持紧密的英美关系，但她更在意捍卫英国的利益，即使是面对她非常尊敬的里根。这方面一个戏剧性的例子发生在 1983 年 10 月，美国入侵加勒比岛国格林纳达之后。格林纳达是英联邦成员国。一个强硬的马克思主义派别夺取了这个岛国的政权之后，里根政府试图通过军事干预来推翻通过政变上台的政权。因为早期探得英国的口风显示英国反对美国如此行动，所以白宫干脆把撒切尔夫人排除在相关讨论之外。美国发动入侵行动的几小时前，才把计划通知撒切尔夫人。

1974 年 2 月，格林纳达宣布独立，摆脱了英国殖民地的地位。然而，它仍然留在英联邦内，所以英国女王仍然是它的国家元首，英国政府仍然感到对它的主权负有某种责任。撒切尔夫人发现，她最亲密的盟友居然没有与她举行任何有意义的磋商就对一个英联邦国家动武。她感觉受了羞辱，于是更加激烈地反对美国的行动。更糟糕的是，这场入侵发生在美国计划在英国部署中程核导弹的仅仅几天前。如果美国在入侵一个加勒比小岛国之前不与英国协商，怎么能相信它在英国国土上使用导弹之前会和英国协商呢？

里根发来了打动人心的道歉，撒切尔夫人却拒不接受，并公开表明了与美国的分歧:"我们西方国家,我们西方民主政体使用武力是为了捍卫我们的生活方式……(不是)为进入别人的国家。"她接受英国广播公司采访时毫不留情地说:"如果你是在宣布一条新法律,说凡是共产主义统治的地方……美国都要进入,那么世界将会兵连祸结。"[86] 因为撒切尔夫人的这些话,美国国家安全事务助理、被人称作"巴德"的罗伯特·麦克法兰给英国内阁秘书写了一张条子,对撒切尔夫人"出奇严厉"的话语表示痛心,并强调美国政府对撒切尔夫人的态度"深感失望"。[87]

与此同时,格林纳达的事态迅速发展。美国10月25日发动入侵,4天后就推翻了格林纳达军政府。12月,美国完全撤出了这个岛国。革命前的宪法得到恢复,民主选举也遥遥在望。

撒切尔夫人提醒了美国政府不要把英国不当回事,然后决定不再纠缠因格林纳达而起的不愉快。此后,中程导弹按原计划部署在了英国国土之上。

战略转移:东西方接触

1983年12月,离圣诞节还有4天,撒切尔夫人请我到唐宁街10号吃晚餐。我们没有多谈不久前发生在加勒比的事情,但我发现她对于东西方关系的状况情绪低落。撒切尔夫人说,莫斯科似乎"漫无方向",她不记得过去有这种"不确定因素如此之多,接触却如此之少的情况"。[88]

那年9月,苏联击落了一架无意中进入他们领空的韩国民航飞机（KAL 007 航班）。莫斯科对这场悲剧的冷漠回应加剧了紧张局势。西方因此而坚信，与病入膏肓的苏共总书记尤里·安德罗波夫对话没有任何用处。11月，就在美国中程导弹开始运抵欧洲之时，苏联退出了日内瓦军控谈判。苏联陷入了完全孤立，正如它的顽固一样彻底。

那天晚餐时，我看到撒切尔夫人的担忧后，问她是否打算推动东西方重启对话，果真如此的话，她觉得什么是最好的启动对话的方法。我发现她已经在朝着这个方向思考了。

勃列日涅夫时代末期，苏联老人统治的僵化死板登峰造极。那时撒切尔夫人有意回避与苏联接触。1983年6月她赢得第二次选举后，才开始正式重新评估东西方关系，并朝着那个方向努力。

9月8日之后的那个周末，撒切尔夫人在首相乡间官邸契克斯庄园召集了一场座谈会。座谈会立意宏大："审议政府在国际事务中的战略，以便为今后几年确定清楚的目标。"[89] 外交部起初想派部里有经验的人来参加这场务虚会，但撒切尔夫人坚决不肯。她收到拟议的参会人名单后写信回复说："我想要……真正研究过苏联、懂得苏联人的心态、在那里住过一段时间的人。这个名单上一半以上的人对苏联的了解还不如我。"[90] 最后，8位苏联问题专家接到了邀请，除一人以外，全是大学教授。参会者阿奇·布朗是牛津大学研究苏联机构制度的讲师，他建议撒切尔夫人和苏联领导层年青一代有前途的领导人建立联系，比如米哈伊尔·戈尔巴乔夫，布朗说此人是"教育程度最高的政治局委员，可能也是思想最开放的"[91]。撒切尔夫人从善如流。座谈会的官方记录显示："大家同意，目标应当是在今后几年间缓慢建立接触。"[92]

9月晚些时候撒切尔夫人访问华盛顿见到里根时，对他谈了自己的想法。我们不应该"对苏联的本性有任何幻想"，撒切尔夫人对里根说，"同时我们又只能和苏联人生活在同一个星球上。因此，关键问题是我们未来的关系将会如何"。撒切尔夫人认为应建立"正常关系"。里根回答说自己与她所见略同。[93]

里根和撒切尔夫人一样，上任时也怀着对抗苏联人的决心。但是，他与许多支持者——以及他手下的一些工作人员——不一样。里根厌恶核武器，所以赞成军控谈判。早在1981年3月，里根刚在一次刺杀行动中逃过一劫，还未出院就给勃列日涅夫写信，建议开始对话。

1982年7月被任命为国务卿的乔治·舒尔茨鼓励与苏联建立联系。次年2月，在舒尔茨的催促下，里根不顾国家安全事务助理和国防部长的激烈反对，同意与苏联大使阿纳托利·多勃雷宁会面。"国家安全委员会的一些人太强硬，认为不应该对苏联人做出任何表示。"里根在那年4月的日记里这样写道。"我想我是强硬派，决不会搞绥靖，"他接着写道，"但我想试着让苏联人看到，如果他们以实际行动表明他们愿意与自由世界和平相处，这个世界将变得更加美好。"[94]

撒切尔夫人完全同意，并努力劝说里根政府的官员接受这个观点。然而，要想与苏联建立更具建设性的关系，需要在莫斯科有一位愿意合作的伙伴。1984年2月安德罗波夫之死把康斯坦丁·契尔年科推上了最高领袖岗位，但这位72岁的高官有肺气肿，心脏也不好，令撒切尔夫人看不到立即改善关系的希望。

撒切尔夫人把契尔年科和他那一代人放到一边，到他们可能的继任者中去寻找可接触的人，这体现了她具有关键意义的洞察力。按照她的指示，英国外交部拉了一个短名单，上有3位比较年轻的政治局委员的名字——格里高利·罗曼诺夫、维克多·格里申和米哈伊尔·戈尔巴乔夫。撒切尔夫人已经听说过戈尔巴乔夫的名字，而且戈尔巴乔夫是苏联立法机构外交关系委员会的主席，所以邀请他最合情合理。[95] 既然契尔年科还是国家元首，该有的外交礼仪必须遵守。撒切尔夫人安排让戈尔巴乔夫作为苏联议会代表团团长受邀访问英国，这个正常无害的安排很合适，撒切尔夫人可以借此机会与他见面，看看他是个怎样的人。

戈尔巴乔夫接受了邀请，1984年12月携夫人赖莎来到英国。在契克斯庄园的午餐餐桌上，他和撒切尔夫人就资本主义制度与共产主义制度孰优孰劣展开了激烈的争论。根据他们私下交谈的记录，撒切尔夫人说她"不想拥有能决定每个人做什么工作、得多少报酬的大权"。戈尔巴乔夫答道，他"理解英国的制度，但苏联制度更优越"[96]。讨论按照这个路子继续，谁也不肯让步，到会面结束也没有提出新倡议或达成新协议。然而，虽然那次午餐看似形成了僵局，但后来证明它是撒切尔夫人首相任期中意义最重大的一次会见。

撒切尔夫人后来写道，她看得出来，虽然戈尔巴乔夫重复了马克思主义的老生常谈，但"他的个性与通常鹦鹉学舌，如同木偶一般的苏联官员有天壤之别"。那天晚些时候，撒切尔夫人"认识到，他的风格远比马克思主义的辞藻更能表达他隐藏在表面下的真实个性"[97]。她感觉到，戈尔巴乔夫天性比他的前任更灵活。撒切尔夫人像通常一样毫不掩饰自己的看法。"我感到审慎的乐观。"翌日撒切尔夫人对英国广播公司说。她接下来说的话家喻户晓："我喜欢戈尔巴乔夫先生。我可以与他打交道。"[98]

但是，当年12月撒切尔夫人和里根在戴维营见面时，采取了谨慎的调子。那次会面的白宫记录显示，撒切尔夫人说，戈尔巴乔夫的确很有魅力，"愿意讨论和辩论问题"，但她也思忖道，"对手魅力越大，就越危险"。[99]不过这个担心不影响她的主要结论。如里根后来所说："她告诉我，她相信这是个做出伟大突破的机会。当然，事实证明她说得一点儿也不错。"[100]

1985年3月契尔年科逝世，戈尔巴乔夫成为苏共总书记。之后越来越多的人开始支持撒切尔夫人对这位苏联新领导人的积极评价，要里根早日与戈尔巴乔夫举行峰会的压力也与日俱增。里根政府内部的强硬派对此表示强烈反对。他们坚信，不懈施压最终将导致苏联制度的崩溃，因此认为与苏联开展对话将大大损害盟国间的团结。舒尔茨的意见与之相反，他努力给里根打气，支持里根想和苏联新领导人见面的本能愿望。

我对撒切尔夫人讲了我的看法。我认为，里根在第一个任期内努力加强美国的力量，赢得了苏联的尊敬，所以，他若在第二个任期开展谈判，会处于相当强有力的地位。[101]那年夏初，里根下了决心，宣布计划于当年11月与戈尔巴乔夫在日内瓦举行峰会。那次峰会成为一个转折点。遵照英美"特殊关系"的最佳传统，玛格丽特·撒切尔扮演了受到信任的伙伴和顾问的角色，把自己充分了解情况后做出的独立判断提供给美国政府。1985年9月12日，撒切尔夫人主动给里根写了一封异常详细的信，就如何与戈尔巴乔夫打交道提出了建议，里根在日内瓦的谈判策略在很大程度上靠的就是这封信。[102] 此时，撒切尔夫人等于是里根和戈尔巴乔夫之间的中间人，也达到了她国际影响力的巅峰。

20世纪80年代中后期，随着戈尔巴乔夫开始推行广泛的国内改革方案，撒切尔夫人与他对话的愿望开始升高。在欧洲左派看来，戈尔巴乔夫大谈改革和开放，这足以对认为苏联构成持续威胁的撒切尔夫人式理论釜底抽薪。反核运动也找到了推动全面裁军的新动力。撒切尔夫人坚决不同意这些观点。她不厌其烦地对欧洲各国领导人反复申明，一定要在显示外交灵活性的同时保持强大的国防，对苏联的威胁不能稍忘。

在此背景下，跨大西洋关系爆发了一场严重危机。1986年10月，里根和戈尔巴乔夫在冰岛雷克雅未克举行会晤，会上他们决定追求实现美国总统的无核世界愿景。这场会晤是一场非正式会议，本是为筹备将于华盛顿举行的正式峰会，却演变为一场意义巨大的会晤。国际舞台上鲜少能够事先安排，更遑论临时组织如此重要的会晤。

戈尔巴乔夫来雷克雅未克时，做好了同意大幅削减苏联核武库的准备，希望能劝说里根不仅采取同样的措施，而且放弃战略防御倡议。两位领导人在闭门会谈中讨论了对核武器更大幅度的削减。里根建议他俩同意分阶段完全消除核武器，将讨论推向高潮。"我们可以做到,"戈尔巴乔夫确认道,"我们可以消除这类武器。"[103]会谈甚至决定就此起草一份谅解备忘录。

事情最后坏在了战略防御倡议上面。戈尔巴乔夫坚持要求战略防御系统10年内只能留在实验室里。里根拒绝了这个要求,因为他相信,即使在一个无核武器的世界里,也需要战略防御作为保险,所以在外空试验战略防御系统至关重要。双方互不相让,美国总统突然退场,本来已经起草完毕的废除一切核武器的临时协议就此作废。

十几年后,我问在雷克雅未克会晤中担任戈尔巴乔夫外交政策顾问的阿纳托利·多勃雷宁,苏方谈判者为什么不先接受主要内容,同意冻结并共同大幅减少核武器数量,把外空试验的问题留待后续技术性会议处理,也许可以在日内瓦召开那种技术性会议。"因为我们在场的人谁都不太了解核战略,"他答道,"也因为我们万万没想到里根会退场。"①

撒切尔夫人深感不安。她敦促里根和戈尔巴乔夫打交道,却没想到这种接触可能会完全颠覆美国和英国现有的防务政策。雷克雅未克峰会两个月后我见到撒切尔夫人,发现她对事态发展非常担忧。撒切尔夫人说,峰会是一场"地震",会危及里根政府为改善美国与欧洲盟国关系"所做的一切积极努力"。里根想推翻北约关于核武器作用的长期共识,差点否定了跨大西洋联盟一大支柱的

---

① 在座的苏联人包括戈尔巴乔夫和外交部长爱德华·谢瓦尔德纳泽。美国方面是里根和乔治·舒尔茨。

合法性。

撒切尔夫人认为,现在她的任务是把美国总统拉回到比较坚实的立场上来。她告诉我,她"决心把雷克雅未克撇到一边"[104]。起初,她采用的方法是通过热烈的赞扬来暗示自己的意思。峰会第二天,撒切尔夫人给在白宫的里根打电话,先是言不由衷地说他"在雷克雅未克干得漂亮"。她说,峰会"看起来像是苏联人设的圈套",必须"把陷入僵局的责任算到戈尔巴乔夫头上"。接着撒切尔夫人发动了攻势,警告里根说,提倡完全消除核武器"相当于投降,所以我们必须非常非常小心"。

对她的恳求,里根不为所动。撒切尔夫人又说,她担心若是完全消除了核武器,"拥有常规武器优势的苏联人会横扫欧洲"。里根回答说,他"确信我们会制定出打败苏联人的战略",暗示他认为可以用常规军事手段打败苏联人。[105]

这可不是撒切尔夫人想听到的。她认识到,废除核武器是里根的深刻信念,在这个问题上里根是不会后退的,至少不会立即后退。于是她改变了手法。撒切尔夫人利用原定于雷克雅未克峰会召开一个月后的1986年11月对戴维营的一次访问,再次对里根展开劝说。她听从长期助手查尔斯·鲍威尔的建议,决定不要求里根拒绝他已经在雷克雅未克同意的任何东西。撒切尔夫人当时告诉我,她要"挑出雷克雅未克成果中我们可以接受的内容,说明应优先执行那些内容"。"言外之意就是,其他的都应搁置,虽然并不明言放弃。"[106]

里根接受了这个主意,令撒切尔夫人大松一口气。两人同意,

第六章 玛格丽特·撒切尔：信念战略

应优先促成关于中程核力量（中导）的协议，还要削减50%的战略进攻型武器，外加禁止化学武器。对于在雷克雅未克达成的一揽子协议中更加广泛的内容不再提及，也就不再予以积极考虑。

这个办法并非没有代价。看起来，撒切尔夫人既然支持中导协议，就肯定赞成里根最终在欧洲完全消除核武器的目标，其实这远非撒切尔希望的结果。尽管如此，正如撒切尔夫人对我解释她的决定时所说："为了维持核威慑，防止美国通过谈判放弃战略核武器，并确保我们收到三叉戟（导弹），我们只能两害相权取其轻，接受消除中程导弹的协议。"[107]

撒切尔夫人知道何时坚守内心深处的信念，何时接受新的现实——并且，用她的话说，"尽量予以利用"[108]。撒切尔夫人戴维营之行结束时发表的美英联合声明重申了北约对有效核威慑的依赖和里根对英国三叉戟系统的持续支持。在关于核威慑的公开表态方面，联合声明实际上回归了雷克雅未克之前的标准措辞。正如我当时对撒切尔夫人说的，她是"唯一能劝服总统的非美国人"[109]。撒切尔夫人继续给里根提供建议——为他考虑，却绝非总是和他意见一致，这对里根非常重要。

撒切尔夫人劝说成功还沾了一件事的光，那就是美国政府正因"伊朗门"事件而焦头烂额。在这个丑闻中，一些政府官员未经授权向伊朗出售美制武器，用得来的钱款资助尼加拉瓜反政府叛乱分子，助其打击奉行马克思列宁主义的桑地诺政权。作为里根的朋友和坚定支持者，撒切尔夫人认为自己应该帮他找到一条出路。撒切尔夫人重申北约防务原则的根本要素，也帮了西方的大忙。但是，

463

雷克雅未克一事在显示英美的亲密关系之外，也揭露了这种关系的局限性。如果在一个问题上盟友间实力悬殊是重要因素，总统的信念又特别坚决，那么感情和历史的纽带就可能磨损，美国也许会坚持走自己选择的路。

捍卫科威特主权：海湾危机

在撒切尔夫人领导下，英国不仅在有关北约和冷战的问题上积极发声，在全球各地发生的争端中也立场鲜明。1990年8月，萨达姆·侯赛因领导的伊拉克入侵并占领了邻国科威特。起初，英国能否担任特殊角色并不清楚。1961年发生过一个类似事件，当时，推翻伊拉克国王、自己登上大位的陆军准将阿布德·卡里姆·卡西姆似乎也威胁到了新独立的科威特的领土完整。那次，英国调动部队和舰船，成功吓阻了卡西姆，履行了英国为前殖民地的防务提供担保的协议。但自那以后，英国的行动能力明显大不如前。

撒切尔夫人认为，萨达姆·侯赛因和加尔铁里将军一样，是狂妄的独裁者。如同对付阿根廷领导人一样，姑息侯赛因只会令他得寸进尺。如果对他的侵略行为听之任之，国际制度的完整性将严重受损。撒切尔夫人对英国在历史上几次对侵略者的绥靖行为非常不以为然。谈到催生了第二次世界大战的1938年《慕尼黑协定》时，她评论说："每次英国把他国人民的领土拱手相让，例如在苏台德地区和捷克斯洛伐克，都是它外交政策最糟糕的表现。"[110] 科威特冲突伊始，撒切尔夫人就如同在马岛冲突上一样，认定唯一正

第六章 | 玛格丽特·撒切尔：信念战略

确的方法是恢复之前的状况。最终，她在此问题上表现出来的清晰的道德是非观对美国政府在危机期间的决策产生了重大影响。

危机爆发后，乔治·H. W. 布什总统的第一反应非常谨慎。8月2日早晨他在白宫对记者讲话时，表现得小心谨慎，说他"没有考虑"向该地区派遣部队，不过，他"不会在这里讨论任何军事选项，即使我们已经商量好了"[111]。布什讲话后，国家安全委员会立即开会讨论此事。大家的意见慢慢趋向于把入侵作为既成事实接受下来。[112]

碰巧，早在危机爆发前很久，撒切尔夫人已经接受邀请，在8月2日下午和布什总统一道出席在科罗拉多州阿斯彭召开的一次会议。他俩在阿斯彭度过的那段时间对于中东、美英关系以及世界秩序的原则产生了巨大影响。撒切尔夫人与布什的关系不如和里根亲密，但布什明白这个关系的价值。陪同撒切尔夫人前往阿斯彭的查尔斯·鲍威尔注意到，两位领导人在科威特问题上"意见非常一致"，虽然撒切尔夫人似乎比布什更深刻地感受到军事回应的紧迫性。[113]

在那天下午和撒切尔夫人的联合记者会上，布什先讲话。他眉头紧皱，声音平稳，双手插在西装口袋里，整个人都散发着谨慎的气息。布什叙述了他和中东各国领导人通话的情形，对伊拉克的侵略行为表示"关切"，并呼吁"和平解决"。[114]撒切尔夫人如同她30年前在议会初次演讲时那样，对布什邀请她来科罗拉多表示感谢后，立即单刀直入谈及"主要问题"：

465

> 伊拉克侵犯并占领了一个联合国会员国的领土,这是完全不可接受的。如果允许这种行为,那么许多其他小国就再也不会感到安全。[115]

撒切尔夫人遣词用字非常小心,但产生了立竿见影效果的不是她说话的内容,而是她说话的方式。她语速急促,语气很重,表现出坚定的信念。她做领导人真是如鱼得水。

布什8月5日返回白宫时,意见强硬了许多:"我非常严肃地看待我们击退这次侵略的决心……这种情况是不能容许的。"[116] 一周后,我和查尔斯·鲍威尔谈话时,说总统变了调子主要是因为撒切尔夫人的作用:"白宫那帮人去阿斯彭时,都觉得无能为力,但回来时个个精神抖擞、意志坚定。"[117]

事后回头再看,我相信布什去阿斯彭之前,已经开始倾向于做出更有力的回应,但在阿斯彭和撒切尔夫人的讨论大大加强了他的直觉。那个月晚些时候,联合国通过决议,准许使用武力拦截企图违反伊拉克制裁的油轮。决议通过后,撒切尔夫人再次给布什打气。她说:"这时候不能举棋不定。"冲突早期撒切尔夫人帮助确立的坚定基调成为最终解放科威特的一个重要因素。

撒切尔夫人毫不犹豫地站出来捍卫科威特主权,可是她不太愿意让联合国在解放科威特的行动中发挥主导作用。科威特遭到入侵次日,联合国安理会通过了660号决议,谴责伊拉克的侵略,要求伊拉克立即撤出。撒切尔夫人对这一决议表示欢迎,但对联合国更大程度地参与持明显怀疑的态度。当形势清楚地表明靠外交手段无法促成伊拉克撤军的时候,她反对争取让安理会再通过一项决议授权使用武力。她说,如果任何军事行动都需要安理会授权,就确立了先例,这种先例会破坏国家主权原则中固有的自卫权。

从实际角度出发,撒切尔夫人也想在解放科威特的方式上保持最大程度的行动自由。在这一点上,她起初得到了布什总统的支持。"她不想去联合国讨论使用武力的问题,我也不想。"布什在9月初的日记中这样写道。[118]

然而,撒切尔夫人的意愿终究不敌美国的国内局势。布什明白,国会和美国民众不同意在没有联合国支持的情况下采取军事行动。撒切尔夫人在英国没有类似的掣肘,所以私里激烈反对再通过一项联合国决议。但是,美国国内的政治需要最终还是压倒了一切。1990年11月初,撒切尔夫人让步。然而,由于完全不相干的原因,仅仅几周后,她就被迫离职。

领导力的局限:德国与欧洲的未来

伟大的政治家能为普通人所不能为。他们不人云亦云,而是勇于探索新思想。撒切尔夫人在政治生涯中从不随波逐流,她的领导力改变了辩论的方式。

然而,她对自己能为人所不能为的自信偶尔也有落空的时候。1989年11月9日柏林墙倒塌后,撒切尔夫人把她平素的审慎和灵活抛到了一边。她没有牵头促使西方采取推动德国统一和接纳统一的德国加入北约的政策,反而与其他大西洋国家领导人的分歧越来越大。

对撒切尔夫人来说，柏林墙倒塌的确值得庆贺。同样，接下来东欧各国共产党政权的垮台代表着苏联卫星轨道的最终解体，这是她担任公职期间始终努力的目标。但是，铁幕消失后自然而然的下一步却让撒切尔夫人深感不安，那就是自二战结束以来被人为分裂的东西两德的统一。

撒切尔夫人对德国重新统一的担忧有正当理由。新统一的德国上一次进入国际体系是在1871年。当时，本杰明·迪斯累里视其为比法国大革命"更大的政治事件"[119]。俾斯麦1890年退休后爆发的一系列危机证明了迪斯累里这位英国政治家的先见之明。那些危机最终导致了1914年8月第一次世界大战的爆发。一个统一的德国必将再次改变欧洲的均势。撒切尔夫人相信，这个变化涉及的各种问题需要仔细考虑。与她有同感的大有人在。

撒切尔夫人对二战期间自己的儿时经历刻骨铭心，她不相信德国强硬的扩张主义行为方式会随着希特勒的战败而结束。撒切尔夫人不信任她眼中不可改变的德意志民族性。她在悲观的时候，担心德国往昔的妖魔并未完全驱除干净。据说拿破仑曾说："若想懂得一个人，要看一看他20岁时的世界。"撒切尔夫人20岁时是1945年。

撒切尔夫人对自己的疑虑直言不讳。1988年6月，七国集团多伦多峰会期间，我和她一起出席了一次场外晚餐会。[120]我向她敬酒时引用了俾斯麦的一句话，大意是一个政治家能够做到的最大限度是抓住上帝的斗篷边跟着走几步。撒切尔夫人没有全神贯注听我说话，问我建议抓住谁的斗篷。晚餐会主人解释说我在引用俾斯麦的话。她问："俾斯麦，那个德国人？"主人给出了肯定的答复后，她回答说："该回家了。"

德国快速统一的势头不断增强之时，撒切尔夫人依然坚决反对。其他领导人即使心有疑虑也不愿公开表示，她却恰恰相反，不肯考虑两德统一，说应该把注意力集中在把民主德国建成真正的民主国家上面，并坚称两个民主的德国可以永远共存下去。撒切尔夫人担忧统一的德国可能再次萌生统治欧洲的野心。为强调这一担忧，她又提出了另一个论点：德国统一可能会打乱米哈伊尔·戈尔巴乔夫历史性的改革实验，这将助长莫斯科强硬派的气焰，也许会造成戈尔巴乔夫下台。

就连撒切尔夫人的盟友也不赞成她这些论点。布什政府将德国统一视为西方在冷战中获胜的自然结果。就在柏林墙倒塌几天前，布什明确表示了立场，他对《纽约时报》说："我不同意有些欧洲国家对一个统一德国的关切，因为我认为，德国对联盟的承诺以及对联盟重要性的认识是不可动摇的。"[121]

像法国总统弗朗索瓦·密特朗这样的欧洲领导人起初也和撒切尔夫人一样，对德国统一心怀犹豫，但后来开始悄悄地转向接受统一，同时寻求制定德国统一必须满足的条件。我1月10日在伦敦见到撒切尔夫人时，就劝她这样做，但怎么也劝不动。我们会谈的记录表明了她的坚定立场："首相说国际关系中没有什么是不可避免的。她的出发点是确定哪些事情符合英国利益，然后试图予以促成。"[122]

虽然精神可嘉，但在 1990 年 1 月，只有牢固建立在欧洲新现实基础上的政策才是唯一可行的政策。撒切尔夫人的领导力经常以机敏灵活和脚踏实地为特点，现在却显得顽固僵化。过去历次危机中，她每每靠着务实的本能成功应对。这次她这个本能却杳无踪迹，只剩下与无效硬抗几无二致的政策。撒切尔夫人提议，德国统一后留下部分苏联军队来保持东德的稳定，但这个提议根本行不通。[123] 德国人在美国支持和法国默许下，径自开始了统一进程。撒切尔夫人被晾在一边，影响力大为减弱。

德国统一是欧洲一体化这个大工程的一部分。欧洲大陆的普遍观点是，与统一后的德国相处的最好方法是将其与欧洲共同体紧紧绑在一起。赫尔穆特·科尔总理力倡这一主张，愿意让德国为此做出贡献。他的外交部长汉斯-迪特里希·根舍引用了小说家托马斯·曼发出的呼吁："不要创造一个德国的欧洲，而要创造一个欧洲的德国。"[124]

撒切尔夫人从根本上不同意这个战略。德国人口众多，经济发展潜力巨大。因此，在任何欧洲一体化的结构中，德国都必然占很大的，甚至是压倒性的分量。她明白，德国的实力是现实存在的，无法通过法律或制度手段予以消除。但是她强烈认为，接纳德国进入欧洲遏制不了它的实力，只会使之地位更加稳固。最终，事实证明她对了一部分，因为德国的经济进步使它在欧盟内部的影响力超过了任何其他成员国。但是，在德国人本性和德国政治的根本问题上，撒切尔夫人错了。德国在阿登纳的领导下和他遗产的作用下脱胎换骨，自从 1990 年 10 月实现统一以来，一直是西方联盟不可或缺的一员。

欧洲，无尽的麻烦

与撒切尔夫人的世界观格格不入的不只是德国统一，还有整个欧洲一体化议程。撒切尔夫人坚决捍卫议会主权，认为把权力从民族国家手中转给由非民选官僚组成的欧洲超国家机构相当于废除民主及主权权利。

撒切尔夫人的战略是鼓励欧洲经济自由化，却不推进政治一体化。试图维持两者间的平衡成了她外交政策的最大难题。1984年，经过数年艰苦谈判，撒切尔夫人取得了对布鲁塞尔的重大政治胜利，为英国赢得了年度"返款"，把英国对欧盟预算的缴款减少了三分之二。1986年，撒切尔夫人积极拥护寻求建立单一市场的《单一欧洲法案》（这份法案主要是英国起草的）。然而，撒切尔夫人没有想到这份法案后来会被用来在欧洲理事会中扩大"合格多数投票"。她在回忆录中承认：

> 现在可以看到，我的第二个首相任期中，欧洲共同体微妙却肯定地改变了方向，从一个开放贸易、规则简单的主权民族国家自由合作的共同体转向经济统制主义和中央集权主义。[125]

冲突的舞台就此搭好。这场冲突既是伦敦与布鲁塞尔之间的冲突，也是保守党内部的冲突。这场冲突将持续一代人以上的时间。

如何管理英国与欧洲的关系是一个长久的问题，对保守党领袖来说，也是个充满危险的问题。从1990年11月的玛格丽特·撒切尔到2019年7月的特雷莎·梅，4届保守党首相都在对欧关系这个浅滩上翻了船。[126]

1986年1月，国防大臣迈克尔·赫塞尔廷辞职。这是最早的征兆，显示撒切尔夫人在管理党内围绕欧洲问题的分歧中遇到了麻烦。表面上，导致赫塞尔廷辞职的是关于英国硕果仅存的直升机制造商韦斯特兰（Westland）公司的争议，实质上却是因为赫塞尔廷欲取代撒切尔夫人成为首相。美国的西科斯基（Sikorsky）公司表示有兴趣成为韦斯特兰公司的少数持股方，希望通过注资让这家不赚钱的英国制造商扭亏为盈。这个办法与撒切尔夫人的自由市场理念以及她的大西洋主义思想都很合拍。

但是，赫塞尔廷倾向于由政府操控，在欧洲层面上解决问题。按照他的计划，这家苦苦挣扎的英国公司将加入由英国、法国、德国和意大利防务公司共同组成的一个财团。一场激烈斗争随即展开，其间唐宁街试图抹黑赫塞尔廷的名声，由此引发的短期混乱似乎威胁到了撒切尔夫人对保守党的掌控。最后，赫塞尔廷辞职。西科斯基公司出资救了韦斯特兰公司。

赫塞尔廷富有魅力，家财丰厚，野心极大。他亲近欧洲，摆明了想继撒切尔夫人之后登上首相之位。赫塞尔廷明目张胆的反叛在普通议员当中闷烧了好几年，然后于1990年11月突然爆发为熊熊大火。

第六章｜玛格丽特·撒切尔：信念战略

那时，火种已经积了很多。保守党的政治大佬因为在欧洲问题上所持立场有的兴起，有的倒台。1973年，英国由希思带领加入了欧洲经济共同体（EEC）。但在1979年，英国却拒绝加入初建的欧洲汇率机制（ERM），这个机制大致可以算是欧元货币的前身，要求参与国将自己的汇率维持在欧洲货币单位（ECU）价值的一定范围之内，而 ECU 的价值又是按照成员国的经济规模加权决定的。

关于 EEC、ERM 和 ECU 的激烈论战造成了英国内阁的分裂，不断削弱着撒切尔夫人的领导力。1985年，撒切尔夫人拒绝让英国加入欧洲汇率机制。但1987年年初，财政大臣奈杰尔·劳森找到了一个迂回的办法：他不经撒切尔夫人同意，决定让英镑以明确规定的汇率"紧盯"西德马克。可是，1987年11月，撒切尔夫人发现了这个默契的安排，1988年年初就取消了该政策。[127]

推动欧洲一体化的方案一个比一个宏大，保守党的分裂无可救药。在这种情况下，撒切尔夫人接受了在比利时布鲁日的欧洲学院就欧洲大陆的未来发表演讲的邀请。撒切尔夫人知道，这次的听众都是希望成为欧共体官员的人，不会轻易接受她的欧洲怀疑论，所以，她开始演讲时开了个玩笑。"如果你们相信有些关于我对欧洲看法的传说和文章，"她满面笑容地说，"那这次请我来一定像是请成吉思汗来讲和平共处的好处！"[128] 然而，撒切尔夫人和成吉思汗一样，是来征服的。那个玩笑是她的礼貌客气的全部。

撒切尔夫人没有给欧洲一体化的主张唱赞歌，而是在演讲中设定了对它的限制。在这个意义上，"布鲁日演讲"可以视为撒切尔夫人对内阁中批评她的那些人发布的独立宣言。在撒切尔夫人看来，欧共体应该遵循5条"指导原则"：依靠"独立主权国家间自愿的积极合作"，"以务实的方式应对目前的难题"，"鼓励进取心"，"不推行保护主义"，"通过北约维持可靠的防御"。[129]

撒切尔夫人所说的"务实"指的是建立一个精简干练、政治上负责、亲市场的欧洲官僚机构。这样的机构对监管只点到为止，把工作重点放在眼前的问题上，而不是好大喜功。因此，撒切尔夫人对欧洲未来的设想是以保留各个民族国家为基础的。

> 试图压制民族性，将权力集中到中心会造成极大破坏，危及我们努力实现的目标。欧洲要变得更强，恰恰需要法国是法国，西班牙是西班牙，英国是英国，各国有自己的风俗习惯、历史传统和身份特点。试图让它们符合公式化的欧洲特性实在是愚不可及。[130]

夏尔·戴高乐对她这段话中的每一个字都会击节赞赏。

"布鲁日演讲"突出表现了撒切尔夫人对集权的疑虑，这种疑虑是她在成为首相之前研读哈耶克著作的结果。到"布鲁日演讲"的时候，撒切尔夫人已经有了在英国推行改革的经验，例如实现工业和公共住房的私有化。这些举措取得成功，很大程度上是因为把国家的权力归还给了私营企业。撒切尔夫人认为，欧洲一体化项目的推动者对当今时代的重大经济教训视而不见。她在演讲中直接把矛头对准了这些人，指出：

第六章│玛格丽特·撒切尔：信念战略

就在苏联这种什么都想由中央控制的国家开始学到，只有分散权力，把决策权从中心下放才能成功的时候，欧共体的一些人却似乎想反其道而行之，这实在是一大讽刺。我们成功地削减了英国国家的权力，可不是为了看到在欧洲层面上再次把这些权力强加给我们，由一个欧洲超级国家从布鲁塞尔对我们发号施令。[131]

这番话故意要惊世骇俗，也达成了预期效果。撒切尔夫人是在直接驳斥欧洲委员会主席雅克·德洛尔3个月前的一次讲话。在那次讲话中，法国社会党人德洛尔提出，不出10年，各国立法机构将把多达80%的经济决策权交给欧洲议会。[132] 听了此言，撒切尔夫人不禁火冒三丈。

"布鲁日演讲"还对欧洲文明的含义以及英国在欧洲文明中的位置做了睿智的论说，不过后来这一段并不经常被人提及。撒切尔夫人谈到了她的两大信念：对在东欧为自由而斗争的人们的同情和对美国的深切敬仰。她说，欧共体是"欧洲身份的一个表现"，但并非"唯一的表现"。撒切尔夫人接下来从冷静的分析转为激情的勉励：

我们决不能忘记，在铁幕以东，曾经是欧洲文化、自由和身份一部分的人民被强行切断了根。我们将永远把华沙、布拉格和布达佩斯视为伟大的欧洲城市。我们也不应忘记，是欧洲价值观帮助美利坚合众国成为如今勇敢的自由捍卫者。[133]

475

撒切尔夫人此言可谓未卜先知。华沙、布拉格、布达佩斯和东柏林不久后就重回欧洲怀抱。欧洲大陆当时及现在的繁荣都依赖美国所提供的安全,而美国本身就是欧洲文明的伟大延伸。

这就是撒切尔夫人的"布鲁日演讲"最终将载入英国经典演讲集的原因。不仅因为这篇演讲在她自己传记中的关键地位,而且因为它体现了撒切尔夫人的远见卓识,并清楚地阐明了英国身份与欧洲一体化之间的持久张力。

政治陨落

然而,"布鲁日演讲"当下产生的效果是进一步拉大了撒切尔夫人与其他内阁阁员之间的距离。此事非同小可,因为它表示内阁在经济政策上的意见分歧加剧了。这与外交和国防政策上意见分歧的加剧同样不祥。前面说过,英国制度中,内阁阁员属于党内最高级别,权威在首相与内阁之间双向流动。因此,首相和内阁阁员彼此的善意对于政府有效运作至关重要。

1989年6月的一个星期日早晨,撒切尔夫人几小时后就要去马德里在欧共体峰会上发言之时,财政大臣奈杰尔·劳森和外交大臣杰弗里·豪造访了唐宁街10号。接下来出现了英国政府中罕见的场面:撒切尔政府这两位权力最大的大臣威胁说,首相必须提出最后时限,说明英国在那之前将正式加入欧洲汇率机制,因而放弃国家的独立货币政策。如果首相不肯,他们就辞职。撒切尔夫人仔细记下了他们的要求,表示愿意修改自己在这个问题上的立场,但她拒绝公开宣布最后时限。

从马德里回来后不久,撒切尔夫人降了豪的职,让他担任下议院议长。为缓解这个打击,她给了豪一个含义不明的副首相头衔。对于劳森,撒切尔夫人比较宽大,让他继续留任。不过,劳森很快也挂冠而去。汇率政策是一个原因,另一个原因是劳森说撒切尔夫人的首席经济顾问阿兰·沃尔特斯公开发表的言论破坏了他的权威,撒切尔夫人却拒绝解雇沃尔特斯。

然而,1990年10月,撒切尔夫人在新任财政大臣约翰·梅杰的逼迫下,默许英国加入欧洲汇率机制。10月30日,撒切尔夫人在对下议院的讲话中,为此举做了辩护,同时"完全彻底"地拒绝加入经济和货币联盟,她认为那是"通往联邦欧洲的后门"。撒切尔夫人盛怒之下,决心防止内阁对她的政策发起任何进一步挑战。她的讲话似乎受了上帝对约伯告诫的启发:"你只可到这里,不可越过。"撒切尔夫人把雅克·德洛尔拿来当陪衬,说"他想让欧洲议会做共同体的民主机构,他想让欧洲委员会做行政机构,他想让部长理事会做参议院"。撒切尔夫人的反应直截了当:"不,不,不!"[134]

"不,不,不。"撒切尔夫人平静地、一字一句地说出来的这3个字后来成为她的又一句不朽名言,不过那是在此言导致她的政府倒台之后。当时,由于撒切尔夫人推行不得人心的"社区税"(地方政府的人头税),她的政府正在迅速失去民心。

两天后,杰弗里·豪辞去了内阁职位。他在11月13日对下议院讲话时解释说,他做出这一决定"既有工作风格方面的原因,也与实质问题有关"。豪在辞职讲演中称，撒切尔夫人关于经济和货币联盟的政策"增加了令她自己和其他人误入歧途的风险"。豪的讲演堪称杰作，字里行间讽刺满满。在屏息凝神的下议院议员面前，他先是对撒切尔夫人的"勇气和领导力"致敬，然后话锋一转，直指撒切尔夫人的政策，说到哈罗德·麦克米伦相信，英国

> 只能加入欧共体并留在里面。那时他认为我们决不能脱离权力现实，不能缩进缅怀往昔的牢笼，以致减弱我们对自己未来命运的控制力。今天也是一样。[135]

豪越说越激动，形容撒切尔夫人关于欧洲的言辞为"悲剧性的"和"令人不安的"。然后，他的语调转为悲伤多于愤怒：

> 这是一个悲剧。对我本人，对我的党，对我国全体人民，对我尊敬的朋友她自己，都是一个真正的悲剧，那就是首相目前对欧洲的态度正给我们的国家带来越来越严重的风险。我们的影响力可能减弱，我们被再次拒之门外的可能性反而大增。我们过去因为行动太晚，在欧洲错失良机，结果付出了沉重的代价。我们不敢允许这种事情重演。如果我们作为一个党或一个民族完全脱离欧洲的中间地带，其后果将无法估量，恐怕永远难以纠正。[136]

豪在讲演结束时，明确表示他认为国家在撒切尔夫人的领导下

不会有建设性的未来。他提及他对作为他朋友的首相的忠诚与对"我心目中国家真正利益"的忠诚之间的"矛盾",断言自己不再可能在政府中供职。豪声称,自己做此决定经过了长时间的"挣扎"。他敦促党内其他人"思考自己该如何回应",并和他一样,做"对我党我国有利"的事。[137] 他呼吁保守党"其他人"重新考虑对撒切尔政府的忠诚,等于暗示赞同将她推翻。翌日早上,迈克尔·赫塞尔廷就宣布了竞选党首的决定。

此事发生的时机对撒切尔夫人来说非常不巧。按计划,她11月16日要访问北爱尔兰,然后去巴黎出席欧洲安全合作委员会(CSCE)(定于11月19—21日召开的)为期3天的会议。可是现在这段时间却成了竞选保守党新党首的最后几天。尽管有此困难,撒切尔夫人仍决定维持原定的出访计划。

我从远处观察着这场(对一个外人来说)惊人的领导权争夺战,对撒切尔夫人的决定感到惊诧。于是我采取了一个也许是越界的行动(我过去发表意见从来都只限于外交政策),给现已与我成为好友的查尔斯·鲍威尔打了个电话,问他撒切尔夫人为何在选战最激烈之时离开战场。的确,欧安会的会议是冷战后一个令人憧憬的时刻,会上布什和戈尔巴乔夫将同欧洲各国领导人一道擘画欧洲大陆的未来。但是对撒切尔夫人来说,留在英国对开始动摇的支持者阐述她的理念肯定是更加慎重的做法。

我的建议没有被接受,因为撒切尔夫人相信自己在世界舞台上负有责任。她认为,为了应付保守党内的争端而缺席会议是缺乏信心的表现,而那是危险的。撒切尔夫人的决定虽然体现了她的坚强个性，但事实证明这一决定产生了灾难性的结果。

撒切尔夫人把竞选活动交由一帮只能说是三心二意的无能之辈来管理。11月20日傍晚，她在英国驻巴黎大使馆接到了助手关于第一轮投票结果的报告："不如我们的预期，也不够好。"[138] 撒切尔夫人获得了204张选票，赫塞尔廷得了152票，另外有16票弃权。然而，根据保守党晦涩难懂的规则，撒切尔夫人没能赢得所需的超级多数。假若赫塞尔廷的支持者中有两人倒戈，她就赢了。现在需要举行第二轮投票。撒切尔夫人在摄像机前做出勇敢镇定的姿态，对记者说她一定会对这轮投票结果提出抗辩。

接下来的48小时，坏消息接踵而来，整个事件染上了莎士比亚悲剧的气氛。多年积累的内阁阁员的善意所剩无几。过去，撒切尔夫人的坚定信念、战斗精神和个人魅力为她赢得了盟友，如今她除了这些品质又加上了顽固不化，令朋友和支持者纷纷离去。赫塞尔廷备受媒体注意之时，原来忠于撒切尔夫人的一些人开始动摇变节。内阁有人悄悄提出找约翰·梅杰或外交大臣道格拉斯·赫德当候选人，好"阻止赫塞尔廷"。

整整一夜，直到次日白天，撒切尔夫人眼看着命运的大潮一点点退去。她一个一个地找内阁阁员谈话，他们都告诉她，自己当然支持她，但很遗憾，她在又一轮投票中无法取胜。到11月21日午夜，山穷水尽的她决定辞职。翌日上午9点，她正式对内阁宣布了这个决定。如同我当时对鲍威尔说的，她的辞职令我感觉"比家中死了人还伤心"[139]。

撒切尔夫人在世界舞台上叱咤风云，又深得美国人信任，因此大多数美国观察者大惑不解，不明白撒切尔夫人的保守党同僚为什么要推翻她。布什总统听到这个消息后心情低落。当时他正在访问沙特阿拉伯，去看望为把伊拉克军队赶出科威特而集结在那里的盟军。诺曼·施瓦茨科普夫将军① 问他的英国同事："你们到底是个什么样的国家，居然在仗打到一半的时候开除首相？"[140] 此言道出了英国的许多朋友的心声。

同样令观察者啧啧称奇的是撒切尔夫人深藏内心的痛苦，在世人面前展示的优雅从容。她上午宣布准备辞职，当天下午又必须面对议会的不信任投票。工党要求举行这次投票，希望能趁保守党内部乱作一团之机从中获利。撒切尔夫人那天下午的讲话，用自由民主党领袖帕迪·阿什当的话说，是一次"精湛的表演"。撒切尔夫人为自己政府的政策——引申而言也是为她的领导力——做出了充满激情的辩护，她问道："（工党）滔滔不绝的空话随风飘走后，他们在议会提出这个动议的真正原因是什么？"她的回答非常坚定：

> 不可能是对英国世界地位的不满。我们当之无愧地享受着崇高的地位，特别是因为我们对结束冷战和在东欧及苏联传播民主做出了贡献。这些成就在我昨天刚参加完的历史性巴黎会议上得到了庆祝。
>
> 不可能是因为英国的财政。我们正在偿还债务，包括工党当政时欠下的债务……

---

① 第一次海湾战争的盟军总司令。——译者注

> 真正需要决定的问题……是如何在 80 年代成就的基础上更上一层楼,如何在 90 年代继续推行保守党的政策,以及如何在三次大选胜利之上再加上第四次胜利,我们必将胜利。[141]

撒切尔夫人此言再次显示了她的先见之明。在后来的党首竞选中,约翰·梅杰击败赫塞尔廷,在 1992 年大选中为保守党赢得了连续第四次胜利。

次周,撒切尔夫人最后一次接受议会质询。回顾那次会议,最令人印象深刻的是保守党以外的政客对她的赞扬。例如,北爱尔兰统一党议员詹姆斯·莫利纽克斯有些懊悔地提到自己过去同撒切尔夫人关于《英爱协议》的争吵:

> 首相还记得 1985 年 11 月的一次重要辩论吗?那时我们的关系有点紧张。她还记得我当时对她是怎么说的吗?我说:"全国各地千百万和我们一样的英国公民都觉得首相可以对国家的命运做出持久贡献。"首相知道吗?现在大多数人民希望她能够继续做贡献。[142]

撒切尔夫人没有借机攻击对手,而是优雅地回答:"这位尊敬的先生过奖了。"

翌日,1990 年 11 月 28 日,玛格丽特和丹尼斯·撒切尔离开了唐宁街 10 号。不出意料,撒切尔夫人作为首相的最后一次讲话是感谢为官邸服务的工作人员。

第六章 | 玛格丽特·撒切尔：信念战略

后记

撒切尔夫人实现的英国复兴既是经济事业，也是精神事业。她成为首相时，国家的衰退不仅仅限于经济停滞，而是成了一种集体观念，这种观念自我加强，最终造成意气消沉、国力虚弱。衰退的特点是通胀高企、增长缓慢和令经济瘫痪的劳资冲突。20世纪70年代英国的政治中心运转不灵。

撒切尔夫人拒绝接受当时社会上普遍的疲惫无奈的心态，她作为反对党领袖为将来设想出了一幅美好的愿景。后来她当上首相，带领英国走上了一条从未走过的新路。这既需要勇气也需要毅力，需要勇气是因为新的道路与当时的普遍认知大相径庭，需要毅力是因为撒切尔夫人下的猛药招致了病人的大声抱怨，她必须顶住压力坚持到底。

即使形势暧昧不明，前途凶险，民意支持消退，撒切尔夫人仍一次又一次地展示出冷静沉毅和毫不动摇的坚定信念。她上任之初，为遏制通货膨胀推行了收紧货币供应的战略，始终未曾回头。她对马岛冲突做出了强有力的回应。她在矿工罢工期间保证了英国的电力供应，即使在公共舆论显示出反对的迹象时也坚守自己的政策。

当然，只靠顽强的毅力不足以获得成功。为持续推行振兴英国的战略，撒切尔夫人必须唤起保守党内的支持，特别是对国内改革的支持，因为国内改革从来都会造成意见的两极分化，远甚于动员民众反对外部敌人。撒切尔夫人的演说对支持者产生的影响令人想起以赛亚·伯林对丘吉尔在二战期间那些振奋人心的讲话的描述：

> 他言语的力量如此令人迷醉，他的信念如此强大，他仅靠着雄辩的口才就让所有人如痴如醉，觉得他说出了他们的心里话。他们无疑有这样的想法，但过去一直蛰伏在心中，直到被他唤醒。[143]

同样，在撒切尔夫人那个时代，对英国颓败的沮丧弥漫于整个社会。撒切尔夫人成功引导了这种情绪为国内改革事业服务。她的演讲动员起了保守党内她那一派成员足够的支持，她因此得以持续推行雄心勃勃的议程，为后来数十年重新调整了政治中心。撒切尔夫人的政府在社会领域发挥强有力的作用，同时推动经济领域的个人自由。也许这不是当时大多数保守党人提倡的纲领，但肯定是保守党在历史上曾经追求过的理想。[144] 在此过程中，撒切尔夫人赢得了传统上不投票给保守党的选民的支持，组建了新的选民同盟，借以连续三次在大选中获胜，并为她离职后不久保守党第四次胜选奠定了基础。撒切尔夫人看到了未来，并实现了未来。

撒切尔夫人树敌不少，就连保守党人有时也指责她背叛了党的基本原则。当然，撒切尔夫人是圈外人。她不仅是学科学出身的女性，而且出身中产阶级，父亲是杂货店主。然而，她的行动尽管肯定不墨守成规，却表明了对党的完全忠诚。撒切尔夫人非但没有背叛党的原则，反而在为重新树立那些原则而不断努力。

撒切尔夫人的理想与自迪斯累里以来各位最伟大的保守党领袖

第六章｜玛格丽特·撒切尔：信念战略

相一致，那就是维护联合王国，在民主原则的基础上开展国际交往，在个人自立的基础上推行国内治理，加之承认英国的战后共识，即需要建立稳定的医疗服务和福利国家。

在国际事务中，撒切尔夫人起初觉得与苏联开展外交接触徒劳无益，但她遇到米哈伊尔·戈尔巴乔夫后改弦更张，认为取得进展的合适时机已经来临。她在着眼长远的同时，就实质性问题与戈尔巴乔夫开展接触，相信这样的对话最终会加强民主西方的地位。

撒切尔夫人并不觉得她的自由市场原则与保护环境的义务之间有何矛盾。《蒙特利尔议定书》是一项难得的国际条约，因为它既受到普遍赞扬，也高度有效。撒切尔夫人是这项条约的积极倡导者，因此，近几十年臭氧层修复取得的惊人成绩也有她的一份功劳。撒切尔夫人在首相任期接近尾声时，成为第一批大力宣讲气候变化所造成危害的世界领导人之一。1988年，她对皇家学会演讲时承认，工业革命固然带来好处无数，但人类也的确"无意中开启了对我们星球系统的一场庞大实验"[145]。这个巨大且日益显著的问题只能留给后代去解决，不过撒切尔夫人至少在努力指出需要走的路。

撒切尔夫人的外交政策是对大西洋联盟内部英美伙伴关系重要性的关键证明。英美"特殊关系"的重兴确保了撒切尔夫人在全球舞台上的影响力。20世纪80年代，无论在自然资源、经济成绩还是军事实力方面，英国都不具备超级大国的资格。但是，撒切尔夫人通过她强有力的个性、必要时的巧妙支持，以及与里根总统的重要关系，做得好似英国能与美国平起平坐一般。里根政府也基本上听之任之。

有些领导人退出政治生活后适应得相对轻松潇洒，甚至会名气更大，能成功书写自己一生中新的引人入胜的一章。很快被封爵的撒切尔夫人却不在此列。她为自己的愿景而活，离职后再也难寻和她在唐宁街 10 号时遇到的挑战一样有意义的事业。

我每次去伦敦仍照例去拜访撒切尔夫人，即使在她罹患疾病，头脑不清之后依然如此。撒切尔夫人主要是因为在辩论中坚持原则，结果落了个狠人的名声，但她对我从来都亲切和蔼。直到我们最后一次会面，她的优雅、周到和体面从未有变。

与撒切尔夫人最后几次见面中，我坐在这位 30 多年的挚友对面，看到的是一位勇敢而优雅地面对生活中种种考验的领导人。虽然她后来成了政治的区区旁观者，但是，对她的千百万男女同胞和无数国外仰慕者来说，她永远是伟大的历史性人物：她推行的经济改革意义深远，她的决心使她成为杰出的首相，她的胆量使她在英国主权受到威胁时坚决出手，她是西方世界的铁娘子。所有与撒切尔夫人打过交道的人都看得到她表现出来的强硬，所有人都能感到支撑着她在担任领导人期间度过各种磨难的内心力量。在她面前，没有谁能不受她的个人魅力和温暖的感染。

在批评者眼中，撒切尔夫人的坚韧有时遮蔽了她的人性。但是，与她非凡的刚强并存的还有一个时常被忽略却是她领导力核心的特征，那就是她对自己国家的热爱。出奇强烈的信念和竞争心态肯定是玛格丽特·撒切尔成功赢得权力的部分原因。自律和权谋是帮撒切尔夫人保住权力的因素。但是，只有对国家和人民的热爱才能解释她行使权力的方式和她利用权力所实现的一切。伊丽莎白二

第六章 | 玛格丽特·撒切尔：信念战略

世女王决定出席撒切尔夫人的葬礼，这是除温斯顿·丘吉尔之外任何前首相都没有的殊荣，也是撒切尔夫人历史性影响力的证明。

2013年4月17日，撒切尔夫人的葬礼在圣保罗大教堂举行。葬礼上的最后一首赞美诗唱出了她的心声：

> 我向你起誓，我的祖国、尘世间万物之尊，
> 我要把全然、完整、至臻的爱奉献给你：
> 这是没有怀疑，不惧考验的爱，
> 最珍贵、最完美的爱在祭坛上展示。[146]

| 结语 |

领导力的演变

从贵族统治到精英治国

本书记录了6位领导人对他们所处历史环境产生的影响,以及历史环境对他们各自角色施加的作用。康拉德·阿登纳、夏尔·戴高乐、理查德·尼克松、安瓦尔·萨达特、李光耀和玛格丽特·撒切尔都改变了自己的社会,也都对新的世界秩序的出现做出了贡献。

连续400年,欧洲对世界的统治不断扩张,对历史发展的走向起到了决定性作用。然而,欧洲在半个世纪中打了两次世界大战,这两次实质上的欧洲内战几乎耗尽了它的实力和精气神。本书所述的6位领导人都深受这跌宕起伏的半个世纪的影响,也帮助形成了后来的世界格局,包括经济的重组、国内结构的改善、国际关系的重构。这6人还遇到了冷战的挑战以及去殖民地化和全球化带来的问题,这些挑战和问题直至今日仍余波不断。

这6位领导人的成长时期恰逢文化巨变。西方的政治和社会结构都在经历不可逆转的转型,从世袭的贵族统治转向中产阶级的精英管理。他们成年时,贵族统治的残余与精英治国的新范式互相结合,既扩大了社会创造力的基础,也拓宽了它的范围。

今天,我们对精英治国的原则与制度司空见惯,语言和思想都深受其影响。以"裙带关系"一词为例,这个词隐含的意思是偏向自己的亲戚朋友,特别是在官员任命方面。在精英治国之前的世界中,裙带关系无处不在,可以说是生活中约定俗成的一部分。但是,这个做法并没有不公平的含义。恰恰相反,那时血缘关系是合法性的来源。

按照古希腊哲学家的最初设想,贵族意味着"由最好的人统治"。这条规则绝对没有世袭的意思,在道德上完全站得住脚,因为它把人类生活中一个假定的固有特点——天赋方面天生的不平等——拿来为公共利益服务。柏拉图的"金银铜铁神话"描绘的政治秩序是以今天所谓的"社会流动性"为基础的贵族统治。按柏拉图所说,有着"金"灵魂的青年(包括女青年)哪怕父母是"铜"或"银",也能凭借自己天然的才能平步青云。[1]

贵族统治作为一种社会制度,在几个世纪的时间里塑造了欧洲历史,然而这种贵族统治的含义却迥然不同:世袭制决定了顶层的人天生享有重权高位。今天,贵族世袭制的缺陷人所共知,例如它很容易沦为腐败无能。然而它的好处却鲜少有人记得。

首先,贵族不认为自己获得现有地位是通过个人努力。地位靠世袭,不是挣来的。既然如此,尽管贵族中免不了纨绔子弟和无能之辈,但是"位高则任重"这条行为准则规范了贵族的创造发挥。"得天独厚者须替天行道"这句话也是这个意思。既然贵族的地位并非靠努力得来,那么他们当中最出色的人就觉得自己有义务从事公共服务或社会改造事业。

在国际关系领域,各国领导人都属于这个社会阶层,都具有一种超越国界的感性。因此,关于什么算是合法的国际秩序,他们一

结　语｜领导力的演变

般都意见一致。这并不能防止冲突的发生，但的确帮助限制了冲突的严重性，也便利了冲突的解决。主权、平衡、国家间法律平等和均势这些威斯特伐利亚体系的标志性概念就是在贵族统治的世界中发展起来的。

贵族制外交政策的主要弊端是过分相信自己的直觉和因自尊而不肯求变。不过，认为自身地位与生俱来的人举行谈判时，尽管彼此是竞争者，甚至是敌人，也通常互相尊重（虽然不能保证总是如此），而且不会因为曾经决心无论在什么短期问题上都要争取成功，就不肯显示灵活性。评判政策看的是能否对未来怀有共同的展望，而不是汲汲于一时一处的得失。

所以，最好的贵族制能够维持一种卓越感，与有时困扰着平民民主制的煽动蛊惑截然对立。如果一个贵族制社会真正践行克制和无私公共服务的价值观，它的领导人一般都会拒绝个人统治的专横随意，而是依靠自身地位和道德说服力来治理社会。

整个19世纪和20世纪早期，宗教信仰减弱，法国大革命引发了争取更大政治平等的运动，新生市场经济造成了财富和地位的转移。这些因素一直在稳步削弱世袭贵族制的理论基础。然后，第一次世界大战出人意料地爆发，衰落的贵族政治价值观与新兴的技术现实之间的格格不入就此暴露于世人眼前。就在前者强调力行克制、和平演变的同时，后者加大了战争的破坏性。1914年，高涨的民族主义激情掀翻了原有的护栏，致使整个体系轰然崩塌，而技术则提供了使冲突不断升级的手段。这场持续4年多的消耗战动摇了当时制度的根基。

温斯顿·丘吉尔在《风云紧急》(1948)中指出，第一次世界大战"不是政府间，而是人民间"的冲突，其间欧洲的鲜血"在愤怒和屠杀中涌流"[2]。丘吉尔描述战争结束的情景时这样写道：

> 在《乌特勒支条约》和《维也纳条约》的年代，战胜方和战败方的贵族政治家和外交家开会举行礼貌优雅的辩论，没有民主制度那种各说各话的喧嚣，所以能够根据大家同意的根本原则来重塑各种制度。现在这种日子已经一去不返。数以千万计的各国人民因自己遭受的苦难而愤怒，在大规模宣传的煽动下要求全力以赴报复对方。[3]

欧洲领导人未能预见"一战"的到来，大战爆发后又未能遏制它的扩大，致使民众对政治精英的信任遭到侵蚀，造成各国领导力明显减弱，在一些重要国家中导致极权统治者上台。同时，1918年的和平条约与广泛持有的价值观不够合拍，无法激起对新秩序的坚定支持。它在战略上也思虑不周，没有将战败国的力量削弱到足以消除其复仇能力的程度。这种情况产生了众多后果，最严重的是第二次世界大战的爆发。

中产阶级地位上升最早也最阴暗的后果是在两次世界大战中全面动员民众，掌控他们的能量，利用他们对敌国人民的嫌恶。但是，"第二个三十年战争"（1914—1945）的动乱过后，可以看到这个社会变化有利于国际稳定和治国理政。自信的民族国家主要由中产阶级行使政治和文化权力，事实证明，在这样的国家组成的世界中，能够产生从政责任感强、有创造力的领导人。

精英统治和民主化这两支相关的社会力量促成了中产阶级领导人的崛起并将其落实为制度。法国大革命的一个战斗口号是"任人唯才"。自19世纪中期开始，西方采纳的论才取人的原则和制度为出身中产阶级的才俊创造了从政的机会，例如入学考试、择优录取的中学和大学、基于专业标准的招聘和晋升政策等等。同时，投票权的扩大也将社会和政治重心移向了中产阶级。

本书研究的6位领导人没有一个出身上层阶级。康拉德·阿登纳的父亲是普鲁士军队中的下级军官，后来做了小职员；做儿子的康拉德是沿着德意志帝国的教育阶梯一级级爬上去的。夏尔·戴高乐的祖父母受过良好教育，家境富裕，但他的父亲只是个学校教师，身为儿子的夏尔是家中第一个当上政府高官的。理查德·尼克松在加州南部一个下层中产阶级家庭长大。安瓦尔·萨达特是职员的儿子，费了好大力气才拿到一封介绍信，借以申请进入埃及军事学院。李光耀的父母是家道中落的新加坡华人，他在新加坡和英国上学都是靠奖学金。从文法学校毕业的玛格丽特·撒切尔是杂货店主的女儿，她是英国保守党（继爱德华·希思之后）第二位出身中产阶级的党首，也是第一位女党首。这6人没有一个在起步时看得出以后将登上高位。

他们出身低微，无法按常规分为政治"圈内人"和"圈外人"。萨达特和戴高乐是在自己国家的危急时刻登上高位的军官。尼克松和阿登纳作为政治家尽管经验丰富、广为人知，却都多年未能出头。他们6人当中，撒切尔夫人和李光耀是以最正统的方式，也就

493

是在议会制度中通过政党政治上位的，但两人总是对普遍的正统观点提出疑问。这6位领导人不注重一时的得失，这一点很像他们19世纪的贵族前辈，却与20世纪他们同时期的许多人大相径庭。他们的出身及经历都和权力不沾边，这给了他们正确的判断力，使他们能够看清国家利益，并超越当时的普遍认知。

在日益注重论才取人的制度中，这6人从年轻时就得以发挥才能。论才取人的制度是在贵族统治之下发展起来的，经常是战争造成的结果。德国的总参谋部和不靠裙带关系的高效官僚机构源自普鲁士在拿破仑战争中战败，震惊之余实行的改革。戴高乐上的圣西尔军事学院是拿破仑1802年为打造职业军官团而创立的。另一个和圣西尔一样的高等学院、录取标准严格的精英学校巴黎政治学院是在普法战争（1870—1871）暴露了法国政治与行政领导力的缺陷之后创立的，意在通过培养下一代人才来弥补这些缺陷。

工业革命也加大了对教育的重视。如经济历史学家戴维·兰德斯所说："所有昔日的优势——资源、财富、权力——都贬了值，头脑确立了对于物质的优势。自那以后，未来向着一切有个性、有双手、有脑子的人敞开。"[4] 随着成功越来越靠智力和努力而非出身，教育成了晋身的必由之路。

多亏了这些变化，本书中的6位领导人才上得了要求严格的中学（这样的学校大多择优录取，全都注重公益，有的甚至由政府直接管理）。争取考高分和竞争奖学金是他们生活的一个重要方面。他们从高中开始，甚至在上大学后，学习的科目五花八门，尤其包括人文科目，好似在为今后做领导人将会遇到的挑战做准备，因为当领导人必须具备历史感和应付悲剧事件的能力。最重要的是,他们接受的教育能帮助他们懂得世界,懂得他人和自己的心理。

论才取人的革命影响到生活的方方面面,它推崇个人成就,赞许立志超越家庭出身干大事业。[5]追求卓越的理想从昔日贵族统治时代保留了下来,但增加了新的、更强的、更重个性的内容。像撒切尔夫人1975年说的那样,"机会除非包括出人头地的权利和与众不同的自由,否则就没有意义"[6]。大学和职场的大门越来越向妇女、少数民族和少数种族,以及出身平民的人敞开(虽然仍需继续改进)。由此产生的思想多样性和对不同领导风格的接受对社会大有好处。

由于以上因素,本书所述的领导人得以将贵族品质与精英抱负相结合。这种结合把公共服务视为崇高的事业,鼓励对领导力的追求。这些领导人上的学校和成人后进入的社会都重视学业表现,但更注重人格的发展。因此,这6位领导人在成长过程中学到,有些东西的重要性远超学习成绩和考试分数。成绩和分数固然重要,但本身不是目的。因此,李光耀多次说要做儒家推崇的君子,戴高乐努力要当"人格伟大的人"。教育不仅仅是年轻时拿到后便束之高阁的一纸文凭,更是具有智力和道德维度的一项永无止境的努力。

这6位领导人自儿时起被耳提面命的中产阶级价值观包括个人纪律、自我提高、仁爱宽厚、爱国之心和自信自强。对社会的深刻信念、对历史的全心感激和对未来的坚定信心被视为理当具备的品质。法律面前人人平等的理念也根深蒂固。

这些领导人与他们的贵族前辈不同,具有深切的国家身份感。他们因此而相信,最崇高的抱负是通过领导国家来服务本国人民。

他们不认为自己是"世界公民"。李光耀在英国念大学，尼克松因自己当总统之前游历列国而自豪。但是，他们两人都没有采纳世界性身份。对他们来说，公民资格的特权意味着有责任展示自己国家特有的美德。为本国人民服务并体现自己社会最伟大的传统是高度的荣耀。历史学家兼社会批评家克里斯多弗·拉希描述了这种价值观系统产生的积极效果在美国社会中的表现：

> 中产阶级民族主义无论有何缺点，都提供了共同的立场、共同的标准和共同的参照框架。没有这些，社会将解体为各不相让的不同派别，如美国国父们一针见血地指出的——陷入所有人对所有人的战争。[7]

这些领导人（李光耀除外）还有一个共同点，那就是从小被灌输了虔诚的宗教信仰。阿登纳和戴高乐是天主教徒，尼克松是贵格会教徒，萨达特是逊尼派穆斯林，撒切尔夫人是卫理公会教徒。这些宗教信仰虽各有不同，但都具有某些世俗功能，包括训练人的自控能力，教人反思自己的缺点，让人面向未来。[①] 人因此而学会了自我控制和放眼长远。这两个领导力的至关重要的特征在这些领导

---

① 阿历克西·德·托克维尔指出，虔诚的信徒习惯于"连续多年向着一个固定目标不断前进，其间他们不知不觉中压制了千百个一闪而过的小小欲望……这解释了宗教信徒为何经常能成就持久结果。他们一心想着来世，却掌握了在今世取得成功的诀窍"。参见：Alexis de Tocqueville, *Democracy in America*, trans. Harvey C. Mansfield and Delba Winthrop (Chicago: The University of Chicago Press, 2000), 522。

人身上得到了出色的体现。

逆耳真言

这6个人的精英统治有哪些共性？从他们的经历中能吸取什么经验教训？

他们都以直截了当著称，经常不避讳逆耳真言。他们不把国家的命运寄托在经过民调和焦点小组测试的受人欢迎的言辞上面。当德国议会的其他议员抱怨盟国在战后占领中对德国强加的条件时，阿登纳毫不客气地问："你们以为谁战败了？"在政治中率先使用现代销售手法的尼克松仍然引以为自豪的是，他讲话不用稿子，凭着对世界事务的充分掌握，能用不加修饰的大白话把问题说清楚。萨达特和戴高乐都是政治上打太极的高手，但他们在号召人民为终极目标而奋斗的时候，讲话却出奇地明白生动。撒切尔夫人也是如此。

这些领导人都对现实有着深刻的了解，对未来怀有远大的抱负。平庸的领导人分辨不出哪些重要，哪些无关紧要，在不可阻挡的历史潮流面前通常会茫然无措。伟大的领导人凭直觉明白治国的永恒需求，在现实纷繁复杂的各种因素当中分得出哪些能帮助实现更好的未来，因此需要促进；哪些必须管控；还有哪些极端因素也许只得忍受。所以，从前任那里继承了痛苦的战争的萨达特和尼克松寻求克服国家间根深蒂固的竞争，努力开展创造性外交。撒切尔夫人和阿登纳发现，与美国建立强有力的同盟对自己的国家最为有利。李光耀和戴高乐选择不那么紧密的联盟，以便调整适应不断变化的形势。

他们6位都有大胆的一面。他们在对国家事关重大的问题上果断行动,即使国内或国际条件看似非常不利。撒切尔夫人派遣皇家海军特遣舰队从阿根廷手中夺回马岛,虽然许多专家对此举的可行性表示怀疑,而且英国当时仍深陷严重的经济危机。尼克松在完成从越南撤军之前,与普遍观点反向而行,打开了对华外交的大门,开启了与苏联的军控谈判。戴高乐的传记作家朱利安·杰克逊说,戴高乐多次说过,"我采取行动时总是好像……",意思是说,总是好像法国比实际的更大、更团结、更自信。[8]

他们都明白独处的重要性。[9] 萨达特在狱中加强了反思的习惯。阿登纳在国内流亡期间也曾在一个修道院里冥思苦想。撒切尔夫人的一些最重大的决定是她在凌晨时分独自审阅文件时做出的。戴高乐在科隆贝双教堂村那个偏僻小村庄的家成了他生活中固有的一部分。尼克松常常离开白宫,避到艾森豪威尔行政办公楼、戴维营或圣克利门蒂去。离开了灯光、摄像机和日常的行政责任,这些领导人从寂静和思考中汲取力量,特别是在做出重大决定之前。

这6位领导人有一个显著的共同特点,也是他们身上的一个矛盾,即他们都容易引起分歧。他们想让人民走他们带领的路,但并不争取或期望达成共识。他们寻求的巨大变化不可避免地会导致争议。戴高乐任总统期间发生的一件事很能说明问题。1960年1月,在被称为"街垒一周"的阿尔及利亚暴动期间,我正在巴黎与法国国防部官员会面。一位军官提到戴高乐对局势的处理时对我说:"他只要露面,就造成国家分裂。"但是,最终是戴高乐克服了阿尔及利亚危机，恢复了国民关于国家目的的共识，正如他带领法国从第二次世界大战投降的耻辱中强势回归。

同样，领导人如果像撒切尔夫人那样开展根本性经济改革，或者像萨达特那样寻求与历史宿敌实现和平，或者像李光耀那样从零开始建立一个成功的多民族社会，必然会冒犯固有利益，造成重要选民集团的疏离。德国战后被占领期间，阿登纳接受占领国规定的各种限制，引来政敌的痛斥。戴高乐挺过了——也挑起了——无数次对抗，但他担任公职期间做的最后一件大事是学生和工会抗议活动在1968年5月几乎把法国推到革命边缘之时缓解了那些抗议活动。萨达特壮烈捐躯，不仅是因为他实现了他的人民和以色列之间的和平，更重要的是因为他在为自己的和平努力做出辩护时阐述的原则在一些人心中属于离经叛道。这6位领导人无论在任上还是离任后，都没有获得过所有人异口同声的称赞，他们的政策也从未得到过一致支持。他们都遇到过抵抗，那些抵抗经常是出于高尚的动机，有时来自备受尊敬的反对派人物。这是创造历史的代价。

衰退的精英统治

至少在西方，有迹象表明，帮助造就本书所述6位领导人的条件在演变过程中现出了颓势。曾经视公共服务为光荣的公民爱国主义似乎不敌基于身份的派别主义和与之竞争的全球主义。在美国，越来越多的大学毕业生渴望成为周游世界的公司主管或专业活动家，而愿意做地区或国家一级政治领导人或公务员的人大幅减少。

当领导阶层与大多数民众之间关系的主调成为相互敌意和怀疑的时候，一定是出了问题。

西方的中学和大学在培养活动家和技术人员方面仍然很有一套，但偏离了原来的培养公民和公民中间潜在政治家的使命。活动家和技术人员在社会中都发挥着重要作用，他们指出社会的缺点，并提出用来纠正缺点的各种手段。但是，塑造了前几代领导人的广泛而严格的人文教育已不再流行。技术人员的教育一般是为以后的专业生涯做准备，是量化的。活动家的教育则高度专业化和政治化。这两类教育都没有多少历史或哲学的内容，而历史和哲学从来是政治家想象力的源泉。

今天的精英凭借优异的考试成绩和无懈可击的履历，"认为权力是自己挣的，拥有权力是理所应当，不是特别的荣幸"，对今天衰退的精英统治观察敏锐的政治理论家尤瓦尔·莱文如是说。[①] 我们在用一种"冰冷刻板的智力概念来取代温暖生动的对个性的理解，将其作为衡量价值的标准"[10]。他认为，最深刻的问题存在于精英的行为领域：

[①] 精英统治目前显现出来的利弊最近得到了广泛辩论。迈克尔·桑德尔的《精英的傲慢》(The Tyranny of Merit) 和丹尼尔·马科维茨的《优绩制的陷阱》(The Meritocracy Trap) 论称，精英制度磨灭人性，排他性强。这也许是该制度固有的，也许是后天发展起来的。阿德里安·伍尔德里奇的《天才贵族》(The Aristocracy of Talent) 反驳说，精英制度依然是组织社会的良方，甚至可以说能改变社会的面貌，但是它陷入了僵化，需要重振活力。詹姆斯·汉金斯的《美德政治》(Virtue Politics) 和罗斯·杜塔特及海伦·安德鲁斯的文章都强调了个性、价值观和行为准则在决定精英表现方面的重要性。

结 语 | 领导力的演变

> 美国人对我们的精英号称拥有的合法性生出了怀疑,不是因为跻身美国上层太困难了(虽然的确非常困难),而是因为上层人士似乎可以为所欲为……换言之,问题不一定是进入上层的标准,而是一旦进入后缺乏标准。正是因为我们的精英不认为自己是贵族,所以他们感到自己不需要遵循标准或自我克制。[11]

19 世纪的贵族明白对自己寄予的厚望。20 世纪的精英追求公共服务的价值。今天的精英却不再牢记自己的义务,而是更加注重自我表达或自我提升。不仅如此,他们成长的环境偏重技术,与个性和智识格格不入,而历史上恰恰是个性和智识这样的品质把领导人和他们的人民紧紧联系在一起。

深度阅读与视觉文化

当今世界,人类意识正在转变。变化无孔不入,几乎发生在不知不觉中。驱动这一变化的是我们借以体验世界并获取信息的新技术。然而,我们对这一变化的长期效果,包括对领导力的潜在影响基本上一无所知。在此情况下,细读一本内容复杂的书并以批评性眼光做出评判成了一种反文化行为,恰似在先前以印刷为基础的时代凭脑子记住一部史诗。

互联网及其带来的创新是无可置疑的技术奇迹。但是,新技术促成的思维习惯既有建设性的,也有腐蚀性的,必须注意在两者之间达成平衡。[12] 以前从口头文化到书写文化的过渡带来了识字的益

501

处,却也削弱了诵诗和讲故事的艺术。同样,今天从印刷文化到视觉文化的转移也是损益参半。

在形象决定一切的时代里,可能会丢失什么?丢失的那种品质有许多名字:博学多才、学识广博、严肃认真、独立思考,但最恰当的词是"深度阅读"。散文作家亚当·加芬克尔将其定义为"(读透)一篇长文,能够预见作者论述的方向和表达的意思"[13]。深度阅读无所不在,深入本质,却目不可见,它是本书所述 6 位领导人成长时期的"背景辐射"。

对于从政者,深度阅读可以使他们获得马克斯·韦伯所称的"平衡"的素质,即"接受现实的冲撞,却保持内心平静沉着的能力"[14]。博览群书能帮助领导人发展不受外部刺激影响的思维能力,培养保持平衡感的个性。读书再加上思考和对记忆力的训练,能够提供详细的各类知识储存,领导人可借以举一反三。更深刻的是,书籍提供了一种合理、有序、整齐的现实,可以通过思考和计划来掌握或至少管理这种现实。[15] 对领导人来说,也许最重要的是读书创造了"代际对话线",鼓励本着大局观学习知识。[16] 最后,读书是灵感的来源。[①] 书籍记录着曾经果敢行动大获成功的领导人的事

[①] 美国资深外交家、曾任几届国务卿顾问的查尔斯·希尔写了一本书,专门论述文学对治国术的重要意义:"文学可以尽情探索无穷的细枝末节,描绘虚构人物的思想,并通过错综复杂的情节戏剧性地展现大的主题,因此得以最为接近'世界真正运转方式'的现实。小说这一作用对战略家来说不可或缺。因其职业的性质,当战略家不管是否做好了准备都必须决断的时候,他不可能了解所有的事实、因素和某个形势的潜在后果。"参见:Charles Hill, *Grand Strategies: Literature, Statecraft, and World Order* (New Haven: Yale University Press, 2010), 6。

迹，也载有因过于大胆而自食其果的领导人的失败以资告诫。

然而，20世纪尚未结束，印刷就早早失去了原来的统治地位。由此产生的结果包括李光耀在2000年所说的"当选为领导人的成了另一种善于包装自己和自己纲领的人"。他还说：

> 我能通过卫星电视跟踪美国的总统竞选。我惊讶地看到，媒体人士能够给一个候选人设计一个新形象，把他至少在表面上完全变成另一个人。赢得选举在很大程度上成了包装和宣传方面的竞争。[17]

印刷时代的好处与成本密切相连，视觉时代也是一样。现在电视机家家都有，娱乐唾手可得，很少有无聊的时候。本质上，对不公之事的形象表达比文字描述更能直击心扉；电视在美国民权运动中起到了关键作用。但是，电视造成的代价也是巨大的。因为有了它，激情洋溢比矜持自制更受欢迎，公共生活中被看重的人与论点的类型也彻底改变。

当今时代，互联网和社交媒体已进入千家万户，从印刷到视觉文化的转移也在继续。这种转移带来了4个偏重：即时性、强烈性、两极性和趋同性，领导人因此比在印刷时代更难发展自己的能力。

人固然能通过互联网以前所未有的速度获得新闻和数据，但信息过量并未使人增长知识，更遑论智慧。有了互联网，获取信息的"成本"可以忽略不计，记住信息的动力似乎也随之减弱。忘记某个事实也许不重要，但习惯性地不把信息记在心中会影响人对事物的看法，削弱自己的分析能力。事实很少是不言自明的，它们的意义和对它们的解读取决于当时的环境和它们的相关性。信息要转变为接近智慧的东西，必须放在历史和经验这一更广泛的背景当中。

一般来说，用形象来"表达"能比文字激起更强烈的感情。电视和社交媒体靠形象来煽情，所造成的个人与群体情绪的汇合可能会压倒领导力的作用。社交媒体尤其鼓励用户营造某个特定形象来带节奏。这一切使政治更趋民粹化，推崇被认为是接地气的大白话，排斥电视时代优雅礼貌的言论，对比较注重分析的书面材料则更是不屑一顾。

互联网的建设者认为自己发明了连接世界的新颖手段。事实上，互联网还提供了把人类分裂为互斗部落的新方法。两极性和趋同性互相依赖，互相加强。个人被归入一个群体，他的思想受这个群体管制。怪不得在今天的许多社交媒体平台上，用户被分为"跟随者"和"影响者"，却没有"领导者"。

这对领导力产生的后果是什么？李光耀对视觉媒体效果的悲观评价一语中的："我担心这样的过程产生不了丘吉尔、罗斯福或戴高乐。"[18] 并非因为通信技术发生了改变，就不再可能有卓越的领导力和对世界秩序的深刻思考，而是说，在电视和互联网主导的时代，有思想、有头脑的领导人必须顶住潮流，反向而行。

基本价值观

今天，优秀一般被狭隘地理解为智力加努力的结果。但是，托马斯·杰斐逊最初提出的"天然贵族"概念却是建立在另一个也许更加持久的因素的基础上,即"美德与才能"的结合。[19]政治精英若要提供有意义的公共服务,教育和性格都至关重要。

我们看到,产生了世界性、历史性影响的领导人都接受过严格的人文教育。这样的教育始于正式教育机构,然后通过阅读和与人探讨而持续终生。今天,这种教育的第一步已经非常鲜见,大学一般不再设置关于治国理政的课程,无论是明言的还是暗示的。而随着技术发展对深度阅读的侵蚀,终生的教育努力也变得更加困难。所以,若要重新振兴精英统治,人文教育需要再次得到重视。这样的教育包括哲学、政治、人文地理、现代语言、历史、经济思想、文学等学科,甚至可以包括古代经典,长期以来历代政治家都是浸淫在那些经典里长大的。

由于性格至关重要,所以关于精英领导更深刻的概念也包括政治学家詹姆斯·Q.威尔逊给美德下的定义:"行动温和的习惯。具体来说,行动时对自己的冲动有应有的克制,对他人的权利有应有的尊重,对长期的后果有合理的关切。"[20]性格是最不可缺少的品质。从青年到老年,性格因其至关重要而成为始终需要面对的挑战,不仅对研究领导力的人如此,对实际的领导人同样如此。好的性格不能确保尘世间的显达或治国的成功,但它能使人在胜利时脚踏实地,在失败时镇定从容。

世人将记住这6位领导人各自特有的、决定了他们所造成影响的品质:阿登纳的正直和坚韧,戴高乐的决心和历史眼光,尼克松对盘根错节的国际形势的理解和决策的力量,萨达特寻求和平的高尚精神，李光耀在创立新的多民族社会的努力中显示的想象力，撒切尔夫人坚持原则的领导力和不屈不挠的精神。他们都展示了非凡的勇气。没有一个人能够在任何时候集这些美德于一身，这6位领导人各自体现了这些美德不同比例的结合。他们的领导力既有他们的成就为证，也表现在他们的特性之中。

领导力与世界秩序

自从本书称为"第二个三十年战争"（1914—1945）的那段时间结束以来，即时通信和技术革命共同给国家领导人面对的两个关键问题赋予了新的意义和紧迫性。这两个问题是：什么是国家安全所必需的？国家之间和平共处需要什么？

纵观历史，对这两个问题的回答多种多样。虽然历史上曾有过多个帝国，但它们对世界秩序的向往均因地理和技术条件而局限于具体地区，就连幅员辽阔、覆盖多个社会与文化的罗马帝国和中华帝国也不例外。它们的秩序是自诩为世界秩序的地区秩序。

从16世纪开始，技术、医学以及经济和政治组织的飞速发展扩大了西方向世界各地投射力量和治理制度的能力。[21]自17世纪中叶起，欧洲内部发展出了以尊重主权和国际法为基础的威斯特伐利亚体系。这一体系在殖民主义结束后在全世界扎根。摆脱了西方统治的国家靠着这一体系得以兴起。这些国家坚持要求参与确立现有世界秩序的规则，有时还对现有规则发起挑战。

3个世纪前，哲学家伊曼纽尔·康德在他的文章《论永久和平》

结 语 | 领导力的演变

中写道，人类必然实现普遍和平，或是靠人类自己的见识，或是发生极具破坏性的巨大冲突，使人类别无选择。他的设想太绝对了，国际秩序的问题不是以非此即彼的形式表现出来的。在最近几十年中，人类都生活在一种平衡之中，一边是相对安全，另一边是由他们的领导人确立并诠释的合法性。

今天，这个平衡一旦打破，后果将史无前例，人类或将万劫不复。当今时代拥有的破坏力使人类能够摧毁文明本身。这反映在今天的一个大战略中，这一战略的概念由"相互确保摧毁"这个短语（它有一个著名的缩写——MAD）做了精准的概括。提倡这个战略不是为了传统意义上的取胜，而是为了预防战争。设计这个战略显然是为了起到威慑作用，不是为了用于冲突，因为大家知道，一旦爆发冲突等于自杀。对广岛和长崎投掷原子弹之后，在作战中使用核武器的危险已经无法估量，利害关系已经与后果脱节。

70多年来，先进武器的威力、复杂性和精准度不断提高，但没有一个国家真正使用过这些武器，即使在与无核国家的冲突中也没有。前面说过，苏联和美国都宁肯败在无核国家手下，也不愿使用自己最致命的武器。核战略的这种两难困境从未消失，而是发生了演变，因为更多的国家研制出了先进武器，也因为各种高科技选项纷纷出现，造成的局面更加复杂，可能也更不稳定。这种局面取代了冷战期间毁灭能力基本上两极分化的形势。

网络武器和人工智能应用（如自动武器系统）加剧了现有的各种危险。与核武器不同，网络武器和人工智能无所不在，开发起来相对便宜，使用的诱惑力很大。网络武器能造成巨大打击，同时有

507

可能隐蔽攻击方。人工智能甚至不需要人类操作，武器依靠自己的计算与精准瞄准的能力自动发射。这类武器使用的门槛低，破坏力巨大，所以它们的使用——哪怕只是威胁使用——可以把危机变为战争，或者通过无意的或无法控制的升级使一场有限战争发展为核战争。由于革命性技术的影响，充分应用这些武器的后果将是灾难性的，而将这些武器的应用限制在一定范围内又很难把握，几乎不可能做到。目前还没有任何外交手段能够明确威胁使用这样的武器却又不会引来先发制人的回应。在如此巨大的挑战面前，军控努力渺小得可怜。

高科技时代的一个悖论是，实际军事行动仅限于使用常规武器，或在作战中部署小型高科技武器，如发动无人机攻击或网络攻击。同时，对于先进武器的使用则指望通过相互确保摧毁来予以遏制。这个模式太不稳当，将来无法持久。

历史是永不放松的监工，催促着政治伴随技术革命而变化。就在本书撰写之时，世界正在目击大国竞争的回归，令人惊叹的技术的传播与进步更加剧了这种竞争。20世纪70年代初，中国踏上重归国际体系之路时，它拥有巨大的人力资源和经济潜力，但技术能力和实际国力相对有限。如今，中国经济和战略能力的提升迫使美国有史以来首次面对一个资源可能与自己相差无几的地缘政治竞争者。华盛顿对此不适应。北京同样不适应，因为它历史上一直把外国视作中华帝国和中华文化的朝贡国。

双方都认为自己是例外，但例外的方式不同。美国自认为它的价值观放之四海而皆准，最终会被所有国家接受。中国则期望自己

结　语 | 领导力的演变

独特的文明和亮眼的经济成就能使其他社会尊重它的发展权。美国的传教士冲动和中国的文化自信都意味着一方不会屈从于另一方。这两个国家的经济和高科技决定了它们必然会彼此侵犯迄今为止自己心目中的核心利益。这部分是因发展势头所致，但很大程度上是有意为之。

21世纪的中国似乎正在担起它认为自己因数千年来的成就而理应担负的角色。为应对全球秩序遇到的实际的和概念上的挑战，美国正在向世界各地投射自己的力量和意图，并开展外交活动，以维持它在战后主持建立的全球平衡。对双方领导人来说，这些确保安全的需要似乎不言自明，也得到了本国公共舆论的认可。但是，安全只是等式的一部分。就世界的未来而言，关键问题是这两个巨人能否学会将不可避免的战略竞争与共存的理念和实践相结合。

至于俄罗斯，它明显缺乏中国的市场实力、人口优势和多样化的工业基础。俄罗斯的版图横跨11个时区，几乎没有天然防御屏障，所以俄罗斯的行为是由它的地理和历史条件决定的。俄罗斯的外交政策把一种神秘的爱国主义变为帝国权利。因为俄罗斯历史上屡次遭到越过东欧平原而来的入侵，所以它的不安全感始终挥之不去。几个世纪以来，俄国的专制统治者一直试图沿着漫长的边境线设立一条安全带来保护俄罗斯的广袤领土。今天，俄罗斯与乌克兰的冲突再次显示了俄罗斯的这个优先关注。

这些国家对彼此的影响由它们的战略评估决定，而战略评估又以本国历史为基础。乌克兰冲突是个很好的例子。苏联的东欧卫星国解体成为独立国家后，从欧洲中心划定的安全线到俄罗斯国界之间的大片领土成为新战略设计的挥洒空间。能否实现稳定，要看新的安排能否平复欧洲对俄罗斯统治由来已久的恐惧，同时照顾俄罗斯始终对来自西方的进攻的担忧。

乌克兰的战略地理位置典型地说明了这种担忧。如果乌克兰加入北约，俄罗斯和欧洲之间的安全线就将移至距莫斯科300英里之内，等于消除了俄罗斯历史上所依赖的缓冲区。法国和德国先后在两个世纪中企图占领俄罗斯时，多亏这个缓冲区救了俄罗斯。如果安全边界设在乌克兰西面，俄军就可以打到布达佩斯和华沙。2022年2月，俄罗斯公然违反国际法对乌克兰发动进攻，这主要是战略对话失败或开展不力的结果。两个拥有核武器的实体即使不对对方使用这种终极武器，仅发生军事对抗本身就足以突出这个根本问题的紧迫性。

俄罗斯在乌克兰作战表现不佳，它的侵略行为受到广泛批评，针对它的制裁范围广、影响大，因此它的力量将受到削弱。不过，俄罗斯依然保留着能导致世界末日的核能力和网络作战能力。美、中、俄三角关系总有一天会恢复。

美中关系的难题是，这两个对国家伟大持不同概念的国家能否学会和平共处以及如何共处。对俄关系的挑战在于俄罗斯能否在考虑自身利益的同时，尊重虽为外国却被它长期视为自己地盘的国家（主要是中亚和东欧国家）的自决与安全，在处理与邻国的关系中遵守国际体系规则，而不是颐指气使地发号施令。

自由的、基于规则的全球秩序尽管在构想上可敬可佩，但现在看起来，它实际上可能在无法确定的一段时间内被一个至少部分脱钩的世界所取代。此种分裂将激发在边缘地区建立势力范围的企图。若是这样，无法就全球行为规则达成共识的国家如何能够在商定的平衡之中运作呢？对支配地位的追求会不会压倒对共存的认识？

当今世界，日益迅猛的技术发展可以提升人类文明，也可以将其毁掉。在这样的世界中，没有解决大国竞争的最终办法，更没有军事办法。外交政策意识形态化，双方都坚信对方用心险恶。这为毫无克制的技术竞赛提供了理由，而这样的技术竞赛可能会促成互相怀疑的灾难性循环，如同引发了第一次世界大战的那种情形，后果却比那时大得不可想象。

因此，各方都有义务重新审视自己国际行为的首要原则，将其与共存的可能性联系起来。高科技社会的领导人尤其负有道德和战略责任，需要在本国国内并和潜在敌国开展长期的讨论，探讨技术的影响以及管制其军事应用的方法。这个问题太重要了，不能等危机出现后才予以重视。正如军控谈判帮助推动了核时代的克制，对新兴技术的后果开展高级别探讨可以促进对此问题的思考，并培养对等的战略性自控的习惯。

技术革命的大爆炸本是当今世界的光辉成就，但它来得如此迅速，激发了如此的乐观，人们无暇虑及它的危险，也未做出足够的努力去全面系统地弄懂它的威力。这不能不说是一大讽刺。技术专家研制出各种惊人的装置，却没有机会在历史的框架下探索评估这些装置各自的影响。政治领导人经常对供其使用的机器和算法的战略及哲学意义理解不够。同时，技术革命正影响着人的意识和人对现实的性质的看法。上一次可与之相比的大变革是启蒙运动，那次变革推翻了宗教信仰时代，代之以可重复的实验和逻辑推断。现在这些正让位于对算法的依赖。算法反向而行，先给出结果再寻找解释。探索这些新疆界需要领导人不懈努力，以缩小技术、政治、历史和哲学世界之间现存的差距，最好是弥合这些差距。

本书导言部分把对领导力的测试描述为分析能力、战略、勇气和性格几个方面。就复杂程度而言，本书讲述的领导人面对的挑战可与当今挑战相比拟，也许深远程度稍逊。历史上用来评判领导人的标准始终未变：看其是否能凭借远见卓识和奉献精神超越自己所处的环境。

今天的大国领导人不必立即就如何解决本书所述的困境制订详细规划。然而，他们必须清楚什么是必须避免的、不能容忍的。明智的领导人必须在挑战演变为危机之前先行予以解决。

当今时代缺乏合乎道德的战略性远见，像一艘无锚的船。未来如茫茫大海，是一片未知的疆域。浪峰愈加陡峭，令人头晕目眩，浪谷又深不见底，加之水底浅滩危险四伏——这一切都呼唤着思维新颖、意志坚强的领航员，好引导各国驶向未知但孕育着希望的目的地。

领导力的未来

1967年，康拉德·阿登纳在去世前3个月与我最后一次见面。当时他提的两个问题现在有了新的意义：还有哪位领导人能推行真

结　语 | 领导力的演变

正的长远政策？今天还可能有真正的领导力吗？

探索了 20 世纪 6 位举足轻重人物的生平以及他们取得成就的条件之后，研究领导力的人自然会猜想他们的成就能否复制。有没有性格坚强、智力超群、不畏艰难的领导人站出来应对世界秩序面临的挑战？

这个问题过去提出来过，也的确有领导人不负众望。阿登纳提出那两个问题时，萨达特、李光耀和撒切尔夫人都还默默无闻。同样，目击了 1940 年法国的沦陷后，几乎无人想象得到戴高乐能在他 30 年的职业生涯里带领法国实现复兴。尼克松开启与中国的对话时，没有几个人对此举可能产生的后果略有所察。

马基雅维利在《论李维》中把领导力的松懈归因于升平日久导致的社会懈怠。当社会有幸处于和平时期，任由标准缓慢退化的时候，人们就可能追随"大家自我欺骗认为的好人，或只顾自身利益而不关心共同利益的人所推出的人"[22]。但是到了后来，在"艰难时期"这个总是能使人看清现实的老师的打击下，"这种欺骗被揭穿，人们无奈又转向在升平时期几乎被遗忘的人"[23]。

这里描述的严峻形势最终必将推动各国社会坚持要求领导人展现有意义的领导力。19 世纪晚期，弗雷德里克·恩格斯预言，"人的支配"将被"物的管理"所取代。[24] 但是，历史上的伟大在于拒绝将支配权让给巨大的非人力量。那些力量的决定性要素是人创造的，也必须继续由人来创造。马克斯·韦伯这样描述造成巨变的领导力的关键品质：

513

> 唯一将政治作为"使命"的人确信,如果他看到世界太愚蠢、太卑鄙,不肯接受他想提供的服务,他的精神也不会因此而消沉。他面对世人的冥顽不化,仍然会说"然而……"。[25]

本书讨论的 6 位领导人各自所处的社会天差地别,但他们都具备同样的品质:能够看透自己社会的处境;能够设计战略来管理眼下、塑造未来;能够以高超的手段推动自己的社会走向崇高的目标;随时愿意纠正自己的缺点。对未来的信心于他们来说不可或缺,今天依然如此。一个社会若是失去了对自己的信心,或者对自我认知产生全面怀疑,就不可能继续伟大。这首先要求领导人愿意把关心的范围从自身扩大到全社会,并唤起慷慨助人的公共精神,激励人们做出牺牲,为别人服务。

伟大的领导力来自无形的和可塑的因素的碰撞,来自与生俱来的品质和后天努力的成果的结合。后天努力仍大有可为,能使人加深对历史的了解,打磨策略,改进性格。很久之前,斯多葛派哲学家爱比克泰德写道:"我们无法选择外在环境,但我们总可以选择应对环境的方法。"[26] 领导人的作用是帮助引导这样的选择,并在付诸实施的过程中激励鼓舞人民。

致 谢

本书能够成书，多亏英国企鹅出版社的出版主任、杰出的编辑斯图尔特·普罗菲特。思维缜密的出版者会提出有一定难度的问题来激励作者充分思考，斯图尔特以沉稳、毅力和智慧履行了这个职责，很少有人像他思维如此细腻、知识如此广博。他充分了解我的思想，有时还对我的想法提出疑问。两年多来，斯图尔特和我通了数十次视频电话，成为本书构思与写作中不可或缺的伙伴。

另一位杰出合作者出类拔萃的编辑技巧与斯图尔特对本书的影响相辅相成。尼尔·科佐多伊仔细审查了每一章。他是理顺佶屈聱牙的文字的能手，还是渊博的业余历史学家；他为本书拓宽了视角，改善了行文。

像以前我写书时一样，各位认真负责的助手查阅了海量原始资料，帮了我的大忙。马修·泰勒·金就本书的内容与文体提出了睿智的建议，他对每一章都发表了中肯的意见。在书写到一半时，他接过了总管的职责，充分负责，显示出非凡的洞察力。

埃莉诺·伦德集热情、效率和聪敏于一身，在本书撰写的第一阶段做了宝贵的研究工作，后来又作为非全职人员对萨达特一章提出了深刻的见解。万斯·塞尔楚克对尼克松一章的写作很有帮助，提供了敏锐的分析。负责单行文本编辑的伊达·罗斯柴尔德称职能干，也对本书的组织提出了思虑周全的意见。

梅雷迪思·波特、本·道斯和阿伦·麦克莱恩在早期提交了关于治国理政的研究材料。约瑟夫·基尔南和约翰·纳尔逊最初做了有用的背景研究。奥斯汀·科菲在整理关键章节以供出版方面起到了重要作用。

本书主要章节得到了研究相关人物的著名作者的审核，我对他们的著作非常钦佩。完成了玛格丽特·撒切尔一章后，审稿的是也研究过撒切尔夫人的丹尼尔·科林斯，还有查尔斯·鲍威尔（贝斯沃特尔的鲍威尔勋爵）和查尔斯·穆尔。朱利安·杰克逊和克里斯多弗·克拉克两位教授各自以敏锐的眼光审读了戴高乐一章和阿登纳一章。外交家兼学者马丁·因迪克对萨达特一章做了眼光独到的评论。我深深感激他们每一个人的帮助。

资深外交家查尔斯·希尔是我长达半个世纪的同事和朋友，他在给我的备忘录中发表了尖锐的意见，对理查德·尼克松一章提出了特别有帮助的建议。查尔斯在他杰出的职业生涯中，对国务院，对耶鲁大学，以及对我们社会的提升都做出了重要贡献。

我仗着几位朋友对我的善意，征求他们关于具体问题的高见。这些朋友是瑞·达利欧、萨曼莎·鲍尔、乔尔·克莱因、罗杰·赫托格、伊莱·雅各布斯和鲍勃·布莱克威尔。

近年来，埃里克·施密特向我介绍了高科技和人工智能的世界，扩大了我的眼界。我俩和丹尼尔·胡滕洛赫尔合作写出了《人工智能时代与人类未来》（*The Age of AI And Our Human Future*）一书，该书也影响到了本书的战略讨论。

致　谢

这是我和特雷莎·奇米诺·阿曼提的第七次合作。在本书的准备过程中，特雷莎再次显示了她的不可或缺。本书逐渐成形的过程中多次修改，特雷莎辨认着我的笔迹，以她典型的辛勤和明察秋毫的敏锐把各章打了一遍又一遍。此外她还负责与企鹅出版社、怀利代理公司（Wylie Agency）和我的读者及编辑联络。

在一段关键时期，另一位几十年来深得我信任的助手、不知疲倦的乔迪·洛布斯特·威廉姆斯也帮助了本书的打字。在整个过程中，杰西·莱波林和考特尼·格利克很好地管理着我的时间安排。我的个人助理克里斯·纳尔逊、丹尼斯·奥谢和马尔滕·奥斯特拜恩在疫情造成的长时间隔离中和许多具体事务上为我提供了宝贵的帮助。

企鹅出版社社长兼总编安·戈多夫再次干起了管理美国方面重要业务的老本行，显示出她典型的专业精神。在英国一边，理查德·杜吉德、爱丽丝·斯金纳和戴维·沃森在时间压力之下表现出色，特别是在文字加工和手稿整理方面。

我多年的经纪人安德鲁·怀利和他在英国的代表詹姆斯·普伦都非常能干，全心全意地在世界各地为我奔走。

本书献给南希，我和她结婚马上就有半个世纪了。她使我的生活变得充实，有了意义。像我的其他作品一样，本书的每一章都经过了南希的阅读和改进。

无须说，书中的所有缺点都由我负全责。

注释

导言

1. Winston S. Churchill, *The Gathering Storm* (Winston S. Churchill, *The Second World War Book 1*) (Boston: Houghton Mifflin, 1948), 284.
2. Quoted in Andrew Roberts, *Leadership in War* (New York: Viking, 2019), 221.
3. Oswald Spengler, *The Decline of the West*, trans. Charles Francis Atkinson (Oxford: Oxford University Press, 1932), 383.
4. Charles de Gaulle, *The Edge of the Sword*, trans. Gerard Hopkins (New York: Criterion Books, 1960), 20-21。整段文字是:"军事指挥官在计划一次行动时的思考过程与艺术家构思作品非常相像。艺术家并不放弃使用自己的智力。他用智力来吸取经验教训、方式方法和知识认知。但是只有当他具有我们称为灵感的某种本能的能力时,他才能发挥创造力,因为只有灵感才能直接触及自然,才能擦出重要的火花。对于军事艺术,我们可以借鉴拜伦关于其他艺术所说的:'它们是把人加到自然中的产物。'"
5. Quoted in Karl Joachim Weintraub, 1984 Ryerson Lecture, 'With a Long Sense of Time...', *University of Chicago Magazine 96*, no. 5 (June 2004), https://magazine.uchicago.edu/0406/features/weintraub.shtml. For Huizinga, see: Johan Huizinga, *Het Aesthetishche Bestanddeel van Geschiedkundige Voorstellingen* (Haarlem: H. D. Tjeenk Willink & Zoon, 1905), 31-2.
6. Isaiah Berlin, 'The Sense of Reality', in *The Sense of Reality: Studies in Ideas and Their History*, ed. Henry Hardy (Princeton: Princeton University Press, 2019), 29-30.
7. Thomas Mann, *The Magic Mountain* (trans. 1927), quoted in Charles Hill, *Grand Strategies: Literature, Statecraft, and World Order* (New Haven: Yale University Press, 2010), 211.
8. Norman Angell, *The Great Illusion: A Study of the Relation of Military Power to National Advantage* (New York: G. P. Putnam's Sons, 1910), 186, accessed via Project Gutenberg at https://www.gutenberg.org/files/38535/ 38535-h/38535-h.htm.
9. Ibid., 314.
10. Nadège Mougel, 'World War I Casualties', trans. Julie Gratz, 2011, Centre Européen Robert

Schuman, http://www.centre-robert-schuman.org/userfiles/files/REPERES%20%E2%80%93%20module% 201-1-1%20-%20 explanatory%20notes20%E2%80%93%20World%20War%20I%20cas ualties%20%E2%80%93%20EN.pdf.

11. François Héran, 'Lost Generations: the Demographic Impact of the Great War,' *Population & Societies* 2014/4 (No 510), 1-4.
12. W. H. Auden, 'September 1, 1939', https://poets.org/poem/september-1-1939.
13. National World War II Museum-New Orleans, 'Research Starters: Worldwide Deaths in World War II', https://www.nationalww2museum.org/students-teachers/student-resources/research-starters/research-starters worldwide-deaths-world-war.
14. Roberts, *Leadership in War*, xii.
15. 这个分类最早载于1966年我在 Daedalus 杂志上发表的一篇论文,里面的有些短语被引用到这里。参见：Henry A. Kissinger, 'Domestic Structure and Foreign Policy', Daedalus 95, no. 2 (spring 1966), 503-29。
16. Thucydides, *The Peloponnesian War*, I, 138. Emphases added.
17. Fernand Braudel, quoted in Oswyn Murray, 'Introduction', in Fernand Braudel, *The Mediterranean in the Ancient World* (London: Penguin, 2001).

第一章 康拉德·阿登纳：恭顺战略

1. Eugene Davidson, *The Death and Life of Germany* (Columbia: University of Missouri Press, 1999), 85. Richard Dominic Wiggers, 'The United States and the Refusal to Feed German Civilians after World War II', in Béla Várdy and T. Hunt Tooley, eds., *Ethnic Cleansing in Twentieth-Century Europe* (New York: Columbia University Press, 2003), 286.
2. Konrad Adenauer, *Memoirs 1945-53*, trans. Beate Ruhm von Oppen (Chicago: Henry Regnery Company, 1965), 56.
3. Charles Williams, *Adenauer: The Father of the New Germany* (New York: Wiley, 2000), 1-13, 16-17.
4. Ibid., 29.
5. Ibid., 220-23.
6. Ibid., 222-4.
7. Ibid., 237.
8. Ibid., 238, 232-5.
9. Ibid., 250.

| 注　释

10. Joseph Shattan, *Architects of Victory: Six Heroes of the Cold War* (Washington, DC: The Heritage Foundation, 1999), 95.
11. Williams, *Adenauer*, 284-90.
12. Ibid., 304-6.
13. Ibid., 314. See also Jeffrey Herf, *Divided Memory: The Nazi Past in the Two Germanys* (Cambridge, MA: Harvard University Press, 1997), 213.
14. Williams, *Adenauer*, 312-13.
15. The Zonal Committee (*Zonenausschuß*) of the CDU in the British Zone, 'Aufruf!', January 3, 1946, Konrad Adenauer Foundation, https://www. konrad-adenauer.de/download_file/view_inline/831.
16. Henry A. Kissinger, Memorandum for the President, 'Subject: Visit of Chancellor Adenauer-Some Psychological Factors', April 6, 1961, 2, https:// www.jfklibrary.org/asset- viewer/archives/JFKPOF /117a/ JFKPOF-117a-008.
17. *Volkszählungsergebnisse von 1816 bis 1970*, Beiträge zur Statistik des Rhein-Sieg-Kreises, (Siegburg: Archivbibliothek, 1980), Band 17 [*Population Outcomes from 1816 to 1970*, Postings for Statistics of the Rhein-SiegKreises, vol. 17].
18. Williams, *Adenauer*, 326-30.
19. 'Text of Occupation Statute Promulgated on 12th May 1949 by the Military Governors and Commanders in Chief of the Western Zones', *Official Gazette of the Allied High Commission for Germany. 23.09.1949*, no. 1 (Bonn-Petersberg: Allied High Commission for Germany), 13-15.
20. Williams, *Adenauer, 332-3*. See also Amos Yoder, 'The Ruhr Authority and the German Problem', *The Review of Politics 17*, no. 3, (July 1955), 352.
21. 'Speech by Konrad Adenauer, Chancellor of the Federal Republic, at a Reception Given by the Allied High Commissioners (September 21, 1949)', in *United States Department of State, Germany 1947-1949: The Story in Documents* (Washington, DC: US Government Printing Office, 1950), 321, reprinted in Beata Ruhm von Oppen, ed., *Documents on Germany under Occupation, 1945-1954* (London and New York: Oxford University Press, 1955), 417-19; as cited here: http://germanhistorydocs.ghi-dc.org/docpage. cfm?docpage_id=3194.
22. Dean Acheson, *Present at the Creation: My Years in the State Department* (New York: Norton, 1969), 341.
23. George C. Marshall, 'Harvard Commencement Speech', June 5, 1947. https://www.

marshallfoundation.org/marshall/the-marshall-plan/ marshall-planspeech/.
24. Adenauer, *Memoirs 1945-53*, 147. 1949 年 3 月 23 日在波恩的演讲。
25. Thomas Hörber, *The Foundations of Europe: European Integration Ideas in France, Germany and Britain in the 1950s* (Heidelberg: VS Verlag für Sozialwissenschaften, 2006) 141.
26. Ronald J. Granieri, *The Ambivalent Alliance* (New York: Berghahn Books, 2004), 34, citing Herbert Blankenhorn, *Verständnis und Verständigung: Blätter eines politischen Tagebuchs* (Frankfurt: Propyläen Verlag, 1980), entry for November 15, 1949, 40.
27. Quoted in Hans-Peter Schwarz, *Konrad Adenauer*, vol. 1, trans. Louise Willmot (New York: Berghahn Books, 1995), 450.
28. Letter from Konrad Adenauer to Robert Schuman, July 26, 1949, Centre virtuel de la connaissance sur l'Europe, University of Luxembourg (hereafter CVCE), https://www.cvce.eu/obj/letter_from_konrad_adenauer_to_ robert_schuman_26_july_1949-en-a03f485c-0eeb- 4401-8c54-8816008a7579.html.
29. Ernst Friedlaender, 'Interview des Bundeskanzlers mit dem Korrespondenten der Wochenzeitung', *Die Zeit*, November 3, 1949, https://www.cvce.eu/content/publication/1999/1/1/ 63e25bb4-c980-432c-af1c- 53c79b77b410/publishable_en.pdf.
30. *New York Times*, December 5, 1949.
31. 'Deutscher Bundestag-18. Sitzung. Bonn, den 24. und 25. November 1949', Konrad Adenauer Stiftung, https://www.konrad-adenauer.de/seite/24-november-1949/.
32. Adenauer, *Memoirs 1945-53*, 256.
33. Robert Schuman, Declaration of May 9, 1950. Foundation Robert Schuman, *European Issue*, No. 204, May 10, 2011, https://www.robert-schuman.eu/en/doc/questions-d-europe/qe-204-en.pdf.
34. Adenauer, *Memoirs 1945-53*, 260.
35. 'Entrevue du 23 mai 1950, entre M. Jean Monnet et le Chancelleur Adenauer', CVCE, 5, https://www.cvce.eu/obj/compte_rendu_de_l_entrevue_entre_jean_monnet_et_konrad_adenauer_23_mai_1950-fr-24853ee7-e477-4537-b462-c622fadee66a.html.
36. Konrad Adenauer, letter to Robert Schuman, May 23, 1950, Bonn, CVCE, https://www.cvce.eu/de/obj/brief_von_konrad_adenauer_an_robert_schuman_23_mai_1950-de-7644877d-6004-4ca6-8ec6-93e4d35b971d.html.
37. 康拉德·阿登纳,"目前我们的处境",1951 年 2 月在波恩大学对学生的演讲,阿登纳基金会，https://www.konrad-adenauer.de/seite/10-februar-1951-1/.
38. 'Ratification of the ECSC Treaty', in *From the Schuman Plan to the Paris Treaty (1950-1952)*, CVCE, https://www.cvce.eu/en/recherche/unitcontent/-/unit/5cc6b004-33b7-4e44-b6db-f5f9e6c01023/3f50ad11-f340-48a4-8435-fbe54e28ed9a.
39. Ibid.
40. Michael Moran, 'Modern Military Force Structures', *Council on Foreign Relations*, October 26, 2006, https://www.cfr.org/backgrounder/modern-military-force-structures#:~:text=Division.,on%20the%20national%20army%20involved.
41. Adenauer, *Memoirs 1945-53*, 193.
42. 'Aide Defends Adenauer's Stand', *New York Times*, November 25, 1950.
43. Granieri, *The Ambivalent Alliance*, 56.
44. Arnulf Baring, *Außenpolitik in Adenauers Kanzlerdemokratie* (Berlin: R. Oldenbourg, 1969), 161-4.
45. Ibid.
46. 苏联外交部致美国大使馆，莫斯科，1952年5月24日，*Foreign Relations of the United States, 1952-1954*, vol. 7: part 1, document 102, https://history.state.gov/historicaldocuments/frus1952-54v07p1/d102.
47. Quoted in Granieri, *The Ambivalent Alliance*, 79.
48. Gordon Alexander Craig, *From Bismarck to Adenauer: Aspects of German Statecraft* (Baltimore: The Johns Hopkins Press, 1958), 110, citing *Der Spiegel*, October 6, 1954, 5.
49. Thomas A. Schwartz, 'Eisenhower and the Germans', in Gunter Bischof and Stephen E. Ambrose, eds., *Eisenhower: A Centenary Assessment* (Baton Rouge: LSU Press, 1995), 215.
50. Adenauer, *Memoirs 1945-53*, 456.
51. Leo J. Daugherty, 'Tip of the Spear: The Formation and Expansion of the Bundeswehr, 1949-1963', *Journal of Slavic Military Studies* 24, no. 1 (winter 2011).
52. Williams, *Adenauer*, 392-409.
53. Ibid., 410-23.
54. Jeffrey Herf, *Divided Memory: The Nazi Past in the Two Germanys* (Cambridge, MA: Harvard University Press, 1997, 282, quoting Konrad Adenauer, 'Regierungserklärung zur jüdischen Frage und zur Wiedergutmachung', in *Der deutsch-israelische Dialog: Dokumentation eines erregenden Kapitels deutscher*

Außenpolitik, Teil 1, Politik, vol. 1 (Munich: K. G. Sauer, 1987), 46-7.
55. Ibid., 1:47.
56. Herf, *Divided Memory*, 288.
57. Ibid., 288, quoting Michael W. Krekel, *Wiedergutmachung: Das Luxemburger Abkommen vom 10. September 1952* (Bad Honnef-Rhöndorf: SBAH, 1996), 40.
58. Williams, *Adenauer*, 534.
59. 'Adenauer Fêted by Eshkol; Wants Jews to Recognize Bonn's Good Will', *Jewish Telegraphic Agency*, May 5, 1966, https://www.jta.org/archive/adenauer-feted-by-eshkol-wants-jews-to-recognize-bonns-good-will.
60. Ibid.
61. James Feron, 'Adenauer Begins 8-Day Visit to Israel', *New York Times*, May 3, 1966.
62. 'Adenauer Fêted by Eshkol'.
63. Williams, *Adenauer*, 442.
64. Felix von Eckardt, *Ein unordentliches Leben* (Düsseldorf: Econ-Verlag, 1967), 466.
65. Keith Kyle, *Suez* (New York: St Martin's Press, 1991), 467.
66. Department of State Historical Office, *Documents on Germany*, 1944-1961 (Washington, DC, United States Government Printing Office, 1961), 585.
67. Kissinger, 'Visit of Chancellor Adenauer', 4. 这次会晤是为4月12日肯尼迪与阿登纳的首次会面做准备。
68. Henry A. Kissinger, 'Remarks at the American Council on Germany John J. McCloy Awards Dinner', June 26, 2002, Yale University Library Digital Repository, Henry A. Kissinger papers, part II, series III: Post-Government Career, box 742, folder 10.
69. Niall Ferguson, *Kissinger 1923-1968: The Idealist* (New York: Penguin Press, 2015), 490-91, 906.
70. Ibid.
71. Walter C. Dowling, telegram from the Embassy in Germany to the Department of State, Bonn, February 17, 1962, 2 p.m. *Foreign Relations of the United States, 1961-1963*, vol. XIV: *Berlin Crisis, 1961-1962*, https://history.state.gov/historicaldocuments/frus1961-63v14/d298.
72. Ibid.
73. Neil MacGregor, *Germany: Memories of a Nation* (New York: Knopf, 2015), ch. 1, 'Where Is Germany?'.
74. For the definitive history of *Ostpolitik*, see Timothy Garton Ash, *In Europe's Name:*

Germany and the Divided Continent (New York: Vintage, 1994).
75. Williams, *Adenauer*, 503-19.
76. 康拉德·阿登纳,关于欧洲统一可能性的演讲,布鲁塞尔,1956年9月25日,CVCE, https://www.cvce.eu/content/publication/2006/10/25/ea27a4e3-4883-4d38-8dbc-5e3949b1145d/publishable_en.pdf.
77. Barbara Marshall, *Willy Brandt: A Political Biography* (London: Macmillan, 1997), 71-3.
78. Helmut Schmidt, *Men and Powers: A Political Retrospective*, trans. Ruth Hein (New York: Random House, 1989), 4.
79. Marion Gräfin Dönhoff, *Foe into Friend: The Makers of the New Germany from Konrad Adenauer to Helmut Schmidt*, trans. Gabriele Annan (New York: St. Martin's Press, 1982), 159.
80. 2015年,赫尔穆特·施密特逝世。我在汉堡举行的国葬仪式上致悼词。那天发言的最重要人物是德国总理、基督教民主联盟党魁和基民盟－社民党联盟首领安格拉·默克尔。她身兼二职说明,阿登纳之后德国内部分歧已经得到解决。我用下面一段话概括了施密特的贡献:"施密特生活在一个过渡时代:从一个被占领和分裂的德国到一个最强大的欧洲国家,从关心安全到需要参加建设一个全球性的世界经济秩序。"参见: Henry A. Kissinger, 'Eulogy for Helmut Schmidt', November 23, 2015. https://www.henryakissinger.com/speeches/eulogy-for-helmut-schmidt/.
81. Blaine Harden, 'Hungarian Moves Presaged Honecker Ouster', *Washington Post*, October 19, 1989, https://www.washingtonpost.com/archive/poli tics/1989/10/19/hungarian-move-presaged-honecker-ouster/4c7ff7bd-c0de- 4e82-86ab-6d176 6abec3c/.
82. 安格拉·默克尔,阿登纳去世50周年在阿登纳基金会的讲话,2017年4月25日。https://www.kas.de/de/veranstaltungen/detail/-/content/-wir-waehlen-die-freiheit-1.
83. Angela Merkel, 'Speech at the Konrad Adenauer Foundation on the 50th anniversary of Konrad Adenauer's Death', April 25, 2017, https://www.kas.de/de/veranstaltungen/detail/-/content/-wir-waehlen-die-freiheit-1.
84. 'Der Abschied', *UFA-Wochenschau*, Das Bundesarchiv-Inhalt. 'Ich habe den Wunsch... getan habe', https://www.filmothek.bundesarchiv.de/video/ 584751?q=bundeswehr&xm=AND&xf%5B0%5D=_fulltext&xo%5B0 %5D=CONTAINS&xv%5B0%5D=&set_lang=de.

第二章　夏尔·戴高乐：意志战略

1. 1969年2月28日美国总统尼克松抵达巴黎时，戴高乐将军在奥利机场发表的讲话。
2. 1967年，法国大使邀请我与戴高乐总统会面，不过他以典型的戴高乐方式让我自己决定："如果您来法国，总统愿意接待您。"此前不久，法国刚刚退出北约司令部。我因不想冒犯约翰逊总统政府，没有接他的话，为此留下终生遗憾。
3. See Charles de Gaulle, *Complete War Memoirs* (New York: Simon and Schuster, 1964), 80.
4. Ibid., 84.
5. Roger Hermiston, 'No Longer Two Nations but One', *The Lion and Unicorn* blog, June 4, 2016, https://thelionandunicorn.wordpress.com/2016/06/04/no-longer-two-nations-but-one/.
6. See de Gaulle, *Complete War Memoirs*, 74-80; and Hermiston, 'No Longer Two Nations but One'.
7. Hermiston, 'No Longer Two Nations but One'.
8. Julian Jackson, *De Gaulle* (Cambridge: Harvard Belknap Press, 2018), 128-33. 戴高乐此后几天又发表了几次广播讲话。
9. From de Gaulle's reply to Pétain from London. See ibid., 134.
10. Ibid. The source on which Jackson is drawing is René Cassin, *Les Hommes partis de rien: Le reveil de la France abattue (1940-1941)* (Paris: Plon, 1975), 76.
11. Bernard Ledwidge, *De Gaulle* (New York: St Martin's Press, 1982), 76. Quoted in Jackson, De Gaulle, 135.
12. Quoted in Jackson, *De Gaulle*, 41.
13. Quoted in ibid., 17.
14. *Versl'ArméedeMétier*, 1934; 1940年首次出版了该书英文版，书名是《未来的军队》。
15. Charles de Gaulle, proclamation dated July 1940, in *Discours et Messages*, vol. 1 (Paris: Librairie Plon, 1970), 19: Also quoted in Christopher S. Thompson, 'Prologue to Conflict: De Gaulle and the United States, From First Impressions Through 1940', in Robert O. Paxton and Nicholas Wahl, eds., *De Gaulle and the United States: A Centennial Reappraisal* (Oxford: Berg, 1994), 19. 这种情感与丘吉尔在1940年6月4日"我们将在海滩战斗"讲话中表达的信念完全一致。戴高乐说，"在上帝认为合适的时候，新世界将挟其所有权力和威力"前来"解救和解放旧世界"。

| 注 释

16. Henry Kissinger, 'The Illusionist: Why We Misread de Gaulle,' *Harper's Magazine*, March 1965.
17. Charles de Gaulle, '1939, Notes sur les idées militaires de Paul Reynaud', *Lettres, Notes et Carnets, 1905-1941* (Paris: Éditions Robert Laffont, 2010), 886.
18. Quoted in Jackson, *De Gaulle*, 44.
19. Walter Benjamin, *The Arcades Project* (New York: Belknap Press, 2002).
20. Paul Kennedy, *The Rise and Fall of the Great Powers* (New York: Random House, 1987), 99, 199.
21. Ibid.
22. Ulrich Pfister and Georg Fertig, 'The Population History of Germany: Research Strategy and Preliminary Results', working paper (Rostock: MaxPlanck-Institut für demografische Forschung, 2010), 5.
23. Rondo E. Cameron, 'Economic Growth and Stagnation in France, 1815-1914', *The Journal of Modern History 30*, no. 1 (March 1958), 1.
24. Nadège Mougel, 'World War I Casualties', Robert Schuman Centre Report (2011).
25. DeGaulle, *Versl'arméedemétier*,1934. 此书出版时，戴高乐是一名中校。
26. Kissinger, 'The Illusionist', 70; also see 'Address by President Charles de Gaulle on French, African and Algerian Realities Broadcast over French Radio and Television on June 14, 1960', in *Major Addresses, Statements and Press Conferences of General Charles de Gaulle: May 19, 1958-January 31, 1964*(New York: French Embassy, 1964), 79, https://bit. ly/3rEDU8w.
27. The Molotov-Ribbentrop Pact.
28. Charles de Gaulle, *Memoirs of Hope: Renewal and Endeavor* (New York: Simon and Schuster, 1971), 3.
29. Ibid., 4.
30. Dorothy Shipley White, *Seeds of Discord* (Syracuse: Syracuse University Press, 1964), 87.
31. Jackson, *de Gaulle*, 138.
32. Charles de Gaulle, radio broadcast, August 27, 1940, https://enseignants. lumni.fr/fiche-media/00000003432/le- general-de-gaulle-salue-le-ralliement-du-tchad-a-la-france-libre-audio.html#infos.
33. 杰克逊写道：" 戴高乐后来有一两次暗示，他曾想过自杀。"（*De Gaulle*，149）
34. 誓言全文是："我们发誓决不放下武器，直到我们的旗帜，我们的美丽旗帜，在斯特拉斯堡大教堂顶上飘扬。"
35. Quoted in Jackson, *De Gaulle*, 170.
36. De Gaulle, *Complete War Memoirs*, 192.
37. Ibid., 206.
38. Ibid., 195.
39. Ibid., 206.
40. Jackson, *De Gaulle*, 183.
41. Ibid., 254.
42. Charles de Gaulle, 'Télégramme au vice-amiral Muselier, à Saint-Pierre-etMiquelon', December 24, 1941, in *Lettres, Notes et Carnets*, 1360.
43. See Jean Lacouture, *De Gaulle, the Rebel 1890-1944* (New York: Norton, 1990), 317.
44. Benjamin Welles, *Sumner Welles* (New York: St Martin's Press, 1997), 288.
45. Jackson, *De Gaulle*, 209.
46. 1942年6月18日,"自由法国"成立两周年时戴高乐在伦敦阿尔伯特音乐厅发表的讲话。戴高乐作为法兰西共和国总统召开的第8次记者招待会（1963年7月29日在巴黎爱丽舍宫）, in *Discours et Messages*, vol. 1 (Paris: Librairie Plon, 1970), 207-15。
47. Jackson, *De Gaulle*, 210-11.
48. The Conferences at Washington, 1941-1942, and Casablanca 1943. *Foreign Relations of the United States*, February 4, 1943.
49. See de Gaulle, *Complete War Memoirs*, 410.
50. Jackson, *De Gaulle*, 215.
51. Ibid., 277.
52. Quoted in ibid., 266.
53. Jackson, *De Gaulle*, 269-73. See also Lacouture, *De Gaulle, the Rebel*, 446-50.
54. See Jackson, *De Gaulle*, 276.
55. De Gaulle, *Complete War Memoirs*, 429.
56. Jackson, *De Gaulle*, 341.
57. Ibid., 315, quoting Henry L. Stimson and McGeorge Bundy, *On Active Service in Peace and War* (New York: Harper & Brothers, 1947), 549 (June 14, 1944).
58. De Gaulle's speech at Bayeux, June 14, 1944.
59. Jackson, *De Gaulle*, 317.
60. De Gaulle, *Complete War Memoirs*, 648.

| 注 释

61. Jackson, *De Gaulle*, 326.
62. Quoted in ibid., 327.
63. Ibid., 326.
64. Ibid., 331. 更多有关解散"抵抗运动"的内容，参阅 Jean Lacouture, *De Gaulle, the Ruler 1945-1970* (New York: Norton, 1992), 25。
65. Jackson, *De Gaulle*, 336.
66. Ibid., 350.
67. See Jean Laloy, 'À Moscou: entre Staline et de Gaulle, décembre 1944', *Revue des études slaves* 54, fascicule 1-2 (1982), 152. See Jackson, *De Gaulle*, 350.
68. De Gaulle, *Memoirs of Hope*, 3.
69. Edmund Burke, *Reflections on the Revolution in France* (1790), in *The Works of the Right Honorable Edmund Burke* (1899), vol. 3, 359.
70. De Gaulle, *Complete War Memoirs*, 771.
71. Ibid., 771-2.
72. Ibid., 776.
73. Ibid., 778.
74. *Plutarch's Lives*, trans. John Dryden (New York: Penguin, 2001), vol. 1, 'Life of Solon', 118.
75. De Gaulle, *Memoirs of Hope*, 6.
76. Quoted in Jackson, *De Gaulle*, 381.
77. Quoted in ibid.
78. De Gaulle, *Complete War Memoirs*, 993.
79. Ibid., 977.
80. Jackson, *De Gaulle*, 499.
81. Ibid., 418.
82. De Gaulle, *Complete War Memoirs*, 996-7.
83. Quoted in Charles G. Cogan, *Charles de Gaulle: A Brief Biography with Documents* (Boston: Bedford Books, 1996), 183.
84. Ibid., 185.
85. Ibid., 186-7.
86. Ibid.
87. Ibid., 187.
88. Quoted in ibid., 185.

89. JFK Library, President's Office File, 'Memorandum of Conversation, President's Visit to Paris, May 31-June 2, 1961', Memorandum of Conversation at Elysée Palace between Kennedy and de Gaulle, May 31, 1961, https:// www.jfklibrary.org/asset-viewer/archives/JFKPOF/116a/ JFKPOF-116a-004.
90. Henry Kissinger, *Diplomacy* (New York: Touchstone, 1994), 541-3.
91. 'Proclamation of Algerian National Liberation Front (FLN), November 1, 1954', https://middleeast.library.cornell.edu/content/proclamation-algeriannational-liberation-front-fln-november-1-1954.
92. Quoted in Alistair Horne, *A Savage War of Peace: Algeria 1954-1962* (New York: Penguin, 1978), 99.
93. Central Intelligence Agency, 'Validity Study of NIE 71.2-56: Outlook for Algeria published 5 September 1956', CDG.P.CIA.1957.08.16.
94. Quoted in Jackson, *De Gaulle*, 447.
95. Quoted in 'Eyes on Allies: De Gaulle the Key', *New York Times*, May 20, 1962.
96. *Major Addresses* 6.
97. Jackson, *De Gaulle*, 463.
98. De Gaulle, *Memoirs of Hope*, 26.
99. Horne, *Savage War of Peace*, 301.
100. See ibid., L6333.
101. De Gaulle, *Memoirs of Hope*, 54.
102. Ibid.
103. Memorandum for the President from Henry Kissinger, May 16, 1969, 'Africa after de Gaulle', Richard Nixon Library, box 447 [218].
104. People's Republic of China Foreign Ministry Archive, 'Main Points of Chairman Mao's Conversation with Premier Abbas on September 30, 1960', trans. David Cowhig, October 4, 1960, Wilson Center History and Public Policy Program Digital Archive, http://digitalarchive.wilsoncenter.org/document/117904.
105. JFK Library, 'Staff Memoranda: Kissinger, Henry, February 1962: 13-28', https:// www.jfklibrary.org/asset-viewer/archives/JFKNSF/320/JFKNSF-320-025.
106. Jackson, *De Gaulle*, 501.
107. Ibid., 518.
108. Ibid., 519.
109. 'Address Given by Charles de Gaulle (29 January 1960)', Centre virtuel de la connaissance

sur l'Europe, University of Luxembourg, https://www.cvce.eu/en/obj/ address_given_by_charles_de_gaulle_29_january_1960-en-095d41dd-fda2-49c6-aa91-772ebffa7b26.html.

110. 'Speech Denouncing the Algiers Putsch: April 23, 1961', in Cogan, *Charles de Gaulle*, 196.
111. '"Pieds-noirs": ceux qui ont choisi de rester', *La Dépêche*, March 10, 2012.
112. 'After 40 Years of Suffering and Silence, Algeria's "Harkis" Demand a Hearing', *Irish Times*, August 31, 2001.
113. Quoted in Cogan, *Charles de Gaulle*, 119.
114. Jackson, *De Gaulle*, 585.
115. De Gaulle, *Memoirs of Hope*, 176.
116. Address by President de Gaulle on May 31, 1960, in *Major Addresses*, 75, 78.
117. Eighth Press Conference Held by General de Gaulle as President of the French Republic [in Paris at the Elysée Palace on July 29, 1963], in ibid., 234.
118. *Major Addresses*, 159.
119. Quoted in Kissinger, *Diplomacy*, 606.
120. Ibid.
121. Ibid., 605.
122. Quoted in ibid., 575.
123. For the US policy, see McGeorge Bundy, 'NSAM 294 U.S. Nuclear and Strategic Delivery System Assistance to France', April 20, 1964, National Security Action Memorandums, NSF, box 3, LBJ Presidential Library, https://www.discoverlbj.org/item/nsf-nsam294.
124. See Wilfrid Kohl, *French Nuclear Diplomacy* (Princeton: Princeton University Press, 2016), 79.
125. 这一机构负责对影响世界安全的所有政治问题做出联合决定并制订战略计划，必要时将计划付诸实施，尤其是涉及使用核武器时。它还负责酌情组织不同战区的防御，例如北极、大西洋、太平洋和印度洋。参阅 Kissinger, *Diplomacy*, 611。
126. Henry Kissinger and Françoise Winock, 'L'Alliance atlantique et l'Europe', *Esprit*, n.s. 359, no. 4 (April 1967), 611.
127. Mark Howell, 'Looking Back: De Gaulle tells American Forces to Leave France', https://www.mildenhall.af.mil/News/Article-Display/Article/272283/looking-back-

de-gaulle-tells-american-forces-to-leave-france/. 1958 年 8 月，美国首次在法国（本土）部署了核武器，不过此前已在法属摩洛哥部署了核武器。Robert Norris, William Arkin and William Burr,'Where They Were', *The Bulletin of the Atomic Scientists*, November/December 1999, 29.
128. *Major Addresses*, 226.
129. Henry Kissinger,'Military Policy and Defense of the "Grey Areas"', *Foreign Affairs* 33, no. 3 (1955), 416-28, doi:10.2307/20031108.
130. 'No Cities' speech by Secretary of Defense McNamara, July 9, 1962, https://robertmcnamara.org/wp-content/uploads/2017/04/ mcnamara-1967-22no-cities22-speech-p.pdf.
131. Quoted in Kissinger, *Diplomacy*, 615.
132. Ibid.
133. De Gaulle, *Complete War Memoirs*, 81.
134. Ibid.
135. Ibid.
136. Julia Lovell, *Maoism: A Global History* (New York: Knopf, 2019), 273.
137. Jackson, *De Gaulle*, 721.
138. Ibid., 737.
139. Quoted in 'World: A Glimpse of Glory, a Shiver of Grandeur', *Time*, November 23, 1970.
140. Charles de Gaulle, *The Edge of the Sword*, trans. Gerard Hopkins (Westport, Conn.: Greenwood, 1960), 65–6. Quoted in Cogan, *Charles de Gaulle*, 218.
141. Quoted in Jackson, *De Gaulle*, 41.
142. De Gaulle, *Complete War Memoirs*, 997-8.
143. "如果没有安娜，也许我永远做不成我做成的事。她给了我爱和灵感。"Pierrick Geais,'Récit: La véritable histoire d'Anne de Gaulle, la fille handicapée du Général', *Vanity Fair* (France), March 3, 2020.

第三章 理查德・尼克松：平衡战略

1. David Shambaugh, *China Goes Global: The Partial Power* (New York: Oxford University Press, 2013), 39.
2. Dale Van Atta, *With Honor: Melvin Laird in War, Peace, and Politics* (Madison: University of Wisconsin, 2008), 271-3.
3. "尼克松给国家安全事务助理的备忘录", *Foreign Relations of the United States*,

| 注　释

vol. 17: *China, 1969–1972*, no. 147, State Department: Office of the Historian, https:// history.state.gov/ historicaldocuments/frus1969-76v17/d147.

4. 古德帕斯特不是国家安全事务助理，但参与起草了国家安全委员会的议事规则。参见：C. Richard Nelson, *The Life and Work of Gen-eral Andrew J. Goodpaster: Best Practices in National Security Affairs* (Lanham, MD: Rowman & Littlefield, 2016)。

5. 'History of the National Security Council, 1947–1997', The White House Archives, https://georgewbush-whitehouse.archives.gov/nsc/history.html#nixon. David Rothkopf, *Running the World: The Inside Story of the National Security Council and the Architects of American Power* (New York: Public-Affairs, 2006), 84–5. 从 2017 年起，根据规定国家安全委员会成员限制在 200 人。参见：'The National Security Council: Background and Issues for Congress', the Congressional Research Service, June 3, 2021, 8, https://crsreports.congress.gov/product/pdf/R/R44828。

6. Richard Nixon, *RN: The Memoirs of Richard Nixon* (New York: Grosset & Dunlap, 1978), 390.

7. Richard Nixon, 'Remarks to Midwestern News Media Executives Attending a Briefing on Domestic Policy in Kansas City, Missouri', July 6, 1971, https://www.presidency.ucsb.edu/documents/remarks-midwestern-news-media-executives-attending-briefing-domestic-policy-kansas-city.

8. Ibid.

9. *Time*, January 3, 1972.

10. Henry Kissinger, *Diplomacy* (New York: Simon and Schuster, 1994), 38–40.

11. Woodrow Wilson, 'Address of the President of the United States to the Senate', January 22, 1917, https://www.digitalhistory.uh.edu/disp_textbook.cfm?smtID=3&psid=3898.

12. Kissinger, *Diplomacy*, 709.

13. 'Text of President Nixon's Address at the 25th-Anniversary Session of the U.N.', *New York Times*, October 24, 1970.

14. Ibid.

15. Henry Kissinger, *White House Years* (Boston: Little, Brown, 1979), 135–6.

16. Richard Nixon to Melvin Laird, February 4, 1969. *Foreign Relations of the United States, 1969–1976*, vol. 1: *Foundations of Foreign Policy, 1969–1972*, State Department: Office of the Historian, https://history.state.gov/historicaldocuments/frus1969-76v01/d10.

17. Richard Nixon, 'Remarks to the North Atlantic Council in Brussels', February 24,

1969, https://www.presidency.ucsb.edu/documents/remarks-the-north-atlantic-council-brussels.

18. Jeffrey Garten, *Three Days at Camp David: How a Secret Meeting in 1971 Transformed the Global Economy* (New York: HarperCollins, 2021), 4.

19. Ibid., 9–10.

20. Ibid., 77.

21. Ibid., 255.

22. Ibid., 250. 德国各家大报纷纷发表文章，称"美国几乎宣布发动贸易战"，"尼克松的方案……记录了世界头号经济大国坠入民族主义和保护主义之中"。

23. Ibid., 308.

24. Richard H. Immerman, '"Dealing with a Government of Madmen": Eisenhower, Kennedy, and Ngo Dinh Diem', in David L. Henderson, ed., *The Columbia History of the Vietnam War* (New York: Columbia University Press, 2011), 131.

25. Harrison Salisbury, *Behind the Lines–Hanoi* (New York: Harper & Row, 1967), 137.

26. John W. Finney, 'Plank on Vietnam Devised by Doves', *New York Times*, August 24, 1968.

27. Defense Casualty Analysis System (DCAS) Extract Files, created, *c*.2001–4/29/2008, documenting the period 6/28/1950–5/28/2006, https://aad.archives.gov/aad/fielded-search.jsp?dt=2513&cat=GP21&tf=F&bc=,sl.

28. Richard Nixon, 'Informal Remarks in Guam with Newsmen', July 25, 1969, UC Santa Barbara American Presidency Project, https://www.presidency.ucsb.edu/documents/informal-remarks-guam-with-newsmen.

29. Ibid. Emphasis added.

30. Richard Nixon, 'Address to the Nation on the War in Vietnam', November 3, 1969, UC Santa Barbara American Presidency Project. https://www.pres idency.ucsb.edu/documents/address-the-nation-the-war-vietnam.

31. 'Memorandum of Conversation', Washington, October 20, 1969, 3:30 p.m. *Foreign Relations of the United States, 1969–1976*, vol. 12: *Soviet Union, January 1969–October 1970*, no. 93, State Department: Office of the Historian, https://history.state.gov/historicaldocuments/frus1969-76v12/d93.

32. Nixon, 'Address to the Nation on the War in Vietnam'.

33. 备忘录全文载于《白宫岁月》一书中，1480–1482页。1482页还有一段补充文字："鉴于过去几年提交的有关越南的报告往往过于乐观，几乎无法让美国人

| 注 释

民相信对方现在处境艰难。只要保持耐心，时间有可能在我们一边。首先，我们不确知双方的相对处境。此前，我们多次对看到的迹象做出错误解读。其次，即使我们认定美国和南越处于有利军事地位，也不知道如何把它化为政治条件，而且南越的政治前景远不及军事地位稳固。再次，美国政府面对的是满腹狐疑、玩世不恭的美国听众。尼克松总统不愿意显得很乐观，为此承担个人信誉代价是对的。最后，对于这个国家人数众多、大声疾呼的异见者，美国－南越联盟的实力地位无关紧要，他们想不惜代价结束战争。"参见：Kissinger, *White House Years*, 1482, and 'Memoran-dum from the President's Assistant for National Security Affairs (Kissinger) to President Nixon', Washington, September 11, 1969, *Foreign Relations of the United States, 1969–1976*, vol. 6: *Vietnam, January 1969– July 1970*, no. 119, State Department: Office of the Historian, https://history.state.gov/historical-documents/frus1969-76v06/d119。

34. 'Address to the Nation', January 25, 1972, *The American Presidency Project*, UC Santa Barbara, https://www.presidency.ucsb.edu/documents/address-the-nation-making-public-plan-for-peace-vietnam.

35. 'Vietnam War U.S. Military Fatal Casualty Statistics', National Archives, https://www.archives.gov/research/military/vietnam-war/casualtystatistics# toc-dcas-vietnam-conflict- extract-file-record-countsby-incident-or-death-date-year-as-of-april-29-2008-2.

36. Richard Nixon, 'Address to the Nation on the Situation in Southeast Asia', May 8, 1972.

37. Quoted in Kissinger, *White House Years*, 1345.

38. 'Transcript of Kissinger's News Conference on the Status of the Cease-Fire Talks', *New York Times*, October 27, 1972.

39. 'Act of the International Conference on Viet-Nam', *The American Journal of International Law* 67, no. 3 (1973), 620–22, https://doi.org/ 10.2307/2199198. See also Henry Kissinger, *Years of Renewal* (New York: Simon & Schuster, 1999), 485："与会方一共 12 个：美国，法国，中国，英国，加拿大，苏联，匈牙利，波兰，印度尼西亚，越南民主共和国（即北越），越南共和国（即南越），南越共和国临时革命政府（即南越共产党人）。"

40. Cf. Henry A. Kissinger, *Years of Upheaval* (Boston: Little, Brown, 1982), 316–27.

41. 'Vietnam–Supplemental Military Assistance (2)', Gerald R. Ford Presiden-tial Library, box 43, John Marsh Files, 28 and 20–21, https://www. fordlibrarymuseum.

gov/library/document/0067/12000897.pdf: "法案……禁止 1975 年 6 月 30 日后再向柬埔寨提供军事援助或出售（包括交付）武器。美国提供了大约 8.23 亿美元（外加前一年授权拨出的 2.34 亿美元），占前一财政年度援助的大约三分之一，占政府要求拨款 16 亿美元的大约一半……关于 1974 财政年度的经济援助，美国提供了 3.33 亿美元（包括 4900 万美元补充援助），不及政府要求拨款 4.75 亿美元的三分之一。" H.J.Res. 636 (93rd)："为 1974 财政年度及其他用途继续提供拨款联合决议"，July 1, 1973, https://www.govtrack.us/congress/bills/93/hjres636/text。

42. Jeffrey P. Kimball, *The Vietnam War Files: Uncovering the Secret History of Nixon-Era Strategy* (Lawrence, KS: University Press of Kansas, 2004), 57–9.

43. Hal Brands, 'Progress Unseen: U.S. Arms Control Policy and the Origins of Détente, 1963–1968', *Diplomatic History* 30, no. 2 (April 2006), 273.

44. 1964 年 4 月 20 日，美苏达成一项有限协议，共同削减两国核反应堆和可裂变材料数量。但这不是一个重大成果，因为它没有载入一项条约中，也没有对核武器做出任何限制。参见：Brands, 'Progress Unseen', 257–8; 'Summary' of *Foreign Relations of the United States, 1964–1968*, vol. 11: *Arms Control and Disarmament*, State Department: Office of the Historian, https://history.state.gov/historicaldoc uments/frus1964-68v11/summary。

45. Kissinger, *White House Years*, 813.

46. 'Editorial Note', *Foreign Relations of the United States, 1969–1976*, vol. 13: *Soviet Union, October 1970–October 1971*, State Department: Office of the Historian, https://history.state.gov/historicaldocuments/frus1969-76v13/d234.

47. Hans M. Kristensen and Matt Korda, 'Status of World Nuclear Forces', Federation of American Scientists, last updated May 2021, https://fas.org/issues/nuclear-weapons/status-world-nuclear-forces/.

48. Sana Krasikov, 'Declassified KGB Study Illuminates Early Years of Soviet Jewish Emigration', *The Forward*, December 12, 2007.

49. Mark Tolts, 'A Half Century of Jewish Emigration from the Former Soviet Union: Demographic Aspects', paper presented at the Project for Russian and Eurasian Jewry, Davis Center for Russian and Eurasian Studies, Harvard University, on November 20, 2019.

50. Ibid.

51. Richard Nixon, 'Asia after Viet Nam', *Foreign Affairs* 46, no. 1 (October 1967), 121,

注 释

https://cdn.nixonlibrary.org/01/wp-content/uploads/2017/01/11113807/Asia-After-Viet-Nam.pdf.
52. Kissinger, *White House Years*, 181.
53. '99. Memorandum from the President's Assistant for National Security Affairs (Kissinger) to President Nixon', *Foreign Relations of the United States, 1969–1976*, vol. 17: *China, 1969–1972*, State Department: Office of the Historian, https://history.state.gov/historicaldocuments/frus1969-76v17/d99.
54. 'Memorandum of Conversation', October 25, 1970, *Foreign Relations of the United States, 1969–1976*, vol. E-7: *Documents on South Asia, 1969–1972*, State Department: Office of the Historian, https://history.state.gov/historicaldocuments/frus1969-76ve07/d90.
55. Richard Nixon, 'Remarks to Midwestern News Media Executives', July 6 1971, *The American Presidency Project*, UC Santa Barbara, https://www.presidency.ucsb.edu/documents/remarks-midwestern-news-media-executives-attending-briefing-domestic-policy-kansas-city.
56. Quoted in Kissinger, *White House Years*, 1062.
57. 'Joint Statement Following Discussions with Leaders of the People's Republic of China', February 27, 1972, *Foreign Relations of the United States, 1969–1972*, vol. 17: *China, 1969–1972*, State Department: Office of the Historian, https://history.state.gov/historicaldocuments/frus1969-76v17/d203.
58. 'Memorandum of Conversation', February 17–18, 1973, *Foreign Relations of the United States, 1969–1976*, vol. 18: *China, 1973–1976*, State Department: Office of the Historian, https://history.state.gov/historicaldocuments/ frus1969-76v18/d12.
59. Lee Kuan Yew, 'Southeast Asian View of the New World Power Balance in the Making', Jacob Blaustein Lecture no. 1, March 30, 1973, 1–3.
60. Richard Nixon, 'Remarks to Midwestern News Media Executives', July 6, 1971
61. United Nations Security Resolution 242, November 22, 1967, https://unispal.un.org/unispal.nsf/0/7d35e1f729df491c85256ee700686136.
62. Martin Indyk, *Master of the Game: Henry Kissinger and the Art of Middle East Diplomacy* (New York: Knopf, 2021), 162–3.
63. Kissinger, *White House Years*, 579–80.
64. See ibid., 601.
65. Indyk, *Master of the Game*, 66–8.

66. See Kissinger, *White House Years*, 605.
67. 'Memorandum of Conversation', October 10, 1973. Washington, 9:05–10:36 a.m., *Foreign Relations of the United States, 1969–1976*, vol. 25: *Arab–Israeli Crisis and War, 1973*, no. 143, State Department: Office of the Historian, https://history.state.gov/historicaldocuments/frus1969-76v25/d143.
68. 'Transcript of Telephone Conversation Between President Nixon and Secretary of State Kissinger', October 14, 1973, *Foreign Relations of the United States, 1969–1976*, vol. 25: *Arab–Israeli Crisis and War, 1973*, no. 180, State Department: Office of the Historian, https://history.state.gov/historicaldocuments/frus1969-76v25/d180.
69. UN Security Council Resolution 338, October 22, 1973, https://undocs.org/S/RES/338(1973).
70. National Archives, Nixon Presidential Materials, NSC Files, Kissinger Office Files, box 69, Country Files–Europe–USSR, Dobrynin/Kissinger, vol. 20, https://history.state.gov/historicaldocuments/frus1969-76v15/ d146.
71. See Eqbal Ahmad et al., 'Letters to the Editor: Home Rule for Bengal', *New York Times*, April 10, 1971; Chester Bowles, 'Pakistan's Made-in-U.S.A. Arms', *New York Times*, April 18, 1971; and Benjamin Welles, 'Senate Unit Asks Pakistan Arms Cutoff', *New York Times*, May 7, 1971.
72. Margaret MacMillan, *Nixon and Mao: The Week That Changed the World* (New York: Random House, 2007), 222-7.
73. 'Memorandum from the President's Assistant for National Security Affairs (Kissinger) to the President's Deputy Assistant for National Security Affairs (Haig)', July 9, 1971, *Foreign Relations of the United States 1969–1976*, vol. 11: *South Asia Crisis, 1971*, no. 97, 242, State Department: Office of the Historian, https://history.state.gov/historicaldocuments/frus1969-76v11/d97.
74. Syed Adnan Ali Shah, 'Russo-India Military Technical Cooperation', https://web.archive.org/web/20070314041501/http://www.issi.org.pk/jour nal/2001_files/no_4/article/4a.htm.
75. 'Memorandum of Conversation, Washington, August 9, 1971, 1:15–2:30 p.m.', *Foreign Relations of the United States, 1969–1976*, vol. 11: *South Asia Crisis, 1971*, no. 117, 316–17, https://history.state.gov/historicaldocuments/frus1969-76v11/d117.
76. 'Memorandum of Conversation, Washington, September 11, 1971, 9:30–10:10 a.m.', *Foreign Relations of the United States, 1969–1976*, vol. 11: *South Asia Crisis, 1971*,

no. 146, 408, https://history.state.gov/historicaldocuments/frus1969-76v11/d146.
77. UN Security Council Resolution 307, December 21, 1971, https://digitallibrary. un.org/record/90799?ln=en.
78. Benjamin Welles, 'Bangladesh Gets U.S. Recognition, Promise of Help', *New York Times*, April 4, 1972.
79. 'Agreement on Joint Commission on Economic, Commercial, Scientific, Technological, Educational and Cultural Cooperation', October 28, 1974, https://www.mea.gov.in/bilateral-documents.htm?dtl/6134/Agreement+on+Joint+Commission+on+Economic+Co-mmercial+Scientific+Technological+Educational+and+Cultural+Co-operation.
80. 'Transcript of President Nixon's Address to Congress on Meetings in Moscow', *New York Times*, June 2, 1972.

第四章 安瓦尔·萨达特：超越战略

1. Eugene Rogan, *The Arabs: A History* (New York: Basic Books, 2009),65–71, 82.
2. See generally Albert Hourani, *Arabic Thought in the Liberal Age: 1798–1939* (Cambridge: Cambridge University Press, 1983); Rogan, *The Arabs:A History*, 88–9.
3. See John McHugo, *Syria: A History of the Last Hundred Years* (New York:The New Press, 2015), 39–40; Tarek Osman, *Islamism* (New Haven: Yale University Press, 2016), 50–52; Majid Fakhry, *A History of Islamic Phil-osophy* (New York: Columbia University Press, 2004), 349.
4. Rogan, *The Arabs: A History*, 124-31.
5. Lawrence Wright, *Thirteen Days in September* (New York: Vintage Books,2015), 13–4.
6. Edward R. F. Sheehan, 'The Real Sadat and the Demythologized Nasser', *New York Times*, July 18, 1971.
7. Mohamed Heikal, *Autumn of Fury: The Assassination of Sadat* (New York:Random House, 1983), Chapter 2, 'Roots', 7–11.
8. Anwar Sadat, interviewed by James Reston, *New York Times*, December28, 1970.
9. Sheehan, 'The Real Sadat'.
10. Ibid.
11. Anwar Sadat, *In Search of Identity* (New York: Harper & Row, 1977), 4.
12. Eric Pace, Anwar el-Sadat obituary, *New York Times*, October 7, 1981.
13. Mark L. McConkie and R. Wayne Boss, 'Personal Stories and the Process of Change:

539

The Case of Anwar Sadat', *Public Administration Quarterly* 19,no. 4 (winter 1996), 493–511.

14. See, e.g., Sir Alfred Milner, *England in Egypt* (London: Edward Arnold,1902).
15. Rogan, *The Arabs: A History*, 151, 164.
16. Ibid., 169.
17. Ibid., 196.
18. Ibid., 208–10.
19. Steven A. Cook, *The Struggle for Egypt* (New York: Oxford University Press, 2012), 30–31.
20. Ibid., 117.
21. 1952年，萨达特回忆说班纳是"一位正直高尚的人，我相信他不赞成兄弟会的一些过火行动"，参见：Anwar Sadat, *Revolt on the Nile* (New York: The John Day Company, 1952)。另见：Richard Paul Mitchell, *The Society of the Muslim Brothers* (New York: Oxford University Press, 1969, reprinted 1993), 24。
22. Jehan Sadat, *A Woman of Egypt* (New York: Simon and Schuster, 1987),92–3.
23. Sadat, *In Search of Identity*, 18–19, 24–6.
24. Ibid., 27.
25. Raphael Israeli, *Man of Defiance: A Political Biography of Anwar Sadat* (Totowa: Barnes and Noble Books, 1985), 16–25.
26. Rogan, *The Arabs: A History*, 267–8.
27. Sadat, *In Search of Identity*, 303.
28. Ibid., 303.
29. 'Egypt Tense after Cairo's Mob Riots', Australian Associated Press, January 28, 1952.
30. Sadat, *In Search of Identity*, 108.
31. Sadat's declaration of independence, as quoted in Cook, *Struggle for Egypt*, 11–12.
32. Selma Botman, 'Egyptian Communists and the Free Officers', *Middle Eastern Studies* 22 (1986), 362–4.
33. Central Intelligence Agency, 'Memorandum for the Director: Subject: Thoughts on the Succession in Egypt', September 29, 1970, 1, https://www.cia.gov/readingroom/document/cia-rdp79r00904a001500020003-3. Several Muslim Brothers were executed for their alleged involvement. Steven A. Cook, 'Echoes of Nasser', *Foreign Policy*, July 17, 2013, https://foreignpolicy.com/2013/07/17/ echoes-of-nasser/.

34. Cook, *Struggle for Egypt*, 60–61.
35. See Don Peretz, 'Democracy and the Revolution in Egypt', *Middle East Journal* 13, no. 1 (1959), 27.
36. The New Egyptian Constitution, *Middle East Journal* 10, no. 3 (1956), 304; see also Mona El-Ghobashy, 'Unsettling the Authorities: Constitutional Reform in Egypt', Middle East Research and Information Project (MERIP) (2003), https://merip.org/2003/03/unsettling-the-authorities/.
37. See Anthony F. Lang, Jr, 'From Revolutions to Constitutions: The Case of Egypt', *International Affairs* 89, no. 2 (2013), 353–4.
38. Robert L. Tignor, *Anwar al- Sadat: Transforming the Middle East* (New York: Oxford University Press, 2015), 45–51.
39. Jon B. Alterman, 'Introduction', in *Sadat and His Legacy* (Washington, DC: Washington Institute, 1998), x, https://www.washingtoninstitute.org/media/3591.
40. Steven A. Cook, 'Hero of the Crossing?: Anwar Sadat Reconsidered', *Council on Foreign Relations*, October 7, 2013, https://www.cfr.org/blog/hero-crossing-anwar-sadat- reconsidered.
41. Peretz, 'Democracy and the Revolution in Egypt', 32.
42. Sadat, *In Search of Identity*, 75.
43. See generally Joseph Finklestone, *Anwar Sadat: Visionary Who Dared* (London: Frank Cass, 1996), 38–61; Tignor, *Transforming the Middle East*, 38–59.
44. Nicholas Breyfogle, 'The Many Faces of Islamic Fundam-entalism: A Profile of Egypt', *Origins* (1993), 15, https://origins.osu.edu/sites/origins.osu.edu/files/origins-archive/Volume1Issue2Article3.pdf.
45. Jacob M. Landau, *Pan-Islam: History and Politics* (London: Routledge, 2015), 279; Martin Kramer, 'Anwar Sadat's Visit to Jerusalem, 1955', in Meir Litvak and Bruce Maddy-Weizman, eds., *Nationalism, Identity and Politics: Israel and the Middle East* (Tel Aviv: The Moshe Dayan Center for Middle Eastern and African Studies, 2014), 29–41, https://scholar.harvard.edu/files/martinkramer/files/sadat_jerusalem_1955.pdf.
46. See Tawfig Y. Hasou, *The Struggle for the Arab World* (London: Routledge, 1985), 75–84; Arthur Goldschmidt, Jr, *A Concise History of the Middle East* (New York: Routledge, 1979) 73. Nasser personally believed that the Baghdad Pact represented British and American attempts to control and influence the Middle East. See 'Excerpts

from Interview with President Gamal Abdel Nasser of the U.A.R.', *New York Times*, February 15, 1970.

47. Kramer, 'Anwar Sadat's Visit to Jerusalem, 1955', note 12 (quoting Heath Mason, first secretary, dispatch of December 31, 1955, Foreign Office: Reference 371, Document 121476; https://discovery.nationalarchives.gov.uk/details/r/C2878966).

48. 1958年，为准备对伊朗的访问，萨达特记住了一句波斯谚语。他在和伊朗国王会见结束时背诵了那句谚语，两人成了终生好友。参见: Camelia Anwar Sadat, 'Anwar Sadat and His Vision', in *Sadat and His Legacy* (Washington, DC: Washington Institute for Near East Policy, 1998) 5, https://www.washingtoninstitute.org/media/3591。

49. Malcolm Kerr, '"Coming to Terms with Nasser": Attempts and Failures', *International Affairs* 43, no. 1 (1967), 66.

50. Rogan, *The Arabs: A History*, 287.

51. 这是1955年万隆会议结束时纳赛尔和周恩来会见的结果，周恩来表示愿意在纳赛尔和苏联人及捷克人之间调停。参见: Finklestone, *Anwar Sadat: Visionary Who Dared*, excerpts on Sadat's opinions and advice under Nasser, 38–44, 46–47, 49, 53, 55–61。

52. Cook, *Struggle for Egypt*, 67.

53. William J. Burns, *Economic Aid and American Policy Toward Egypt: 1955–1981* (Albany: State University of New York Press, 1985), 106, quoting Eugene Black, John Foster Dulles Oral History Collection, Princeton University, 15, https://findingaids.princeton.edu/catalog/MC017_c0024.

54. Cook, *Struggle for Egypt*, 68.

55. Message from Prime Minister Eden to President Eisenhower, August 5, 1956, *Foreign Relations of the United States, 1955–1957*, vol. XVI: *Suez Crisis, July 26–December 31, 1956*, no. 64, State Department: Office of the Historian, https://history.state.gov/historicaldocuments/frus1955-57v16/d163.

56. United Nations Department of Economic and Social Affairs, *Economic Developments in the Middle East: Supplement to World Economic Survey, 1956* (1957), 106–7, https://www.un.org/en/development/desa/policy/wess/wess_archive/searchable_archive/1956_WESS_MiddleEast.pdf.

57. Michael Laskier, 'Egyptian Jewry Under the Nasser Regime, 1956–70', *Middle Eastern Studies* 31, no. 3 (1995), 573–619.

| 注　释

58. Ibid., 103-4.
59. Ibid., 106-7.
60. Karen Holbik and Edward Drachman, 'Egypt as Recipient of Soviet Aid, 1955-1970', *Journal of Institutional and Theoretical Economics* (January 1971), 154 ('growing dependence'); John Waterbury, *The Egypt of Nasser and Sadat* (Princeton: Princeton University Press, 1983), 86, 397.
61. 'Aswan High Dam Is Dedicated by Sadat and Podgorny', *New York Times*, January 16, 1971; Holbik and Drachman, 'Egypt as Recipient of Soviet Aid', 143-4.
62. Holbik and Drachman, 'Egypt as Recipient of Soviet Aid', 139-40; World Bank, 'GDP Growth (Annual %)–Egypt, Arab Rep.', https://data.world-bank.org/indicator/NY.GDP.MKTP.KD.ZG?end=1989&locations=EG&start=1961.
63. Waterbury, *The Egypt of Nasser and Sadat*, 298.
64. Ibid., 97.
65. Sadat, *In Search of Identity*, 128; Tignor, *Transforming the Middle East*, 64.
66. Dana Adams Schmidt, 'Cairo Rules Out a Pro-U.S. Stand', *New York Times*, June 7, 1961.
67. Sadat, *In Search of Identity*, 128.
68. Peter Mansfield, 'Nasser and Nasserism', *International Journal* 28, no. 4 (autumn 1973), 674.
69. Fouad Ajami, 'The Struggle for Egypt's Soul', *Foreign Policy*, June 15, 1979, https://foreignpolicy.com/1979/06/15/the-struggle-for-egypts-soul/.
70. Ibid.
71. Cook, *Struggle for Egypt*, 110.
72. 'Telegram from the Embassy in the United Arab Republic to the Department of State, Cairo, December 17, 1959', *Foreign Relations of the United States*, vol. XIII: *Arab-Israeli Dispute*, no. 252, State Department: Office of the Historian, https://history.state.gov/historicaldocuments/frus1958-60v13/d252.
73. 'Telegram from the Department of State to Secretary of State Rusk in New York, Washington, September 27, 1962', *Foreign Relations of the United States*, vol. XVIII: *Near East, 1962-1963*, no. 59, State Department: Office of the Historian, https://history.state.gov/historicaldocuments/frus1961-63v18/d59; 'Telegram from the Embassy in the United Arab Republic to the Department of State, Cairo, October 10, 1962', ibid., no. 77, https://history.state.gov/historicaldocuments/frus1961-

63v18/d77; 'Telegram from the Embassy in Saudi Arabia to the Department of State, Jidda, November 30, 1963', ibid., no. 372.
74. Waterbury, *The Egypt of Nasser and Sadat*, 320.
75. See 'Memorandum of conversation, Washington, February 23, 1966, 11.30 a.m.', *Foreign Relations of the United States*, vol. XVIII: *Arab–Israeli Dispute, 1964–1967*, no. 274, State Department: Office of the Historian, https://history.state.gov/historicaldocuments/ frus1964-68v18/d274 (note: Sadat met with President Johnson); 'Memorandum of conversation, Washington, February 25, 1966, 5.05 p.m.', *Foreign Relations of the United States, Near East Region*, vol. XXI, no. 391, State Department: Office of the Historian, https://history.state.gov/historicaldocuments/ frus1964-68v21/d391; 'Telegram from the Embassy in the United Arab Republic to the Department of State, Cairo, May 28, 1966', *Foreign Relations of the 1United States, 1964–1968*, vol. XVIII: *Arab–Israeli Dispute, 1964–1967*, no. 296, State Department: Office of the Historian https://history.state.gov/historicaldocuments/ frus1964-68v18/d296.
76. Jehan Sadat, *A Woman of Egypt*, 282.
77. Sadat, *Revolt on the Nile*, (1952) 103.
78. Sadat, interviewed by James Reston, *New York Times*, December 28, 1970.
79. Raphael Israeli, *The Public Diary of President Sadat*, vol. 1: *The Road to War (October 1970–October 1973)* (Leiden: E. J. Brill, 1978), 19, quoting 'January 8, 1971–Address to the Faculty of Universities and Higher Institutions of Learning'.
80. Sadat, *Revolt on the Nile*, 1952 27.
81. Thomas W. Lippmann, 'A Man for All Roles', *Washington Post*, December 26, 1977; James Piscatori, 'The West in Arab Foreign Policy', in Robert O'Neill and R. J. Vincent, eds., *The West and the Third World* (New York: St. Martin's Press,1990), 141.
82. Israeli, *The Public Diary of President Sadat*, vol. 1, 11, quoting 'October 19, 1970–Sadat's first public speech as president–address to military officers in the Suez Canal front'.
83. Ibid., 28–30, quoting 'January 15, 1971–speech marking the completion of the Aswan Dam–delivered in the presence of Soviet President Podgorny, who was attending the ceremony'.
84. Ibid., 32–3, quoting 'February 16, 1971 interview with *Newsweek* Magazine–

published February 22, 1971 in English'.
85. Finklestone, *Anwar Sadat: Visionary Who Dared*, 61.
86. The following material draws on, and in some cases repeats phrases from, *Years of Upheaval and Years of Renewal*.
87. "纳赛尔让不具威胁的人轮流担任副总统,所以萨达特……意外地成了埃及的临时总统",参见: Kiki M. Santing, *Imagining the Perfect Society in Muslim Brotherhood Journals* (Berlin: de Gruyter, 2020), 119; "据说萨达特成为总统之前,外号是'是是上校'",参见: Robert Springborg, *Family Power and Politics in Egypt* (Philadelphia: University of Pennsylvania Press, 1982, republished 2016), 187; Edward R. Kantowicz, *Coming Apart, Coming Together* (Grand Rapids: William B. Eerdmans, 2000), 371; David Reynolds, *One World Divisible* (New York: Norton, 2001), 370。
88. 'A Gesture by U.S.: President Terms Loss Tragic–He Joins Fleet Off Italy', *New York Times*, September 29, 1970.
89. Central Intelligence Agency, 'Thoughts on the Succession in Egypt'.
90. Memorandum from Harold H. Saunders to Henry Kissinger, 'Subject: The UAR Presidency', October 8, 1970, 1. https://www.cia.gov/readingroom/document/ loc-hak-292-3-14-9.
91. Central Intelligence Agency, 'Thoughts on the Succession in Egypt'.
92. Sadat, *In Search of Identity*, 125.
93. Cook, *Struggle for Egypt*, 114.
94. Raymond H. Anderson, 'Sadat Is Chosen by Egypt's Party to Be President', *New York Times*, October 6, 1970.
95. Raymond H. Anderson, 'Showdown in Egypt: How Sadat Prevailed', *New York Times*, May 23, 1971. As Sadat had predicted, the federation would never come into practical effect.
96. Cook, *Struggle for Egypt*, 122.
97. Anderson, 'Showdown'.
98. Cook, *Struggle for Egypt*, 117.
99. Sadat, address to the Nation, January 13, 1972. https://sadat.umd.edu/resources/ presidential- speeches
100. Anwar Sadat, speech to the Second Session of the Egyptian People's Assem-bly, October 15, 1972, 1–3, https://sadat.umd.edu/resources/ presidential-speeches.

101. See Sadat Peace Initiative of 1971, January 17, 1971, http://sadat.umd.edu/archives/speeches/AADD%20Peace%20Announcement%202.4.71.pdf.
102. John L. Hess, 'Deadline Comes and Cairo Waits', *New York Times*, August 16, 1971.
103. Martin Indyk, *Master of the Game: Henry Kissinger and the Art of Middle East Diplomacy* (New York: Alfred A Knopf, 2021), 91.
104. Edward R. F. Sheehan, 'Why Sadat Packed Off the Russians', N*ew York Times*, August 6, 1972.
105. Thomas W. Lippman, *Hero of the Crossing: How Anwar Sadat and the 1973 War Changed the World* (Sterling: Potomac Books, 2016), 62, quoting Sadat, *In Search of Identity*, Appendix I. Sadat, letter to Brezhnev, August 1972, 321.
106. Sadat, *In Search of Identity*, 231.
107. 全文是:"在总统看来,大问题是埃及主权与以色列安全之间的问题。他觉得,双方立场相距甚远,都非常强硬。总统认为不可能一下子解决整个中东问题,这样做可能什么都解决不了。他表示理解伊斯梅尔先生关于临时解决变为最终解决的论点。总统保证,他的目标是永久解决。但他重申,他认为,鉴于各方立场之间的鸿沟,一下子达成永久解决是不可能的。因此,也许有必要考虑临时性步骤。他说,也许埃及人会拒绝这个办法,但他敦促伊斯梅尔先生和基辛格先生讨论此事,并强调我们致力于寻求问题的长远解决。在寻找达到目的的方法时,不应忽视任何可能性。总统说,他希望这只是第一次而不是最后一次会见。这应当成为对话的开始。如果达不成具体结果,他希望伊斯梅尔先生不要向萨达特报告说他的努力失败了。总统再次指出私下谈判的必要性——要想成功就必须不事声张。"
108. The President's Daily Brief, July 24, 1971, 3, https://www.cia.gov/readin groom/document/0005992769.
109. Jehan Sadat, *A Woman of Egypt*, 282–3.
110. Interview in *Yedioth Aharonoth*, June 11, 1987.
111. David Tal, 'Who Needed the October 1973 War?', *Middle Eastern Studies* 52, no. 5 (2016), 748, quoting Jehan Sadat, interview in *Yedioth Aharon-oth*, November 6, 1987.
112. Sheehan, 'Why Sadat Packed Off the Russians'.
113. Jehan Sadat, *A Woman of Egypt*, 282.
114. Anthony Lewis, 'Sadat Suggests Return of West Bank, Gaza as Peace Step', *New York Times*, May 11, 1978.

注 释

115. David Hirst and Irene Beeson, *Sadat* (London: Faber and Faber, 1981), 144; Israeli, *Man of Defiance*, 79.
116. Moshe Shemesh, 'The Origins of Sadat's Strategic Volte-face: Marking 30 Years since Sadat's Historic Visit to Israel, November 1977', *Israel Studies* 13, no. 2 (summer 2008), 45.
117. See Elizabeth Monroe and Anthony Farrar-Hockley, *The Arab-Israeli War, October 1973: Background and Events* (London: International Institute for Strategic Studies, 1975), 17; Henry Kissinger, *Years of Upheaval* (Boston: Little, Brown, 1982), 465.
118. Sadat, *In Search of Identity*, 241–2.
119. Ibid.
120. 'Remarks by the Honorable Henry Kissinger', May 4, 2000, Anwar Sadat Chair for Peace and Development, University of Maryland, https://sadat.umd.edu/events/remarks-honorable-henry-kissinger.
121. William B. Quandt, 'Soviet Policy in the October 1973 War', Rand Corporation (1976), vi, https://www.rand.org/content/dam/rand/pubs/reports/2006/R1864.pdf.
122. 'Transcript of Kissinger's News Conference on the Crisis in the Middle East', *New York Times*, October 26, 1973.
123. Indyk, *Master of the Game*, 138.
124. Sadat, *In Search of Identity*, 244.
125. Cook, *Struggle for Egypt*, 131, citing Saad el Shazly, *The Crossing of the Suez* (San Francisco: American Mideast Research, 1980), 106.
126. "我想对您和全世界说，我们希望缓和政策取得成功，得到加强……我要（对尼克松总统）说，我们发动这场战争的目的众所周知，无须澄清。如果他想知道我们的和平诉求，那么我将把我们的和平计划提交给他。"参见：'Excerpts of a Speech Calling for an Arab-Israeli Peace Conference', October 16, 1973, 91, https://sadat.umd.edu/resources/presidential-speeches。
127. US Department of State, Office of the Historian, 'OPEC Oil Embargo 1973–1974', https://history.state.gov/milestones/1969–1976/oil-embargo.
128. Memorandum of conversation, Saturday, November 3, 1973, 10:45 p.m.–1:10 a.m., The Blair House, Washington, https://nsarchive2.gwu.edu/NSAEBB/NSAEBB98/octwar-93b.pdf.
129. Ibid., 1031–38.
130. Sadat, *In Search of Identity*, 43.

131. Ibid, 291–2.
132. 'Memorandum from the President's assistant for national security affairs [Kissinger] to President Nixon, Washington, January 6, 1974', https://his tory.state.gov/historicaldocuments/frus1969-76v26/d1#fn:1.5.4.4.8.9.12.4.
133. 我的穿梭外交从埃及开始（1月11—12日），然后是以色列（1月12—13日），然后又是埃及（1月13—14日），然后是以色列（1月14—15日），然后是埃及（1月16日），然后是以色列（1月16—17日），最后是埃及（1月18日）。参见：国务院，档资办公室，'Travels of the Secretary, Henry A. Kissinger', https://history.state.gov/departmenthistory/travels/secretary/kissinger-henry-a。
134. Kissinger, *Years of Upheaval*, 824.
135. Ibid., 836.
136. Ibid., 844.
137. 学者兼外交家马丁·因迪克提出，在那次十月峰会之前是有机会达成这样的协议的。参见：*Master of the Game*, 413–44。
138. Yitzhak Rabin, *The Rabin Memoirs* (Berkeley: University of California Press, 1979), 421–2.
139. Letter from Yitzhak Rabin to Anwar Sadat, March 12, 1975, https://catalog.archives.gov.il/ wp-content/uploads/2020/02/12-3-1975-במכת-תאדאסלי-ליבר-HZ-5973_13.pdf.
140. Reconstructed from handwritten notes.
141. 'The Seventeenth Government', *The Knesset History*, https://knesset.gov.il/history/eng/eng_hist8_s.htm.
142. 'Memorandum of conversation, Kissinger, Peres, Allon and Rabin, March 22, 1975, 6: 35–8:14 p.m., Prime Minister's Office, Jerusalem', Gerald R. Ford Presidential Library and Museum, https://www.fordlibrarymu seum.gov/library/document/0331/1553967.pdf.
143. Henry Kissinger, *Years of Renewal* (New York: Simon and Schuster, 1990), 437.
144. Ibid., 1054.
145. Interview given by President Anwar El Sadat to the Irani newspaper *Etlaat*, June 13, 1976, 722.
146. Sadat, *In Search of Identity*, 297–8.
147. Letter from Carter to Sadat, October 21, 1977, https://sadat.umd.edu/sites/sadat. umd.edu/files/Letter%20from%20President%20Jimmy%20 Carter%20to%20 Egyptian%20President%20Anwar%20Sadat1.pdf.

| 注　释

148. Sadat, *In Search of Identity*, 302.
149. Eric Pace, Anwar el-Sadat obituary, *New York Times*, October 7, 1981.
150. 'Excerpts from the speech of H. E. President Mohamed Anwar el-Sadat to the People's Assembly, November 9, 1977', https://sadat.umd.edu/resources/presidential-speeches.
151. "既然'我们马上要去日内瓦',不需要召开(阿拉伯)峰会来确定新战略", 'Telegram from the Embassy in Egypt to the Department of State, Cairo, November 10, 1977, Subj: Arab–Israeli Aspects of Sadat Nov 9 Speech', https://history.state.gov/historicaldocuments/ frus1977-80v08/d145。
152. 'Telegram from the Embassy in Egypt to the Department of State, Cairo, November 10, 1977', https://history.state.gov/historicaldocuments/ frus1977-80v08/d145.
153. 萨达特讲话前,他让他的外交部长达扬在摩洛哥的一次秘密会见中转告他的顾问图哈米,他愿意完全撤出西奈。
154. 'Prime Minister Begin's Letter of Invitation to President Sadat', November 15, 1977, in *Israel's Foreign Policy – Historical Documents,* volumes 4–5: *1977–1979*, https://www.mfa.gov.il/MFA/ForeignPolicy/MFADocuments/Yearbook3/Pages/69%20Prime%20Minister% 20Begin-s%20letter%20 of%20invitation%20to.aspx.
155. William E. Farrell, 'Sadat Arrives to Warm Welcome in Israel, Says He Has Specific Proposals for Peace', *New York Times*, November 20, 1977.
156. Anwar Sadat, 'Egypt–Israel Relations: Address by Egyptian President Anwar Sadat to the Knesset', November 20, 1977, https://www.jewishvirtuallibrary. org/ address-by- egyptian-president-anwar-sadat-to-the-knesset.
157. Ibid.
158. Ibid.
159. Ibid.
160. *Peace in the Making: The Menachem Begin-Anwar El-Sadat Personal Correspondence*, edited by Harry Hurwitz and Yisrael Medad (Jerusalem: Gefen Publishing House, 2011), 'Begin Addresses the Knesset After Sadat', November 20, 1977, 35.
161. Abraham Rabinovich, *The Yom Kippur War: The Epic Encounter That Transformed the Middle East* (New York: Schocken Books, 2004), 497–8.
162. Henry Kissinger, 'Sadat: A Man with a Passion for Peace', *TIME*, October 19, 1981,

549

http://content.time.com/time/subscriber/article/0,33009,924947, 00.html.
163. Sabri Jiryis, 'The Arab World at the Crossroads: An Analysis of the Arab Opposition to the Sadat Initiative', *Journal of Palestine Studies* 7, no. 2 (winter 1978), 26.
164. Ibid., 30–40.
165. Kissinger, *Years of Renewal*, 456.
166. 法赫米相信，"萨达特未与任何人商量，自作主张把埃及军队经过巨大努力和牺牲赢来的成果拱手让人"。参见: Tignor, *Transforming the Middle East*, 144, quoting Fahmy。
167. US Department of State, Office of the Historian, 'Memorandum of Tele-phone Conversation (Carter and Begin), November 17, 1977', https:// history.state.gov/ historicaldocuments/ frus1977-80v08/d147.
168. Joseph T. Stanik, *El Dorado Canyon: Reagan's Undeclared War with Qaddafi* (Annapolis: Naval Institute Press, 2003), 64.
169. Jiryis, 'The Arab World at the Crossroads', 29–30, citing General People's Congress statement as printed in *al-Safir*, November 19 and November 24, 1977.
170. Marvin Howe, 'Hard-Line Arab Bloc Is Formed at Tripoli', *New York Times*, December 6, 1977.
171. Jiryis, 'The Arab World at the Crossroads', 30–35.
172. Kissinger, *Years of Renewal*, 1057.
173. Ibid., 354.
174. James Feron, 'Menachem Begin, Guerrilla Leader Who Became Peace-maker', *New York Times*, March 9, 1992.
175. Kissinger, 'A Man with a Passion for Peace'.
176. Sadat, as quoted in Finklestone, *Anwar Sadat: Visionary Who Dared*, 249.
177. Thomas Lippmann, 'Sadat Installs New Government to Lead a Peaceful Egypt', *Washington Post*, October 6, 1978.
178. Israeli, *The Public Diary of President Sadat*, 354–5, 'May 1, 1973–May Day speech at a mass rally at the Mahalla-al-Kubra stadium'.
179. Anwar Sadat, Nobel Lecture, December 10, 1978, https://www.nobelprize. org/prizes/ peace/1978/ al-sadat/lecture/.
180. Ibid.
181. Finklestone, *Anwar Sadat: Visionary Who Dared*, 251; Wright, *Thirteen Days in September*, 354.

| 注 释

182. Begin to Sadat, November 18, 1979, Israel Ministry of Foreign Affairs, vol. 6: 1979–1980, https://www.mfa.gov.il/MFA/ForeignPolicy/MFADocuments/Yearbook4/Pages/53%20Letter%20from%20Prime%20 Minister%20Begin%20to%20President%20S.aspx.
183. Hedrick Smith, 'After Camp David Summit, A Valley of Hard Bargaining', *New York Times*, November 6, 1978.
184. *Peace in the Making*, 95–7, letter from Sadat to Begin, November 30, 1978.
185. Ibid., 85–6, 105.
186. Ibid., 209, letter from Sadat to Begin, received August 15, 1980; 224, letter from Begin to Sadat, August 18, 1980.
187. Ibid., 216.
188. M. Cherif Bassiouni, 'An Analysis of Egyptian Peace Policy Toward Israel: From Resolution 242 (1967) to the 1979 Peace Treaty', 12 Case W. Res. J. Int'l L. 3 (1980), https://scholarlycommons.law.case.edu/jil/vol12/iss1/2.
189. Judith Miller, 'Hussein, in Egyptian Parliament, Condemns Camp David Accords', *New York Times*, December 3, 1984.
190. Smith, 'After Camp David Summit'.
191. Jason Brownlee, 'Peace Before Freedom: Diplomacy and Repression in Sadat's Egypt', *Political Science Quarterly* 126, no. 4 (winter 2011–12), 649.
192. Burns, *Economic Aid and American Policy Toward Egypt*, 192.
193. World Bank, 'GDP growth (annual %)–Egypt, Arab Rep.' https://data.worldbank.org/indicator/NY.GDP.MKTP.KD.ZG?end=1989&locations=EG&start=1961. YES
194. Henry F. Jackson, 'Sadat's Perils', *Foreign Policy* 42 (spring 1981), 59–69.
195. Marvin G. Weinbaum, 'Egypt's *Infitah* and the Politics of US Economic Assistance', *Middle Eastern Studies* 21, no. 2 (April 1985), 206; interview given by President Anwar El Sadat to the Irani newspaper *Etlaat*, June 13, 1976.
196. Tignor, *Transforming the Middle East*, 140; Brownlee, 'Peace Before Free-dom', 651.
197. Saad Eddin Ibrahim, 'Anatomy of Egypt's Militant Islamic Groups: Methodological Note and Preliminary Findings', *International Journal of Middle East Studies* 12, no. 4 (December 1980), 439.
198. Saad Eddin Ibrahim in 'Discussion', in *Sadat and His Legacy* (Washington, DC: Washington Institute, 1998), 103, https://www.washingtoninstitute.org/media/3591.

199. Ibrahim, 'Anatomy', 445.
200. Jiryis, 'The Arab World at the Crossroads', 35–6.
201. 'Middle East: War of Words, Hope for Peace,' *TIME*, August 7, 1978, http://content.time.com/time/subscriber/article/0,33009,948219,00.html.
202. Jackson, 'Sadat's Perils', 64.
203. Ibrahim, speaking in 'Discussion: Sadat's Strategy and Legacy', 102.
204. Jehan Sadat, *A Woman of Egypt*, 415.
205. Jackson, 'Sadat's Perils', 65; Don Schanche and *LA Times*, 'Arab Sanctions Leave Egypt Unshaken', *Washington Post*, April 2, 1979.
206. "1969年，阿克萨清真寺遭到一个精神失常的旅游者焚烧之后，纳赛尔派安瓦尔作为埃及代表去和其他伊斯兰国家领导人讨论应采取何种措施来保护以色列占领下的圣地。我丈夫觉得伊朗国王就此提的建议比较软弱，用阿拉伯语表达了这个意思。伊朗国王做出了愤怒的反应。安瓦尔发现，为了让伊朗国王听懂他的话，他的话被翻译成了法语，但法语翻译比他的原意更激烈，于是安瓦尔改用了波斯语。这次，从不大笑也很少微笑的伊朗国王满面笑容地站起身来为安瓦尔鼓掌。他俩终生友谊的种子就此播下。安瓦尔喜欢对伊朗国王引用我们的一句阿拉伯谚语：'不打不成交。'"参见：Jehan Sadat, *A Woman of Egypt*, 340–42。
207. 贾汗·萨达特回忆说："'我会去沙特阿拉伯问问哈利德国王和各位亲王为什么迟迟不支持你，'伊朗国王对我丈夫说，'他们必须认识到，你是在为整个地区，为全面公正的和平，为恢复阿拉伯人的权利而努力。'伊朗国王去吉达的访问未起作用，但安瓦尔永远不会忘记他的朋友自告奋勇为他出了多大力气。"(ibid., 384–6)
208. Ibid., 424–5.
209. Richard L. Homan, 'Opposition Parties Disbanding to Protest Sadat Crack-down', *Washington Post*, June 6, 1978. Brownlee, 'Peace Before Freedom', 661, Jackson, 'Sadat's Perils', 64.
210. William E. Farrell, 'Sadat, with Anger and Sarcasm, Defends His Crack-down on Foes', *New York Times*, September 10, 1981.
211. Brownlee, 'Peace Before Freedom', 664.
212. Raphael Israeli, 'Sadat's Egypt and Teng's China: Revolution Versus Modernization', *Political Science Quarterly* 95, no. 3 (1980), 364.
213. Camelia Anwar Sadat, 'Anwar Sadat and His Vision', in Alterman, ed., *Sadat and*

His Legacy.
214. *Peace in the Making*, 244–5.
215. Henry Kissinger on *ABC News Nightline*, October 6, 1981, https://www.youtube.com/watch?v=N1nCpbUKc4E.
216. Howell Raines, '3 Ex-Presidents in Delegation to Funeral but Reagan Is Not', *New York Times*, October 8, 1981; 'Officials from Around the World Attending Sadat's Funeral', *New York Times*, October 10, 1981.
217. Kissinger on *ABC News Nightline*, October 6, 1981.
218. David B. Ottaway, 'Body of Sadat is Laid to Rest in Tightly Controlled Funeral', *Washington Post*, October 11, 1981, https://www.washingtonpost.com/archive/politics/1981/10/11/body-of-sadat-is-laid-to-rest-in-tightly-controlled-funeral/c72f4903-7699-42a8-b0c7-77f063695e81/.
219. Anwar Sadat, 'Address at Ben-Gurion University', May 26, 1979, https://mfa.gov.il/MFA/ForeignPolicy/MFADocuments/Yearbook4/Pages/15%20 Statements%20 by%20Presidents%20Navon%20and% 20Sadat-%20 and%20P.aspx.
220. https://www.presidency.ucsb.edu/documents/ remarks-president-carter-president-anwar-al-sadat-egypt-and-prime-minister-menahem-begin.
221. Sadat, *In Search of Identity*, 79, 84–5.
222. Kissinger, *Years of Renewal*, 458.
223. Prime Minister Yitzhak Rabin, 'Address to the United States Congress, July 26, 1994', https://mfa.gov.il/MFA/ MFA- Archive/Pages/ADDRESS%20 BY%20 PM%20RABIN%20TO%20THE%20US%20CONGRESS% 20-% 2026-Jul-94.aspx.
224. Kissinger, *Years of Upheaval*, 651.
225. 'Remarks by the Honorable Henry Kissinger', May 4, 2000, Anwar Sadat Chair for Peace and Development, University of Maryland, https://sadat.umd.edu/events/remarks-honorable-henry-kissinger.

第五章　李光耀：卓越战略
1. Lee Kuan Yew, 'Collins Family International Fellowship Lecture', delivered October 17, 2000 at the John F. Kennedy School of Government at Harvard University, https://www.nas.gov.sg/archivesonline/data/pdfdoc/2000101 706.htm. Also see: Richard Longworth, 'Asian Leader Begins Brief Sabbatical', *The Harvard Crimson*,

November 14, 1968, https://www.thecrimson.com/article/1968/11/14/ asian-leader- begins-brief- sabbatical-plee/.
2. Longworth, 'Asian Leader Begins Brief Sabbatical'.
3. See Lee Kuan Yew, *From Third World to First* (New York: HarperCollins, 2000), 460–61.
4. Richard Nixon, *Leaders: Profiles and Reminiscences of Men Who Have Shaped the Modern World* (New York: Warner Books, 1982), 319.
5. Margaret Thatcher, *Statecraft: Strategies for a Changing World* (New York, HarperCollins, 2002), 117.
6. Lee, 'Collins Family International Fellowship Lecture'.
7. John Curtis Perry, *Singapore: Unlikely Power* (New York: Oxford Univer-sity Press, 2017), 6.
8. Lee, *From Third World to First*, 3.
9. Han Fook Kwang et al., eds., *Lee Kwan Yew: Hard Truths to Keep Singa-pore Going* (Singapore: Straits Times Press, 2011), 19.
10. Ibid., 18.
11. Lee, *From Third World to First*, 690.
12. Ibid.
13. 'Aspen Meeting, May 6, 1979, 3.00 p.m., Singapore', Henry A. Kissinger papers, part III, box 169, folder 4, 12, Yale University Library, http://findit. library.yale.edu/catalog/digcoll:1193313.
14. Han et al., eds., *Hard Truths*, 390. Lee's interviewers were two young Sin-gaporean journalists, Rachel Lin and Robin Chan.
15. Ezra Vogel, *Deng Xiaoping and the Transformation of China* (Cambridge, MA: Belknap Press, 2011), 290–91.
16. Perry, *Singapore*, 37.
17. Ibid., 124.
18. Ibid., 121.
19. Ibid., 124 for date. Fred Glueckstein, 'Churchill and the Fall of Singapore', *International Churchill Society*, November 10, 2015, https://winstonchurchill. org/publications/finest-hour/finest-hour-169/churchill-and-the-fall-of-singapore/.
20. Lee Kuan Yew, *The Singapore Story* (Singapore: Times Editions, 1998), 51.
21. Ibid., 35.

22. Ibid., 34. Lee opens his memoirs with the indelible image of his father dangling him over a balcony by the ears after one such loss.
23. Ibid.
24. Ibid., 35–8.
25. Ibid., 36.
26. Ibid., 43.
27. Ibid., 38.
28. Ibid.
29. Ibid., 39–40.
30. Lee, 'Collins Family International Fellowship Lecture'。佩里的《*Singapore*》一书第146页记录了战后英军返回新加坡时当地一位马来妇女表达的相似感情："我们当然高兴英国人回来把我们从日本人手里解放出来，但我们不相信他们说的将来要保护我们的话……他们是泥足巨人。"
31. Perry, *Singapore*, 138.
32. Ibid., 140.
33. Ibid., 61–6.
34. Ibid., 66.
35. Ibid., 115.
36. Lee Kuan Yew, 'Eulogy by Minister Mentor Lee Kuan Yew at the Funeral Service of Mrs Lee Kuan Yew', Prime Minister's Office of Singapore, Oct-ober 6, 2010.
37. Ibid., 113–14.
38. Lee, 'Collins Family International Fellowship Lecture', October 17, 2000.
39. Ibid.
40. Lee Kuan Yew, 'If I Were an Englishman' (speech on behalf of David Wid-dicombe, early February 1950), in *Lee Kuan Yew: The Man and His Ideas*, eds. Han Fook Hwang, Warren Fernandez and Sumiko Tan (Singapore: Times Editions, 1998), 255.
41. Constance Mary (C. M.) Turnbull, A *History of Modern Singapore* (Singa-pore: National University of Singapore Press, 2020), 371–2.
42. Ibid., 382.
43. An 1879 commission had decried rampant bribery in the police force. See Jon S. T. Quah, 'Combating Corruption in Singapore–What Can Be Learned?', *Journal of Contingencies and Crisis Management* 9, no. 1 (March 2001), 29–31.
44. Ibid., 30.

45. Cyril Northcote Parkinson, *A Law Unto Themselves: Twelve Portraits* (Bos-ton: Houghton Mifflin, 1966), 173.
46. Perry, *Singapore*, 157.
47. Lee, *The Singapore Story*, 305–9, 319.
48. Turnbull, *Singapore*, 449–50.
49. Lee, *From Third World to First*, 96.
50. Ibid., 105.
51. Quah, 'Combating Corruption in Singapore'.
52. Turnbull, *Singapore*, 429.
53. Lee Kuan Yew, 'How Much Is a Good Minister Worth?', speech before par-liament, November 1, 1994, in *Lee Kuan Yew: The Man and His Ideas*, 331.
54. Beng Huat Chua, *Liberalism Disavowed: Communitarianism and State Capitalism in Singapore* (Ithaca, NY: Cornell University Press, 2017), 3.
55. Muhammad Ali, 'Eradicating Corruption–The Singapore Experience', pre-sented at the Seminar on International Experiences on Good Governance and Fighting Corruption, February 2000, 2.
56. Quah, 'Combating Corruption in Singapore', 29.
57. Lee, 'How Much Is a Good Minister Worth?', 338.
58. Turnbull, *Singapore*, 450.
59. Ibid., 495.
60. Ibid., 450.
61. George P. Shultz and Vidar Jorgensen, 'A Real Market in Medical Care? Singapore Shows the Way', *The Wall Street Journal*, June 15, 2020, https://www.wsj.com/articles/a-real-market-in-medical-care-singapore-shows-the-way-11592264057.
62. Lim Meng-Kim, 'Health Care Systems in Transition II. Singapore, Part 1. An Overview of Health Care Systems in Singapore,' *Journal of Public Health* 20, no. 1 (1988), 19.
63. Turnbull, *Singapore*, 510–11.
64. Ibid.
65. Turnbull, *Singapore*, 511.
66. Lee, *From Third World to First*, 112.
67. Perry, *Singapore*, 160, 250, 252.
68. Lee, *From Third World to First*, 112.

| 注 释

69. Fareed Zakaria, 'Culture Is Destiny: A Conversation with Lee Kuan Yew', *Foreign Affairs* 73, no. 2 (March/April 1994), 111.
70. Lee, *The Singapore Story*, 16, 401–2.
71. Ibid., 394–6.
72. Perry, *Singapore*, 157.
73. Ibid., 164.
74. Lee, *The Singapore Story*, 23.
75. Arnold Toynbee, *Cities on the Move* (New York: Oxford University Press, 1970), 55.
76. Perry, *Singapore*, 197.
77. Lee, *From Third World to First*, 7.
78. Seth Mydans, 'Days of Reflection for the Man Who Defined Singapore', *New York Times*, September 11, 2010.
79. Lee Kuan Yew, 'Transcript of a Press Conference on August 9, 1965', National Archives of Singapore, 32–3, https://www.nas.gov.sg/archiveson line/speeches/record-details/ 740acc3c-115d-11e3-83d5-0050568939ad.
80. Lee, *From Third World to First*, 6.
81. Ibid., 14.
82. Ibid., 11.
83. Ibid., 15.
84. Ibid., 19.
85. Ibid., 228.
86. Transcript of speech by the prime minister at a meeting of the Consultation on Youth and Leadership Training, sponsored by the East Asia Christian Conference held at the Queen Street Methodist Church on April 10, 1967.
87. 'Aspen Meeting, January 30, 1980, 3.30 p.m., Germany', Henry A. Kiss-inger papers, part III, box 169, folder 11, 10–11, Yale University Library, http://findit.library.yale.edu/catalog/digcoll:1193221.
88. Lee Kuan Yew, M*y Lifelong Challenge: Singapore's Bilingual Journey* (Singapore: Straits Times Press, 2012).
89. Ibid., 53.
90. Constitution of the Republic of Singapore, Article 153A.
91. Zakaria, 'Culture Is Destiny', 120.
92. Perry, *Singapore*, 166. Lee even had a polymarble copy of the statue made and placed

557

in a prominent location on the Singapore waterfront.
93. See Lee, *From Third World to First*, 50.
94. Ibid., 3.
95. Lee Kuan Yew, 'Make Sure Every Button Works', speech to senior civil ser-vants at Victoria Theater, September 20, 1965, in *Lee Kuan Yew: The Man and His Ideas*.
96. Lee Kuan Yew, speech at Malaysia Solidarity Day mass rally and march-past on the Padang, August 31, 1963, 4, https://www.nas.gov.sg/archivesonline/speeches/record-details/ 740957c6-115d-11e3-83d5-0050568939ad.
97. 'Aspen Meeting, January 17, 1978', Henry A. Kissinger papers, part III, box 168, folder 31, 12–13, Yale University Library, http://findit.library.yale.edu/catalog/digcoll:1193335.
98. Lee Kuan Yew, 'Prime Minister's May Day Message, 1981', May 1, 1981, https://www.nas.gov.sg/archivesonline/speeches/record-details/73b03d18-115d-11e3-83d5-0050568939ad.
99. Perry, *Singapore*, 152; and Rudyard Kipling, 'Recessional', The Poetry Foundation, https://www.poetryfoundation.org/poems/46780/recessional.
100. 'British Withdrawal from Singapore,' *Singapore Infopedia*, Singapore National Library Board, http://eresources.nlb.gov.sg/infopedia/articles/SIP_1001_2009-02-10.html.
101. Perry, *Singapore*, 165.
102. Ibid., 157.
103. Ibid., 167. Lee traveled to Malta, Britain and Japan to study shipyards.
104. Quoted in *Lee Kuan Yew: The Man and His Ideas*, 109.
105. 'Aspen Meeting, January 18, 1978', Henry A. Kissinger papers, part III, box 168, folder 32, 2, Yale University Library, http://findit.library.yale.edu/catalog/digcoll:1193198.
106. Perry, *Singapore*, 196.
107. Memcon, Cabinet Conference Room, the Istana, Singapore, January 18, 2003, 3.40 p.m.
108. 'World Economic Survey, 1971', UN Department of Economic and Social Affairs (New York: UN, 1972), http://www.un.org/en/development/desa/policy/ wess/wess_archive/1971wes.pdf.
109. Turnbull, *Singapore*, 491.

| 注 释

110. Ibid., 491.
111. *Lee Kuan Yew: The Man and His Ideas*, 111–12.
112. Lee, *From Third World to First*, 691.
113. Ibid., 63.
114. Lee Kuan Yew, 'Eve of National Day Broadcast 1987', August 8, 1987, https://www.nas.gov.sg/archivesonline/speeches/record-details/73fa03f6-115d-11e3-83d5-0050568939ad.
115. Lee, 'Prime Minister's May Day Message, 1981'.
116. Transcript of the prime minister, Mr Lee Kuan Yew's, discussion with five foreign correspondents, recorded at SBC on October 9, 1984, https://www. nas.gov.sg/archivesonline/speeches/record-details/7422b2ea-115d-11e3-83d5-0050568939ad.]
117. Lyndon Johnson, remarks of welcome at the White House to Prime Minis-ter Lee of Singapore, October 17, 1967,https://www.presidency.ucsb.edu/documents/ remarks-welcome-the-white-house-prime-minister-lee-singapore.
118. Hubert Humphrey, 'Memorandum from Vice President Humphrey to Presi-dent Johnson: Meeting with Prime Minister Lee Kuan Yew of Singapore', October 18, 1967, Department of State, Office of the Historian.
119. Zakaria, 'Culture Is Destiny', 115.
120. Lee Kuan Yew, 'Exchange of Toasts between the President and Prime Min-ister Lee Kuan Yew of Singapore,' April 4, 1973, 7, https://www.nas.gov.sg/archivesonline/speeches/record-details/7337d52d-115d-11e3-83d5-0050568939ad.
121. Lee, 'Prime Minister's May Day Message, 1981'.
122. Zakaria, 'Culture Is Destiny', 124–5.
123. Lee, *From Third World to First*, 451.
124. 'Obituary: Lee Kuan Yew', *The Economist*, March 22, 2015, https://www. economist.com/obituary/2015/03/22/lee-kuan- yew
125. Zakaria, 'Culture Is Destiny', 112.
126. *Lee Kuan Yew: The Man and His Ideas*, 230, 233.
127. Lee Kuan Yew, 'East Asia in the New Era: The Prospects of Cooperation', speech given at the Harvard Fairbank Center Conference, New York, May 11, 1992. As cited in Graham Allison and Robert D. Blackwill, eds., *Lee Kuan Yew: The Grand Master's Insights on China, the United States, and the World* (Cambridge, MA: Belfer Center for Science and International Affairs/The MIT Press, 2012), 41.

559

128. 'Lee Kuan Yew, remarks to the U.S. Defense Policy Board, May 2, 2002', private files of Dr Henry Kissinger, 3.
129. Han et al., eds., *Hard Truths*, 313.
130. Lee Kuan Yew, 'Southeast Asian View of the New World Power Balance in the Making', Jacob Blaustein Lecture no. 1, March 30, 1973, 12, https://www.nas.gov.sg/archivesonline/speeches/record-details/73377f87-115d-11e3-83d5-0050568939ad
131. 'Aspen Meeting, May 7, 1979, Singapore', Henry A. Kissinger papers, part III, box 169, folder 5, 3, Yale University Library, http://findit.library.yale.edu/catalog/digcoll:1193268
132. Ibid., 6.
133. Ibid., 4.
134. Peter Hicks, '"Sleeping China" and Napoleon', Fondation Napoléon, https://www.napoleon.org/en/ history-of- the-two-empires/articles/ava-gardner-china-and-napoleon/.
135. Nicholas D. Kristof, 'The Rise of China', *Foreign Affairs* 72, no. 5 (Novem-ber/December 1993), 74.
136. Lee Kuan Yew, 'Asia and the World in the 21st Century', speech given at the 21st Century Forum, Beijing, September 4, 1996.
137. Han et al., eds., *Hard Truths*, 310.
138. Lee, 'Collins Family International Fellowship Lecture'.
139. Vogel, *Deng Xiaoping*, 292.
140. Han et al., eds., *Hard Truths*, 389.
141. Vogel, *Deng Xiaoping*, 291.
142. Ibid.
143. Quoted in Emrys Chew and Chong Guan Kwa, *Goh Heng Swee: A Legacy of Public Service* (Singapore: World Scientific Publishing Co., 2012), 17.
144. Lee, From Third World to First, 627-8.
145. Summary of a conversation between Lee Kuan Yew and John Thornton at the Future China Global Forum, Singapore, July 11, 2001. As cited in Alli-son and Blackwill, eds., *Lee Kuan Yew*, 42.
146. Nathan Gardels, 'The East Asian Way–with Air Conditi-oning', *New Per-spectives Quarterly* 26, no. 4 (fall 2009), 116.
147. Quoted in Henry A. Kissinger, *Years of Renewal* (New York: Simon and Schuster,

| 注 释

1999), 1057.
148. Question and answer session with Lee Kuan Yew at the Lee Kuan Yew School of Public Policy's fifth anniversary gala dinner, Singapore, Sep-tember 2, 2009, as cited in Allison and Blackwill, eds., *Lee Kuan Yew*, 47-8.
149. Author interview, in Allison and Blackwill, eds., *Lee Kuan Yew*, 43.
150. Ibid., 45.
151. Lee Kuan Yew, 'America and Asia', speech given at the Architect of the New Century award ceremony, Washington, DC, November 11, 1996, as cited in Allison and Blackwill, eds., *Lee Kuan Yew*. 41.
152. Lee Kuan Yew, 'Shanghai's Role in China's Renaissance', speech given at the 2005 Shanghai Forum, Shanghai, May 17, 2005, as cited in Allison and Blackwill, eds., *Lee Kuan Yew*, 48.
153. 'Aspen Meeting, June 10, 1978, Iran', Henry A. Kissinger papers, part III, box 169, folder 2, 61-2, Yale University Library, http://findit.library.yale. edu/catalog/digcoll:1193349.
154. 'Aspen Meeting, May 6, 1979, Singapore', Henry A. Kissinger papers, part III, box 169, folder 3, 11, Yale University Library, http://findit.library.yale. edu/catalog/digcoll:1193222.
155. Ibid.
156. Lee, remarks to the US Defense Policy Board, May 2, 2002, 1.
157. World Bank Open Data, 'GDP per capita (current US$)-Singapore', https://data.worldbank.org/indicator/NY.GDP.PCAP.CD?locations=SG.
158. World Bank open data, 'GDP growth (annual %)-Singapore', https://data.worldbank.org/indicator/NY.GDP.MKTP.KD.ZG?locations=SG.
159. Nixon, *Leaders*, 310.
160. 'Aspen Meeting, June 9, 1978, Iran', Henry A. Kissinger papers, part III, box 169, folder 1, 33-4, Yale University Library, http://findit.library.yale. edu/catalog/digcoll:1193199.
161. Ibid., 336.
162. Lee, *From Third World to First*, 688.
163. Ibid., 687.
164. Alexander Pope, third epistle in *An Essay on Man* (1733-4).
165. José Ortega y Gasset, *History as a System, and Other Essays Toward a Phil-osophy of*

History, trans. Helene Weyl (New York: W. W. Norton & Company, Inc., 1962), 217.
166. Lee, *From Third World to First*, 9.
167. Han et al., eds., *Hard Truths*, 388.
168. Tom Plate, *Conversations with Lee Kuan Yew* (Singapore: Marshall Cavendish Editions, 2015), 203.
169. Colin Campbell, 'Singapore Plans to Revive Study of Confucianism', *New York Times*, May 20, 1982.
170. Tom Plate, *Conversations with Lee Kuan Yew: Citizen Singapore: How to Build a Nation* (Singapore: Marshall Cavendish, 2010), 177.
171. 我们的会面有：1978年在伊朗（有基辛格、李光耀和舒尔茨，但没有施密特，那是第一次"阿斯彭圆桌会议"）；1979年在新加坡（有基辛格、李光耀和施密特，但没有舒尔茨）；以及1982年在东京（有基辛格、李光耀和施密特，但没有舒尔茨）。我们4人第一次都在场是1982年夏天，在加州。参见：Matthias Nass, 'Four Very Powerful Friends: Lee Kuan Yew, Helmut Schmidt, Henry Kissinger, George Shultz', *The Straits Times*, July 21, 2012, https://www.straitstimes.com/singapore/4-very-powerful-friends-lee-kuan-yew-helmut-schmidt-henry-kissinger-george-shultz。
172. Matthias Nass, 'Vier Freunde', *Die Zeit*, July 5, 2012, 4, https://www.zeit.de/2012/28/Vier-Freunde/ seite-4.
173. Perry, *Singapore*, 237; and Seth Mydans, 'Days of Reflection for the Man Who Defined Singapore', *New York Times*, September 11, 2010。尽管李光耀1968年声称："诗是奢侈品，我们用不起。"
174. Seth Mydans, 'Days of Reflection for the Man Who Defined Singapore', *New York Times*, September 11, 2010.
175. 令人伤心的是，这件事引起了李光耀家庭内部的争斗，闹得尽人皆知。
176. Lee Kuan Yew, interview with Mark Jacobson, July 6, 2009, as cited in Allison and Blackwill, eds., *Lee Kuan Yew*, 149.
177. Mydans, 'Days of Reflection'.
178. Ibid.
179. Lee, 'How Much Is a Good Minister Worth?', 331.

第六章　玛格丽特·撒切尔：信念战略

1. Ferdinand Mount, 'Thatcher's Decade', *The National Interest* 14 (winter 1988/9), 15. Emphasis added.

| 注 释

2. Margaret Thatcher, Conservative Political Centre Lecture, October 11, 1968, https://www.margaretthatcher.org/document/10163.
3. Margaret Thatcher, press conference after winning Conservative leadership, February 11, 1975, https://www.margaretthatcher.org/document/102487.
4. Margaret Thatcher, *The Downing Street Years* (London: HarperCollins, 1993), 5.
5. Philip Larkin, *Collected Poems* (New York: Farrar, Straus, and Giroux, 2003), 141.
6. See Peter Hennessy, *Having It So Good: Britain in the Fifties* (London: Penguin, 2007), Chapters 12 and 13.
7. Cited in Kathleen Burk, *Old World, New World: The Story of Britain and America* (London: Little Brown, 2007), 608.
8. 虽然约翰逊提出了要求，但威尔逊拒绝向越南派兵。
9. Nixon tapes, February 3, 1973, 840-12, Richard M. Nixon Presidential Library, Yorba Linda, CA.
10. Odd Arne Westad, *The Cold War: A World History* (New York: Basic Books, 2017), 520–21.
11. BBC News, '1974: Miners' Strike Comes to an End', *On This Day*: March 6, 1974, http://news.bbc.co.uk/onthisday/hi/dates/stories/march/6/newsid_4207000/4207111.stm.
12. Christopher Kirkland, *The Political Economy of Britain in Crisis: Trade Unions and the Banking Sector* (London: Palgrave Macmillan, 2017), 76.
13. BBC News, 'In Quotes: Margaret Thatcher', April 8, 2013, https://www.bbc.com/news/uk-politics-10377842.
14. Leviticus 19:18, as cited by Jesus, Mark 12:31 and Matthew 22:39.
15. Margaret Thatcher, speech at the House of Commons, February 5, 1960, https://www.margaretthatcher.org/document/101055.
16. 同上。弗兰克斯委员会在1957年提出一份报告，强调需要实现英国法庭的开放、公平和公正。因为出了克里切尔高地（Crichel Down）丑闻，也因为总的来说治理杂乱无章，才成立了弗兰克斯委员会。委员会的具体建议大部分都纳入了《1958年裁判所和调查法》。
17. Thatcher, Conservative Political Centre Lecture, October 11, 1968.
18. Memorandum of conversation, 'May 9 1975, Ford, Kissinger', box 11, National Security Advisor, Ford Library, Ann Arbor, MI.
19. Charles Moore, *Margaret Thatcher: From Grantham to the Falklands* (New York:

563

Knopf, 2013), 367.
20. 鲍威尔的兄弟乔纳森在托尼·布莱尔手下起了类似的作用。
21. Thatcher, interview with Brian Walden for London Weekend Television, January 16, 1983, https://www.margaretthatcher.org/document/105087.
22. Thatcher, *The Downing Street Years*, 821.
23. See Charles Powell to Anthony C. Galsworthy, 'Prime Minister's Meeting with Dr Kissinger: Political Matters', December 3, 1986, National Archives of the UK, PREM 19/3586, 1, https://discovery.nationalarchives.gov.uk/details/r/C16481832.
24. Personal correspondence with Charles Powell, January 4, 2021.
25. Margaret Thatcher, speech to the Conservative Party Conference, October 10, 1980, https://www.margaretthatcher.org/document/104431.
26. Author's personal recollection.
27. Samuel Taylor Coleridge, *The Statesman's Manual* (London: Gale and Fen-ner, J. M. Richardson and Hatchard, 1816), 16.
28. Chris Edwards, 'Margaret Thatcher's Privatization Legacy', *Cato Journal* 37, no. 1 (2017), 95.
29. Thatcher, interview with Brian Walden for London Weekend Television, January 16, 1983.
30. Margaret Thatcher, speech to the Conservative Party Conference, October 12, 1984, https://www.margaretthatcher.org/document/105763.
31. World Bank Open Data.
32. UK Office for National Statistics, 'Labour Disputes in the UK: 2018', https://www.ons.gov.uk/employmentandlabourmarket/peopleinwork/workplacedisputesandworkingconditions/articles/labourdisputes/2018.
33. Henry Kissinger to Margaret Thatcher, May 6, 1997.
34. Margaret Thatcher to Henry Kissinger, May 20, 1997.
35. Rachel Borrill, 'Meeting between Thatcher and Blair "worries" left wing MPs', *Irish Times*, May 26, 1997, https://www.irishtimes.com/news/meeting-between-thatcher-and- blair-worries-left-wing-mps-1.75866.
36. Simon Jenkins, *Thatcher & Sons : A Revolution in Three Acts* (London: Penguin, 2006), 205.
37. Mark Tran, 'Thatcher Visits Brown for Tea at No. 10', *Guardian*, Septem-ber 13, 2007.

| 注 释

38. Margaret Thatcher, 'Memoir of the Falklands War', https://bit.ly/3nFSvQO.
39. Quoted in Moore, *Margaret Thatcher: From Grantham to the Falklands*, 678.
40. Thatcher, *The Downing Street Years*, 179.
41. Quoted in Moore, *Margaret Thatcher: From Grantham to the Falklands*, 666.
42. Margaret Thatcher, April 3, 1982, Hansard: 21/633.
43. Ronald Reagan to Margaret Thatcher, April 30, 1975, THCR 6/4/1/7, Churchill College, Cambridge, available via the Margaret Thatcher Foun-dation, https://www.margaretthatcher.org/document/110357.
44. Ronald Reagan, *The Reagan Diaries*, ed. Douglas Brinkley (New York: Harper Collins, 2007), February 27, 1981, 5.
45. 'Monthly Warning Assessment: Latin America', April 30, 1982, CREST Program, CIA Archives, accessed at NARA, College Park, MD.
46. 'Franks Report' (Falkland Islands Review), presented to parliament in January 1983, paragraphs 114–18.
47. Andrew Roberts, *Leadership in War* (New York: Viking, 2019), 183.
48. Henry A. Kissinger, 'Reflections on a Partnership: British and American Attitudes to Postwar Foreign Policy', *Observations: Selected Speeches and Essays*, 1982–1984 (New York: Little, Brown, 1985), 21.
49. Moore, *Margaret Thatcher: From Grantham to the Falklands*, 727.
50. Ibid., 735.
51. Roberts, *Leadership in War*, 193.
52. Ibid., 192.
53. Telephone conversation, Ronald Reagan and Margaret Thatcher, May 31, 1982, https://www.margaretthatcher.org/document/205626.
54. Sam LaGrone, 'Reagan Readied U.S. Warship for' 82 Falklands War', *U.S. Naval Institute News*, June 27, 2012, https://news.usni.org/2012/06/27/reagan-readied-us-warship- 82-falklands-war-0.
55. Margaret Thatcher, speech to Conservative rally at Cheltenham, July 3, 1982, https://www.margaretthatcher.org/document/104989.
56. John Coles to John 'J. E.' Holmes, November 15, 1982, National Archives of the UK, PREM 19/3586.
57. Roger *Bone* to John Coles, *'Points to Make'*, November 11, 1982, *National* Archives of the UK, PREM 19/1053, available via the Margaret Thatcher Foundation, https://

565

www.margaretthatcher.org/document/138863.
58. Roger Bone to John Coles, 'Future of Hong Kong: Recent Developments and the Prime Minister's Dinner with Dr Kissinger on 12 November', November 11, 1982, National Archives of the UK, PREM 19/1053, available via the Margaret Thatcher Foundation, https://www.marga retthatcher.org/document/1388.
59. Thatcher, *The Downing Street Years*, 262.
60. Ibid., 383.
61. Personal correspondence with Charles Powell, January 4, 2021.
62. Moore, *Margaret Thatcher: From Grantham to the Falklands*, 597–601.
63. 这是个争议点，因为撒切尔夫人坚持说她决不同恐怖分子谈判，但当她发现军情六处和爱尔兰共和军的联系对她有用的时候，就准许这种联系继续，并加以利用。资料来源同上，599–600。
64. Margaret Thatcher, speech in Belfast, March 5, 1981, https://www.marga retthatcher.org/document/104589.
65. Margaret Thatcher, House of Commons PQs, May 5, 1981, https://www. margare tthatcher.org/document/104641.
66. Margaret Thatcher, TV interview for BBC, October 12, 1984, https://www.margaretthatcher.org/document/133947.
67. Thatcher, speech to the Conservative Party Conference, October 12, 1984, https://www.margaretthatcher.org/document/105763.
68. Ibid.
69. Quoted in Charles Moore, *Margaret Thatcher: At Her Zenith: In London, Washington, and Moscow* (New York: Vintage, 2015), 315.
70. Article 1 of the Anglo-Irish Agreement, https://cain.ulster.ac.uk/events/aia/aiadoc.htm#a.
71. Quoted in ibid., 336.
72. Thatcher, *The Downing Street Years*, 415.
73. See Moore, *Margaret Thatcher: At Her Zenith*, 333–8.
74. Margaret Thatcher, speech at Kensington Town Hall, January 19, 1976, https://www.margaretthatcher.org/document/102939.
75. Ibid.
76. Leonid Brezhnev, speech on November 13, 1968, https://loveman.sdsu.edu/docs/1968BrezhnevDoctrine.pdf.

| 注 释

77. 'Excerpts from Thatcher's Address', *New York Times*, February 21, 1985.
78. Margaret Thatcher, speech to Joint Houses of Congress, February 20, 1985, https://www.margaretthatcher.org/document/105968.
79. Margaret Thatcher, speech to the National Press Club, September 19, 1975, https://www.margaretthatcher.org/document/102770.
80. Henry A. Kissinger, 'The Special Relationship: "I Kept the British Better Informed than the State Department"', *Listener*, May 13, 1982.
81. Henry A. Kissinger, Keynote Address, Hong Kong Trade Fair, Hong Kong, 1983.
82. Henry A. Kissinger, 'We Live in an Age of Transition', *Daedalus* 124, no. 3, The Quest for World Order (Summer, 1995), 99–110.
83. Richard V. Allen, 'The Man Who Won the Cold War', *Hoover Digest* 2000 (1), https://www.hoover.org/research/ man- who- won-cold-war.
84. Ronald Reagan, address to the nation on defense and national security, March 23, 1983, Public Papers of the Presidents, American Presidency Pro-ject, http://www.presidency.ucsb.edu/ws/index.php?pid=41093&st=&st1=.
85. Margaret Thatcher, press conference after Camp David talks, December 22, 1984, https://www.margaretthatcher.org/document/109392.
86. Geoffrey Smith, *Reagan and Thatcher* (London: Bodley Head, 1990), 131.
87. Robert McFarlane to Robert Armstrong, November 7, 1983, United King-dom: Vol. V (11/1/ 83-6/30/84) [3 of 3], box 91331, Exec. Sec., NSC: Country File, Reagan Library, Simi Valley, CA.
88. This quote from the British record of our meeting. See John Coles to Brian Fall, December 21, 1983, National Archives of the UK, PREM 19/3586.
89. Quoted in Archie Brown, *The Human Factor: Gorbachev, Reagan, and Thatcher, and the End of the Cold War* (New York: Oxford University Press, 2020), 113.
90. Quoted in ibid., 114.
91. Quoted in Moore, *Margaret Thatcher: At Her Zenith*, 110.
92. Ibid.
93. Memorandum of conversation, Margaret Thatcher and Ronald Reagan, September 29, 1983, 'UK-1983–09/24/1983–10/10/1983', box 90424, Peter Sommer Files, Reagan Library, Simi Valley, CA.
94. Reagan, *Reagan Diaries*, April 6, 1983, 142.
95. Moore, *Margaret Thatcher: At Her Zenith*, 229.

96. Record of private lunchtime conversation with Mikhail Gorbachev, Dec-ember 16, 1984, National Archives of the UK, PREM 19/1394, available via the Margaret Thatcher Foundation, https://www.margaretthatcher.org/document/134729.
97. Thatcher, *Downing Street Years*, 461.
98. Margaret Thatcher, TV interview for BBC, December 17, 1984, https://www.margaretthatcher.org/document/105592.
99. Memorandum of conversation, Margaret Thatcher and Ronald Reagan, December 22, 1984, Thatcher Visit–December 1984 [1], RAC box 15, NSC: EASD, Reagan Library, Simi Valley, CA.
100. *Newsweek*, December 3, 1990.
101. See Charles Powell to Len Appleyard, July 31, 1985, National Archives of the UK, PREM 19/3586.
102. Moore, *Margaret Thatcher: At Her Zenith*, 266–8.
103. Memorandum of conversation at Hofdi House, October 12, 1986 (3: 25–4:30 p.m. and 5: 30–6:50 p.m.), The Reykjavik File, National Security Archive, George Washington University, DC, https://nsarchive2.gwu.edu/NSAEBB/NSAEBB203/Document15.pdf.
104. 来自我们会见的英方记录。See Charles Powell to Anthony C. Galsworthy, December 3, 1986, 'Prime Minister's Meeting with Dr Kissinger: Arms Control', National Archives of the UK, PREM 19/3586。
105. Summary of telephone conversation with Prime Minister Thatcher, October 13, 1986, 'UK-1986-10/07/1986–10/19/1986', box 90901, Peter Sommer Files, Reagan Library, Simi Valley, CA.
106. See Powell to Galsworthy, December 3, 1986, 'Prime Minister's Meeting with Dr Kissinger: Arms Control'.
107. Charles Powell to Anthony C. Galsworthy, September 13, 1987, National Archives of the UK, PREM 19/3586.
108. Ibid.
109. See Powell to Galsworthy, 'Prime Minister's Meeting with Dr Kissinger: Political Matters'.
110. Cited in Charles Moore, *Margaret Thatcher: Herself Alone* (New York: Knopf, 2019), 599.
111. Quoted in Jon Meacham, *Destiny and Power: The American Odyssey of George

Herbert Walker Bush (New York: Random House, 2015), 424.
112. Ibid., 425.
113. Moore, *Margaret Thatcher: Herself Alone*, 602–3.
114. George H. W. Bush and Margaret Thatcher, joint press conference with President Bush (Iraqi invasion of Kuwait), August 2, 1990, https://www.ma rgaretthatcher.org/document/108170.
115. Ibid.
116. George H. W. Bush,'Remarks and an Exchange with Reporters on the Iraqi Invasion of Kuwait', August 5, 1990, Public Papers of the Presidents.
117. Charles Powell to Margaret Thatcher, August 12, 1990, National Archives of the UK, PREM 19/3075, cited in Moore, *Margaret Thatcher: Herself Alone*, 607.
118. Diary of George H. W. Bush, September 7, 1990, cited in George H. W. Bush, *All the Best* (New York: Scribner, 2013), 479.
119. Benjamin Disraeli, 'On the 'German Revolution', February 9, 1871, http://ghdi.ghi-dc.org/sub_document.cfm?document_id=1849.
120. Conrad Black, *A Matter of Principle*, Google Books version, 1966–7, https://bit.ly/3wk42YL.
121. *New York Times*, October 25, 1989.
122. Charles Powell to Stephen Wall, Prime minister's talk with Dr Kissinger, January 10, 1990, National Archives of the UK, PREM 19/3586.
123. Moore, *Margaret Thatcher: Herself Alone*, 512–22.
124. Quoted in Donald Edwin Nuechterlein, *America Recommitted: A Super-power Assesses Its Role in a Turbulent World* (Lexington: University Press of Kentucky, 2000), 187.
125. Thatcher, *The Downing Street Years*, 536.
126. 特雷莎·梅在脱欧协议失败后辞职，戴维·卡梅伦因在脱欧公投中为"留欧"站台而辞职。虽然保守党内部的反叛未能迫使约翰·梅杰辞职，但他的政府因1992年英镑贬值受到重创，后来几年间等于被"马斯特里赫特叛乱分子"废了武功。
127. Moore, *Margaret Thatcher: Herself Alone*, Chapter 4: 'The Shadow of Lawson', 94–111.
128. Margaret Thatcher,'Speech to the College of Europe', September 20, 1988, https://www.margaretthatcher.org/document/107332.
129. Ibid.

130. Ibid.
131. Ibid.
132. Jacques Delors, speech to the European Parliament, July 6, 1988, https://www.margaretthatcher.org/document/113689.
133. Ibid.
134. Margaret Thatcher, remarks to the House of Commons on the Rome Euro-pean Council, October 30, 1990, https://www.margaretthatcher.org/document/108234.
135. Geoffrey Howe, personal statement before the House of Commons, Novem-ber 13, 1990, https://api.parliament.uk/ historic- hansard/commons/1990/nov/13/ personal-statement.
136. 同上。豪这个论点几乎与2016年脱欧公投中"留欧"阵营的论点一模一样。
137. Ibid.
138. Moore, *Margaret Thatcher: Herself Alone*, 683.
139. 'Powell Record of Phone Conversation (Powell– Kissinger)', November 22, 1990, https://www.margaretthatcher.org/document/149456.
140. Quoted in Moore, *Margaret Thatcher: Herself Alone*, 716.
141. Margaret Thatcher, remarks on confidence in Her Majesty's Government, November 22, 1990, https://www.margaretthatcher.org/document/108256/.
142. Ibid.
143. Isaiah Berlin, 'Winston Churchill in 1940', in Henry Hardy and Roger Hausheer, eds., *The Proper Study of Mankind: An Anthology of Essays* (New York: Farrar, Straus and Giroux, 1998), 618.
144. Ivor Crewe and Donald Searing, 'Ideological Change in the British Conser-vative Party', *The American Political Science Review* 82, no. 2 (June 1988), esp. 362–8.
145. Margaret Thatcher, speech to the Royal Society, September 27, 1988, https://www.margaretthatcher.org/document/107346.
146. 'The Funeral Service of the Right Honorable Baroness Thatcher of Kest-even, St Paul's Cathedral, April 17, 2013', https://www.stpauls.co.uk/documents/News%20stories/BTOOS.pdf.

结语　领导力的演变

1. *The Republic of Plato*, trans. Allan Bloom (New York: Basic Books, 1991), 93–6.
2. Winston S. Churchill, *The Gathering Storm* (Boston: Houghton Mifflin, 1948), 4.

| 注 释

3. Ibid.
4. David Landes, *The Wealth and Poverty of Nations* (New York: Norton, 1998), 285.
5. See, generally, Adrian Wooldridge, *The Aristocracy of Talent: How Meritoc-racy Made the Modern World* (New York: Skyhorse Publishing, 2021).
6. Margaret Thatcher, 'Speech to the Institute of Socioeconomic Studies', Sep-tember 15, 1975, https://www.margaretthatcher.org/document/102769.
7. Christopher Lasch, *The Revolt of the Elites and the Betrayal of Democracy* (New York: Norton, 1995), 48–9.
8. Julian Jackson, *De Gaulle* (Cambridge: Harvard Belknap Press, 2018), 772.
9. See William Deresiewicz, 'Solitude and Leadership', *The American Scholar*, March 1, 2010, https://theamericanscholar.org/solitude-and-leadership/.
10. Yuval Levin,'Making Meritocrats Moral', *American Purpose*, December 7, 2021. See also Yuval Levin, *A Time to Build: From Family and Community to Congress and the Campus, How Recommitting to Our Institutions Can Revive the American Dream* (New York: Basic Books, 2020).
11. Ibid.
12. See, generally, Marshall McLuhan, *Understanding Media: The Extensions of Man* (New York: Signet Books, 1966).
13. Garfinkle credits the cognitive scientist Maryanne Wolf's concept of 'deep reading' and elaborates on it. See Adam Garfinkle, 'The Erosion of Deep Literacy', *National Affairs* no. 43 (spring 2020), https://nationalaffairs.com/publications/detail/ the-erosion-of-deep-literacy.
14. Max Weber, 'Politics as a Vocation', in *The Vocation Lectures*, eds. David Owen and Tracy B. Strong, trans. Rodney Livingstone (Indianapolis: Hack-ett Publishing Company, 2004), , 77.
15. 参见: Neil Postman, *Amusing Ourselves to Death: Public Discourse in the Age of Show Business* (New York: Penguin, 1985), 10。退役的海军陆战队将军、前国防部长詹姆斯·马蒂斯也阐述了这样的意见:"如果你没有读过几百本书,在工作中就等于文盲,而且你不会称职,因为光靠你的个人经验不足以提供支撑。任何自称'忙得没时间读书'的指挥官一定会造成手下士兵的死亡。"参见: James Mattis, *Call Sign Chaos* (New York: Random House, 2019), 42。
16. Garfinkle, 'The Erosion of Deep Literacy'.
17. Lee Kuan Yew, 'Collins Family International Fellowship Lecture', delivered October

17, 2000 at the John F. Kennedy School of Government at Harvard University, https://www.nas.gov.sg/archivesonline/data/pdfdoc/2000101706.htm.
18. Ibid.
19. Thomas Jefferson, letter to John Adams, October 28, 1813, in Adrienne Koch and William Peden, eds., *The Life and Selected Writings of Thomas Jefferson* (New York: Random House, 1944), 632–3.
20. James Q. Wilson, *On Character* (Washington, DC: The AEI Press, 1995), 22.
21. Niall Ferguson, *Civilization: The West and the Rest* (New York: Penguin, 2012).
22. Niccolò Machiavelli, *Discourses on Livy*, trans. Julia Conaway Bondanella and Peter Bondanella (Oxford: Oxford University Press, 2009), 213.
23. Ibid.
24. Friedrich Engels, *Herr Eugen Dühring's Revolution in Science (Anti-Dühring)* (New York: International Publishers, 1966), 307.
25. Weber, 'Politics as a Vocation', 93–4.
26. Epictetus, *Enchiridion*, in *The Art of Living: The Classic Manual on Virtue, Happiness, and Effectiveness*, trans. Sharon Lebell (New York: Harper-Collins, 1995), 10.